Mineração de Criptomoedas

A mineração de criptomoedas é um conceito relativamente novo, que começou pequeno e, ao longo de mais ou menos uma década, tornou-se um setor inteiro, com uma reputação que relembra a violenta corrida do ouro. A mineração do "ouro digital" na forma de criptomoedas é geralmente retratada como um golpe que promete riquezas rápidas, com comparações à mania das tulipas e às corridas do ouro em anos passados. De fato, o setor está repleto de estardalhaços, fraudes e promoções enganosas, e há muito espaço para o erro. Porém, realmente há alguns empreendimentos de mineração lucrativos e espaço para você, minerador iniciante, para lucrar com a **mineração de criptomoedas** — se pesquisar bastante, fizer seu dever de casa e planejar cuidadosamente.

O BÁSICO DA MINERAÇÃO DE CRIPTOMOEDAS

As unidades das criptomoedas, como bitcoin e outras, são geradas e protegidas por meio de um processo algoritmo coloquialmente chamado de mineração. O processo de mineração é a base das criptomoedas peer-to-peer, pois verifica e organiza as transações. Os mineradores operam as plataformas [rigs] de mineração, ou seja, os computadores que geram novos blocos de transações para serem acrescentados ao blockchain da criptomoeda. Em retorno, os mineradores são recompensados com moedas recém-cunhadas e taxas de transação. A mineração de criptomoedas fortalece a rede peer-to-peer de nós e faz com que seja muito caro e difícil atacar a rede. Os mineradores são uma parte integral da proteção do sistema contra hackers e outros que possam tentar subverter a criptomoeda.

É importante se manter atualizado em relação ao mundo da mineração de criptomoedas, então confira a seguir a lista de fontes que apresentam novidades sobre esse setor:

- **Bitcoin Talk:** Pesquise neste fórum praticamente qualquer tópico sobre criptomoedas, incluindo (mas certamente não limitado à) mineração. Apesar do nome, não é apenas sobre Bitcoin; você encontrará análises sobre muitas criptomoedas diferentes. Por exemplo, a maioria das criptomoedas alternativas populares foi anunciada neste site antes de ser lançada.

- **Bitcoin subreddit:** Disponibiliza um excelente fórum com várias notícias de última hora e eventos atuais, dando uma visão sobre o sentimento da comunidade no momento. Porém, não tem só conversa séria; você também verá vários memes, piadas e conteúdos sobre outros assuntos.

- **Bitcoin Beginners subreddit:** É uma fonte ainda melhor para iniciantes nesse ecossistema. Disponibiliza várias informações excelentes para os recém-iniciados.

- **CoinDesk:** É uma boa fonte de notícias em um setor repleto de canais obscuros de informações sobre criptomoedas. Também disponibiliza dados de taxa de câmbio para diversas criptomoedas.

- **CoinJournal:** Também é uma boa fonte de informações relacionadas às criptomoedas, mas faz uma distinção clara entre boletins de imprensa e artigos, de modo que o usuário saiba quando é jornalismo ou assuntos de relações públicas.

Mineração de Criptomoedas Para leigos

- **Bitcoin Magazine:** A *Bitcoin Magazine* tem sido um canal confiável de notícias no âmbito das criptomoedas. Embora a versão impressa não exista há alguns anos, ela ainda fornece em seu site uma cobertura boa e consistente das notícias.
- **Merkle Report:** Faz uma curadoria de uma diversidade de conteúdos relevantes a partir de várias fontes de notícias no setor de criptomoedas. O canal é uma boa opção com as notícias de todo o setor em um único lugar.
- **Messari:** Oferece uma infinidade de dados sobre criptomoedas, pesquisas e notícias de todo o setor. Também disponibiliza uma newsletter diária que atualiza você sobre as tendências do momento.
- **Block Digest:** É uma excelente fonte de notícias no formato de podcast semanal que destaca cometários e análises de vários membros da comunidade sobre notícias e manchetes do mundo das criptomoedas.
- **Stack Exchange:** Disponibiliza uma coleção valiosa de perguntas respondidas por outros entusiastas das criptomoedas. Qualquer um pode enviar uma pergunta ou resposta. Se está procurando uma análise específica, provavelmente alguém já falou sobre o assunto aqui.

ESCOLHA UMA CRIPTOMOEDA PARA MINERAR

Não apresse sua decisão quanto à qual criptomoeda deve minerar. A escolha pode dar ou tirar a viabilidade da mineração. Alguns dos atributos mais importantes a serem considerados quando for escolher uma criptomoeda para minerar incluem longevidade, segurança, apoio da comunidade, descentralização relativa, método de distribuição de moedas e preferência pessoal. Se a criptomoeda escolhida não atende a um ou vários desses aspectos centrais de um sistema peer-to-peer com bom funcionamento, pode ser difícil manter a viabilidade e lucratividade no longo prazo.

A tabela a seguir disponibiliza informações sobre o contexto de várias criptomoedas comumente mineradas:

Moeda	Símbolo	Distribuição Máxima	% de Emissão	Anos em Atividade	Preço Atual	Taxa de Hash da Rede	Algoritmo de Mineração
Bitcoin	BTC/XBT	21.000.000	85%	10	US$10.385	72 EH/s	SHA-256d
Ethereum	ETH	—	N/A	4	US$185	172 TH/s	Ethash
Bitcoin Cash	BCH	21.000.000	85%	2	US$310	2.2 EH/s	SHA-256d
Litecoin	LTC	84.000.000	75%	8	US$75	340 TH/s	Scrypt
Grin	GRIN	—	N/A	1	US$3	4.14 GH/s	Cuckoo Cycle
Monero	XMR	—	N/A	5	US$81	327 MH/s	CryptoNight
Dash	DASH	18.900.000	51%	5	US$94	3 PH/s	X11
Zcash	ZEC	21.000.000	34%	3	US$50	5 GH/s	Equihash

Mineração de Criptomoedas

para
leigos

Mineração de Criptomoedas Para leigos

Peter Kent & Tyler Bain

ALTA BOOKS
EDITORA
Rio de Janeiro, 2021

Mineração de Criptomoedas Para Leigos®
Copyright © 2021 da Starlin Alta Editora e Consultoria Eireli. ISBN: 978-65-552-0063-8

Translated from original Cryptocurrency Mining For Dummies®. Copyright © 2020 by John Wiley & Sons, Inc. ISBN 978-1-119-57929-8. This translation is published and sold by permission of John Wiley & Sons, Inc., the owner of all rights to publish and sell the same. PORTUGUESE language edition published by Starlin Alta Editora e Consultoria Eireli, Copyright © 2021 by Starlin Alta Editora e Consultoria Eireli.

Todos os direitos estão reservados e protegidos por Lei. Nenhuma parte deste livro, sem autorização prévia por escrito da editora, poderá ser reproduzida ou transmitida. A violação dos Direitos Autorais é crime estabelecido na Lei nº 9.610/98 e com punição de acordo com o artigo 184 do Código Penal.

A editora não se responsabiliza pelo conteúdo da obra, formulada exclusivamente pelo(s) autor(es).

Marcas Registradas: Todos os termos mencionados e reconhecidos como Marca Registrada e/ou Comercial são de responsabilidade de seus proprietários. A editora informa não estar associada a nenhum produto e/ou fornecedor apresentado no livro.

Impresso no Brasil — 1ª Edição, 2021 — Edição revisada conforme o Acordo Ortográfico da Língua Portuguesa de 2009.

Produção Editorial Editora Alta Books **Gerência Editorial** Anderson Vieira **Gerência Comercial** Daniele Fonseca	**Produtor Editorial** Thiê Alves	**Equipe de Marketing** Livia Carvalho Gabriela Carvalho marketing@altabooks.com.br **Coordenação de Eventos** Viviane Paiva comercial@altabooks.com.brw	**Editor de Aquisição** José Rugeri j.rugeri@altabooks.com.br
Equipe Editorial Ian Verçosa Illysabelle Trajano Juliana de Oliveira Luana Goulart Maria de Lourdes Borges	Raquel Porto Rodrigo Ramos Thales Silva	**Equipe de Design** Larissa Lima Marcelli Ferreira Paulo Gomes	**Equipe Comercial** Daiana Costa Daniel Leal Kaique Luiz Tairone Oliveira Vanessa Leite
Tradução Alberto Gassul Streicher **Copidesque** Alessandro Thomé	**Revisão Gramatical** Hellen Suzuki Thaís Pol	**Revisão Técnica** Marco Antongiovanni Especialista em mineração de criptomoedas	**Diagramação** Luisa Maria Gomes

Publique seu livro com a Alta Books. Para mais informações envie um e-mail para autoria@altabooks.com.br

Obra disponível para venda corporativa e/ou personalizada. Para mais informações, fale com projetos@altabooks.com.br

Erratas e arquivos de apoio: No site da editora relatamos, com a devida correção, qualquer erro encontrado em nossos livros, bem como disponibilizamos arquivos de apoio se aplicáveis à obra em questão.

Acesse o site **www.altabooks.com.br** e procure pelo título do livro desejado para ter acesso às erratas, aos arquivos de apoio e/ou a outros conteúdos aplicáveis à obra.

Suporte Técnico: A obra é comercializada na forma em que está, sem direito a suporte técnico ou orientação pessoal/exclusiva ao leitor.

A editora não se responsabiliza pela manutenção, atualização e idioma dos sites referidos pelos autores nesta obra.

Ouvidoria: ouvidoria@altabooks.com.br

Dados Internacionais de Catalogação na Publicação (CIP) de acordo com ISBD

K37m Kent, Peter
   Mineração de Criptomoedas Para Leigos / Peter Kent, Tyler Bain ; traduzido por Alberto Gassul Streicher. - Rio de Janeiro : Alta Books, 2021.
   352 p. : il. ; 17cm x 24cm.

   Tradução de: Cryptocurrency Mining For Dummies
   Inclui índice.
   ISBN: 978-65-552-0063-8

   1. Negócios. 2. Tecnologia. 3. Mineração. 4. Criptomoedas. I. Bain, Tyler. II. Streicher, Alberto Gassul. III. Título.

2020-2657
   CDD 658.4012
   CDU 65.011.4

Elaborado por Vagner Rodolfo da Silva - CRB-8/9410

Rua Viúva Cláudio, 291 — Bairro Industrial do Jacaré
CEP: 20.970-031 — Rio de Janeiro (RJ)
Tels.: (21) 3278-8069 / 3278-8419
www.altabooks.com.br — atabooks@altabooks.com.br
www.facebook.com/altabooks — www.instagram.com/altabooks

Sobre os Autores

Peter Kent fala sobre tecnologia para pessoas comuns há quase quarenta anos, por meio de seus mais de sessenta livros (inclusive *Otimização para Mecanismos de Busca Para Leigos* e *Complete Idiot's Guide to the Internet*), consultoria corporativa, cursos, seminários e workshops online, além de ser testemunha em tribunais (como perito em casos relacionados à tecnologia). Recentemente, criou um curso em vídeo de oito horas sobre como trabalhar com criptomoedas (*Crypto Clear: Blockchain and Cryptocurrency Made Simple*). Veja em CryptoOfCourse.com [conteúdo em inglês].

Tyler Bain atua há anos nas trincheiras da mineração de criptomoedas, ganhando experiência nesse ecossistema. Ele é engenheiro profissional registrado no estado de Colorado, EUA, e estudou engenharia com ênfase em elétrica na School of Mines, em Golden, Colorado. Já prestou consultoria para empresas de mineração de criptomoedas e no momento trabalha como engenheiro elétrico para uma cooperativa local de fornecimento de energia, além de ser um ávido minerador de criptomoedas e de bitcoin. É também membro muito ativo do Instituto de Engenharia Elétrica e Eletrônica, da Liga Elétrica das Montanhas Rochosas, e prestou consultoria ao Instituto de Pesquisa de Energia Elétrica. Suas paixões incluem a eletrificação de transportes e financeira, sistemas peer-to-peer e a rede elétrica.

Dedicatória

Peter: Este vai para Monique.

Tyler: Gostaria de dedicar este livro a Satoshi Nakamoto, sem o qual nosso material teria sido muito menos interessante, e também a toda a comunidade do bitcoin e das criptomoedas: somos todos Satoshi.

Agradecimentos dos Autores

Peter: Agradeço a Tyler, em particular, porque certamente eu não teria escrito este livro sem ele! Também a Matt Millen, que nos fez dar os primeiros passos (e me conectou com Tyler) e fez o papel de revisor técnico. A Steve Hayes, da Wiley, que trouxe a ideia original para mim; a Kelly Ewing, que limpou o manuscrito e o deixou legível; e a todo o restante do pessoal na Wiley ("é preciso uma aldeia" para produzir um livro!).

Tyler: Este livro não teria sido possível sem toda a orientação de Peter; a inesperada fagulha de inspiração concedida por Matt Millen; o apoio incrível da maravilhosa Danielle; as instruções sobre bitcoin e as lições aprendidas por meio do BitOFreedom com Darrin; e o encorajamento de minha família e de meus amigos.

Sumário Resumido

Introdução 1

Parte 1: Descobrindo o Básico sobre as Criptomoedas 5
CAPÍTULO 1: As Criptomoedas Explicadas 7
CAPÍTULO 2: Entendendo a Mineração de Criptomoedas 29
CAPÍTULO 3: Construindo Blocos: A Jornada das Transações ao Blockchain 39
CAPÍTULO 4: Explorando as Diferentes Formas de Mineração 51

Parte 2: A Evolução da Mineração de Criptomoedas 71
CAPÍTULO 5: A Evolução da Mineração 73
CAPÍTULO 6: O Futuro da Mineração de Criptomoedas 83

Parte 3: Tornando-se um Minerador de Criptomoedas ... 95
CAPÍTULO 7: Facilitando a Mineração: Sua Conta na Piscina 97
CAPÍTULO 8: Escolhendo uma Criptomoeda para Minerar 123
CAPÍTULO 9: Montando Seu Equipamento de Mineração 151
CAPÍTULO 10: Configurando Seu Hardware de Mineração 175

Parte 4: A Economia da Mineração 203
CAPÍTULO 11: Fazendo as Contas: Vale a Pena? 205
CAPÍTULO 12: Minimizando as Perdas e Ganhando Vantagem 231
CAPÍTULO 13: Tocando Seu Negócio de Criptomoedas 251

Parte 5: A Parte dos Dez 275
CAPÍTULO 14: (Mais de) Dez Dicas para as Baixas do Mercado 277
CAPÍTULO 15: Dez Formas de Turbinar Seu ROI 297
CAPÍTULO 16: Dez Recursos para Criptomoedas 307
CAPÍTULO 17: Dez Críticas às Criptomoedas e à Mineração 313

Índice 327

Sumário

INTRODUÇÃO 1
    Sobre Este Livro 1
    Penso que... 2
    Ícones Usados Neste Livro 2
    Além Deste Livro 3
    De Lá para Cá, Daqui para Lá 3

PARTE 1: DESCOBRINDO O BÁSICO SOBRE AS CRIPTOMOEDAS 5

CAPÍTULO 1: As Criptomoedas Explicadas 7
    Uma Breve História dos Dólares Digitais 8
        Primeiro, pegue a internet 8
        Adicionando confusão ao cartão de crédito 8
        Adicione uma pitada de David Chaum 9
        Resultado? DigiCash, E-Gold, Millicent, Cybercash e mais 10
        O whitepaper do Bitcoin 10
        Bitcoin: O primeiro aplicativo em blockchain 11
        Quem (ou o que) é Satoshi Nakamoto? 12
    O que É Blockchain? 13
        Volta ao mundo com blockchain — A rede 13
        Hash: Colocando a "impressão digital" nos blocos 14
        O blockchain é "imutável" 15
    Cadê o Dinheiro? 16
    O que É o Cripto em Criptomoedas? 18
    A Mágica da Criptografia de Chave Pública 19
        Mensagens para o blockchain 21
        Assinando mensagens com a chave privada 21
        O endereço do blockchain — O lar do seu dinheiro 22
        Enviando uma mensagem de transação 22
        Desvendando a mensagem 23
    Os Componentes Básicos das Criptomoedas 25
        O que tem na carteira? 25
        As chaves privadas criam chaves públicas 26
        As chaves públicas criam endereços no blockchain 26
        A chave privada controla o endereço 27
    De Onde Vêm as Criptos? Das Minas (às Vezes) 27

CAPÍTULO 2: **Entendendo a Mineração de Criptomoedas** 29
    Entendendo as Moedas Descentralizadas 30
    Explorando o Papel do Minerador de Criptomoedas............ 31
    Tornando as Criptomoedas Confiáveis 33
        Os Generais Bizantinos 34
    Analisando o Minerador de Criptomoedas..................... 36
    Fazendo o Mundo das Criptomoedas Girar.................... 38

CAPÍTULO 3: **Construindo Blocos: A Jornada das Transações ao Blockchain**........................ 39
    A Rede das Criptomoedas 40
    Enviando Transações 43
        Observando as taxas de transação 44
        Endereço de troco 45
        Verificando a transação 46
        Competindo pelo bitcoin, o desafio de dez minutos 47
        Ganhando o bitcoin 49

CAPÍTULO 4: **Explorando as Diferentes Formas de Mineração** 51
    Algoritmos de Proof of Work................................ 52
        Aplicações do Proof of Work........................... 53
        Exemplos do Proof of Work 54
        Vantagens... 56
        Desvantagens 57
    Algoritmos Proof of Stake 58
        O Proof of Stake explicado 59
        Seleções do Proof of Stake 60
        Exemplos de criptomoedas com PoS 62
        Vantagens... 62
        Desvantagens 63
    Híbrido Proof of Stake/Proof of Work 64
        Os híbridos explicados................................ 65
        Exemplos híbridos 67
        Vantagens... 67
        Desvantagens 68
    Delegated Proof of Stake (dPoS)............................. 68
    Tolerância a Falhas Bizantinas Delegadas (dBFT) 69
    Proof of Burn (PoB).. 69
    E Mais.. 70

PARTE 2: A EVOLUÇÃO DA MINERAÇÃO DE CRIPTOMOEDAS ... 71

CAPÍTULO 5: **A Evolução da Mineração** ... 73

A Evolução da Mineração com Proof of Work ... 74
    Mineração com CPU ... 74
    A adoção de GPUs ... 75
    O surgimento dos FPGAs ... 75
    O domínio e a eficiência dos ASICs ... 75

Os Dias da Mineração Individual ... 77

Pool Mining (Mineração em Piscinas) ... 78
    O que é uma piscina de mineração (mining pool)? ... 78
    Escolhendo uma piscina ... 79
    Prós e contras da mineração em piscina ... 80

Mineração na Nuvem ... 81
    Mineração em piscina versus mineração na nuvem ... 82
    Prós e contras da mineração na nuvem ... 82

CAPÍTULO 6: **O Futuro da Mineração de Criptomoedas** ... 83

Incentivando a Exploração Energética ... 83
    Recuperação de recursos desperdiçados ... 84

Melhorias Contínuas na Eficiência Computacional ... 86
    Fazendo mais com menos ... 86
    Chegando aos limites da física ... 86

Participação de Corporações e Estados-nação ... 87
    Estados-nação ... 87
    Corporações ... 89
    Especulações quanto ao futuro ... 89

A Mítica Espiral da Morte do Minerador ... 90
    Dificuldade do bloco ... 91
    Algoritmo de ajuste de dificuldade do bloco ... 91
    Mineradores de último recurso ... 93

PARTE 3: TORNANDO-SE UM MINERADOR DE CRIPTOMOEDAS ... 95

CAPÍTULO 7: **Facilitando a Mineração: Sua Conta na Piscina** ... 97

Entendendo Como Funcionam as Piscinas de Mineração ... 98
Escolhendo uma Piscina ... 100
    Boas piscinas para começar ... 101

  Algumas das maiores piscinas 101
  Incentivos e recompensas 103
  Ideologia da piscina 106
  Reputação da piscina 107
  Taxas das piscinas 108
  Porcentagem da piscina na rede total 109
 Criando uma Conta na Piscina 111
  Escolha de servidor 112
  Configurações da piscina para o equipamento de mineração . 112
  Endereços de pagamento 113
  Limites de pagamento 113
 Pesquisando Piscinas de Mineração 114
 Mineração na Nuvem 115
 Trabalhando com a Honeyminer 117

CAPÍTULO 8: Escolhendo uma Criptomoeda para Minerar . . . 123

 Estabelecendo Seu Objetivo 124
 Minerável? PoW? PoS? 126
 Pesquisando Criptomoedas 127
  Sites comparativos de lucratividade de mineração 127
  Algoritmos e criptomoedas 131
  Página de detalhes da criptomoeda 137
  Calculadoras de lucros de mineração 138
  A página inicial da criptomoeda 140
  GitHub 140
  A página da criptomoeda na Wikipedia 141
  Fóruns de mineração 142
 Indo Além 142
  Longevidade de uma criptomoeda 142
  Segurança da taxa de hash e da criptomoeda 144
  Suporte da comunidade 145
 Descentralização É uma Boa 147
 É um Processo Iterativo 150

CAPÍTULO 9: Montando Seu Equipamento de Mineração . . . 151

 Escolhendo o Hardware Correto de Mineração 152
  Taxa de hash específica 152
  Consumo especificado de energia 154
  Custos de equipamentos e outras considerações 159
  Duração do hardware 159
 Fabricantes de Equipamentos de Mineração 161

  Fabricantes de plataformas ASIC........................162
  Fabricantes de plataformas GPU........................162
 A Carteira: Guarde e Proteja Suas Chaves Privadas............163
  Tipos de carteiras.....................................164
  Proteção e backup de sua carteira.....................165
 Onde Minerar? Escolhendo um Local Viável....................167
  Hoje a festa é lá no meu apê..........................167
  Conectividade é tudo..................................168
  O assunto é... fontes energéticas.....................169
  Centros de dados e outros locais comerciais dedicados....173

CAPÍTULO 10: **Configurando Seu Hardware de Mineração**....175

 Plataformas ASIC de Mineração...............................176
  Racks...176
  Fonte de alimentação..................................177
  PDUs..179
  Conexão de internet e Ethernet........................179
  Um computador para controlar sua plataforma...........180
 Plataformas GPU de Mineração................................183
  Conectando sua plataforma GPU online..................183
  Montando seu próprio equipamento GPU..................184
 Mineração com CPU...195
 Software de Mineração.......................................195
  Mineração em piscina..................................196
  Mineração solo..200

PARTE 4: A ECONOMIA DA MINERAÇÃO....................203

CAPÍTULO 11: **Fazendo as Contas: Vale a Pena?**..........205

 Fatores Determinantes da Lucratividade com Mineração........205
  Custo do equipamento..................................206
  Taxa de hash de seu equipamento.......................207
  Eficiência da plataforma de mineração.................211
  Custo de manutenção...................................213
  Custos com instalações................................214
  Custo da eletricidade.................................215
  Taxa total de hash da rede............................218
  Informações sobre sua piscina.........................219
  Ganhos do bloco.......................................219
  Taxa de conversão de criptomoedas.....................219
 Calculando Seu ROI..220
  Seus ganhos do bloco..................................220

    Seus ganhos do bloco 220
    Seus gastos 224
    Calculando o ROI 225
    Conhecendo o não conhecido 225
    Calculadoras online de lucratividade 226
    Estimativas históricas 228

CAPÍTULO 12: Minimizando as Perdas e Ganhando Vantagem ... 231

  Lucratividade por Meio da Eficiência 232
    Upgrade de equipamentos velhos 232
    Minerando outras criptomoedas 232
    Usando o calor de escape 233
    Reduzindo a conta de luz 234
  Conhecimento É Poder 236
    Por que eventos atuais são importantes 238
    As "guerras de fork" 238
    Suas decisões de fork 242
  E o Vento Levou... 246
  Avaliando Seus Recursos de Mineração 247
    Aumentando a concorrência 247
    Aumentando a dificuldade de bloco 247
    Diminuindo os retornos com os cortes pela metade 248

CAPÍTULO 13: Tocando Seu Negócio de Criptomoedas ... 251

  O que Fazer com Sua Criptomoeda Minerada 252
    Convertendo suas criptomoedas 252
    Comprando equipamentos e pagando as contas 252
    Pagando com criptomoedas mesmo quando
      não as aceitam 253
    Upgrade ou expansão de sua operação 255
    Mas não se esqueça dos impostos 255
    Mantendo suas criptomoedas 256
    Invista sua criptomoeda 257
    Faça doações 257
    Dê criptomoedas de presente 258
  Decidindo Quando Vender 258
    Indicadores do mercado de criptomoedas 259
    Onde vender 261

    Devagar e sempre..265
    DCA para suas saídas...................................266
    Riscos do serviço de custódia...........................266
  Impostos e Seu Negócio de Mineração........................267
    Mas você está minerando, não investindo................269
    Fica complicado..270
  Expandir?...271
    Não extrapole..271
    Marcos a serem alcançados antes de reinvestir...........272
    Planejando sua expansão................................274

PARTE 5: A PARTE DOS DEZ 275

CAPÍTULO 14: (Mais de) Dez Dicas para as Baixas do Mercado 277

  Tenha um Plano..278
  Quanto Tempo Você Aguenta?...............................279
  Aprenda com o Histórico do Mercado........................281
  Não Entre em Pânico! (Fique Calmo e Vá em Frente?)..........284
  Compre na Baixa...285
  Procure as Vantagens......................................286
  Antecipe a Recuperação do Mercado........................287
  Aprenda com Sua Primeira Queda...........................288
  Considere a Volatilidade do Mercado........................288
  Mude para Outra Criptomoeda..............................291
  Pare de Minerar!...291
    São apenas cálculos simples.............................293
    Vai ou racha?...295

CAPÍTULO 15: Dez Formas de Turbinar Seu ROI 297

  Fazendo Seu Dever de Casa................................297
  Momento de Entrada......................................298
  Jogando no Mercado 299
  Identificando Criptomoedas Alternativas com Taxa
    de Hash Baixa...299
  Minerando o Início de um Chain............................300
  Começando com Pouco....................................302
  Opções de Expansão 303
  Encontrando Eletricidade Barata............................303
  Refrigerando com Eficiência................................305
  Pechinchando Seu Hardware...............................306

CAPÍTULO 16: Dez Recursos para Criptomoedas 307

    Acompanhadores de Mercado 307
    Ferramentas de Estimativa de Lucratividade com a Mineração...308
    Páginas de Criptomoedas no Reddit 308
    Exploradores de Blockchain 309
    Visualização de Dados 310
    Dados e Estatísticas das Criptomoedas 310
    Wikis das Criptomoedas................................311
    Recursos Lopp.net 311
    O Manifesto Cypherpunk...............................312
    Whitepapers da Criptomoeda............................312
    O Instituto Satoshi Nakamoto...........................312

CAPÍTULO 17: Dez Críticas às Criptomoedas e à Mineração 313

    Consumo de Energia 314
    Processamento Desperdiçado 317
    Escalabilidade, Velocidade de Transações e Produtividade 319
    Equidade na Distribuição de Moedas 321
    Volatilidade e Bolhas do Mercado 321
    Centralização 323
    Golpes e Extorsões...................................324
    Inflação e Escassez do Hardware.........................324
    Risco de Incêndio 325
    Reclamações dos Vizinhos..............................325

ÍNDICE 327

Introdução

Bem-vindo ao *Mineração de Criptomoedas Para Leigos*. Estamos aqui para ajudá-lo a conhecer o maravilhoso mundo da mineração de criptomoedas. Obviamente, você não precisa de nossa ajuda, porque pode simplesmente fazer uma busca no Google ou em qualquer outro grande mecanismo de busca e começar a estudar. Haverá um monte de informações para ajudá-lo!

Ah! Tente isso para ver. Será como tentar beber água vinda de uma mangueira de bombeiros — você se afogará em uma enxurrada de posts confusos em blogs, artigos de "notícias" conflitantes, instruções incompreensíveis com passo a passo, vídeos falaciosos no YouTube...

É aí que entramos em cena. Nosso trabalho é decifrar isso tudo de modo que se transforme em porções pequenas, de fácil digestão e inteligíveis, para que pessoas comuns como você possam ler e compreender.

Sobre Este Livro

Este livro explica, simplifica e desmistifica o mundo da mineração de criptomoedas. Você encontrará o que precisa saber e fazer para conseguir decidir se e como começará a mineração de criptomoedas.

Neste livro, explicamos:

- Como a mineração de criptomoeda funciona e *para que* ela serve (não pode ser *apenas* uma forma de ganhar dinheiro, certo?).
- Os diferentes algoritmos e seu funcionamento — Proof of Work, Proof of Stake, Delegated Proof of Stake e outros — e tudo sobre hash.
- Os diferentes tipos de mineração: mineração em piscinas, solo e nuvem.
- Os diferentes tipos de hardware: mineração com CPU, GPU, FGPA e ASIC.
- Como escolher a criptomoeda certa para minerar.
- Como encontrar e trabalhar com um serviço piscina de mineração.
- Como configurar seu hardware e software de mineração.
- Como calcular seus ganhos (ou suas perdas!) potenciais, considerando a taxa de hash, a taxa de hash de seu equipamento de mineração, a taxa de câmbio atual, o preço da eletricidade, entre outras coisas.
- Onde encontrar uma infinidade de recursos úteis para guiá-lo em sua jornada de mineração de criptomoedas.
- E muito mais!

Penso que...

Não queremos fazer suposições, mas acreditamos que, se está lendo este livro, você já sabe algumas coisinhas sobre a internet e criptomoedas. Supomos que saiba trabalhar online e com equipamento de computação pessoal. Também presumimos que saiba comprar e vender criptomoedas, trabalhar com câmbio e carteiras e como mantê-las seguras.

Isso tudo já é um assunto complicado, que precisaria de um livro inteiro para ser explicado, mas é essencial que você entenda esse básico, pois este livro foca um assunto mais avançado — a mineração de criptomoedas —, e simplesmente não temos espaço para falar sobre o básico. Recomendamos o curso de oito horas em vídeo dado por Peter, disponível em `CryptoOfCourse.com` [conteúdo em inglês]; mas, de qualquer modo, é essencial que você aprenda como trabalhar de forma segura com criptomoedas, de modo a se proteger de roubos e perdas.

Ícones Usados Neste Livro

Este livro, como todos da série *Para Leigos*, usa ícones para destacar certos parágrafos e alertá-lo quanto a uma informação particularmente útil. A seguir, veja um resumo do significado de cada um:

Um ícone de Dica significa que estamos fornecendo um fragmento extra de informação que pode ajudá-lo em seu caminho ou fornecer ideias adicionais sobre os conceitos que estão sendo analisados.

O ícone Lembre-se destaca informações que valem a pena ser gravadas na memória.

O ícone Papo de Especialista indica conteúdo com um tom mais geek, que você pode pular se quiser, embora seja legal fazer a leitura se você for o tipo de pessoa que gosta de ter as informações de pano de fundo.

O ícone Cuidado o ajuda a ficar longe de problemas. A intenção é chamar sua atenção para que não caia em armadilhas que podem prejudicar seu site ou negócio.

Além Deste Livro

Além do material que você está lendo agora, este produto também é acompanhado por uma Folha de Cola, acessível de forma gratuita online e que aborda uma variedade de fatos úteis, como informações contextuais sobre criptomoedas comumente mineradas, divisibilidade de moedas, serviços populares de piscinas de mineração e assim por diante. Para obtê-la, é só acessar www.altabooks.com.br e pesquisar pelo título do livro.

Para informações sobre o curso de Peter em vídeo — *Crypto Clear: Blockchain & Cryptocurrency Made Simple* —, visite www.CryptoOfCourse.com [conteúdo em inglês].

De Lá para Cá, Daqui para Lá

Como todas as boas ferramentas de referência, este livro foi projetado para ser lido quando necessário. Ele está dividido em diversas partes: história e o básico sobre as criptomoedas, informações fundamentais relacionadas à mineração, como começar com a mineração de criptomoedas, a economia da mineração e a Parte dos Dez. Recomendamos que comece pelo começo e faça a leitura sequencial, mas, se apenas quiser saber sobre os serviços de piscinas de mineração, leia o Capítulo 7. Se precisar compreender como calcular de qual equipamento você precisaria para minerar uma criptomoeda em particular, leia o Capítulo 11. E se tudo que você quer é entender as formas diferentes de mineração, o Capítulo 4 o aguarda.

No entanto, as criptomoedas são um assunto complexo, e sua mineração é ainda mais. Todos os assuntos tratados neste livro estão inter-relacionados. Recomendamos veementemente que você leia tudo neste livro antes de começar a minerar, pois é essencial que, antes de começar, tenha uma sólida compreensão de tudo que está envolvido. Afinal, seu dinheiro está em jogo!

1
Descobrindo o Básico sobre as Criptomoedas

NESTA PARTE...

Revisando o básico sobre criptomoedas.

Compreendendo o blockchain e o hash.

Trabalhando com carteiras.

Usando criptografia de chaves públicas para comprovar propriedade.

Explorando o papel do minerador de criptomoedas.

Criando mensagens de transação em blockchain.

Assinando mensagens de transação.

Compreendendo a rede.

NESTE CAPÍTULO

» **Descobrindo as moedas virtuais**

» **Trabalhando com blockchain**

» **Hash de blocos**

» **Compreendendo a criptografia de chave pública**

» **Assinando mensagens com a chave privada**

Capítulo **1**

As Criptomoedas Explicadas

Você pode estar ansioso para começar suas operações de mineração, mas, antes que possa criar criptomoedas, queremos garantir que entenda o que realmente elas significam.

O assunto é tão recente — pelo menos, a maior parte do interesse pelas criptomoedas ocorreu recentemente, muito embora elas existam de muitas formas diferentes desde a década de 1980 —, que a maioria das pessoas envolvidas tem uma compreensão questionável sobre o que as criptomoedas são e como funcionam. O proprietário comum de criptomoedas, por exemplo, pode nem saber o que possui.

Neste capítulo, faremos uma revisão da história das criptomoedas e falaremos sobre como os diversos componentes funcionam juntos. Você terá uma fundamentação melhor para entender como minerar criptomoedas se compreender o que elas são.

Uma Breve História dos Dólares Digitais

Uma *criptomoeda* é apenas um tipo de moeda virtual... um tipo especial. No fim das contas, as criptomoedas podem ser consideradas isso mesmo: uma forma de moeda virtual.

Mas, então, o que é uma *moeda virtual*? Bem, esse é um termo muito amplo que abrange uma variedade de coisas diferentes. Porém, em termos gerais, é dinheiro que existe de forma digital, em vez de tangível (como moedas e notas). É possível transferir moedas virtuais por meio de algum tipo de rede eletrônica, seja a internet ou a rede de um banco particular.

DICA

Na verdade, até mesmo as transações do cartão de crédito podem ser consideradas como de moedas virtuais. Afinal, quando você usa seu cartão de crédito ou de débito em uma loja (seja digital ou física), o dinheiro é transferido eletronicamente; a rede não empacota as notas e as envia por correio para o vendedor.

Primeiro, pegue a internet

A história das criptomoedas começa, na verdade, com a internet. Elas existiam antes de a internet ser amplamente utilizada, mas, para que sejam úteis, é necessário, bem, algum tipo de método de transporte digital para elas. Se quase ninguém está usando uma rede digital de comunicações — e, até 1994, poucas pessoas o faziam —, então qual é a utilidade de uma moeda virtual?

Porém, após 1994, milhões de pessoas estavam usando uma rede digital e global de comunicações — a internet — e surgiu um problema: como é possível gastar dinheiro online? Tudo bem, hoje em dia a resposta é muito simples: por meio dos cartões de crédito, débito ou conta no Paypal. Mas, lá em meados da década de 1990, o buraco era mais embaixo.

Adicionando confusão ao cartão de crédito

Talvez alguns de vocês se lembrem (e reconheço que muitos de vocês também eram jovens demais naquela época para conseguirem se lembrar) de que, lá em meados da década de 1990, as pessoas tinham receio de usar cartões de crédito na internet. Quando criei minha própria editora e vendia livros no meu site em 1997, eu (Peter — o Tyler é novo demais para se lembrar de 1997) frequentemente recebia, pelo correio, prints das páginas de produtos de meu site, junto com um cheque para pagar pelo livro que estava sendo adquirido. Eu aceitava apenas cartões de crédito, mas muitas pessoas simplesmente não queriam usá--los; elas não confiavam que a web protegeria seu cofre de plástico.

Além disso, era difícil e caro, para o comerciante, estabelecer um portal de pagamento para cartões de crédito. Hoje em dia, adicionar o processamento de cartões de crédito em um site é um procedimento bem simples — e está incorporado virtualmente a todos os softwares de comércio digital, e, com serviços como Stripe e Square, que diminuem as barreiras de entrada, obter uma *conta comercial* não é mais uma enorme dor de cabeça e algo caro como costumava ser.

Obviamente, estamos nos referindo a transações comerciais aqui. Mas e quanto às transações pessoais? Como alguém pode enviar dinheiro que deve a um amigo? Ou como os pais podem enviar dinheiro para o filho que está na faculdade poder comprar cerveja? (Refiro-me ao PPP... pré-PayPal e transferências online entre contas bancárias.) Se vamos viver em um mundo digital, certamente precisamos de dinheiro digital.

Uma característica importante do dinheiro vivo é que suas transações são essencialmente anônimas — não há rastros físicos ou registros eletrônicos da transação. Muitas pessoas achavam que uma forma equivalente de moeda virtual anônima ou pseudônima seria uma grande melhoria dos métodos tradicionais de transação.

Assim, muita gente achava que deveria haver uma opção melhor. Precisávamos de uma moeda virtual para um mundo digital. Hoje em dia, talvez esse ponto de vista pareça ingênuo; voltando no tempo, era óbvio que as empresas de crédito não aceitariam ver trilhões de dólares em transações passando a ocorrer online e simplesmente dizer "tchauzinho"! Elas queriam sua parcela na ação, relutantes em abrir mão de seu monopólio, então, hoje em dia, os métodos primários de transações nos EUA e na maior parte da Europa é por meio de cartões de vários tipos.

Adicione uma pitada de David Chaum

Em meados da década de 1990, as pessoas acessavam a internet aos bandos, mas, por vários motivos, muitas não queriam ou não podiam usar cartões de crédito (veja a seção anterior). Os cheques eram ainda mais difíceis (a menos que quisessem enviá-los por correio), e dinheiro estava fora de questão. (Embora — e aqui vai uma piada para vocês que são geeks mais velhos — eu me lembre de um amigo dizendo para eu fazer a codificação UUENCODE dos $10 que devia para ele e enviar por e-mail. Novamente, é o Peter falando aqui; aposto que Tyler é novo demais para saber o que é UUENCODE.)

Mas, lá em 1983, uma cara chamado David Chaum havia escrito um artigo intitulado "Blind Signatures for Untraceable Transactions" [Assinaturas Cegas para Transações Não Rastreáveis, em tradução livre]. Chaum era criptógrafo (alguém que trabalha com criptografia) e professor de ciência da computação. Seu artigo descrevia uma forma de usar criptografia para criar um sistema de dinheiro digital que poderia possibilitar transações anônimas, como com dinheiro vivo (a criptografia moderna é a ciência de proteger comunicações online; falaremos sobre isso posteriormente). Na verdade, Chaum é geralmente mencionado como o Pai do Dinheiro Digital, assim como o Pai da Anonimidade Online.

Resultado? DigiCash, E-Gold, Millicent, Cybercash e mais

Misture a internet, transações online complicadas, medo de usar cartões de crédito online, desejo pela anonimidade do dinheiro vivo nas transações online e o trabalho de David Chaum nos anos 1980 (veja a seção anterior). Que resultado você obterá?

Para começar, você terá DigiCash, o sistema de dinheiro digital criado em 1990 por David Chaum. Infelizmente, parece que o Sr. Chaum chegou cedo demais à festa, e o DigiCash saiu de cena em 1998. Também houve o E-Gold, um sistema de dinheiro digital supostamente ancorado pelo outro, o Millicent de DEC (sim, sim, a maioria de vocês é jovem demais para se lembrar do DEC também... estou começando a me sentir velho enquanto escrevo esta seção "histórica"), o First Virtual, o Cybercash, o b-money, o Hashcash, o eCash, o BitGold, o Cybercoin e muitos outros. Também tivemos o Beenz, com capital de investimento na casa dos US$100 milhões; o Flooz, promovido por Whoopi Goldberg (é sério!); o Liberty Reserve (encerrado após acusações de lavagem de dinheiro); e os QQ Coins, da China.

Com a exceção dos QQ Coins, que ainda são utilizados nos serviços de Mensagens QQ da Tencent, todas essas moedas virtuais já eram. Notavelmente, muitas dessas primeiras unidades monetárias eram, de uma forma ou de outra, centralizadas.

No entanto, as moedas virtuais não acabaram. Elas tiveram um começo difícil, com muitas tentativa e erros, mas muitas pessoas ainda achavam que o mundo precisava de transações online como se fosse dinheiro vivo (ou seja, anônimas). Uma nova era estava prestes a começar: a era das criptomoedas.

As primeiras moedas virtuais também dependiam da criptografia, é verdade, mas elas não eram conhecidas como criptomoedas. Foi apenas após as criptomoedas serem combinadas com um blockchain em 2008 que o termo "criptomoeda" começou a ser usado, e ele realmente só começou a aparecer amplamente apenas por volta de 2012. (Blockchain? É uma forma especial de banco de dados, mas o descreveremos em mais detalhes posteriormente, neste capítulo.)

O whitepaper do Bitcoin

Em 2008, Satoshi Nakamoto publicou em um fórum de criptografia conhecido como "Cypherpunk Mailing List" um documento intitulado "Bitcoin: A Peer--to-Peer* Electronic Cash System" [Bitcoin: Um Sistema de Dinheiro Eletrônico

---

* N. do T.: Peer-to-peer: Entre pares, ou diretamente entre os usuários. Algumas fontes usam: ponto-a-ponto.

Peer-to-Peer], dizendo: "Estou trabalhando em um novo sistema de dinheiro eletrônico que tem as operações completamente peer-to-peer, sem a necessidade de confiar em uma terceira parte."

A lista de atributos a seguir, postulou Nakamoto, era essencial para o Bitcoin:

> » Gastos duplos não ocorrem com uma rede peer-to-peer.
> » Sem Casa da Moeda ou necessidade de confiar em terceiros.
> » Os participantes podem ser anônimos.
> » Novas moedas são criadas a partir do Proof of Work (PoW) ao estilo Hashcash.
> » O Proof of Work para criação de novas moedas também impede o gasto duplo na rede.

A leitura do documento não é muito prazerosa, mas vale a pena gastar alguns minutos para dar uma conferida nele. É fácil encontrá-lo. Acesse https://bitcoin.org/bitcoin.pdf [conteúdo em inglês; há várias versões em português, como a disponível em: https://bitcoin.org/files/bitcoin-paper/bitcoin_pt_br.pdf]. O resumo do *whitepaper do bitcoin* começa com a seguinte afirmação: "Uma versão de dinheiro eletrônico puramente peer-to-peer permitiria que pagamentos online fossem enviados diretamente de uma pessoa para outra sem a necessidade de passar por uma instituição financeira", escreveu Nakamoto. Ele explica que seu método resolveu o problema do "gasto duplo", uma questão que atormentou as primeiras moedas virtuais: o desafio era garantir que uma moeda virtual não pudesse ser gasta duas vezes.

Nakamoto também descreve a funcionalidade do uso do blockchain, embora o termo "blockchain" não apareça em seu artigo:

> *"Estamos propondo... usar uma rede peer-to-peer. A rede insere data e hora nas transações usando um hash em uma cadeia contínua de Proof of Work à base de hash, formando um registro que não pode ser alterado sem refazer o Proof of Work."*

Bitcoin: O primeiro aplicativo em blockchain

No início de janeiro de 2009, Nakamoto colocou a rede de bitcoins para funcionar usando blockchain (um conceito que existe desde o início da década de 1990, embora esta fosse a primeira vez que tivesse sido corretamente implementado), e criou o primeiro bloco no blockchain, conhecido como o bloco *gênesis*.

Esse bloco continha cinquenta bitcoins, bem como o texto *"The Times 03/Jan/2009 Chancellor on brink of second bailout for banks"* [alusão à matéria do jornal *The Times* sobre a iminência de um segundo resgate financeiro dos bancos], como justificativa e explicação sobre a importância de um sistema como o Bitcoin. Nakamoto continuou codificando atualizações no protocolo, rodando um nó e muito provavelmente minerou 1 milhão de bitcoins, número este que o faria uma das pessoas mais ricas do mundo no fim de 2017 (ou, pelo menos, "no papel").

Chegando o fim de 2010, Satoshi Nakamoto publicou seu último post no fórum e oficialmente saiu do projeto, mas, a essa altura, muitos outros entusiastas das criptomoedas já haviam se juntado ao grupo e começaram a minerar, dando suporte ao desenvolvimento de código-fonte aberto, e o resto é história.

Quem (ou o que) é Satoshi Nakamoto?

Então, quem foi esse cara... ou essa moça... ou organização chamada Satoshi Nakamoto? Ninguém sabe. Satoshi Nakamoto não parece ser um nome real; muito provavelmente é um pseudônimo. E se alguém sabe, de fato, quem é Nakamoto, essa pessoa não dirá. É um grande mistério das criptomoedas.

Há um nipo-americano chamado Dorian Prentice Satoshi Nakamoto, aparentemente nascido Satoshi Nakamoto. Ele tinha formação em física e engenharia de sistemas e de computação e trabalhava para empresas financeiras — talvez ele fosse Satoshi Nakamoto. No entanto, ele negou o fato diversas vezes.

Que tal Hal Finney, que morava a apenas alguns quarteirões da casa de Dorian Prentice Satoshi Nakamoto? Ele era criptógrafo antes de existir o bitcoin, uma das primeiras pessoas a usar essa moeda, e alega ter se comunicado por e-mail com o fundador dos bitcoins. Algumas pessoas sugeriram que ele "pegou emprestado" o nome de Satoshi Nakamoto e o usou como pseudônimo.

Temos ainda Nick Szabo, que está envolvido com moedas virtuais há muito tempo e até publicou um whitepaper sobre bit gold, antes do whitepaper de Nakamoto sobre bitcoin. E que tal Craig White, que a certa altura alegou ser Nakamoto, mas foi acusado posteriormente de fraude? Ou o Dr. Vili Lehdonvirta, sociólogo econômico finlandês, ou um aluno irlandês graduando em criptografia; ou os três caras que deram entrada em uma patente que incluía uma frase obscura ("computacionalmente impraticáveis de reverter"), também usada no whitepaper de Nakamoto sobre bitcoin; ou o matemático japonês Shinichi Mochizuki; ou Jed McCaleb; ou algum tipo de agência governamental; ou algum tipo de equipe de pessoas; ou Elon Musk; ou... bem, ninguém sabe, mas não faltam teorias.

O segundo maior mistério de bitcoins? Nakamoto possuía cerca de 1 milhão de bitcoins, que valiam cerca 19 ou 20 bilhões de dólares em dezembro de 2017. A totalidade da fortuna em bitcoins estimada de Nakamoto não foi movimentada ou gasta. Por que ele ou ela (ou eles) não encostou nesse dinheiro?

O que É Blockchain?

Para compreender as criptomoedas, é necessário saber um pouco sobre blockchains — uma tecnologia complicada. Mas tudo bem, não precisamos entender tudo, apenas o básico.

Blockchains são tipos de bancos de dados. Um *banco de dados* é apenas uma coleção de dados estruturados. Digamos que você junte um punhado de nomes, endereços de ruas, de e-mail e números de telefone e os digite em um processador de textos. Isso não é um banco de dados, é apenas um amontoado de textos.

Mas digamos que você insira esses dados em uma planilha. A primeira coluna é para o primeiro nome, a segunda é para o sobrenome; e depois, as colunas para e-mail, telefone, endereço, CEP, país e assim por diante — agora temos dados estruturados. Isso é um banco de dados.

A maioria das pessoas usa banco de dados o tempo todo. Se você usa algum tipo de programa de gestão financeira, como Quickbooks, Quicken ou Mint, seus dados estão armazenados em um banco de dados. Se você usa um programa de gerenciamento de contatos para armazenar esse tipo de informação, ela fica em um banco de dados. Nos bastidores, os bancos de dados são uma parte integral da vida digital moderna.

Volta ao mundo com blockchain — A rede

O blockchain é um banco de dados; ele armazena informações de forma estruturada. Podemos usar blockchains para muitos propósitos diferentes: por exemplo, para *registro de direitos de propriedade* (quem é o dono deste terreno, e como se tornou o dono?) ou *acompanhamento da cadeia de suprimentos* (qual é a procedência de seu vinho ou peixe e como chegou até você?). Os blockchains podem armazenar qualquer tipo de dados. Porém, no caso das criptomoedas, os blockchains armazenam dados de transações: quem possui qual quantia de criptomoedas, sua procedência e destino (como foi gasta)?

Obviamente, os blockchains têm diversas características especiais. Para começar, funcionam em rede. Há a rede do Bitcoin, do Litecoin, do Ethereum, assim como há uma rede de e-mails ou a rede World Wide Web.

O Bitcoin, por exemplo, é uma rede de milhares de nós, ou servidores, espalhados por todo o planeta.

Cada um desses nós contém uma cópia do blockchain do bitcoin, e eles se comunicam entre si e se mantêm sincronizados. Eles usam um sistema de *consenso* para chegar a um acordo com respeito à aparência do banco de dados válido e atual do blockchain. Ou seja, todos eles têm uma cópia de combinação do blockchain.

Hash: Colocando a "impressão digital" nos blocos

Duplicar o blockchain em vários outros computadores é muito importante, torna-o muito mais difícil de hackear ou manipular. Mas há outra coisa que é muito poderosa também: o *hash*. Um *hash* é um número comprido que pode ser considerado uma impressão digital para os dados. O blockchain o utiliza da seguinte maneira:

1. **Um computador roda um nó, coleta e valida as transações de bitcoins (registros de bitcoins enviadas entre endereços dentro do blockchain) que serão adicionadas ao blockchain.**

2. **Uma vez que um computador tenha coletado transações suficientes, ele cria um bloco de dados e faz o *hash* dos dados — isto é, passa os dados para um algoritmo especial de hash, que faz o hash de volta.**

   Veja um exemplo de um hash da vida real, retirado de um bloco no blockchain do bitcoin:

   000000000000000000297f87446dc8b8855ae4ee2b35260dc4af61e-1f5eec579Th

   Um *hash* é uma impressão digital para os dados, e, graças à mágica da matemática complexa, não é possível ser igualado por nenhum outro conjunto de dados. Se os dados com hash forem levemente alterados — um 0 muda para 5, ou um A muda para B —, a impressão digital do hash não estará mais compatível com os dados originais.

3. **O hash é adicionado ao bloco de transações.**

4. **O bloco é adicionado ao blockchain.**

5. **Mais transações são coletadas para o próximo bloco.**

6. **Depois que um bloco cheio de operações está pronto, o hash do bloco anterior é adicionado ao bloco atual.**

7. **O bloco — as transações e o hash do bloco anterior — recebe o hash novamente.**

8. **O processo se repete, criando uma cadeia de blocos carimbados com o dia e a hora da transação.**

Portanto, cada bloco contém dois hashes: o do bloco anterior e o do bloco atual, que é criado ao fazer o hash da combinação de todas as transações de bitcoins e do hash do bloco anterior.

É assim que os blocos vão se encadeando no blockchain (veja a Figura 1-1). Cada bloco contém o hash do bloco anterior — na verdade, uma cópia da impressão digital única do bloco anterior. Cada bloco também está, de fato, identificando sua posição no blockchain; o hash do bloco anterior identifica a ordem na qual o bloco atual está.

O blockchain é "imutável"

Talvez você tenha ouvido que o blockchain é praticamente *imutável*, o que simplesmente significa que não é fácil de alterá-lo. Se o sistema blockchain de bitcoins diz que você possui x bitcoins, então é o que você possui, não há como discordar. E ninguém conseguirá acessar o blockchain para hackeá-lo, mudá-lo ou alterá-lo de alguma forma.

Imagine o que aconteceria se alguém acessasse um bloco (vamos chamá-lo de Bloco A) e mudasse alguns poucos dados — por exemplo, a pessoa acessa e mostra que, em vez de ter enviado um bitcoin a alguém, você enviou nove bitcoins.

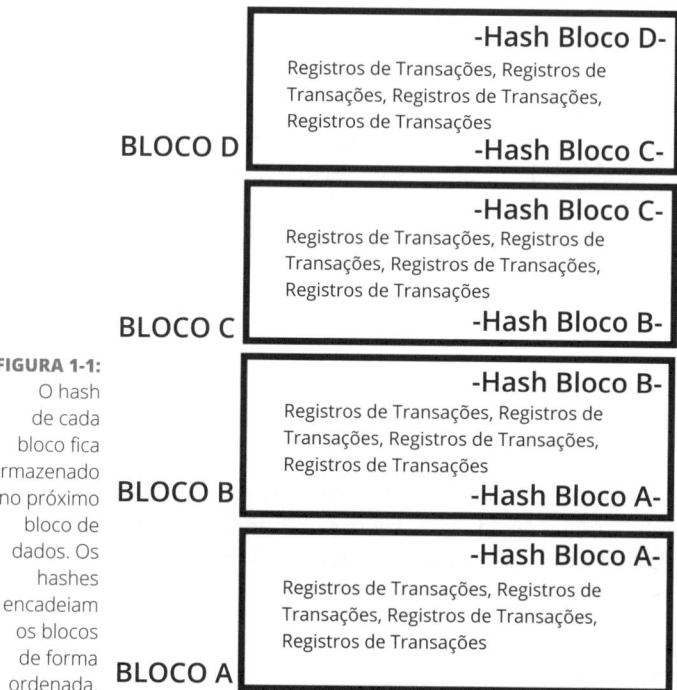

FIGURA 1-1: O hash de cada bloco fica armazenado no próximo bloco de dados. Os hashes encadeiam os blocos de forma ordenada.

Bem, o hash no Bloco A não seria mais compatível com seus dados. Lembre-se: um hash é uma impressão digital que identifica os dados, então, se você mudar os dados, o hash não será mais compatível.

Tudo bem, então o hacker poderia refazer o hash dos dados do Bloco A e salvar o hash "corrigido". Mas espere um momento! Agora o próximo bloco (Bloco B) não seria mais compatível, porque ele está carregando o hash do Bloco A. Digamos, então, que agora o hacker muda o hash do Bloco A armazenado no Bloco B.

Mas então o hash do Bloco B não é mais compatível com os dados do Bloco B, porque esse hash foi criado a partir de uma combinação dos dados de transações do Bloco B e do hash do Bloco A!

Portanto, o Bloco B teria de receber um novo hash, e o hash teria que ser atualizado. Mas espere aí! Isso significa que o hash do Bloco B armazenado no Bloco C agora não é mais compatível!

Vê aonde estamos indo? Isso interferiria ao longo de todo o blockchain. Ele estaria completamente quebrado agora, com apenas a modificação de um único caractere em um bloco bem mais embaixo. Para resolver o problema, o blockchain inteiro precisa ser recalculado. Começando nesse bloco hackeado, ele deve ser "reminerado". O que podia parecer um hackeamento simples e uma mera edição de banco de dados agora se transforma em uma dor de cabeça computacional gigantesca que não pode ser facilmente resolvida.

Dessa forma, a função de hash, combinada com o fato de que milhares de outros nós devem estar sincronizados com cópias idênticas do blockchain, torna o blockchain praticamente imutável; ele simplesmente não pode ser facilmente hackeado.

Ninguém consegue mudá-lo ou destruí-lo. Os hackers não conseguem acessar a rede de nós peer-to-peer e criar transações para roubar criptografia, os governos não conseguem fechá-lo (a China, por exemplo, poderia tentar encerrar o bitcoin dentro de seu território, mas o blockchain continuaria a existir em muitos outros países), um grupo terrorista não pode destruí-lo, uma nação não pode atacar outra e destruir seu blockchain e assim por diante. Como há muitas cópias do blockchain, ele é praticamente imutável e indestrutível.

Cadê o Dinheiro?

Talvez você esteja se perguntando "Então, onde está a criptomoeda? Cadê o dinheiro?" Ou talvez tenha ouvido falar sobre carteiras de criptomoedas e acha que é nelas que o dinheiro fica armazenado. Errado. Não há dinheiro na carteira de criptomoedas. Na verdade, não há criptomoedas.

Os blockchains de criptomoedas são geralmente descritos como livros-razão. Um *livro-razão* é descrito no Google Dicionário como "livro usado pelos comerciantes como índice do livro diário" — uma coleção de registros financeiros de determinado tipo. Os livros-razão existem há centenas de anos e são usados para registrar as transações de pessoas físicas, jurídicas, departamentos governamentais etc. O recibo que você obtém de sua conta no banco ou de seu cartão de crédito é uma forma de livro-razão, demonstrando suas transações individuais e o dinheiro que paga e recebe dos outros.

> **PAPO DE ESPECIALISTA**
>
> ## DESCOBRINDO SEU SALDO NO BLOCKCHAIN
>
> Certo, tudo bem, o blockchain na verdade não armazena o saldo para cada endereço. O blockchain não declara em nenhum lugar quanto de criptomoedas qualquer pessoa em particular tem, ou quantos endereços específicos estão associados a ela. Em vez disso, você pode usar um explorador de blockchain para seguir todas as suas transações, de débito e crédito, e o explorador pode determinar seu saldo com base nessas transações.

No contexto da criptomoeda, o blockchain é um livro-razão digital que registra as criptomoedas que você envia e recebe dos outros.

Pense assim: digamos que você seja um pouco compulsivo e goste de manter um registro do dinheiro que carrega em seu bolso. Você sempre leva um bloco para registrar cada vez que coloca dinheiro no bolso e cada vez que o gasta, calculando o balanço atual. O bloquinho é um tipo de livro-razão de transações, não é mesmo?

A criptomoeda é muito similar a esse livro-razão de transações de dinheiro... excluindo o fato de que não há bolsos. O blockchain é o livro-razão; ele armazena um registro de cada transação (a primeira vez que você comprou ou recebeu criptomoedas, quando as gastou ou vendeu e o saldo que possui).

Mas não há bolsos, e as criptomoedas não estão armazenadas em algum galpão. O blockchain é apenas uma série de transações "míticas" (ou virtuais) armazenadas no livro-razão. Não há transferência de moedas físicas; apenas atualização do registro, para declarar que aquela moeda foi transferida.

O livro-razão diz que você possui criptomoedas, então todos podem validar e aceitar o fato. E lembre-se: o livro-razão não pode ser editado após ter sido solidificado no encadeamento — e não pode ser hackeado. (Veja a seção anterior para obter mais detalhes sobre esse assunto.) Assim, se o livro-razão diz que você possui, digamos, meio bitcoin, então você de fato o possui e pode vendê-lo para outra pessoa ao modificar o livro-razão informando que aquela pessoa o possui!

Mas, e a carteira? Ela deve conter dinheiro, não é? Não, as carteiras de criptomoedas não as armazenam. Elas armazenam chaves particulares e públicas, além de endereços. As chaves particulares são as mais importantes, porque controlam os endereços com os quais as criptomoedas ficam associadas no blockchain.

O que É o Cripto em Criptomoedas?

O *cripto* em criptomoedas faz referência à criptografia. Então, o que a criptografia é exatamente?

De acordo com o dicionário Michaelis, criptografia é "a arte ou processo de escrever em caracteres secretos". A explicação da Wikipédia é mais complicada e digital: "O estudo e prática de princípios e técnicas para comunicação segura... a criptografia refere-se à construção e análise de protocolos que impedem terceiros, ou o público, de lerem mensagens privadas."

A história da criptografia remonta a, pelo menos, 4 mil anos. As pessoas sempre precisaram enviar mensagens secretas de vez em quando, e é exatamente sobre isso que trata a criptografia.

A criptografia atual, com a ajuda de computadores, é muito mais complicada do que as cifras antigas do mundo clássico e é usada mais extensivamente. Na verdade, ela é uma parte integral da internet; sem ela, a internet simplesmente não funcionaria da forma que necessitamos que funcione.

Quase todas as vezes que você usa seu navegador, está empregando a criptografia. Lembra-se do iconezinho de cadeado, apresentado na Figura 1-2, na barra de endereços?

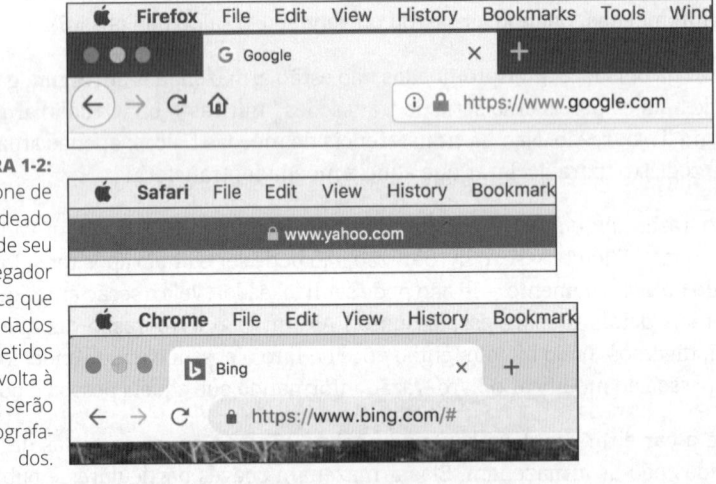

FIGURA 1-2: O ícone de cadeado de seu navegador significa que os dados submetidos de volta à rede serão criptografados.

O ícone de cadeado significa que a página é segura. Ao enviar e receber informações do navegador para o servidor da internet, essa informação será *criptografada* — embaralhada —, para que, caso seja interceptada nas centenas ou milhares de quilômetros de transmissão da internet entre os dois, ela não possa ser lida. Quando o número de seu cartão de crédito é transmitido para um site de comércio eletrônico, por exemplo, ele é embaralhado por seu navegador, enviado para o servidor da internet e, depois, desembaralhado pelo servidor recipiente.

> **PAPO DE ESPECIALISTA**
>
> ## BLOCKCHAINS CRIPTOGRAFADOS
>
> Você pode criar blockchains criptografados e criptografar dados dentro de um blockchain. Por exemplo, embora o bitcoin não seja criptografado, possa ser aberto e inspecionado por qualquer um (veja o explorador de blockchain na Figura 1-3), ainda é possível criar blockchains criptografados que obscurecem os dados de transações, como o ZCash, mas, em geral, blockchains de criptomoedas não são criptografados, então qualquer um pode ler as transações armazenadas neles.

Ah, então o blockchain é criptografado, certo? Bem, não. A criptomoeda usa criptografia, mas não para embaralhar os dados no blockchain. Ele é aberto, público e auditável. A Figura 1-3 mostra um exemplo de um explorador de blockchain projetado para o bitcoin. Por meio do uso de um desses exploradores, qualquer um pode investigar o blockchain e ver todas as transações que ocorreram desde o bloco gênesis (o primeiro bloco de bitcoin criado).

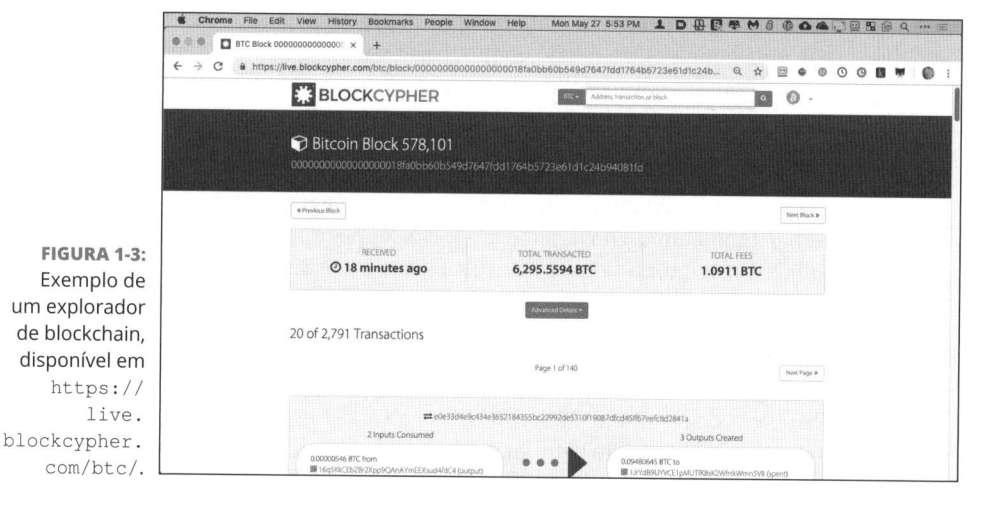

FIGURA 1-3: Exemplo de um explorador de blockchain, disponível em https://live.blockcypher.com/btc/.

Não, as criptomoedas não costumam criptografar os dados no blockchain. Elas costumam assinar mensagens que você envia para o blockchain. Essas mensagens são as que acionam as transações e atualizam o livro-razão do blockchain.

A Mágica da Criptografia de Chave Pública

A criptografia de chave pública é um truquezinho esperto criado com o uso da criptografia digital. E, a propósito, esse tipo de criptografia é totalmente realizado com cálculos matemáticos extremamente complicados — o tipo de cálculo que até as pessoas com graduação em matemática não entendem e que

CAPÍTULO 1 **As Criptomoedas Explicadas** 19

tem nomes como *números de Carmichael* e *códigos de Goppa*, algo que certamente nós não entendemos, e nem você (bem, a maioria de vocês, caros leitores). Mas, sem problemas: a gravidade tampouco é bem compreendida, mas a usamos todos os dias.

Portanto, esqueça como essa coisa maravilhosa funciona. Em vez disso, concentre-se no que ela está de fato realizando. Agora, imagine um cofre, com duas fechaduras e duas chaves associadas. Uma delas é uma chave pública, e a outra, uma chave privada. Agora imagine que você guardou algo dentro do cofre e o fechou com a chave pública. Uma vez que a porta estiver fechada e trancada, a chave pública não terá mais acesso ao cofre; ela não pode ser usada para abri-lo e retirar o item. No entanto, a chave privada o fará. A única maneira de abrir/destrancar o cofre é usando a chave privada.

De fato, esse cofre matemático mágico funciona das duas formas. Você pode fechá-lo com a chave privada, mas, após fazê-lo, não poderá usá-la para abri-lo. Apenas a chave pública abrirá um cofre fechado com uma chave privada.

Ah, e essas duas chaves estão magicamente associadas. Elas funcionam apenas uma com a outra, e não com outras chaves. A Chave Privada X funcionará apenas com a Chave Pública X e vice-versa. Não é possível fechar o cofre com a Chave Pública X e depois abri-lo com a Chave Privada W ou a Chave Privada K, por exemplo.

Certo, mesmo princípio, mas agora pense nas mensagens eletrônicas. Você pode fechar uma com a chave pública — isto é, pode usar uma chave para embaralhar, ou criptografar, a mensagem. Essa mensagem pode ser um e-mail ou informações sendo enviadas de seu navegador para um servidor de internet.

Depois que essa mensagem fechada (criptografada) é recebida na outra ponta (o recipiente do e-mail ou o servidor de internet), apenas a chave privada pode abri-la; a chave pública é inútil a essa altura. E ela deve ser a chave magicamente associada (tudo bem, matematicamente associada), e nenhuma outra.

A criptografia é uma ferramenta útil. Isso significa que posso lhe dar uma chave pública, você escreve uma mensagem para mim e a criptografa usando a chave pública, e, uma vez criptografada, ninguém na Terra poderá lê-la, a menos que tenha a chave privada. Portanto, se estou cuidadosamente protegendo minhas chaves, sou a única pessoa no mundo que pode ler a mensagem.

Os nomes dessas chaves não são arbitrários. A chave privada deve realmente ser privada — apenas você, e ninguém mais no mundo, deve ter acesso a ela. A chave pública pode realmente ser pública. É possível distribuí-la. Por exemplo, se quiser que as pessoas enviem e-mails para você, pode publicar sua chave pública — em seu site, no rodapé de seus e-mails, em seu cartão de visitas, não importa — para que todos que quiserem lhe enviar uma mensagem possam criptografá-la com sua chave pública, sabendo que você é a única pessoa no mundo que poderá lê-la (porque você guarda a chave privada em um lugar secreto).

DICA Como criptografar e-mails? Esse tipo de criptografia existe há décadas, mas simplesmente não se popularizou muito. Mesmo assim, você pode criptografar e-mails na maioria dos sistemas, como Outlook, Gmail e Yahoo! Mail, e há sistemas, como o ProtonMail, que criptografam como padrão.

Em essência, esse é o processo que seu navegador usa quando você envia informações sobre seu cartão de crédito online. O navegador usa a chave pública do servidor da internet para embaralhar os dados de modo que apenas o navegador, com a chave privada associada, possa descriptografar e ler as informações do cartão de crédito. (Tudo bem, isso é uma simplificação. A comunicação entre o navegador e o servidor é muito mais complicada do que essa explicação, envolvendo chaves de sessões temporárias e assim por diante, mas o princípio básico ainda se aplica.)

Mensagens para o blockchain

A criptografia de chave pública é usada quando você envia transações para o blockchain. Quando quer enviar, digamos, bitcoins, para outra pessoa, você envia uma mensagem criptografada para o blockchain dizendo "envie x,xx das minhas bitcoins para este endereço".

Mas espere aí. Acabei de dizer que o blockchain não é criptografado, e agora estou dizendo que as mensagens para o blockchain são criptografadas! Então, por que se importar se a mensagem enviada ao blockchain é criptografada se você a descriptografará de qualquer maneira?

Bem, lembre-se de que eu disse que essa coisa de trancar/destrancar funciona para os dois lados. Você pode trancar com a chave pública e destrancar com a chave privada ou vice-versa. De qualquer forma, os dados são embaralhados. A diferença é quem tem a habilidade de desembaralhá-los. Caso algo seja embaralhado com a chave pública, a única pessoa no mundo que conseguirá desembaralhar é aquela com a chave privada. Mas, se você embaralhar com a chave privada, a única pessoa no mundo que pode abri-la é... todo mundo! Qualquer pessoa pode ter acesso à chave pública. Ela é "pública", lembre-se disso!

Sendo assim, qual é o propósito de criptografar uma mensagem com a chave privada? Obviamente não é para protegê-la, pois qualquer um pode descriptografar. Não, o propósito é *assinar* a mensagem (transação) e provar que é dono da chave pública associada.

Assinando mensagens com a chave privada

Digamos que eu publique minha chave pública em meu site, em meus e-mails e em meus cartões de visita. Então, um dia você recebe uma mensagem que parece ter sido enviada por mim. Mas como você pode ter certeza disso? Bem, eu criptografo a mensagem usando minha chave privada. Então, você pega minha chave pública (que está publicamente disponível) e a usa para descriptografar a mensagem. Se realmente foi enviada por mim, a chave descriptografará a mensagem e você conseguirá lê-la. Se não tiver sido, a descriptografia não funcionará, porque ela foi enviada por outra pessoa.

Portanto, ao criptografar a mensagem com a chave privada, de fato a assinei, provando que eu a enviei. O recipiente sabe que a mensagem foi criada pela pessoa que possui a chave privada que está associada com a chave pública que abriu a mensagem e a tornou legível.

O endereço do blockchain — O lar do seu dinheiro

Todas as criptomoedas no blockchain estão associadas com endereços. Veja um que acabei de pegar do blockchain do Bitcoin usando o explorador de blockchain disponível em `blockchain.com`, por exemplo:

```
1L7hHWfJL1dd7ZhQFgRv8ke1PTKAHoc9Tq
```

Trilhões de combinações diferentes de endereços são possíveis, então esse endereço é fundamentalmente único. Agora, de onde ele veio? De uma carteira que o gerou a partir da chave privada. A carteira contém uma chave pública e uma chave privada.

LEMBRE-SE

A chave pública está associada à chave privada. De fato, a primeira é criada a partir da segunda. O endereço está associado com a chave pública; na verdade, é criado a partir dela. Portanto, todos os três estão matematicamente e exclusivamente associados entre si.

Enviando uma mensagem de transação

Assim, é da seguinte maneira que a criptografia é usada quando você quer enviar uma transação para o blockchain, para transferir um saldo de criptomoedas para outra pessoa. Digamos que há um endereço no blockchain com bitcoins associadas a ele. Quando verifiquei, o endereço `1L7hHWfJL1dd7ZhQFgRv8ke1PTKAHoc9Tq` tinha um saldo de 0,10701382 bitcoin. Agora, digamos que esse saldo seja seu e que você quer enviar, talvez, 0,05 bitcoin para um amigo, para o serviço de exchange (plataforma na qual as criptomoedas podem ser compradas, trocadas ou vendidas) ou para um comerciante, de quem está adquirindo um bem ou serviço.

> **MENSAGEM PARA O BLOCKCHAIN**
>
> **PAPO DE ESPECIALISTA**
>
> Como enviar uma mensagem para o blockchain? É isso que o software de sua carteira faz. Na verdade, ele se parece menos com uma carteira — sua carteira que não contém criptomoedas — e mais com um programa de e-mails. Seu programa de e-mail envia mensagens por toda a rede de e-mails. Sua carteira envia mensagens (sobre transações) por toda a rede de criptomoedas.

DICA

O endereço que uso neste exemplo é real; você pode conferir com seus próprios olhos em um explorador de blockchain (use este link para acessá-lo: `https://blockstream.info/address/1L7hHWfJL1dd7ZhQFgRv8ke1PTKAHoc9Tq` — conteúdo em inglês). No momento em que escrevo este capítulo, há 0,10701382 bitcoin. Obviamente, no momento em que você conferir, o número poderá ser outro.

Você envia uma mensagem para o blockchain dizendo, essencialmente, "Sou o proprietário do endereço `1L7hHWfJL1dd7ZhQFgRv8ke1PTKAHoc9Tq` e quero enviar 0,05 bitcoin para o endereço `1NdaT7URGyG67L9nkP2TuBZjYV6yL7XepS`".

Se apenas enviar uma mensagem com texto simples (não criptografado), haverá um enorme problema de verificação e validade. Como o nó do bitcoin recipiente dessa mensagem saberia que eu, de fato, possuo esse endereço e o dinheiro a ele associado? Eu poderia apenas estar falsificando a informação e inventando tudo, não é?

O que fazemos é usar a carteira para assinar a mensagem usando a chave privada associada ao endereço. Em outras palavras, usamos a chave privada para criptografar a mensagem. Depois, pegamos a chave pública, adicionamos ela à mensagem criptografada e a enviamos para toda a rede de criptomoedas.

Desvendando a mensagem

Então, o nó — um computador que contém uma cópia do blockchain da criptomoeda — recebe a mensagem. Ele pega a chave pública anexada e decodifica a mensagem. O nó aprende algo: "Esta mensagem deve ter sido criptografada — assinada — pela chave privada associada com a chave pública." Obviamente, isso não quer dizer muito. É praticamente uma tautologia! Por definição, se a chave pública pode descriptografar uma mensagem, a mensagem deve ter sido criptografada com a chave privada associada. Grande coisa.

QUEM TIVER AS CHAVES PRIVADAS É DONO DO DINHEIRO

PAPO DE ESPECIALISTA

Certo, então talvez haja mais pessoas com acesso à chave. Mas até onde dependa da tecnologia, isso não importa. Quem tiver acesso à chave privada tem o direito criptográfico de controlar o dinheiro atribuído ao endereço do blockchain associado à chave. Talvez você ouça a expressão "quem tiver a chave privada é dono do dinheiro" ou "não é sua chave privada, não é seu dinheiro". Talvez a pessoa possa não ter adquirido o dinheiro de forma legítima ou o possua ilegalmente, mas pode controlá-lo, de qualquer forma. Assim, proteja suas chaves privadas!

Mas lembre-se: a chave pública está matematicamente associada ao endereço `1L7hHWfJL1dd7ZhQFgRv8ke1PTKAHoc9Tq`. Assim, agora o nó pode examinar os dois, perguntando efetivamente: "A chave pública está associada com o endereço?" Se a resposta for sim, então o nó também sabe que a chave privada está associada ao endereço (todos os três estão exclusivamente associados entre si). Portanto, o que o nó diz para si mesmo?

CRIPTOMOEDAS PSEUDÔNIMAS

PAPO DE ESPECIALISTA

Algumas criptomoedas são mais anônimas que outras. O bitcoin, por exemplo, é geralmente denominado de *pseudônimo*, porque é apenas parcialmente anônimo. Imagine que alguém faz um requerimento jurídico para obter os registros de uma transação e descobre que você comprou alguns bitcoins na operação e que sua identidade estava ligada àquelas transações por meio dos procedimentos de coletas de dados AML (anti-money laundering — antilavagem de dinheiro) e KYC (know your customer — conheça seu cliente), exigidos por lei nos Estados Unidos (e em outros países). Eles terão o endereço que o serviço de exchange usou para armazenar os bitcoins, certo? Bem, agora podem rastrear as transações daquele endereço por meio do blockchain usando um explorador de blockchain. E endereços diferentes podem estar associados entre si de certas maneiras, então seria possível que alguém com a informação — uma autoridade fiscal, por exemplo, ou agência policial —, de um único ponto de partida, criasse uma imagem das transações de bitcoin de uma pessoa. Portanto, a maneira como o bitcoin é comumente usado hoje em dia não é totalmente anônima. Outras moedas, como Monero ou ZCash, alegam estar muito mais próximas do verdadeiro anonimato. No entanto, melhorias no Bitcoin, como CoinJoin e Layer 2, provavelmente o tornarão mais anônimo no futuro.

> "Esta mensagem, enviando dinheiro de `1L7hHWfJL1dd7ZhQFgRv8ke1PTKAHoc9Tq`, foi enviada pela chave privada que foi usada para criar este endereço... então o endereço deve ter sido enviado pela pessoa que possui o endereço e, portanto, possui o dinheiro associado a ele."

DICA Sei que esse conceito pode ser confuso, é difícil assimilá-lo. Então, veja outra forma de pensar sobre ele: a única pessoa que poderia ter enviado uma mensagem criptografada com as instruções de transações para esse endereço juntamente com a chave pública que criou originalmente o endereço é a pessoa que controla a chave privada associada — ou seja, o dono do endereço e do dinheiro associado a ele, desse modo verificando a posse e validando a transação.

Então, essa é a criptografia nas criptomoedas! Você pode controlar anonimamente o dinheiro no blockchain por meio da criptografia, usando pares de chaves públicas e privadas e endereços associados, assinando as mensagens criptograficamente.

Os Componentes Básicos das Criptomoedas

As próximas seções analisam como os componentes básicos das criptomoedas se encaixam.

O que tem na carteira?

Quando estamos falando das criptomoedas, a *carteira* é onde tudo começa. Ao criar um arquivo de carteira, o software dela criará uma chave privada. Essa chave é usada para criar uma chave pública, e a chave pública é usada para criar um endereço. O endereço nunca existiu antes no blockchain e ainda não existe por lá.

Depois que tiver um endereço, terá uma forma de armazenar criptomoedas. Você pode dar o endereço para a pessoa de quem esteja comprando a criptomoeda ou para um serviço de exchange, por exemplo, e estes podem enviar as criptomoedas para esse endereço — em outras palavras, eles enviam uma mensagem para o blockchain dizendo "Envie a quantia x de criptos para o endereço x". Agora o endereço existe no blockchain e tem criptomoedas associadas a ele.

Um *programa de carteira* é um programa de mensagens que armazena suas chaves e seus endereços em um arquivo de carteira. Ele tem as seguintes características básicas:

» Extrai dados do blockchain a respeito de suas transações e saldo.
» Envia mensagens para o blockchain que está transferindo suas criptomoedas de seus endereços para outros endereços, tal como quando você faz uma compra usando-as.
» Cria endereços que podem ser dados para outras pessoas quando precisarem enviar criptomoedas para você.

As chaves privadas criam chaves públicas

A chave privada em sua carteira é usada para criar a chave pública que será usada para criptografar suas mensagens enviadas ao blockchain. As chaves privadas devem ser mantidas privadas, pois qualquer um com acesso a elas terá acesso ao seu dinheiro no blockchain.

As chaves públicas criam endereços no blockchain

As chaves públicas também são usadas para criar endereços. A primeira vez que um endereço é usado, o programa da carteira de alguém envia uma mensagem para o blockchain dizendo "Envie a quantia x de criptomoedas do endereço x para o endereço y". Até esse ponto, o endereço ainda não existia no blockchain. Porém, após o programa da carteira enviar a mensagem, o endereço estará no blockchain, e o dinheiro estará associado a ele.

PAPO DE ESPECIALISTA

"FORKING" DE CRIPTOMOEDAS

Um *fork (bifurcação)* ocorre quando uma criptomoeda se divide em duas. Quer dizer, os nós da rede saem de consenso, e uma cópia é feita do software da criptomoeda, uma mudança é feita na cópia, e os dois conjuntos diferentes de software então constroem blockchains separados. Desse modo, por exemplo, em janeiro de 2015, foi feita uma cópia do código DASH, chamada DNET (DarkNet). Tanto o DASH quanto o DNET continuaram seu desenvolvimento como criptomoedas separadas, e o DNET foi posteriormente renomeado para PIVX (Private Instant Verified Transaction — Transação Privada Instantânea Verificada).

A chave privada controla o endereço

A chave privada que está controlando o endereço é um conceito extremamente crucial nas criptomoedas, e as pessoas que perdem acesso a suas criptomoedas ou são roubadas não entendem isso (veja a Figura 1-4). Neste livro, não entraremos em detalhes sobre a proteção de chaves privadas, mas não deixe de protegê-las! Não as perca e não deixe que outras pessoas as descubram!

FIGURA 1-4: A criptomoeda está associada a um endereço no blockchain; o endereço deriva da chave pública, que está associada a uma chave privada... que é mantida em segurança em uma carteira.

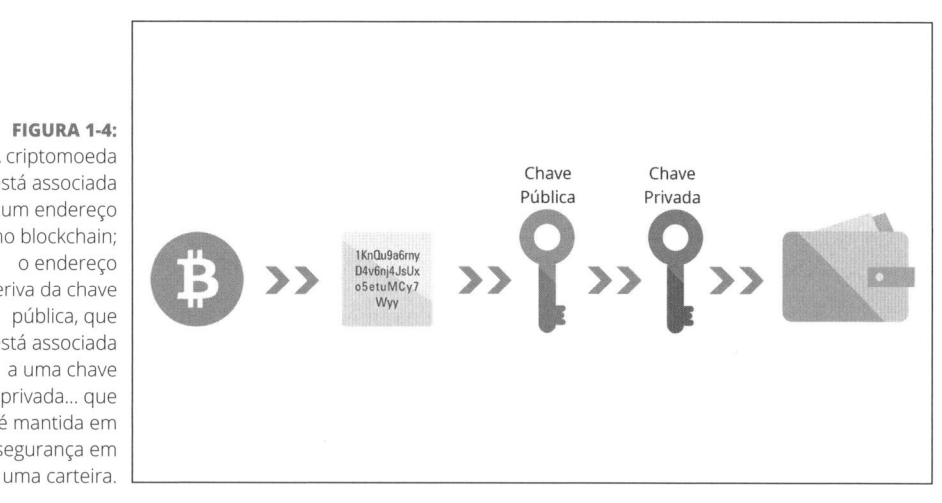

De Onde Vêm as Criptos? Das Minas (às Vezes)

Então, de onde vêm as criptomoedas? Elas podem ser *mineradas* — a maneira menos comum, embora, evidentemente, a que despertou seu interesse, já que está lendo este livro — ou podem ser *pré-mineradas*.

Dizer que uma criptomoeda foi *pré-minerada* ou que *não é minerável* significa simplesmente que ela já existe. O blockchain é um livro-razão contendo informações sobre transações. Quando ele foi criado, o livro-razão já continha um registro de todas as criptomoedas que os fundadores tinham planejado. Nada será acrescentado; já está tudo no blockchain.

De fato, embora escutemos muito sobre a mineração de criptomoedas, a maioria delas (no momento em que escrevemos, mais de 2 mil sabores diferentes) estão pré-mineradas: cerca de 74 das 100 principais não são mineráveis, e, no geral, cerca de 70% de todas elas não podem ser mineradas.

Um exemplo de uma criptomoeda pré-minerada é a XRP, geralmente conhecida como Ripple, que é atualmente a segunda maior criptomoeda (em termos de *capitalização de mercado* — ou seja, o valor de todas as criptomoedas em circulação). A XRP fica armazenada dentro do blockchain RippleNet blockchain.

Quando o blockchain da Ripple foi criado, 100 bilhões de XRP já estavam registradas por lá, embora a maioria não tivesse sido distribuída. Os fundadores da Ripple retiveram 20%, e, até mesmo neste momento, quase 60% das moedas não estão em circulação.

Outro exemplo é a Stellar, uma rede de pagamentos fundada pelo serviço de pagamentos Stripe, que, no momento em que escrevemos, era a quarta maior criptomoeda. A Stella tem um aprovisionamento total de mais de 100 bilhões de lúmens, sendo que 2% são destinados à Stripe para seu investimento.

Então, não, nem todas as criptomoedas podem ser mineradas (na verdade, a maioria não pode). Mas não é por isso que você está lendo este livro, certo?

A boa notícia, porém, é que você pode minerar cerca de seiscentas criptomoedas (embora nunca vá querer minerar a vasta maioria delas). Para decidir quais minerar, veja o Capítulo 8.

> **NESTE CAPÍTULO**
>
> » Ganhando dinheiro com mineração: taxas de transação e subsídios de blocos
>
> » Entendendo como a mineração gera confiança
>
> » Descobrindo como a mineração garante as seis características das criptomoedas
>
> » Escolhendo a mineração vencedora com Proof of Work e Proof of Stake

Capítulo **2**

Entendendo a Mineração de Criptomoedas

Quando um minerador envia uma mensagem de transação pela rede de criptomoedas, o computador de outro minerador a pega e adiciona à lista de transações em espera para inclusão em um bloco e no livro-razão do blockchain. (Você pode encontrar os detalhes sobre o livro-razão das criptomoedas e do blockchain no Capítulo 1.) Neste capítulo, exploraremos como as criptomoedas usam a mineração para criar confiança e torná-las utilizáveis, estáveis e viáveis.

Entendendo as Moedas Descentralizadas

As criptomoedas são *descentralizadas* — quer dizer, não há bancos centrais, banco de dados central e nenhuma autoridade central gerencia a rede da moeda. Nos EUA, por exemplo, há o Federal Reserve, em Washington, a organização que gerencia o dólar norte-americano. O Banco Central Europeu, em Frankfurt, gerencia o euro, e todas outras moedas fiduciárias também têm entidades regulatórias.

No entanto, as criptomoedas não têm uma autoridade central. Pelo contrário, elas têm uma comunidade, e, em particular, os mineradores de criptomoedas e os nós da rede as gerenciam. Por esse motivo, elas geralmente ganham o título de *trustless* — *sem necessidade de confiança*, porque nenhuma parte ou entidade controla como uma criptomoeda é emitida, gasta ou balanceada. Você não precisa depositar sua confiança em uma autoridade única.

LEMBRE-SE "Sem necessidade de confiança" não é o termo correto. A confiança está respaldada no sistema. Não é necessário confiar em uma única autoridade, mas sua confiança no sistema e em uma base de códigos totalmente auditável ainda é essencial. Na verdade, não há nenhum tipo de moeda que possa funcionar sem algum grau de confiança ou crença. (Se ninguém confia nela, então ninguém a aceitará ou se esforçará para mantê-la.)

No mundo das criptomoedas sem necessidade de confiança, você ainda pode confiar na comunidade da criptomoeda e em seus mecanismos para garantir que o blockchain contenha um registro preciso e *imutável* — inalterável — das transações das criptomoedas. As criptomoedas são estabelecidas pelo uso de um conjunto de regras de software para garantir que o sistema possa ser confiável, e o processo de mineração é parte desse sistema que permite que todos confiem no blockchain.

As criptomoedas não têm um banco central que imprime dinheiro novo. Em vez disso, os mineradores desenterram novas moedas, de acordo com uma programação preestabelecida de emissão, e as lançam em circulação, em um processo chamado de *mineração*.

POR QUE O PROCESSO É CHAMADO DE MINERAÇÃO?

Quando comparamos a mineração de criptomoedas com a mineração de ouro, o motivo da denominação fica mais claro. Em ambas as formas de mineração, os mineradores investem seu trabalho e são recompensados com um ativo não circulado. No caso do ouro, o metal naturalmente existente que estava fora da economia é desenterrado e torna-se parte do ouro em circulação na economia. No caso das criptomoedas, o trabalho é realizado e o processo se encerra com novas criptomoedas sendo criadas e adicionadas ao livro-razão do blockchain. Em ambos os casos, os mineradores, após receber sua recompensa — o ouro minerado ou a nova criptomoeda criada —, geralmente a vendem para o público, de modo a recuperar seus custos operacionais e obter seu lucro, colocando a nova moeda em circulação.

O trabalho do minerador de criptomoedas é diferente daquele de um minerador de ouro, obviamente, mas o resultado é muito semelhante: ambos ganham dinheiro. Na mineração de criptomoedas, todo o trabalho acontece em um computador de mineração ou *plataforma (rig)* conectada à rede de criptomoedas — sem a necessidade de andar de jegue ou preencher os dentes faltantes com próteses de ouro!

Explorando o Papel do Minerador de Criptomoedas

Os mineradores de criptomoedas adicionam transações ao blockchain, mas moedas diferentes usam métodos distintos de mineração — isso se de fato a usarem. (A maioria das criptomoedas não usa mineração — veja o Capítulo 1.) Métodos diferentes de mineração e de consenso são usados para determinar quem cria novos blocos de dados e como, exatamente, eles serão adicionados ao blockchain.

LEMBRE-SE Como você minera uma criptomoeda em particular varia levemente dependendo do tipo de moeda em questão, mas o básico permanece igual: a mineração cria um sistema para criar confiança entre as partes, sem a necessidade de uma autoridade única, e garante que o saldo das criptomoedas de todos esteja atualizado e correto no livro-razão do blockchain.

O trabalho realizado pelos mineradores consiste em algumas ações principais:

> » Verificar e validar novas transações.
> » Coletar essas transações e organizá-las em um novo bloco.
> » Adicionar o bloco à cadeia de blocos do livro-razão (o blockchain).
> » Transmitir o novo bloco para a rede de nós da criptomoeda.

O processo precedente de mineração é um trabalho essencial, necessário para a propagação contínua do blockchain e de suas transações associadas. Sem ele, o blockchain não funcionará. Mas por que alguém faria esse trabalho? Quais são os incentivos para o minerador?

O minerador de bitcoin tem, na verdade, dois incentivos (outras criptomoedas podem funcionar de forma diferente):

> » **Taxas de transação:** Uma pequena taxa é paga por cada pessoa que gasta a criptomoeda, para que a transação seja acrescentada ao novo bloco; o minerador que está acrescentando o bloco recebe as taxas de transação.
> » **Subsídio de blocos:** Criptomoedas recentemente criadas, conhecidas como o subsídio do bloco, são pagas para o minerador que acrescenta com êxito o bloco ao livro-razão.

Combinados, as taxas e o subsídio são conhecidos como a *recompensa de bloco*. No Bitcoin, o subsídio de bloco começou em 50 BTC (BTC é o símbolo monetário para o bitcoin). No momento da produção deste capítulo, o subsídio está em 12,5 BTC. Ele é reduzido pela metade a cada 210 mil blocos, ou aproximadamente a cada quatro anos. Em algum momento perto de maio de 2020, ele será reduzido pela metade novamente para 6,25 BTC por bloco.*

A Figura 2-1, do explorador de blockchain disponível em `https://www.blockchain.com/explorer`, apresenta um subsídio de bloco sendo pago para um endereço cujo proprietário é o minerador que adicionou o bloco ao blockchain. Perto do topo, é possível ver que 12,5 BTC estão sendo pagos como subsídio. A soma real recebida pelo minerador (a recompensa total, 13,24251028 BTC) é maior, porque ela também inclui as taxas de transações no bloco.

---

* N. da E.: O Bitcoin teve seu subsídio reduzido para 6,25 BTC em 11 de maio de 2020, em um processo conhecido como *halving*.

FIGURA 2-1: Uma transação mostrando o subsídio de bloco e as taxas de transação sendo pagas a um minerador, do explorador de blockchain BlockChain.com.

Tornando as Criptomoedas Confiáveis

Para que uma criptomoeda funcione, diversas condições devem ser atendidas pelo protocolo. Nós gostamos da lista de seis fatores de Jan Lanksyt (Jan é acadêmico das criptomoedas e leciona em uma universidade na República Tcheca). Como você pode ver a seguir, a mineração (das criptomoedas mineráveis; as não mineráveis têm mecanismos diferentes) é uma parte integral para garantir que essas condições sejam atendidas.

» **O sistema não exige uma autoridade central e é mantido por meio de consenso distribuído.** Ou seja, todos concordam com os saldos associados com os endereços no livro-razão do blockchain. A mineração é uma parte integral do acréscimo de transações no blockchain e na manutenção do consenso.

» **O sistema mantém registros das unidades da criptomoeda e de sua posse.** Os saldos podem ser provados a qualquer momento. A mineração acrescenta transações ao blockchain de modo que este se torna imutável — o blockchain não pode ser alterado. Caso ele mostre que seu saldo é de cinco bitcoins, então isso é definitivamente o que você possui!

» **O sistema define se novas unidades da criptomoeda podem ser criadas e, em caso positivo, define as circunstâncias de sua origem e como determinar a posse dessas novas unidades.** Uma emissão fixa ou uma taxa de inflação são predefinidas. A mineração apresenta uma forma de lançar novas criptomoedas em circulação com uma taxa predeterminada e controlada e com a posse atribuída ao minerador.

» **A posse de unidades de criptomoedas é provada por meio da criptografia.** As três condições, de autenticidade, não repúdio e imutabilidade, são cumpridas por meio do uso de criptografia. Os mineradores, usando a criptografia, verificam que os pedidos de transação são válidos antes de acrescentá-los a um novo bloco. O minerador verifica que o pedido de transação é para um saldo disponível para o dono da moeda em questão, que ele assinou corretamente o pedido com sua chave privada para comprovar a posse e que o endereço recipiente é válido e está apto a aceitar a transferência.

» **O sistema permite que sejam realizadas transações nas quais a posse das unidades criptográficas seja alterada.** As transações podem ser enviadas apenas por emissores que possam comprovar a posse da criptomoeda que está sendo transferida. Eles fazem isso ao assinar transações usando os endereços associados com a chave privada. A mineração é o processo por meio do qual as transações são realizadas, e os mineradores verificam a posse antes de acrescentar a transação ao blockchain.

» **Se duas instruções diferentes para a alteração da posse das mesmas unidades criptográficas forem emitidas simultaneamente, o sistema realiza no máximo uma delas.** Não há possibilidade para que alguém faça o gasto duplo da mesma unidade. O problema do gasto duplo era um dos fatores que enfraqueceram as primeiras moedas digitais. Mas, com as criptomoedas modernas, os mineradores examinam as transações, procurando o registro de transações no blockchain para apurar se o dono de fato possui saldo suficiente naquele momento. Caso um saldo suficiente não seja contabilizado dentro do endereço de gasto (o endereço de entrada) no pedido de transação, esta será rejeitada pelo software do nó e nunca será minerada no blockchain. Além disso, se o mesmo emissor tiver dois ou mais pedidos pendentes de transações, mas não possuir criptomoedas suficientes para cobri-las, os mineradores podem decidir qual dos pedidos é válido. Transações adicionais serão descartadas para evitar que a mesma moeda sofra um *gasto duplo*.

Mesmo que apenas uma dessas seis condições não seja atendida, uma criptomoeda não funcionará, porque ela não conseguirá desenvolver confiança suficiente para que as pessoas a usem com segurança. O processo de mineração solidifica e atende cada uma dessas condições.

Os Generais Bizantinos

Há um exercício mental conhecido como *problema dos generais bizantinos* (ou o *Erro Bizantino, efeito avalanche* e várias outras coisas), que ilustra o problema que os algoritmos de consenso das criptomoedas procuram resolver.

O problema geral? Estamos buscando atingir consenso; nas criptomoedas, estamos tentando obter consentimento quanto ao histórico das transações das moedas. Mas, em uma rede de criptomoedas — um sistema computacional de iguais distribuído —, há milhares, talvez dezenas de milhares, de computadores (nós). Na rede Bitcoin, há atualmente entre 80 mil e 100 mil nós. Mas, destas dezenas de milhares de sistemas, alguns terão problemas técnicos, falhas de hardware, configuração errada, software desatualizado, roteadores falhando e assim por diante. Outros não serão confiáveis; eles estarão buscando explorar as fraquezas para obter ganhos financeiros de pessoas que estão rodando os nós (são controlados por "traidores"). O problema é que, por diversos motivos, alguns nós podem enviar informações conflitantes e com falhas.

Então, alguém propôs um tipo de parábola ou metáfora: o problema dos generais bizantinos. (Um cara chamado Leslie Lamport Shostak foi o primeiro a contar essa história, lá em 1980, em um artigo relacionado a problemas gerais de confiabilidade em sistemas computacionais distribuídos.) Originalmente sob o nome de o *problema dos generais albaneses*, teve seu título alterado devido ao império há muito derrotado, para não ofender nenhum albanês! (Se bem que, neste mundo interconectado de constantes ofensas na mídia social, deve haver pelo menos alguns residentes de Istambul ofendidos.) Aparentemente, os acadêmicos da computação distribuída gostam de se sentar e criar essas pequenas metáforas; há o *problema do jantar dos filósofos*, o *problema dos leitores e escritores* e assim por diante. Na verdade, o *problema dos generais bizantinos* foi derivado do *problema dos generais chineses*.

De qualquer maneira, conforme descrito no artigo original, a ideia é a seguinte:

> *"Imaginamos que diversas divisões do Exército Bizantino estão acampadas do lado de fora de uma cidade inimiga, sendo que cada divisão é comandada pelo seu próprio general. Os generais podem se comunicar entre si apenas por meio de mensageiros. Após observar o inimigo, eles devem se decidir quanto a um plano comum de ação. No entanto, alguns dos generais podem ser traidores, tentando evitar que os generais leais cheguem a um consenso. Os generais devem ter um algoritmo para garantir que: A) Todos os generais leais se decidam pelo mesmo plano de ação... [e] B) Um pequeno número de traidores não possa fazer com que os generais leais adotem um plano ruim."*

(Faça uma busca online por *byzantine generals problem leslie lamport robert shostak marshall pease*, caso esteja interessado em ver o artigo original [conteúdo em inglês — há algumas referências em português. Busque pelo termo *problema dos generais bizantinos leslie lamport robert shostak marshall pease*].)

Esse é o problema que os *algoritmos de consenso* das criptomoedas, como são conhecidos, estão tentando resolver. Como os generais (os computadores nós) chegam a um consenso (todos concordam com o mesmo plano de ação — ou livro-razão de transações) e evitam ser desencaminhados por um pequeno número de traidores (equipamento com falha e hackers)?

Analisando o Minerador de Criptomoedas

Para ter uma chance de receber a recompensa da mineração, os mineradores devem configurar suas plataformas de mineração (o equipamento do computador) e executar o software de mineração associado à criptomoeda. Dependendo de quantos recursos o minerador esteja empenhado a obter, ele ou ela terá uma chance proporcional de ser o minerador sortudo que consegue criar e encadear o último bloco. Quanto mais recursos empregados, maiores as chances de ganhar a recompensa. Cada bloco tem uma quantia predeterminada de pagamento, que vai para o minerador vitorioso como recompensa por seu trabalho árduo, para ser gasta como quiser.

Então, como o minerador vitorioso é escolhido? Depende. Na maioria dos casos, usa-se um destes dois métodos:

» **Proof of Work [Prova de Trabalho]:** Neste método, o minerador precisa desempenhar uma tarefa, e o primeiro a completá-la acrescenta o último bloco ao blockchain e ganha a recompensa e o subsídio do bloco, além das taxas das transações. O Bitcoin e outras criptomoedas, como Ether (por enquanto, talvez mude para Proof of Stake em algum momento), Bitcoin Cash, Litecoin e Dogecoin, usam Proof of Work.

» **Proof of Stake [Prova de Participação]:** Neste sistema, o software escolherá um dos nós da criptomoeda para adicionar o último bloco, mas, para concorrer, os nós devem ter uma participação — stake —, o que geralmente significa que devem possuir certa quantia da criptomoeda. A rede da criptomoeda escolhe o minerador que acrescentará o próximo bloco à corrente, com base em uma combinação de escolha aleatória e quantidade de participação — por exemplo, algumas criptomoedas determinam que, quanto mais unidades são possuídas e quanto maior o tempo da posse, mais chances o minerador terá de ser escolhido. (É como possuir bilhetes de loteria; quanto mais tiver, mais chances terá de ganhar.) Com outras criptomoedas, a escolha é feita sequencialmente, uma por uma, a partir de uma fila de mineradores pré-selecionados.

Quando o Bitcoin foi iniciado, qualquer um com um computador desktop simples conseguia fazer a mineração. O minerador em potencial fazia o download e a instalação do software de mineração do Bitcoin e começava a nadar em BTCs! Com o passar do tempo, no entanto, a concorrência aumentou. Computadores mais velozes e potentes foram desenvolvidos e usados para mineração. Em determinada altura, chips de processamento especializado, chamados de Circuitos Integrados de Aplicações Específicas (ASICs — Application Specific Integrated Circuits), foram desenvolvidos. Um ASIC, como o nome sugere, é um chip de computador projetado para um propósito específico, como apresentar rapidamente gráficos de alta resolução, rodar um smartphone ou realizar alguma forma específica de computação. Os ASICs específicos foram projetados para ser altamente eficientes nas formas de computação exigidas pela mineração de criptomoedas — por exemplo, para a mineração de Bitcoin. Um chip assim pode ser mil vezes mais eficiente na mineração de Bitcoin do que o chip em seu PC, então, no ambiente atual da mineração de Bitcoin, ou você tem um ASIC, ou pode voltar para casa!

Para criptomoedas de alta dificuldade, como Bitcoin, o ambiente ideal de mineração deve ter:

> » **Baixos custos de hardware:** Aquelas plataformas de mineração não são de graça.
> » **Baixas temperaturas:** Isso facilita a refrigeração de suas plataformas de mineração.
> » **Baixos custos de eletricidade:** As plataformas de mineração podem consumir muita eletricidade.
> » **Conexões de internet rápidas e confiáveis:** Você precisa manter uma comunicação rápida com a rede de criptomoedas, minimizando o tempo ocioso, pois está concorrendo com outros mineradores.

Porém não tema. Com tantas cópias e imitações diferentes do Bitcoin rodando por aí, ele não é mais a única atração da cidade, e é possível encontrar muitas alternativas de mineração com níveis diferentes de exigências de potência computacional. Atualmente, algumas das criptomoedas mais lucrativas para serem mineradas são menos conhecidas e podem ser mineradas com hardware de computadores que você pode comprar em qualquer loja, devido aos seus níveis menos rigorosos associados à popularidade e adoção mais baixas.

PAPO DE ESPECIALISTA

ESSE TAL DE ASIC

Um ASIC — *application specific integrated circuit* — é, tecnicamente falando, um *circuito integrado para aplicações específicas* (CIAE): um chip de computador incrivelmente especializado para fazer uma operação muito eficientemente. No entanto, você provavelmente ouvirá a turma das criptomoedas falar da caixa especializada de mineração que compraram como um ASIC, ou uma *caixa ASIC*. Ele é bom apenas para rodar algoritmos específicos de mineração. Por exemplo, se adquiriu um ASIC desenvolvido para minerar Bitcoin, que usa o algoritmo SHA-256, você não fará a mineração do Litecoin com ele, pois, para isso, seria necessário um ASIC desenvolvido para o algoritmo Scrypt.

PAPO DE ESPECIALISTA

Atualmente, uma grande parte da mineração mundial de criptomoedas acontece na China, talvez a uma taxa três vezes maior do que a da nação seguinte (os EUA). Uma combinação de energia elétrica barata e fácil acesso a componentes baratos de computador para desenvolver as plataformas de mineração concede à China uma vantagem aproveitada pelos mineradores daquele país e, até o momento, mantida, mesmo com a aparente desaprovação do governo quanto às criptomoedas. Isso testifica o grau de resiliência e dificuldade existente para encerrar sistemas distribuídos de criptomoedas, como os do Bitcoin.

Fazendo o Mundo das Criptomoedas Girar

Uma criptomoeda tem valor porque muitas pessoas acreditam nisso, coletivamente. Mas por que elas têm tal crença? A resposta é: confiança. (Para ver mais detalhes sobre confiança, veja a seção anterior "Tornando as Criptomoedas Confiáveis".) Uma pessoa que possua Bitcoin pode confiar que sua moeda estará em sua carteira amanhã ou daqui a dez anos. Se essa pessoa quiser pesquisar sobre o funcionamento do sistema, ela pode auditar o código-base para entender o sistema em um nível mais profundo, de modo a compreender como a confiança é mantida. No entanto, se ela não tiver o conjunto de habilidades ou o conhecimento de ciência de computação para auditar o código, pode então escolher confiar em outras pessoas, que têm mais conhecimentos do que ela, que entendem e monitoram o sistema; pode confiar na comunidade global do blockchain que está gerenciando essa criptomoeda específica.

Sem a funcionalidade da mineração sustentando o sistema peer-to-peer distribuído da criptomoeda, essa confiança coletiva (baseada na prova do trabalho coletivo em relação à cadeia) não existiria. (Como outras criptomoedas pré-mineradas ou outros mecanismos com consenso fraco conseguem existir é outra história, que não trataremos neste livro; nosso foco, obviamente, são as criptomoedas mineradas.)

A mineração garante que seu saldo não mudará sem sua autorização. Ela incentiva todos a se comportar corretamente e pune aqueles que não o fazem. E ela cria uma forma digital de transferência de valor em que cada usuário individual, como uma parte igual (peer) na rede, pode confiar, pois cada parte do sistema está alinhada de acordo com um propósito: disponibilizar uma maneira de criar, verificar e transferir a posse de escassas unidades criptográficas digitais.

NESTE CAPÍTULO

» Entendendo a rede da criptomoeda

» Definindo os tipos diferentes de nós na rede

» Aprendendo sobre as taxas de transação e os endereços de troco

» Solicitando que o blockchain acrescente sua transação

» Verificando as transações e os blocos de transações

Capítulo **3**

Construindo Blocos: A Jornada das Transações ao Blockchain

Em uma ponta, você tem sua carteira ou seu software do nó. Na outra, está o blockchain. No meio, há a rede de nós peer-to-peer e os mineradores criando blocos na corrente. Como uma transação que você configura em seu programa de carteira encontra seu caminho até o blockchain?

Neste capítulo, analisamos como uma transação sai de sua carteira e acaba no blockchain, bem como o papel do minerador neste processo. Para exemplificar, usamos Bitcoin, a primeira criptomoeda baseada em blockchain. Outras criptomoedas usam um processo com diversos graus de semelhança. Cada uma tem suas próprias peculiaridades, mas entender como o Bitcoin funciona lhe dará uma base muito boa.

A Rede das Criptomoedas

Cada criptomoeda tem sua própria rede de nós operando por toda a internet, e essa rede tem aspectos peer-to-peer e cliente-servidor, dependendo de como queira interagir com ela e qual software utilizar. (Por exemplo, talvez você ouça os termos *rede blockchain* ou *rede Bitcoin*.)

Geralmente, você ouve uma rede de criptomoedas sendo descrita como peer-to-peer, o que é verdade — embora esse tipo de rede também possa ser usado como uma rede cliente-servidor. Qual é a diferença?

» **Redes peer-to-peer** são aquelas com computadores iguais que trabalham juntos.

» **Redes cliente-servidor** são aquelas nas quais os servidores prestam serviços aos computadores dos clientes.

Considere como você usa seu e-mail. O sistema de e-mails da internet também tem dois aspectos. Primeiro, há o aspecto peer-to-peer, abrangendo centenas de milhares de servidores de e-mail ao redor do mundo, que trabalham juntos, enviando e-mails entre si.

Porém, o sistema de e-mails também tem um aspecto cliente-servidor, com milhões de e-mails de clientes. Digamos que você use o Outlook em seu computador, ou talvez acesse o Gmail, e use este programa de e-mail em seu navegador. De qualquer forma, o programa que está usando para escrever, enviar, receber e ler e-mails é conhecido como *cliente*. Este programa cliente envia os e-mails de saída para um servidor e recebe os e-mails de entrada de um servidor.

As redes de criptomoedas são similares. Primeiro, temos a rede peer-to-peer de *nós completos*, os computadores que recebem e validam as transações e os blocos para garantir que estejam seguindo as regras da rede e que são todos válidos; esta é a rede que faz o trabalho de manter o blockchain. Esses nós são peers (pares) porque são todos iguais e funcionam juntos. (E alguns desses nós completos, embora não sejam todos, também são mineradores.) Esses nós se comunicam entre si por meio da internet, usando um protocolo específico (uma linguagem de computador; no caso do bitcoin, o *protocolo bitcoin peer-to-peer*), assim como os servidores de e-mail se comunicam por meio da internet usando um protocolo desenvolvido para esse propósito.

Depois, temos os programas clientes — softwares de carteira que as pessoas usam para enviar transações para os nós completos para que sejam acrescentadas ao blockchain. Ao instalar um software de carteira em seu computador ou smartphone, ou quando configura uma carteira custodial ao criar uma conta em um serviço de exchange, você está trabalhando com um programa cliente que pode se comunicar em seu nome com a rede peer-to-peer de nós completos. (Esses nós completos são servidores para sua carteira cliente.)

CUIDADO

Carteiras custodiais são convenientes e incrivelmente fáceis de configurar; outra pessoa gerencia suas chaves e o software da carteira para você. Mas também são perigosas. Você precisa confiar que o serviço protegerá suas chaves e agirá da melhor maneira, conforme seus interesses.

Para eliminar terceiras partes na interação com a rede de blockchain, os usuários e os mineradores geralmente decidem executar seu próprio nó como uma alternativa às carteiras custodiais e simples que recebem seus dados dos nós completos na rede. Esses nós recebem e verificam suas próprias transações e agem como um par na rede peer-to-peer. Um computador pessoal comum pode funcionar como um nó com o software correto, mas também há componentes especializados de hardware que são projetados para executar apenas um nó Bitcoin. Esses nós com hardware dedicado geralmente consomem menos eletricidade, em comparação com um PC comum, e podem ser muito menores também. Veja, a seguir, uma pequena lista de provedores especializados em hardware de nó dedicado ao Bitcoin [sites com conteúdo em inglês]:

» **Lightning in a Box:** https://lightninginabox.co
» **Nodl:** www.nodl.it
» **Casa Node:** https://keys.casa/lightning-bitcoin-node
» **Samourai Dojo:** https://samouraiwallet.com/dojo

PAPO DE ESPECIALISTA

Há, na verdade, vários tipos diferentes de nós. De fato, os nós na rede Bitcoin têm cerca de 150 possibilidades de configurações diferentes, então há quase um número infinito de tipos diferentes de nós. No entanto, precisamos explicar pelo menos o básico, então o que temos a seguir é uma simplificação; entenda que os tipos de nós a seguir têm muita sobreposição.

Qualquer computador que esteja conectado à rede é um nó, mas nós diferentes fazem coisas diferentes:

» **Nós completos** — mais corretamente conhecidos como *nós de validação completa* — são sistemas que validam completamente os blocos e as transações. Os nós completos verificam se os blocos e as transações que estão sendo transmitidos pela rede seguem as regras da rede. Os nós então passam os blocos e transações através da rede para outros nós completos, e estes nós também validarão os blocos e transações. Um nó completo pode conter uma cópia do blockchain inteiro, mas nem todos o fazem; eles podem optar por *aparar*, ou remover, dados redundantes para economizar espaço. A maioria dos nós completos também aceita mensagens entrantes de transação das carteiras. Os nós completos podem ser *ouvintes*, geralmente conhecidos como *supernós*, ou *não ouvintes*. Alguns nós completos são plataformas de mineração.

- Um **nó ouvinte**, ou *supernó*, é um nó completo conectável publicamente que permite um grande número de conexões com outros nós. O nó "ouve" as conexões dos outros em portas específicas, geralmente está executando o tempo todo e não é bloqueado por um firewall. A rede do bitcoin tem entre 9 mil e 10 mil destes supernós.

- Um nó completo **não ouvinte** é aquele que teve sua configuração de parâmetro de *ouvir* desligada. Ter um nó completo ouvinte pode exigir muita banda larga, então a maioria deles tem sua audição desabilitada, para reduzir a comunicação com outros nós. Eles não transmitem sua presença para a rede, portanto, não são conectáveis publicamente; em vez disso, eles têm um pequeno número de conexões de saída. Os nós não ouvintes são geralmente usados por pessoas que querem ter carteiras que também validam transações e blocos, mas que não querem usar os recursos exigidos por um nó ouvinte. De acordo com alguns cálculos, há entre 80 mil e 100 mil nós não ouvintes na rede Bitcoin, embora durante o pico de Bitcoin em dezembro de 2018 provavelmente houvesse cerca de 200 mil.

- Um **nó leve** não recebe e verifica cada transação. A maioria deles é composta de carteiras; o software de carteira simples em seu notebook ou smartphone é uma forma de nó leve. Eles se comunicam com os nós completos para transmitir transações e receber informações sobre a validação delas, e ficam completamente à mercê dos nós completos — quer dizer, os nós leves não fazem nenhuma transação ou validação de blocos por si sós. A maioria dos nós leves usa uma configuração de cliente-servidor; a carteira (cliente) consulta no servidor sobre informações de transações registradas no blockchain.

- **Nós SPV (Simple Payment Verification — Verificação Simples de Pagamento)** são uma forma de carteiras de nós leves que verificam apenas as transações com as quais se importam, fazendo a comunicação com os outros nós e recuperando uma cópia do cabeçalho do bloco.

Portanto, nós completos se conectam entre si, passam as transações e blocos entre si... mas não confiam um no outro. Se um nó recebe de uma carteira uma transação que ele acredita ser inválida, ele não a passará para outro nó. Mas isso não quer dizer que um nó automaticamente presumirá que a transação deve ser válida se está sendo passada por outro nó; em vez disso, ele validará a transação por si mesmo.

Na verdade, se um nó recebe uma transação que descobre ser inválida — por exemplo, se a transação está gastando mais dinheiro do que o disponível no endereço do qual o dinheiro é proveniente —, ele rejeita a transação, mas isso também bloqueia o nó que enviou a transação ruim. Desta maneira, a rede "patrulha" a si mesma. Transações e blocos válidos são verificados por milhares de nós diferentes, mas os dados são descartados rapidamente, e os maus atuantes são isolados da rede.

É essa falta de confiança que desenvolve a confiança. Os nós são bloqueados por outros nós — dependendo da infração, podem ser bloqueados por algumas horas ou permanentemente, em caso de mau comportamento intencional —, e, assim, o sistema é autorregulatório. Como os nós não confiam uns nos outros, o sistema como um todo pode ser confiável.

Se quiser ter uma ideia da extensão e distribuição da rede dos nós completos do Bitcoin, dê uma olhada em `https://bitnodes.earn.com/` [conteúdo em inglês], mostrado na Figura 3-1. (Este gráfico mostra apenas os nós completos ouvintes; provavelmente há entre oito a dez vezes mais, considerando o número de nós completos não ouvintes.)

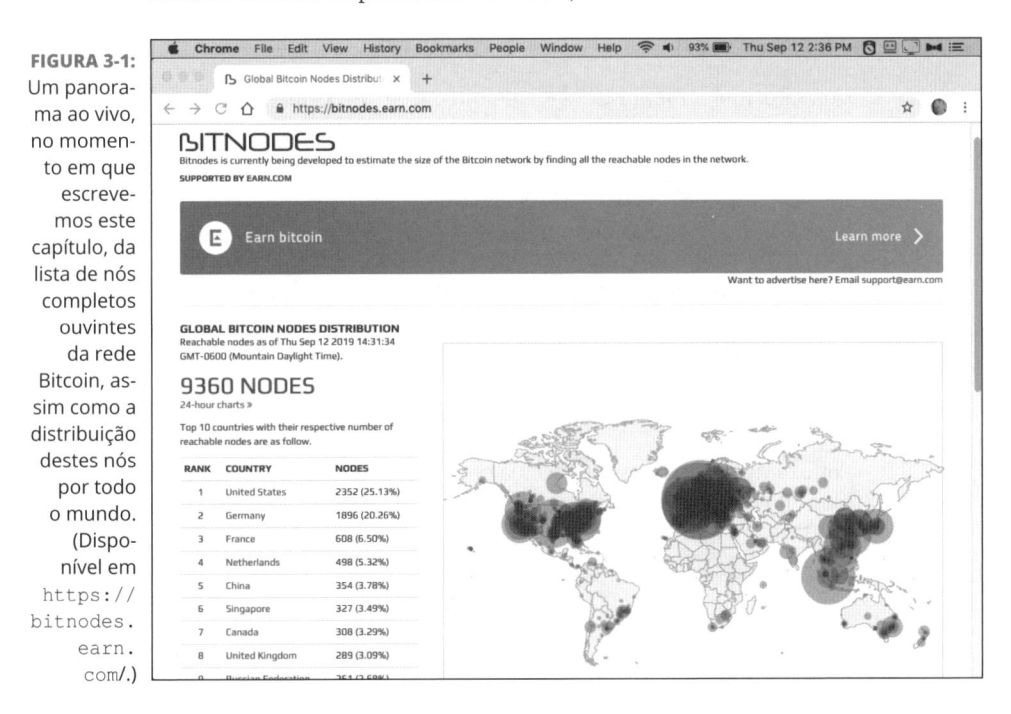

FIGURA 3-1: Um panorama ao vivo, no momento em que escrevemos este capítulo, da lista de nós completos ouvintes da rede Bitcoin, assim como a distribuição destes nós por todo o mundo. (Disponível em `https://bitnodes.earn.com/`.)

Enviando Transações

Digamos que você queira enviar dinheiro para alguém, um pouco de suas bitcoins. (Lembre-se: estamos escrevendo isso sob a perspectiva do Bitcoin; outras criptomoedas podem funcionar de forma um pouco diferente, mas os conceitos centrais são praticamente os mesmos.)

E digamos que você tem uma única bitcoin associada a um endereço no blockchain Bitcoin e quer enviar um décimo disso (0,1 BTC) para Joe. (O motivo não importa — talvez para pagar por uma compra, por um serviço que ele fez a você, por doação, propina, tanto faz. O que importa é que você está enviando 0,1 bitcoin para Joe.)

CAPÍTULO 3 **Construindo Blocos: A Jornada das Transações ao Blockchain** 43

Então, usando seu programa de carteira, você entra no endereço de Joe, o endereço Bitcoin que ele lhe forneceu para usar nessa transação. Você informa quantos bitcoins enviará para ele (0,1 BTC) e qual taxa está disposto a pagar pela transação.

Observando as taxas de transação

As taxas são geralmente medidas em Satoshi/byte e podem variar de 1 a 2 mil Satoshi/byte (isto é, a taxa é baseada no tamanho da mensagem de transação que sua carteira envia para o blockchain, não no valor da transação). Quanto mais ocupada a rede estiver, maior será a taxa exigida para incentivar os mineradores a incluírem sua transação em um bloco rapidamente.

Um Satoshi é a menor unidade de bitcoin — um centésimo de milionésimo de um bitcoin. Se o saldo em sua carteira é de 1,00000001 BTC, o último dígito denota um Satoshi. Seu programa de carteira provavelmente sugerirá uma taxa, estimada nas tarifas atuais e na congestão da rede. Alguns programas de carteira escolherão a taxa por você, enquanto outros permitem que você a estabeleça manualmente, para ter mais precisão e evitar gastos excessivos. Pague pouco, e a transação pode não ser enviada ou pode levar muito tempo; pague demais, e, bem, você gastou demais. As transações com as taxas mais altas serão escolhidas pelos programas de mineração mais rápido do que as com taxas mais baixas, é óbvio. Quanto mais transações com altas taxas houver em um bloco, mais o minerador vencedor ganhará.

Por exemplo, digamos que decida pagar uma taxa de 0,0004 BTC. Agora, digamos que este é seu endereço:

```
1x6YnuBVeeE65dQRZztRWgUPwyBjHCA5g
```

Lembre-se: o saldo é de 1 BTC. É isso que é conhecido como a *entrada (input)* para a transação.

Este é o endereço de Joe:

```
38DcfF4zWPi7bSPkoNxxk3hx3mCSEvDhLp
```

Essa é uma das *saídas (outputs)* na transação. Até aqui, a transação tem a seguinte aparência:

```
Entrada
1x6YnuBVeeE65dQRZztRWgUPwyBjHCA5g - 1BTC
Saída
38DcfF4zWPi7bSPkoNxxk3hx3mCSEvDhLp - 0,1BTC
```

Mas, espere, precisamos de outra saída. Estamos colocando 1 BTC na transação, dando 0,1 BTC para Joe, então temos de decidir o que acontece com os 0,9 BTC. Na verdade, o restante é 0,8996 BTC, uma vez que a quantia de 0,0004 BTC está sendo descontada para pagar o minerador, como taxa. Portanto, para onde vão os 0,8996 BTC? Voltam para você, obviamente, como troco. Sendo assim, a transação provavelmente ficará assim:

```
Entrada
1x6YnuBVeeE65dQRZztRWgUPwyBjHCA5g - 1BTC
Saídas
38DcfF4zWPi7bSPkoNxxk3hx3mCSEvDhLp - 0,1BTC
1x6YnuBVeeE65dQRZztRWgUPwyBjHCA5g - 0,8996BTC
```

Mostramos os 0,8996 BTC voltando para o endereço original. Imagine que você vai a uma loja com uma nota de dez reais e paga 1 real por alguma coisa. O que acontece? Você tira os R$10 de seu bolso, entrega para o caixa, ele devolve R$9, e você os coloca de volta no bolso.

Endereço de troco

Mostramos o troco voltando para o mesmo endereço usado para a Entrada, e certamente isso é possível. No entanto, a maioria dos programas de carteira usará um endereço diferente, ou um *endereço de troco*, para a segunda entrada. De qualquer forma, você receberá o troco de volta em um endereço que possui, gerenciado por seu programa de carteira.

Observe que nada está declarado nas saídas com referência à taxa. Isso se dá porque a transação enviada por sua carteira não a declara explicitamente. O que ela diz é: "Envie 0,1 BTC para o primeiro endereço, envie 0,8996 BTC para o segundo endereço e fique com o troco!" E é exatamente isso que o minerador que ganhar o direito de acrescentar essa transação ao blockchain fará: a plataforma de mineração ficará com o troco, como taxa pela transação.

PAPO DE ESPECIALISTA

Essa informação da transação é colocada em um *script*, uma mensagem de texto que será enviada para a rede da criptomoeda. O programa de sua carteira usa sua chave privada para assinar a transação — quer dizer, ele criptografa a informação da transação usando a chave privada. Depois, ele acrescenta a chave pública associada à mensagem e envia a transação para a rede Bitcoin. Dentro de segundos, um nó receberá a transação. Assim como quando você envia um e-mail, dentro de segundos, ele será recebido por um servidor de e-mails. (Você pode pensar em seu programa de carteira como uma forma especial de software de mensagens, na realidade.)

CRIPTOGRAFIA DE CHAVE PÚBLICA

A palavra criptografia está representada pelo "cripto" em criptomoedas, que usam o que é conhecido como *criptografia de chave pública*. É como você prova que possui o dinheiro associado a um endereço. A pessoa que está gastando a criptomoeda usa uma chave privada para criptografar a mensagem e depois empacota a chave pública com a mensagem. O minerador pode determinar que o endereço de onde a criptografia é proveniente está associado à chave pública, e, dessa forma, se a chave pública puder descriptografar a mensagem, esta deve ter sido criada pela pessoa que controla a chave privada associada. (Todos os três — a chave privada, a chave pública e o endereço — estão matemática e exclusivamente associados. Veja o Capítulo 2 para ter mais detalhes.)

Verificando a transação

A primeira coisa que o nó faz ao receber a transação é usar a chave pública para descriptografar a mensagem para que possa lê-la. Ele deve, então, verificar a transação. Este processo garante que a transação seja válida, com base em vários critérios. Não entraremos em todos os detalhes, mas, basicamente, o nó pergunta (e responde) a si mesmo coisas como:

» A mensagem está devidamente estruturada e não excede o tamanho máximo?

» A mensagem contém informações válidas — por exemplo, ela contém endereços e quantias válidas de entrada e saída, dentro dos limites válidos, atribuídas ao endereço?

» O endereço de saída existe no blockchain com um saldo válido?

» Uma taxa suficiente de transação está associada à transação?

» A carteira que está enviando a transação tem o direito para tanto — quer dizer, a chave pública está sendo enviada com a mensagem associada ao endereço do qual a criptomoeda é proveniente?

O que acontece se a mensagem não for válida de alguma forma? O nó se desfaz dela, porque não faria sentido enviá-la para o próximo nó. Mas, caso seja válida, o nó a adiciona a uma lista de transações válidas (uma área de espera — *memory pool* ou *mempool* [literalmente, *piscina de memórias*]), e a envia para outros nós na rede. Esses outros nós farão o mesmo: descriptografar, verificar a transação e adicioná-la a seu mempool, se a considerarem válida. (Aqui é a parte do processo de *consenso*, garantindo que todos concordem.) Dessa forma, em questão de segundos, a mensagem se *propaga* (espalha) por toda a rede da criptomoeda, sendo selecionada, nó após nó.

PAPO DE ESPECIALISTA

Portanto, o mempool é um conjunto de transações esperando para ser confirmadas, solidificadas e incluídas em um bloco. O tamanho de sua flutuação depende do número atual de transações chegando à rede, e, obviamente, conforme o congestionamento da rede aumenta, as taxas também. (Há um site muito útil para inspecionar o backlog das transações no mempool e as taxas atuais de transação disponível em `https://jochen-hoenicke.de/queue/#0,all` — conteúdo em inglês)

Alguns nós são mineradores. Eles adicionam blocos ao blockchain, em uma competição para ganhar bitcoins. Eles também criam memory pools, o conjunto de transações que precisam ser acrescentadas ao blockchain.

Competindo pelo bitcoin, o desafio de dez minutos

Veja como a competição de mineração funciona. Vamos começar no ponto em que o minerador acabou de conquistar seu direito de acrescentar um bloco ao blockchain. Quando isso acontece, o vencedor envia o bloco vencedor para toda a rede, e ele é então selecionado pelos nós e acrescentado para suas versões do blockchain. É aí que a competição começa.

PAPO DE ESPECIALISTA

Cada rodada deste jogo é projetada para durar cerca de dez minutos. Lembre-se de que um dos propósitos da mineração é levar aos poucos novas bitcoins ao blockchain com uma velocidade estabelecida: atualmente, 12,5 bitcoins a cada dez minutos[1]. Em média, um minerador ganha o jogo a cada dez minutos, é recompensado com criptomoedas, e o jogo recomeça.

O minerador que recebe o novo bloco de início o compara com sua mempool e remove as transações do mempool que foram acrescentadas ao último bloco, deixando apenas aquelas que ainda não foram acrescentadas ao blockchain.

Ele, então, junta as transações do mempool em um novo bloco, que é conhecido como o *bloco candidato*. Esse bloco pode ser acrescentado ao blockchain, se o minerador conseguir ganhar a competição.

FAZER HASH?

O hash é um número extenso que é como uma impressão digital para um conjunto de dados. Esses dados, quando passam pelo mesmo algoritmo de hash, sempre produzirão o mesmo hash, que não pode corresponder a qualquer outro conjunto de dados. O hash identifica exclusivamente esses dados. Para mais informações sobre este assunto, veja o Capítulo 2.

O minerador cria um cabeçalho para o bloco, que inclui um carimbo de dia e hora, o número da versão do programa, o hash do bloco anterior e o hash da raiz da árvore de Merkle da transação do bloco (não esquente a cabeça, você não precisa saber sobre árvores de Merkle). O cabeçalho do bloco contém algumas outras coisas relacionadas à disputa de que o minerador precisa participar para competir com os outros mineradores.

Então temos agora milhares de computadores de mineração ao redor do mundo que criaram *blocos candidatos* de dados — registros de transações — e que estão ávidos para acrescentar seus próprios blocos ao blockchain. Assim, o sistema precisa tomar uma decisão: qual bloco, de qual minerador, será acrescentado ao blockchain? A decisão é baseada em uma combinação de acaso e de potência computacional. A rede Bitcoin usa uma tarefa chamada *Proof of Work — prova de trabalho*. Todos os mineradores recebem a mesma tarefa para ser desempenhada, e o primeiro a completá-la vence, acrescenta seu bloco ao blockchain e leva para casa a recompensa do bloco: as taxas combinadas das transações e o subsídio do bloco.

Uma tarefa de Proof of Work pode ser praticamente qualquer coisa, desde que seja complexa e que leve mais ou menos uma quantidade previsível de trabalho e resultados na resposta, sendo rápidos e fáceis de verificar.

O Primecoin, por exemplo, tem uma tarefa de Proof of Work que envolve encontrar sequências de números primos que são, então, armazenados no blockchain e ficam disponíveis para que os matemáticos, bem, façam o que quer que precisem com os números primos. No caso do Bitcoin, a tarefa de Proof of Work não tem um uso prático além de proteger as transações no blockchain. O Proof of Work do Bitcoin funciona como descrito a seguir.

O minerador procura um número que esteja dentro de determinado critério. Deve ser um número que fique abaixo de um certo nível-alvo (o alvo é um dos itens armazenados no cabeçalho do bloco).

O número é criado por meio do hash do cabeçalho do bloco, criando, de fato, uma impressão digital. (Para mais informações sobre hash, veja o Capítulo 1.)

Agora, o hash é um número binário de 256 dígitos, expresso como um número hexadecimal de 64 dígitos. Aqui temos um exemplo:

```
000000000000000015ecd7feb009048fb636a18b9c08197b7c7e194ce81361e9
```

Cada bloco tem um número-alvo. O hash do cabeçalho do bloco precisa ser igual a, ou menor que, o número-alvo. Veja o hash anterior. Ele começa com dezesseis zeros e é, de fato, um hash vencedor de algum tempo atrás. Quanto mais zeros no começo do número, menor o número será e mais difícil de encontrar; e, com o passar do tempo, a dificuldade geralmente aumenta. Agora, o número-alvo é ainda menor (esse exemplo com dezesseis zeros no começo é de certo tempo atrás). Ele começa, no momento em que escrevemos este capítulo, com dezenove zeros.

Quanto menor for o número-alvo, mais difícil será a tarefa, certo? Porque menos números estão abaixo de um número pequeno, e precisamos de um hash que seja menor que o alvo.

Então, o minerador faz o hash do cabeçalho do bloco. Mas cada vez que o hash é feito para algum dado, o resultado será sempre o mesmo, certo? Assim, se o minerador fizer o hash do cabeçalho do bloco e descobrir que não é menor do que o alvo, ele precisa mudar o cabeçalho do bloco. Bem, o *nonce* é um dos dados no cabeçalho do bloco. É apenas um número. O minerador muda o nonce e faz o hash novamente. Dessa vez, o resultado será diferente. Muito provavelmente, ainda não será menor que o número-alvo, então o minerador muda o nonce, faz o hash de novo e verifica o número, e o processo se repete.

Veja só, a mágica do algoritmo de hash é que não é possível prever qual nonce conseguirá o resultado desejado. A única forma de descobrir o resultado desejado é tentar, tentar e tentar mais um pouco — milhares de vezes —, até que obtenha um hash que seja menor que o alvo. E, se fizer isso antes que os outros, será o vencedor!

É uma tarefa gigantescamente difícil. Um número hexadecimal com 64 dígitos tem estas variações possíveis (independentemente de como este número seja chamado!):   39.400.000.000.000.000.000.000.000.000.000.000.000.000.000.000.000.000.000.000.000.000.000.000.000.000.000.000.000.000.000.0 00.000.000.000.000.000.000. Assim, a vasta maioria dos hashes, puramente baseada no acaso, ultrapassará o alvo.

Digamos que você seja o minerador sortudo que é o primeiro a encontrar um nonce que, quando acrescentado ao cabeçalho do bloco, resulta em um hash que fica abaixo do número-alvo — então é o vencedor!

Ganhando o bitcoin

Você anuncia para a rede que venceu. Então, cria um cabeçalho para o bloco incluindo um carimbo com o dia e a hora, o número da versão do programa, o hash do bloco anterior e o hash da raiz da árvore de Merkle da transação do bloco. (Não se preocupe, você não precisa saber sobre árvores de Merkle para conseguir minerar bem.) Depois, envia seu *bloco candidato*, com o cabeçalho do bloco e o hash do cabeçalho, para a rede, para que outros nós possam verificá-lo. E como verificam!

Um bloco não é acrescentado ao blockchain a menos que tenha sido verificado. Para garantir que você venceu, os nós fazem o hash do cabeçalho do bloco e comparam o resultado com o hash existente do cabeçalho do bloco. Lembre-se: a tarefa do Proof of Work é muito difícil, mas facilmente verificável, para que o fato de que você venceu a disputa seja rapidamente visto. Os nós acrescentam seu bloco ao blockchain, e a competição é zerada e começa novamente. Ah, e você ganha a recompensa do bloco — as taxas de transação e o subsídio do bloco — atribuída a seu endereço no novo bloco.

Isso é mineração!

Então, quem geralmente vence essas competições? É uma combinação de sorte e potência computacional. Cada vez que você acrescenta um nonce e um hash ao cabeçalho do bloco, há uma chance de vencer definida matematicamente. É baixa, mas possível. Olhe só, você pode vencer na primeira vez! (Pode, mas não é muito provável.)

Como pode, então, aumentar suas chaces? Acrescentando um nonce e refazendo o hash continuamente, milhões de vezes. Cada vez que o hash é feito, é como comprar um bilhete da loteria. Assim, quanto mais bilhetes comprar, maiores serão suas chances. Isso quer dizer que, quanto mais potentes forem suas plataformas de mineração — quanto mais cálculos puderem realizar —, maiores serão suas chances.

Esse processo pode parecer muito complicado, mas o trabalho pesado é realizado pela sua plataforma de mineração e pelo seu programa nó. Você não precisará se sentar a cada dez minutos com papel e lápis para fazer o hash do cabeçalho do bloco! É só configurar o hardware e software apropriados e deixá-los executar.

PRÉ-CONFIGURAÇÃO DO BITCOIN

PAPO DE ESPECIALISTA

Todas essas regras e diretrizes do sistema pré-configuradas estão inseridas no programa que executa o blockchain do Bitcoin. Um bloco contém cerca de 2 mil transações (o número varia levemente, dependendo da quantidade de informações contidas em cada transação). Um bloco é acrescentado a cada dez minutos, mais ou menos. De modo a manter esse ritmo de emissão de blocos, o programa precisa ajustar suas regras de dificuldade frequentemente — a cada 2.016 blocos, na verdade. Se estão levando menos de dez minutos para cada bloco, em média — porque a potência computacional está sendo usada para mineração, na medida em que mais mineradores e plataformas de mineração se conectam —, então o número-alvo será proporcionalmente reduzido, para aumentar a dificuldade. Se estão levando mais de dez minutos, no entanto (com a queda no preço do Bitcoin, menos pessoas mineram), então o número-alvo é aumentado, reduzindo a dificuldade. Além disso, a cada 210 mil blocos — a cada quatro anos, aproximadamente —, o subsídio do bloco é reduzido pela metade. No momento em que escrevemos este capítulo, o subsídio é de 12,5 BTC, mas em algum momento durante 2020 cairá para 6,25 BTC.

> **NESTE CAPÍTULO**
> » Entendendo o algoritmo de consenso
> » Aprendendo por que Proof of Work é mais confiável
> » Pesquisando criptomoedas usando Proof of Work
> » Trabalhando com Proof of Stake e Proof of Work juntas

Capítulo **4**

Explorando as Diferentes Formas de Mineração

Neste capítulo, você aprenderá sobre os diferentes algoritmos de consenso usados nas criptomoedas. A tecnologia de blockchain distribui os dados ao longo de centenas, ou milhares, de computadores. O desafio é garantir que cada cópia do dado, em todos esses computadores diferentes, esteja correta. Diferentes algoritmos matemáticos podem ser usados para a criação do consenso — para garantir que todos que estejam trabalhando com qualquer criptomoeda em particular concordem quanto a quais dados devem ser incluídos no blockchain e qual versão do blockchain está correta.

Explicaremos vários aspectos dos diferentes sistemas de consenso: Proof of Work [Prova de Trabalho], Proof of Stake [Prova de Participação], um híbrido Proof of Stake/Proof of Work e outros mais.

Algoritmos de Proof of Work

Consenso é o processo para garantir que a cópia que cada um possui dos dados de transação seja igual — que cada cópia do blockchain contenha os mesmos dados. Métodos diferentes de consenso podem ser usados, mas, no momento em que escrevemos este capítulo, o principal é conhecido como *Proof of Work (PoW) [Prova de Trabalho]*. No entanto, este método tem alternativas menos seguras e confiáveis, e mencionamos algumas dessas alternativas neste capítulo. Conforme o espaço das criptomoedas e do blockchain aumenta (está rapidamente se expandindo, o tempo todo), é possível que um sistema diferente acabe se tornando o "rei de todos".

O sistema de consenso mais seguro e confiável, no entanto, o que mais consome energia de todos, o Proof of Work, tem, inegavelmente, o melhor histórico. Tendo sua existência desde o nascimento do Bitcoin, o PoW tem sido determinante na manutenção de uma corrente ininterrupta de transações desde janeiro de 2009!

O Proof of Work, porém, precede os blockchains das criptomoedas. Ele foi originalmente criado como uma ideia para um processo que combatesse as correspondências spam.

O conceito essencial do Proof of Work é o de que, de modo a utilizar determinado serviço — enviar um e-mail, por exemplo, ou acrescentar transações em um blockchain —, é preciso mostrar que alguma forma de trabalho foi realizada. O objetivo é impor um custo modesto (em termos de potência computacional necessária para executar o algoritmo Proof of Work) à pessoa que quer usar o serviço uma vez, mas torná-lo muito caro para alguém que utilize o serviço milhões de vezes. Isso faz com que atacar ou causar disrupção nos sistemas Proof of Work tenha um custo proibitivo.

O conceito de usar o PoW como uma contramedida remonta a 1993, e, desde então, surgiram bem poucas ideias diferentes quanto às formas de uso do PoW. No contexto das criptomoedas, o Proof of Work evita que mineradores maliciosos congestionem a rede ao enviar novos blocos que nunca podem ser verificados. Se não fosse exigido nenhum trabalho para enviar um novo bloco, qualquer um poderia, repetidamente, fazer transações falsas dentro de novos blocos e potencialmente levar a rede da criptomoeda a uma parada.

A propósito, o PoW tem um paralelo nas moedas do mundo real. Para que algo sirva como dinheiro, deve ter um estoque limitado, então é algo que simplesmente não existe em grandes quantidades — ouro, por exemplo — ou que tenha de ser criado por meio de um processo que exija um esforço significativo.

Que tal conchas do mar, então? Elas têm sido usadas por diversas culturas como dinheiro. Considere o wampum, dinheiro em forma de conchas do mar usado por indígenas norte-americanos no leste do continente em meados do século XVIII. "Conchas", você pode dizer, "que tanto trabalho é necessário para pegá-las na praia?". Ah, mas não é só isso. O wampum era feito de várias conchas específicas (búzios do espiral e as conchas de moluscos quahog ou poquahock), encontradas em uma área bem específica (ao longo do estuário de Long Island e da baía de Narragansett Bay). Além do mais, não era simplesmente pegar um búzio e comprar o jantar com ele. Era necessário trabalhar as conchas. Elas eram cortadas. Por exemplo, era o espiral interno, a columela, do búzio que era usado. Depois, as artesãs (as mulheres eram a maioria na confecção do wampum) faziam furos nas conchas usando brocas de madeira, e as conchas eram então polidas com uma pedra de polimento até que ficassem lisas. Por fim, eram amarradas juntas com couro de veado ou de diversos outros animais. Esse trabalho garantia que tempo e esforço fossem dedicados à "moeda" para que pudesse adquirir valor.

Outra forma de analisar esse conceito sustenta que não é o dinheiro que "adquire" valor, mas que não pode ser criado sem uma injeção significativa de trabalho, para que o mercado não seja inundado por novas versões de baixo custo do dinheiro, desvalorizando-o.

Até mesmo os primeiros colonos europeus usavam wampum. Apenas quando eles começaram a usar técnicas de produção mais avançadas para criar o wampum, reduzindo o custo de criação dessa moeda e destruindo sua escassez, é que o valor despencou, e o wampum não era mais viável como uma reserva de valor e moeda.

Eu (Peter) tive dificuldades para compreender totalmente a ideia do Proof of Work e como ele se encaixa no todo, quando comecei a me envolver com as criptomoedas. Caso algum leitor ainda esteja tentando entender o propósito do PoW, direi de forma diferente. A questão toda do trabalho que os mineradores fazem (competindo entre si para ganhar a competição do Proof of Work) é garantir que acrescentar um bloco no blockchain não seja fácil. Se for fácil demais, o blockchain fica vulnerável. Pessoas más poderiam atacá-lo continuamente ao inundar o sistema com blocos ruins. A ideia do PoW é dificultar a adição de um bloco, assim como a ideia geral de trabalhar manual e laboriosamente as conchas para fazer o wampum era garantir que a economia não pudesse ser inundada com wampums baratos.

Aplicações do Proof of Work

Um algoritmo Proof of Work força o minerador a trabalhar — usar potência computacional — antes de enviar um bloco ao blockchain. O algoritmo age como um segurança para a criptomoeda ao fazer com que ações indesejadas sejam caras e ao garantir que o resultado pretendido (a adição apenas de transações válidas e genuínas no blockchain) sempre ocorra.

Assim, qual trabalho deve ser realizado? Basicamente, exige-se que o minerador resolva algum tipo de problema matemático. O enigma deve ser complicado o suficiente para exigir certa potência computacional, mas não complicado demais de modo que leve muito tempo para ser validado, desacelerando a adição de transações.

Como explicado no Capítulo 3, o trabalho que está sendo realizado no Proof of Work do Bitcoin é apenas o hash do cabeçalho do bloco de transação anterior (juntamente com um número aleatório, o *nonce*), na esperança de encontrar um novo hash que alcance o patamar de dificuldade exigido.

Tem o lado negativo do PoW. Descobrir a resposta ao enigma precisa ser difícil, mas checar e validar o trabalho precisa ser fácil. Ou seja, uma vez que o problema seja resolvido, deve ser fácil para que outros mineradores confiram que, de fato, o enigma foi resolvido corretamente. No caso do bitcoin, uma vez que algum minerador tenha resolvido o problema, o novo hash é adicionado ao cabeçalho, e o bloco é enviado para outros mineradores e nós para ser confirmado. Embora seja inicialmente difícil escolher um nonce que dará um bom resultado — um número hash abaixo do nível-alvo —, uma vez que o nonce tenha sido descoberto, é muito rápido e fácil para que outros mineradores executem o mesmo cálculo do hash para confirmar que o problema foi realmente solucionado. O trabalho é feito e, então, todos podem rapidamente conferir o bloco do minerador vencedor e aprová-lo.

Observe, a propósito, que as criptomoedas que usam o PoW são geralmente as únicas que exigem um equipamento de mineração mais especializado e eficiente. No Proof of Stake [Prova de Participação], descrito mais adiante neste capítulo, praticamente qualquer computador pode atuar como criador, verificador e encadeador de novos blocos, desde que tenha uma participação significativa na moeda subjacente.

Exemplos do Proof of Work

O uso do Proof of Work é amplamente adotado no mundo das criptomoedas. Ele é usado pela maior e mais exitosa de todas elas, o Bitcoin, assim como inúmeras outras populares. Talvez você precise de um equipamento diferente de mineração para essas criptomoedas, considerando que cada uma tem um algoritmo de hash levemente diferente, muito embora todas usem o PoW. Veja a seguir alguns exemplos das criptomoedas mais comuns que usam esse algoritmo:

» **Bitcoin** é atualmente o rei das criptomoedas em termos de *hash rate [taxa de rate]* da rede (quer dizer, o número de hashes sendo processados por segundo), de liquidez de mercado e de adoção geral. Ele nunca deixou de estar no topo das criptomoedas, sendo pioneiro com o Proof of Work e mantendo sua força por mais de dez anos, resultado de seu sistema de consenso. Muitas outras criptomoedas copiaram o código do Bitcoin como um ponto de partida e, posteriormente, o modificaram levemente para seu uso próprio. A maioria delas manteve o componente PoW, embora possa usar um algoritmo diferente de hash que exija uma configuração diferente de equipamento de mineração do que a usada para o Bitcoin. A maior parte do capital no mundo da mineração de criptomoedas é direcionada ao Bitcoin, e as plataformas usadas para mineração são especializadas na execução do algoritmo de hash Sha256, nativo do consenso do Bitcoin. Os ASICs (Circuitos Integrados de Aplicação Específica) específicos do Bitcoin formam agora uma grande porcentagem do sistema, e muitos têm sua base na China, com os EUA e a Europa praticamente empatados em segundo lugar. (Para mais informações sobre ASICs, veja o Capítulo 5.)

» **Ether (na rede Ethereum)** é geralmente a segunda criptomoeda mais popular, às vezes a terceira, dependendo do dia. O Ethereum usa seu próprio algoritmo de hash para o Proof of Work, chamado *Ethash*. Porém, não se preocupe muito com o que o Ethash é, uma vez que a equipe de desenvolvimento do Ethereum tem planos controversos para deixar o PoW de lado e usar o Proof of Stake no futuro. Na verdade, eles têm um baita "abacaxi" instalado no código do Ethereum. Com o passar do tempo, fica cada vez mais difícil minerar essa criptomoeda via PoW, o que significa que os mineradores ganham cada vez menos. (Apesar desse abacaxi, quando o preço do ETH chegou a seu pico, sua mineração ainda estava muito lucrativa.)

» **Litecoin** é geralmente considerado como a prata, enquanto o status do Bitcoin é o de "ouro digital". O foco do Litecoin é em pagamentos rápidos (o que significa mais rapidez de blocos) e taxas baixas de transação. Ele usa um algoritmo de hash diferente daquele usado pelo bitcoin, denominado de *scrypt mining [mineração de script]*, então não é possível ter o *crossover mining [mineração cruzada]* (usando a mesma plataforma de mineração para múltiplas criptomoedas) entre os dois. Tirando isso, em geral, o modo como o Litecoin funciona é bastante comparável ao do Bitcoin, uma vez que ele é basicamente uma cópia do código. Assim como com o Bitcoin, foram projetados ASICs para minerar especificamente o Litecoin, providenciando a abordagem mais lucrativa.

» **Monero**, uma das criptomoedas mais privadas (anônimas), foi desenvolvido para permitir a mineração com CPU ou GPU. Ou seja, você não precisa de um equipamento especializado. A comunidade Monero faz questão de deixar os ASICs de fora, atualizando o algoritmo de mineração um pouquinho a cada poucos meses, de modo que os fabricantes não possam produzir ASICs. Sempre dá para desenvolver um ASIC projetado para processar um algoritmo específico de modo mais eficiente, mas é possível exceder as mudanças. É necessário tempo para projetar, produzir e vender um novo ASIC. Ao mudar para um algoritmo PoW com frequência, o Monero efetivamente ficou à frente dos fabricantes de chips. Isso permite que CPUs e GPUs permaneçam sendo eficazes nesse blockchain. Esta criptomoeda usa um mecanismo muito complexo de criptografia, chamado de *ring signatures* [assinaturas em anel]*, para ocultar as quantias nas transações associadas a endereços, dificultando a análise das transações. Isso a separa das outras criptomoedas desta lista, que têm registros públicos de transação facilmente pesquisáveis no blockchain.

» **ZCash** também é uma criptomoeda mais privada (anônima). Foi desenvolvida com uma cerimônia de configuração confiável, como descrito pelo ZCash, com parâmetros criptográficos públicos divididos entre várias partes confiáveis. (Este é um assunto complicado, mas, se quiser ler mais sobre ele, dê uma olhada no site da ZCash: `https://z.cash/technology/paramgen/` [conteúdo em inglês].) O blockchain do ZCash permite o uso de transações criptograficamente blindadas (chamadas de zk-SNARKs), que são praticamente impossíveis de rastrear. No entanto, essas transações blindadas são muito caras, computacionalmente falando, e muitas carteiras ZCash disponíveis atualmente não têm suporte total para esse recurso, mas usam transações publicamente auditáveis, muito similar ao Bitcoin. O mecanismo de PoW do ZCash é chamado de *Equihash*. No entanto, diferentemente do Bitcoin, no qual a recompensa do bloco todo vai para o minerador vencedor, no ZCash há uma partilha da recompensa do bloco: o minerador leva sua parte, mas também há uma recompensa para o fundador e para o desenvolvedor, para recompensar a equipe que criou e que mantém o código-base e o blockchain do ZCash.

Vantagens

A principal vantagem do Proof of Work é que ele funciona! Nenhum outro sistema para alcançar e manter consenso tem um registro tão longo e impecável quanto o PoW. A teoria dos jogos por trás dele garante que, se todos os participantes forem racionais e agirem em seus próprios interesses econômicos, o sistema funcionará conforme planejado; e é o que tem ocorrido, até o momento.

O Proof of Work também evita spams enviados à rede por mineradores maliciosos. Os gastos necessários com energia e equipamento para realizar o trabalho especializado fazem com que os ataques tenham custos proibitivos e insustentáveis.

Outro grande benefício do PoW é seu equilíbrio de poder. O poder é espalhado por uma vasta gama de mineradores, milhares, no caso do Bitcoin. A quantia de criptomoedas possuída por um minerador em particular é irrelevante; é o poder computacional que conta. Por outro lado, com os sistemas que usam o Proof of Stake [Prova de Participação], os mineradores *participam* com suas moedas — quanto mais possuem, mais poderes têm, então o poder no sistema pode ficar concentrado nas mãos de um pequeno número de participantes, especialmente no caso das ofertas iniciais de moedas, também conhecidas como *distribuições pré-mineradas*.

Esta é outra vantagem que a maioria das criptomoedas que usam o PoW tem: distribuição justa. Para encontrar um bloco e ganhar sua subsequente recompensa, o minerador deve ter mostrado um trabalho adequado e apoiado na rede, de acordo com o conjunto de regras. Isso, de acordo com a *teoria de jogos das criptomoedas*, apresenta um incentivo importante. Os mecanismos do Proof of Work, de acordo com essa teoria, garantem que ele seja muito mais benéfico economicamente para que se trabalhe em prol do consenso do que contra ele.

PAPO DE ESPECIALISTA

A *teoria dos jogos* é um ramo do estudo que envolve modelos matemáticos que descrevem as possíveis decisões que serão tomadas pelas pessoas racionais em algum tipo de relacionamento. As decisões tomadas por essas pessoas, ou atores, afetam as decisões e ações dos outros. Dessa forma, no âmbito das criptomoedas, o objetivo é incentivar todos os atores a tomar decisões que resultem em uma rede estável e confiável.

Desvantagens

Uma grande desvantagem do Proof of Work se refere aos recursos necessários para realizar o trabalho. Pense no processo descrito no Capítulo 3; não é apenas um minerador usando o algoritmo PoW, tentando solucionar um problema de hash. São, na realidade, todos os mineradores do mundo competindo para solucionar o problema primeiro! Então, em vez de um computador consumindo eletricidade (e aumentando o carbono na atmosfera), são milhares de computadores fazendo isso ao mesmo tempo, apesar do fato de que apenas um minerador ganhará o direito de acrescentar um bloco!

A rede Bitcoin, que tem o maior número de mineradores, usa pelo menos a mesma quantidade de eletricidade que a Eslovênia. Algumas estimativas mais genéricas estipulam o dobro disso, ou algo comparável com a quantidade usada pela Irlanda.

Outra desvantagem é que, com o passar do tempo, a mineração sob o PoW também pode ficar centralizada. O custo de configuração para uma operação de mineração não é pouca coisa. Aqueles que já têm um centro de dados e operações em andamento estão em uma posição mais favorável para acrescentar plataformas. Com um custo mais baixo por plataforma de mineração, ao longo do tempo, os primeiros exploradores acabam ganhando dos que entraram por último, e a centralização pode ocorrer.

Relacionado a essa centralização está o potencial para os *ataques de 51%*, uma grande preocupação para qualquer um que minera uma criptomoeda com PoW. Um ataque de 51% pode ocorrer quando uma única entidade ganha controle de 51% (ou mais) do poder total ativo de hash. Neste cenário, é possível que essa maioria controladora de hash modifique o registro do blockchain da criptomoeda, destruindo a confiança que é fundamental para sua existência. É por esse motivo que a descentralização dos mineradores é promovida e encorajada no âmbito das criptomoedas.

Uma última desvantagem é a quantidade de cálculos desperdiçados que o PoW exige! Embora a possibilidade de ataques de Negação de Serviço [Denial of Service, ou DoS] que inutilizem uma criptomoeda seja muito real, e, assim, o mecanismo PoW proteja o blockchain, a busca por um nonce não oferece nenhum benefício econômico, social ou científico para qualquer um que esteja fora do ecossistema da criptomoeda. Ou seja, uma vez que milhares de mineradores participaram do jogo e um resolveu o problema e adicionou um bloco à corrente, não há valor residual para toda aquela potência computacional; pode-se argumentar que a potência foi desperdiçada em um jogo sem sentido.

O fato pormenorizado é que o Proof of Work é a forma mais comprovada que temos de manter um sistema operacional peer-to-peer de criptomoedas. Embora realmente existam áreas que podem receber melhorias de eficiência, nenhuma outra solução pode oferecer os mesmos benefícios de segurança sem abrir mão de economia, consenso e engenharia computacional, e, por isso, o PoW continuará sendo amplamente utilizado.

Algoritmos Proof of Stake

Nos primórdios das criptomoedas, o PoW era a única atração da cidade, e novas criptomoedas basicamente copiavam o Bitcoin como modelo e ponto de partida para suas ideias e implementações minimamente diferentes.

Porém, com o passar do tempo, algumas pessoas envolvidas com as criptomoedas reconheceram as desvantagens do PoW e começaram a busca por formas melhores de garantir a segurança de uma criptomoeda, e pouco tempo depois escolheram o PoS — *Proof of Stake [Prova de Participação]*.

A ideia é fazer com que os mineradores participem com suas criptomoedas como um bilhete de entrada para poderem acrescentar blocos no blockchain e ganhar as taxas de transação. A penalidade por acrescentar transações inválidas ao livro-razão do blockchain seria a perda das moedas colocadas na participação. Isso foi proposto pela primeira vez em 2011 por um usuário do fórum Bitcointalk.org. Em 2012, o whitepaper do *Peercoin*, que detalhava e solidificava essa ideia, foi publicado, descrevendo um novo sistema para proteger e alcançar o consenso do blockchain que exigia muito menos recursos do que o puro Proof of Work. (Embora o Peercoin seja tecnicamente um híbrido Proof of Stake/Proof of Work, isso marcou a primeira implementação no mundo real envolvendo o Proof of Stake.)

Hoje, o PoS, juntamente com seu uso híbrido (PoS/PoW), ajuda a proteger e manter a confiança para algumas criptomoedas relativamente bem-sucedidas. Embora ainda considerado o menos comprovado dos dois principais sistemas de consenso, o Proof of Stake apresenta alguns benefícios em comparação ao

Proof of Work. O PoS precisa ser compreendido por qualquer minerador de criptomoedas que saiba o que está fazendo. (E há potencial de você lucrar com ele também!)

O Proof of Stake explicado

O Proof of Stake é semelhante ao Proof of Work — é usado para manter o consenso e deixar o livro-razão da criptomoeda seguro —, mas com uma diferença principal: há muito menos *Work [Trabalho]*! Em vez de usar uma plataforma especializada de mineração para calcular um hash pretendido, o minerador que quiser criar um novo bloco escolhe participar com uma quantia de criptomoedas que queira minerar. A participação pode ser considerada como um depósito de segurança, e o propósito subjacente a seu requisito é provar que você tem um real interesse no bem-estar em qualquer criptomoeda que esteja minerando. Dito de outro modo, antes de poder minerar a criptomoeda, você deve provar que possui uma certa quantia dela e deve usá-la como participação durante o processo de mineração. Isto é, não basta apenas comprovar que a possui, vender e continuar minerando. A participação fica bloqueada durante o processo de mineração.

Assim como com o Bitcoin (veja o Capítulo 3), o minerador precisa ser selecionado para acrescentar transações ao blockchain; apenas um vence a competição. Criptomoedas diferentes usam métodos distintos para fazer tal seleção, mas, independentemente de qual seja, há uma seleção, e o minerador sortudo é escolhido para criar e encadear um novo bloco de transações, embolsando todas as taxas de transações para esse novo bloco. O legal é que o bloco que está sendo encadeado pode ser menos caro, computacionalmente falando, e, assim, criado por qualquer computador que tenha capacidade de executar o software nó da criptomoeda, se uma quantia adequada dela estiver em participação. Isso, em efeito, faz com que a maioria dos computadores seja capaz de funcionar como uma plataforma de mineração PoS. O detalhe é que os blocos são recompensados proporcionalmente à quantia de moedas colocadas na participação, tornando a distribuição de moedas entre os mineradores menos igualitária em comparação aos sistemas baseados no PoW.

É importante observar que menos recompensas de blocos serão ganhas nas criptomoedas com o Proof of Stake, uma vez que a vasta maioria delas é geralmente pré-minerada antes da criação do bloco gênesis da moeda.

A falta do trabalho exigido para minerar uma criptomoeda com o PoS, juntamente com o fato de que há recompensas mínimas de mineração além das taxas de transação, ocasionou o surgimento de termos como *minting [cunhagem]* ou *forging [forjadura]* para descrever esse processo, no lugar do termo mineração. No final das contas, no entanto, tanto o PoW como o PoS buscam cumprir o mesmo objetivo: garantir que todos na rede concordem que as novas transações no último bloco são válidas e que estão sendo adequadamente encadeadas ao registro do blockchain de uma criptomoeda.

> **MINERADORES E VALIDADORES**
>
> *PAPO DE ESPECIALISTA*
>
> Para simplificar, quase sempre usamos os termos *mineradores* e *mineração*, embora você também escutará os termos *validadores* e *validação*. Qual é a diferença? Usaremos o blockchain do Bitcoin como exemplo da diferença em um sistema de Proof of Work (cada blockchain é diferente; há muitas permutações). A *validação* quer dizer verificar os blocos e as transações para garantir que sejam *válidos* (que sigam todas as regras da rede). Por definição, todos os nós completos validam, na verdade; um nó completo é aquele que valida totalmente as transações e blocos. (Veja mais detalhes sobre os nós no Capítulo 3.) Mas apenas alguns nós completos são mineradores, ou nós de mineração. Os mineradores validam as transações, mas eles também fazem o trabalho extra de juntar os blocos de transações e de participar na competição do Proof of Work para tentar ganhar o direito de acrescentar o bloco no blockchain. Porém o trabalho do minerador vencedor ainda precisa ser validado por todos os outros nós completos não mineradores. Os nós mineradores compõem um pequeno subgrupo de cerca de 80 mil a 100 mil nós completos, então a maioria dos nós completos está sempre de olho nos mineradores que formam a minoria — e uns nos outros — verificando o trabalho do minerador.
>
> Nas palavras de Andreas Antonopolous, guru das criptomoedas, "Os nós servem ao propósito mais importante... [cada um age] como um verificador autorizado de cada uma das transações e dos blocos... os nós, e não os mineradores, decidem quais são as regras. Os mineradores pegam as transações que os nós decidiram que eram válidas e devolvem blocos sob as ordens dos nós, que decidirão se valem a pena ser propagados, uma vez que são válidos. A validade das regras de consenso é determinada pelos nós, porque eles não propagarão blocos [inválidos]". Desse modo, embora os nós tanto validem como minerem, os processos de mineração e de validação são separados.
>
> Nas criptomoedas em que o termo *minerado* não está sendo estritamente utilizado — nas quais a moeda foi pré-minerada, então a nova moeda está sendo fornecida como um subsídio de bloco —, ainda há pessoas ganhando dinheiro com a validação das transações, ao verificar se as transações são válidas, adicioná-las aos blocos e então acrescentar o bloco ao blockchain. Esses validadores ganham o dinheiro proveniente das taxas de transações.

Seleções do Proof of Stake

Nos sistemas de Proof of Stake, é necessário provar que você possui certa quantia da moeda que está minerando, sendo necessário colocar uma participação em jogo. Moedas diferentes têm mecanismos distintos de PoS, obviamente, mas, a seguir, temos os conceitos básicos.

Primeiro, antes de poder participar do jogo e ter uma chance de se tornar o minerador que acrescentará o bloco ao blockchain, é necessário uma participação. É preciso ter um pouco da criptomoeda em sua carteira e, dependendo da moeda, é necessário que essa quantia esteja na carteira por um determinado período de tempo. O Peercoin, por exemplo, exige que a moeda esteja na carteira há pelo menos trinta dias; outras moedas não têm essa limitação. Porém, observe que, em alguns sistemas, sua moeda não pode ser usada enquanto está como participação; ela fica bloqueada em sua carteira, e isso pode acontecer por um tempo mínimo especificado. E, na verdade, se você atacar o sistema de alguma forma, corre o risco de perder sua participação. Em outros sistemas, não é assim que funciona; ter a moeda em sua carteira é o suficiente para contar como participação.

Alguns sistemas de PoS têm um sistema de *coin age [idade da moeda]*. Quer dizer, multiplica-se o número de moedas na carteira pelo tempo que estão lá. Um minerador que tenha 10 moedas com 60 dias de idade (10 × 60 = um coin age de 600) terá mais chances de ser selecionado do que um que tenha 5 moedas com 90 dias de idade (5 × 90 = um coin age de 450). Pode haver períodos mínimos e máximos de tempo para as moedas; no Peercoin, elas devem estar na carteira há, pelo menos, 30 dias, mas as que estão lá há mais de 90 dias não são consideradas. (Isso é para garantir que o blockchain não seja dominado pelas coleções de moedas muito grandes ou antigas.) Além disso, o minerador que vence tem seu relojinho de moedas zerado: elas só poderão ser usadas dali a 30 dias. O Blackcoin tem um conceito mais simples: sua participação é apenas a quantia de criptomoedas em sua carteira que você atribuiu como participação.

Contudo, a participação não é o suficiente. Se a seleção do minerador fosse baseada única e exclusivamente no coin age da participação, o mais rico sempre venceria e acrescentaria o bloco ao blockchain.

Assim, os sistemas PoS devem ter algum elemento de seleção aleatória. As moedas colocadas em participação ou o coin age de sua participação determinam quantos bilhetes de loteria você compra, mas o bilhete vencedor ainda precisa ser selecionado por algum tipo de seleção aleatória, e diferentes criptomoedas que usam PoS usam métodos distintos. Ter mais bilhetes (uma participação maior ou coin age maior) significa que sua chance de ganhar é maior, mas, como isso depende de sorte, até mesmo alguém com uma fração de sua participação pode ganhar. Como postulado no Blackcoin (Blackcoin.org), "A participação é um tipo de loteria. Em alguns dias, você ganha mais do que o normal; em outros, ganha menos". O Blackcoin usa um método de aleatoriedade que é uma combinação da competição de valor do hash com a participação de moedas. Os mineradores combinam a quantia da participação com o endereço da carteira de onde sai a participação, e o minerador com mais zeros antes do hash ganha.

Os mineradores mais ricos e que possuem criptomoedas há mais tempo normalmente têm uma vantagem para ganhar o direito de criar novas moedas e blocos em um blockchain com PoS. Na verdade, como explicado pelo Blackcoin, "se você participar com mais moedas, obterá mais blocos, e será mais provável que ganhe uma recompensa. Alguém que tem participação 24 horas por dia, 365 dias por ano, teria mais chances (~24x) do que alguém que participa com a mesma quantia de moedas, mas 1 hora por dia". Com o passar do tempo, os participantes ganham Blackcoin na proporção da quantia de dinheiro que colocaram em participação e do tempo de participação, sendo que, em geral, isso se aplica a todos os sistemas simples de PoS.

Exemplos de criptomoedas com PoS

Não há muitos exemplos bem-sucedidos de criptomoedas implementadas que usam o Proof of Stake puro. A maioria emprega uma abordagem híbrida, analisada posteriormente neste capítulo. No entanto, dois blockchains dignos de nota usam esta tecnologia como mecanismo de consenso:

» **NXT** foi criado em 2013 e ativado com o uso da implementação pura de Proof of Stake. Atualmente, não é usado amplamente, mas ainda existe.
» **Blackcoin** é uma criptomoeda que foi lançada em 2014 e que também funciona com um mecanismo de consenso de Proof of Stake puro. Novamente, é uma criptomoeda relativamente pequena em valor e não é amplamente usada.

Vantagens

A vantagem mais óbvia do Proof of Stake é o consumo reduzido de energia, quando comparado com o Proof of Work. Em vez de consumir a mesma quantidade de energia de um país pequeno, com o PoS, o blockchain pode ser gerido com uma quantidade significativamente menor de energia.

A escalabilidade com o PoS também fica bastante aumentada. Enquanto o Bitcoin e outras moedas que usam o Proof of Work lutam para conseguir transações com dígitos duplos por segundo na cadeia principal (o Bitcoin tem cerca de oito), ao utilizar o Proof of Stake, a capacidade de transações pode chegar aos milhares ou centenas de milhares por segundo, dependendo do número de nós validadores que estão sendo usados (quanto menos, geralmente fica mais rápido).

Com a redução do custo para aqueles que querem validar uma criptomoeda que usa PoS, as taxas de transação também são, de forma correspondente, mais baixas. Os mineradores não precisam comprar equipamentos caros, então a criação de blocos pode ser realizada gastando menos com energia e equipamento.

Embora isso não impacte as receitas totais para os mineradores que usam o PoS, a facilidade relativa para começar a minerar e os custos fixos baixos ainda podem fazer das criptomoedas com Proof of Stake uma opção viável para quem quiser tentar. E não se esqueça: mais transações por segundo também quer dizer mais taxas por segundo!

Desvantagens

Há muito em jogo quando o assunto é proteger uma criptomoeda e manter o consenso. Em um sistema puramente Proof of Stake, duas questões principais causam preocupação.

A primeira é o problema de distribuir originalmente uma nova criptomoeda que usa PoS. Algumas têm moedas pré-mineradas e, uma vez que a rede esteja rodando, moedas mineradas. Frequentemente, a maioria das criptomoedas em circulação, em muitos sistemas PoS, é pré-minerada, o que cria uma grande barreira de entrada para os mineradores que queiram se envolver posteriormente. Se quer minerar, você terá uma vantagem gigantesca se já tiver uma grande quantia de criptomoedas para colocar em participação logo no início.

E, quanto mais centralizada a posse for, menos confiança distribuída a rede terá, devido à habilidade de grandes proprietários para votar de forma egoísta, usando suas próprias moedas, para propagar um histórico de correntes/cadeias que beneficiará os proprietários com mais moedas. Isso poderia resultar em manipulação do livro-razão do blockchain em vantagem dos grandes proprietários de moedas, como gastos duplos, emissão egoísta e atualizações que vão contra os melhores interesses de outros usuários.

O segundo problema com o PoS é chamado de "Nothing at Stake" [Nada em Jogo], uma teoria que sustenta que, em sistemas PoS, os validadores (mineradores) não estão interessados no consenso, pois pode estar em seu interesse financeiro acrescentar blocos inválidos para o blockchain, causando forks e criando cadeias/correntes múltiplas. Quer dizer, se um validador acrescenta um bloco inválido, outros mineradores podem aceitar esse bloco e desenvolvê-lo, porque eles ganharão as taxas de transações sobre qualquer cadeia que vencer. (E, como é um sistema PoS, não é necessária muita potência computacional para fazê-lo.) Isso deixa em aberto a possibilidade de o blockchain ser manipulado por aqueles que têm a maior participação naquele sistema, exatamente o oposto do propósito das criptomoedas, que era eliminar a ideia do sistema bancário tradicional com seu sistema de livro-razão centralizado e manipulável.

> ### O TOPO DA CADEIA
>
> **PAPO DE ESPECIALISTA**
>
> O termo *topo da cadeia (chain tip)* é usado com frequência para descrever o número de bloco mais alto em um blockchain específico. O topo seria o bloco que tem mais Proof of Work com hash acumulado em relação à sua cadeia de blocos.

Com o Proof of Work, essa questão seria resolvida rapidamente, uma vez que os mineradores são incentivados a resolver imediatamente qual fork do blockchain seguir, de modo que recursos preciosos da plataforma de mineração não sejam desperdiçados. O bloco inválido fica *órfão*, o que significa que novos blocos não serão construídos em cima dele, e as coisas continuam normalmente com apenas um único blockchain. No entanto, com o Proof of Stake, é muito fácil continuar a construir novos blocos em cada cadeia, e, teoricamente, o blockchain poderia facilmente bifurcar, criando o fork. Há um custo insignificante para validar múltiplas cadeias, e, caso isso ocorra, o mecanismo de consenso descentralizado terá falhado. Com o PoW, a reorganização da cadeia acontece naturalmente, pois os blocos órfãos, também conhecidos como tios, têm suas transações alocadas no mempool, e, independentemente de qual topo da cadeia venha a ser confirmado, as transações e o blockchain mantêm a validade.

Híbrido Proof of Stake/Proof of Work

Em vista da desvantagem do PoW de consumir muita energia e do PoS de ter o problema "Nothing at Stake", os astutos empreendedores de criptomoedas pensaram em uma solução diferente: um híbrido dos dois. Isso ajuda a dirimir as questões de distribuição e do "Nada em Jogo", embora também reduza levemente o custo para validar as transações do PoW.

Assim, como é possível saber se uma criptomoeda é um híbrido? Infelizmente, talvez você veja a referência como sendo Proof of Stake, Proof of Stake híbrido ou Proof of Work híbrido — todas confusas. Para descobrir o que uma criptomoeda está realmente usando, uma rápida pesquisa em um mecanismo de busca mostrará a resposta. Por exemplo, uma pesquisa por *"algoritmo de consenso para bitcoin"* mostrará uma explicação para o sistema de consenso PoW do Bitcoin, e uma busca por *"algoritmo de consenso para dash"* apresentará que o DASH usa PoW e PoS.

Como um número crescente de projetos de criptomoedas está usando tanto o Proof of Stake como o Proof of Work, é essencial compreender o que isso implica na mineração.

Os híbridos explicados

Você pôde ver anteriormente neste capítulo como o Proof of Work e o Proof of Stake funcionam. Agora, a questão é como esses dois trabalham juntos em um sistema híbrido. Uma ressalva, no entanto: as variações são vastas para os diferentes sistemas híbridos de consenso, então, se você decidir minerar ou ter participação em uma criptomoeda, invista esforços na pesquisa para saber exatamente como a abordagem específica daquela cadeia/corrente é aplicada, para determinar o consenso do blockchain.

Em um sistema híbrido, tanto o PoS como o PoW são usados. Um nó em particular pode realizar ambos os processos ou apenas um deles.

Aqui temos um exemplo mostrando o fluxo do sistema híbrido. O minerador começa colocando uma participação da criptomoeda para *ele mesmo* — isto é PoS — e depois usa os dados dessa transação e os combina com a hora atual (representada pelo número de segundos a partir de uma data fixada).

Depois, o minerador pega essa informação combinada (a informação da transação e o valor dos segundos) e calcula um hash (isto é o PoW). Não há nonce neste cenário (veja o Capítulo 3), mas um número inteiro para a hora atual tem o mesmo efeito de mudar a saída do hash à medida que novos cálculos são computados.

Como esse substituto do nonce muda a cada segundo, com o decorrer do tempo, um novo hash pode ser calculado apenas a cada segundo, e, dessa forma, os recursos necessários para minerar são muito menores do que com um sistema verdadeiramente PoW, no qual os mineradores com ASIC modernos podem calcular trilhões de hashes por segundo. Em vez de calcular hashes numerosos a cada segundo, apenas um cálculo de hash é feito a cada segundo por nó. Isso quer dizer que a maioria dos computadores disponíveis no comércio pode funcionar como plataformas de mineração. Tudo de que você precisa é um computador com uma carteira que contenha o limite inicial predeterminado pela cadeia/corrente da criptomoeda híbrida.

Uma vez que o minerador híbrido tenha esse hash, ele é comparado com uma dificuldade-alvo, exatamente como no método PoW puro descrito no Capítulo 3. Porém, há uma grande diferença. Aqui, a dificuldade buscada é diferente para cada um dos mineradores! Isso ocorre porque ela é diminuída (fica mais fácil de ser atingida) ou aumentada (mais difícil de ser atingida) com base no coin age da criptomoeda usada na transação que foi enviada no início desse processo, dando uma vantagem para os proprietários existentes da moeda e aumentando as barreiras de entrada para novos mineradores. (*Coin age* é simplesmente o montante de há quanto tempo o minerador possui cada uma das unidades de sua criptomoeda.)

> **PAPO DE ESPECIALISTA**
>
> ## AS RECOMPENSAS DO HÍBRIDO POW/POS
>
> Então, se uma criptomoeda usa o Proof of Stake e o Proof of Work, como funcionam as recompensas? Para a maioria das criptomoedas híbridas, as recompensas são juntadas como uma única quantia, e depois divididas entre os validadores do PoS e os mineradores do PoW, usando uma porcentagem preestabelecida. Por exemplo, digamos que o subsídio do bloco é de 10 Hybridcoins e as taxas de transação no novo bloco somam 2 Hybridcoins, havendo uma porcentagem preestabelecida de divisão de 60% para os mineradores do PoW e 40% para os do PoS. Neste cenário, o minerador do PoW que verificar os blocos mais recentes ganhará os 4,8 Hybridcoins restantes. (Se um nó estava com participação e minerando, ele ganharia a quantia total, obviamente.) É importante lembrar que a divisão de porcentagem entre os tipos de mineradores pode variar, dependendo da criptomoeda específica; então, sempre faça suas pesquisas!

Por exemplo, se eu tivesse três unidades de Hybridcoin há cinco dias na minha carteira, o coin age de minha transação seria 15 (5 + 5 + 5 = 15). Se uma dessas três Hybridcoins tivesse estado em minha carteira por quatro dias, no entanto, o coin age da minha transação seria 14 (5 + 5 + 4 = 14).

Quanto maior o coin age da transação, mais fácil será encontrar um hash que atinja a dificuldade-alvo, o que significa que os mineradores com coin ages maiores têm mais chances de ganhar do que aqueles com coin ages menores.

Apesar disso, ainda há um elemento de sorte. Um coin age maior aumenta significativamente as chances de um validador, mas não garante a vitória.

Como no sistema descrito no Capítulo 3, vence o primeiro minerador a resolver o enigma — a encontrar um hash de acordo com o alvo. Esse minerador pode agora encadear o último bloco de transações e receberá a recompensa do bloco (o subsídio do bloco e as taxas de transação) por ter feito isso.

Este sistema permite que o minerador tente sua sorte a cada segundo. Como estão enviando criptomoedas para si mesmos no processo, elas não podem ser enviadas para nenhuma outra pessoa e estão, na verdade, colocadas em "participação" ou bloqueadas na conta. Além disso, na maioria dos sistemas híbridos, quando o minerador finalmente ganha essa loteria, o coin age de suas criptomoedas é zerado, reduzindo a possibilidade de que ele ganhe o jogo novamente da próxima vez.

Exemplos híbridos

DASH é o híbrido de PoS/PoW mais bem-sucedido. Seu código-base é o fundamento para outras criptomoedas híbridas. Foi originado como um fork do Bitcoin por volta de 2014 com um nome diferente e, posteriormente, foi modificado para permitir os *nós mestres* PoS/PoW híbridos. Os retornos estão em cerca de 6% a 8% por ano. O Dash pode realizar bem poucas transações por segundo, mas o modelo de nós mestres é bastante centralizado e exigirá um investimento inicial significativo para começa a validar. Isso cria uma demanda subjacente para essa criptomoeda, manipulando o preço de compra a favor dos atuais proprietários de moedas.

PIVX é um fork da criptomoeda DASH. Embora usasse Proof of Work inicialmente, agora ele trabalha com um modelo PoS/PoW híbrido. Colocar uma participação de qualquer quantia em seu PIVX trará um lucro líquido de 8% a 12% anualmente, pagos em PIVX diretamente para sua carteira colocada como participação.

No momento em que escrevemos este capítulo, o **Ethereum** ainda está usando um sistema PoW (ethash), mas possivelmente mudará para um sistema híbrido em algum momento. (A comunidade do Ethereum tem discutido sobre a mudança há um bom tempo.)* Como será o sistema exatamente ainda não está claro, mas o favorito para o início da mudança (possivelmente evoluirá com o tempo) é atualmente conhecido como Casper FFG, no qual um protocolo PoS executa juntamente com o protocolo etash de PoW, com uma rede de validadores executando um ponto de verificação PoS a cada cinquenta blocos.

Peercoin, ou PPC, foi a primeira criptomoeda a usar PoS em operação (remontando à antiga história das criptomoedas em 2012). No entanto, não é uma moeda de PoS puro, mas um híbrido PoS/PoW. O Peercoin tem sido copiado e melhorado desde então. Ainda é possível minerar sua implementação híbrida de Proof of Work e Proof of Stake atualmente com um retorno aproximado de 1% ao ano, presumindo que o preço da moeda fique estável.

Vantagens

Os sistemas híbridos pegam o melhor tanto do Proof of Work como do Proof of Stake. Os componentes do PoW fornecem a segurança, enquanto a eficiência mais alta do componente do PoS permite um volume maior de processamento de transações e, portanto, taxas menores de transação. O resultado é uma criptomoeda mais segura e rápida, embora mais centralizada.

---

* N. da E.: Durante a edição deste livro, a Ethereum já está fazendo testes para a transição, e a expectativa é a de que ela ocorra ao final de 2020 ou início de 2021. Caso o leitor queira saber mais, pode pesquisar por "Ethereum 2.0".

> **NÓS MESTRES**
>
> **PAPO DE ESPECIALISTA**
>
> Um *nó mestre* é um nó de participação e validação que possui o limite mínimo suficiente de moedas, geralmente muitas centenas ou até milhares. Essa quantia de moedas permite que o nó vote nas propostas de código e valide e propague blocos para a rede. DASH é o blockchain mais conhecido que usa o conceito de nós mestres.

Desvantagens

A governança fica difícil para as criptomoedas híbridas. Como a divisão da recompensa pode ser votada ou mudada, em teoria, há um desacordo constante entre os usuários que querem mais recompensas para o Proof of Stake e aqueles que querem uma porcentagem maior de Proof of Work. Embora a abordagem híbrida tenha alguns dos benefícios de cada sistema de consenso, ela também carrega muitas das desvantagens tanto do PoS como do PoW.

Delegated Proof of Stake (dPoS)

O Delegated Proof of Stake [Prova de Participação Delegada] funciona de modo similar ao PoS, mas com uma concentração mais centralizada de *produtores de blocos* ou *testemunhas* no ecossistema dPoS. Os produtores de blocos são eleitos e fazem turnos sequenciais para acrescentar blocos ao blockchain. Em geral, os proprietários de criptomoedas podem votar nos validadores em proporção à quantia que se possui. E simplesmente não há tantos produtores de blocos; em geral, variam de 20 a 100. (EOS tem 21, BitShares tem 100.)

Os sistemas dPoS também têm *validadores* que verificam se os blocos que os produtores estão acrescentando são, de fato, válidos; qualquer um pode ser um validador. (Isso mostra como o mundo das criptomoedas é confuso, com pessoas diferentes usando as palavras de formas distintas. Em alguns sistemas PoS, os validadores também acrescentam blocos ao blockchain.)

No dPoS, também há um mecanismo de votação para permitir que as testemunhas (validadores de blocos) votem a favor ou contra outras testemunhas caso alguém se torne um mau ator ao corromper a cadeia com transações inválidas ou com outros comportamentos destrutivos.

As vantagens e desvantagens deste sistema são muito similares às do Proof of Stake típico. No entanto, de fato, há vários blockchains implementados com sucesso usando esta tecnologia, sendo o EOS e o STEEM os mais dignos de nota.

Tolerância a Falhas Bizantinas Delegadas (dBFT)

A Tolerância a Falhas Bizantinas Delegadas (Delegated Byzantine Fault Tolerance — dBFT) é similar ao dPoS. O nome faz referência ao Problema dos Generais Bizantinos (veja o Capítulo 2), problema esse que o Bitcoin e outras criptomoedas buscaram resolver — como encontrar consenso, com todos trabalhando juntos pelo bem da rede em uma rede distribuída de computadores, na qual algumas partes podem ser não confiáveis, seja por falhas técnicas ou por má conduta intencional.

No dBFT, os blocos são passados à frente pelos nós oradores e votados pelos nós delegados. O consenso no dBTF é alcançado quando pelo menos dois terços dos nós delegados concordam quanto a um bloco proposto. Qualquer usuário pode executar um nó orador, mas, para ser um nó delegado, é preciso ser votado pela maioria dos proprietários de criptomoedas. O risco é que isso possa levar à centralização de poder e à manipulação dos votos no futuro, mas, até o momento, as implementações do dBFT têm mantido a validade da cadeia.

Com o dBFT, uma vez que a transação seja confirmada e o bloco seja registrado na cadeia, ele alcança finalidade total e é irreversível. Isso faz com que haja uma chance praticamente nula de haver fork entre os nós delegados.

NEO é uma das poucas criptomoedas que usam dBFT. No bloco gênesis (o primeiro bloco no blockchain NEO), 100 milhões de NEW foram criados (pré-minerados), com 50 milhões vendidos ao público e 50 milhões bloqueados, gradualmente liberados à equipe trabalhando no NEO, na quantia de 15 milhões por ano. A participação ganha por executar um nó orador não é paga em NEO, mas em GAS, uma criptomoeda separada, usada para abastecer contratos na rede NEO. O NEO tem apenas sete nós delegados que votam. Podem ser acrescentados mais, em grupos de três, para permitir que haja a concordância de dois terços exigida. (O número total de delegados, menos um, pode ser divido por três, então um bloco é aceito quando pelo menos dois terços dos delegados mais um votaram a favor.)

Proof of Burn (PoB)

Proof of Burn [Prova de Queima] é um mecanismo de consenso que prova que recursos adequados estão sendo gastos na criação de uma moeda ou criptomoeda em particular. Pode ser um método caro para escolher, mas pode ser eficaz fazer o lançamento inicial de uma nova criptomoeda usando o Proof of Work acumulado de uma cadeia/corrente mais segura. Uma criptomoeda que usa PoB geralmente fica por cima de outro blockchain de criptomoedas usando PoW.

Basicamente, uma moeda que tenha sido criada no blockchain de Proof of Work é enviada para um endereço verificável e que não possa gastar a moeda (às vezes conhecidos como *endereços comedores*) — quer dizer, para um endereço do blockchain que a comunidade verificou que é inutilizável. Esse endereço pode ter sido criado aleatoriamente, e não pelo processo comum de criar um par de chaves privada/pública e depois fazer o hash da chave pública. Se o endereço foi criado de forma aleatória, então a chave privada não pode ser conhecida, e assim, o endereço não pode gastar as moedas. Dessa forma, qualquer criptomoeda enviada para esse endereço nunca mais poderá ser usada. (Não há chave privada que possa ser usada para enviar a criptomoeda para outro endereço.) A criptomoeda foi, de fato, queimada!

Portanto, lançar uma moeda que use PoB começa com a compra de moedas que usam PoW e o envio delas para o endereço comedor. Em retorno, o comprador ganha o direito de minerar. Por exemplo, é assim que a criptomoeda Counterparty (XCP) começou, em janeiro de 2014, quando os mineradores enviaram Bitcoin para um endereço comedor e, em troca, receberam moedas Counterparty, o que lhes angariou o direito de participar da mineração dessa criptomoeda.

Os benefícios deste método incluem a habilidade de usar o PoW das moedas queimadas como segurança para a cadeia PoB, mas as desvantagens incluem o fato de que a rede PoB não pode existir independentemente da moeda PoW e exige a confiança e utilização dos ativos da criptomoeda subjacente que foram queimados.

E Mais...

E tem mais, é claro. Há o *Proof of Capacity* (PoC) [Prova de Capacidade], em que os mineradores salvam um banco de dados das soluções dos enigmas na armazenagem dos nós; e, quando acontece uma competição de blocos, o nó acessa as soluções do enigma para encontrar a correta. Há o *Proof of Elapsed Time* (PoET) [Prova de Tempo Decorrido], em que os nós recebem aleatoriamente um tempo de espera e então os blocos são acrescentados com base na sequência de tempos de espera (o menor vai primeiro). Há o *Proof of Activity* (PoA) [Prova de Atividade], uma forma específica do híbrido PoW/PoS, o *Limited Confidence Proof of Activity* (LCPoA) [Prova de Atividade de Confiança Limitada] e muito mais. E outros surgem o tempo todo.

Não há um mecanismo de consenso perfeito, então a evolução continua conforme novas ideias aparecem e novos modelos são testados.

2 A Evolução da Mineração de Criptomoedas

NESTA PARTE...

Entendendo os algoritmos de consenso.

Comparando o Proof of Work com o Proof of Stake.

Abordando superficialmente dPOS, dBFT, PoB e outros.

Aprendendo como a mineração evolui.

Entendendo a mineração com CPU, GPU e ASIC.

Relembrando os dias da mineração individual.

Trabalhando com pools de mineração.

Considerando a mineração na nuvem.

> **NESTE CAPÍTULO**
>
> » Aprendendo sobre a evolução da mineração de Bitcoin
>
> » Trabalhando com blockchain
>
> » Relembrando a era da mineração individual
>
> » Trabalhando com um pool de mineração
>
> » Trabalhando com uma operação de mineração na nuvem

Capítulo **5**

A Evolução da Mineração

Durante os primeiros anos da existência do Bitcoin, a rede não era amplamente conhecida e bem poucos usuários executavam nós ou mineravam. O hardware usado para mineração também era muito básico: equipamentos de computador de uso geral que não eram projetados especificamente para mineração. Devido a isso, a quantidade de recursos computacionais que estavam sendo dedicados aos blocos de mineração e a proteger a rede era muito pequena em comparação ao que se tem na atualidade. A situação também era vista pela maioria dos participantes no ecossistema durante esse período como um experimento, e muitos acreditavam que não era algo ao qual valia a pena dedicar quantidades expressivas de recursos. Juntos, esses fatores criaram um ambiente com dificuldade bem baixa de criar blocos para os primeiros mineradores de Bitcoin.

Neste capítulo, analisamos a história da mineração do Bitcoin, a evolução do hardware computacional, a progressão do software de mineração, as técnicas diferentes para minerar e como os vários componentes funcionam juntos. Para ter uma ideia das melhores abordagens que podem funcionar para o minerador que está de olho no futuro, é sempre bom conhecer o estado passado e presente do setor e da tecnologia.

A Evolução da Mineração com Proof of Work

A saga da mineração do Bitcoin teve seu início em um computador operado por Satoshi Nakamoto, com o que é conhecido como o *bloco gênesis* — o primeiro Bitcoin trazido à existência. Naquela época, durante o princípio da mineração de Bitcoin, a dificuldade dos blocos era bem baixa — quer dizer, não era necessário ter muita potência computacional para conseguir vencer a competição e adicionar um bloco de vez em quando. Isso permitiu que praticamente qualquer usuário que executasse um nó completo de Bitcoin tivesse a oportunidade de minerar um bloco e receber a recompensa associada. O segundo operador de nó e minerador de Bitcoin confirmado foi um camarada chamado Hal Finney. Naqueles primeiros dias, a rede era composta de apenas dois nós por vez, mas desde então, a rede de nós cresceu para mais de 100 mil nós completos. Em determinada altura, havia mais de 200 mil!

Ao longo dos primeiros dez anos da mineração de Bitcoin, a competição para encontrar blocos cresceu constantemente, na medida em que a popularidade e a notoriedade da rede cresceram. A inventividade da mineração, juntamente com incentivos econômicos crescentes, levou ao desenvolvimento de uma mineração mais eficiente. A década entre 2009 e 2019 testemunhou uma corrida armamentista que incentivava o desenvolvimento, a aquisição e a operação de hardware de mineração mais efetivo e eficiente.

Mineração com CPU

Os computadores pessoais consistem em alguns componentes essenciais centrais, dentre os quais está a Unidade de Processamento Central, a CPU — Central Processing Unit. Essas unidades são chips de computador bastante flexíveis, bons para a computação de uma ampla variedade de tarefas, como compor e-mails, pesquisar na internet e processamento de textos. Eles são hábeis para realizar todas essas tarefas, mas não são excepcionalmente eficientes ou especializados em nenhuma delas.

Uma CPU disponível nas lojas atualmente pode realizar aproximadamente entre vinte e duzentas Hashes por segundo (H/s) quando direcionadas para um protocolo de mineração com Proof of Work. No entanto, empregar uma CPU para minerar na rede de Bitcoin hoje seria correr atrás do vento, como ir para a batalha equipado apenas com flechas e espadas contra um exército moderno. Uma CPU simplesmente não consegue competir contra o equipamento especializado em uso atualmente. Porém, ainda há blockchains de criptomoedas com redes que têm taxas mais baixas de hash e algoritmos únicos de mineração que podem ser efetivamente minerados com uma CPU.

A adoção de GPUs

Com início em meados de 2011, as Unidades de Processamento Gráfico (GPUs — Graphics Processing Units) se tornaram o hardware favorito para mineração na rede de Bitcoin (embora tenham ficado um tanto obsoletas em 2013). As GPUs são peças de hardware projetadas para gerenciar o tipo de cálculos necessários para gráficos de computador. Gamers e designers gráficos geralmente fazem upgrade de seus computadores desktop comprando placas de vídeo para melhorar o desempenho de seus sistemas. Os gráficos nos jogos de computador aparecem mais rapidamente, e os arquivos gráficos gigantescos produzidos pelos designers gráficos podem ser administrados de forma mais rápida e fácil. As placas de GPU também são projetadas para funcionar por longos períodos, enquanto eliminam o calor por meio de grandes sistemas de dissipadores de calor e de ventiladores de refrigeração.

Sob uma perspectiva do minerador de criptomoedas, essas placas tinham a vantagem extra de poderem fazer hashes mais rapidamente, gastando menos energia por hash do que uma CPU. Isso possibilitou que os mineradores aumentassem sua capacidade geral de hash, ao mesmo tempo mantendo um uso relativamente baixo da potência.

LEMBRE-SE

Os mineradores competem entre si. Quanto mais rapidamente puderem fazer os hashes, mais chances terão de vencer a competição. Potência de hash é tudo!

O poder de hash da rede toda de Bitcoin, bem como a dificuldade de blocos, aumentou substancialmente durante aqueles anos, basicamente empurrando a mineração com CPU para os livros de história sobre o blockchain do Bitcoin.

O surgimento dos FPGAs

Outro dispositivo de mineração usado para aumentar a taxa de hash foi o Arranjo de Portas Programável em Campo, ou FPGA — Field Programmable Gate Array. Esses dispositivos podem ser reconfigurados rapidamente ou programados em campo, para processar algoritmos diferentes com uma taxa mais eficiente, sem a necessidade de projetar e produzir conjuntos de placas de circuitos integrados desenvolvidos para um algoritmo específico. Estes tipos de plataformas de mineração ainda são populares e usados para minerar criptomoedas que mudam frequentemente seu algoritmo de Proof of Work, na tentativa de evitar que equipamentos de hardware específicos para mineração proliferem.

O domínio e a eficiência dos ASICs

Conforme a mineração de criptomoedas se tornou mais difundida e lucrativa, os fornecedores começaram a desenvolver hardwares especificamente projetados para minerá-las.

LEMBRE-SE

As CPUs são projetadas para realizar uma ampla gama de tarefas razoavelmente bem e, consequentemente, não realizam nenhuma delas realmente bem. Esse novo hardware foi projetado para fazer apenas uma coisa excepcionalmente bem: processar os algoritmos necessários para minerar uma criptomoeda específica.

Dessa forma, os desenvolvimentos do FPGA rapidamente deram lugar ao desenvolvimento e produção de Circuitos Integrados de Aplicação Específica, ou ASICs — Application Specific Integrated Circuits. Esses chips eram empregados para um único propósito: minerar criptomoedas com Proof of Work, como o Bitcoin. Os ASICs eram péssimos para processar textos, e-mails ou pesquisar na internet, mas eram mais efetivos e eficientes na mineração de criptomoedas. O aumento da eficiência dos chips pode ser visto na Figura 5-1, que apresenta o gráfico dos chips mais populares e amplamente usados durante o período entre 2014 e 2017. Como se pode ver, a quantidade de potência usada para processar um terahash (1 bilhão de hashes) caiu drasticamente na medida em que os ASICs foram projetados especificamente para processar esses algoritmos. Os ASICs de ponta atualmente são ainda mais capazes.

O surgimento dos ASICs levou a um aumento enorme na taxa de hash da rede. A *taxa de hash* da rede é o número de hashes que podem ser feitos por segundo pela combinação de todos os mineradores que estão trabalhando em determinada rede. O gráfico na Figura 5-1 mostra que a taxa de hash da rede do Bitcoin chegou ao pico de 60 milhões TH/s, ou terahashes por segundo. Um tera é 1 trilhão, então 1 terahash é 1 trilhão de hashes; assim, 60 milhões de TH/s quer dizer que a combinação total de todos os mineradores na rede poderia, no pico, executar 60.000.000.000.000.000.000 de operações de hash em um único segundo, uma potência computacional verdadeiramente enorme!

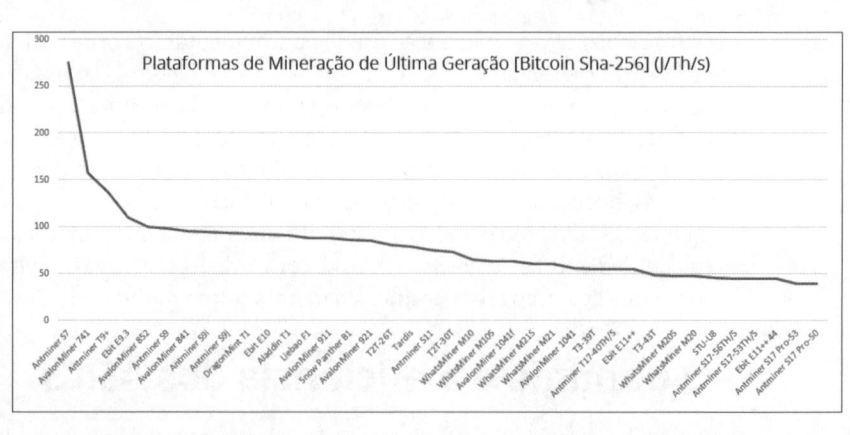

FIGURA 5-1: Gráfico retratando a energia (em joules) necessária para produzir a mesma quantidade de potência de hash a partir de alguns dos chips ASIC mais populares, conforme evoluíram com o tempo.

POR QUE NÃO EXAHASHES?

60.000.000.000.000.000.000 de operações de hash significa 60 quintilhões de hashes. Então, por que não dizemos 60 QH/s? Bem, para começar, a notação correta seria 60 EH/s; isto é, 60 *exa*hashes por segundo, porque *exa* é usado para denotar quintilhão, da mesma maneira que tera denota trilhão. Porém, o mais importante é que terahashe é apenas o que, talvez, seja o mais frequentemente usado ao analisar esses números enormes de processos que ocorrem a cada segundo. Terahashe também é a unidade que a maioria dos fabricantes usa para descrever as especificações das melhores e mais modernas plataformas de mineração ASIC. Seja terahashes, milhares ou milhões de terahashes, mensuramos mais comumente esse poder de processamento em termos de terahashes, ou TH/s. *Mas, às vezes, você verá exahashes por aí.*

No gráfico apresentado na Figura 5-2, é possível ver como o poder de processamento na rede do Bitcoin cresceu rapidamente. (Veja o mais recente em www.blockchain.com/en/charts/hash-rate?timespan=all [conteúdo em inglês].)

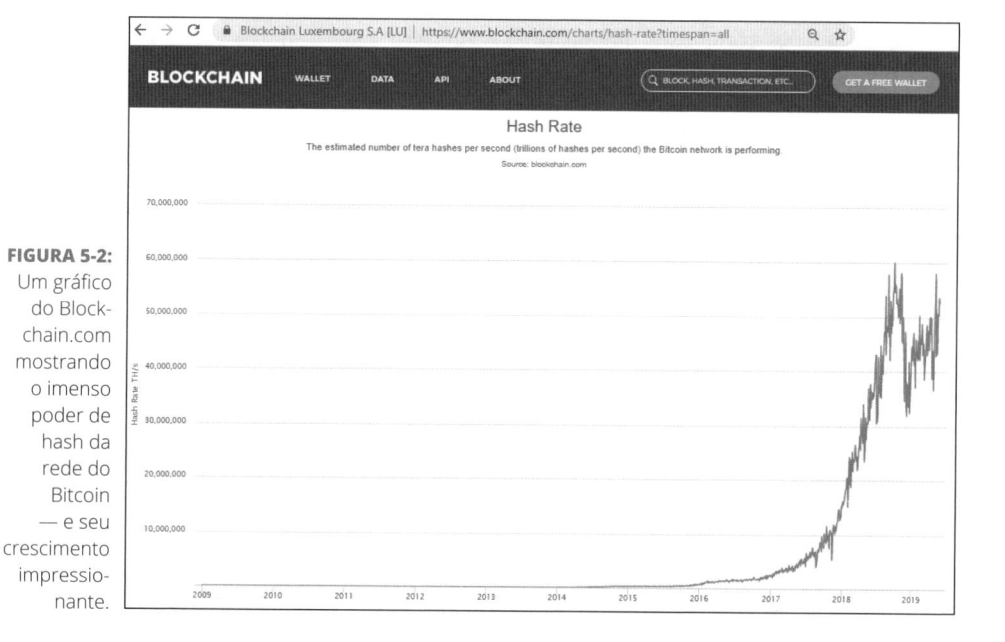

FIGURA 5-2: Um gráfico do Blockchain.com mostrando o imenso poder de hash da rede do Bitcoin — e seu crescimento impressionante.

Os Dias da Mineração Individual

No início da história do Bitcoin, a taxa de hash da rede era muito baixa. Isso dava uma boa chance a praticamente qualquer minerador que estivesse executando o software do cliente principal do Bitcoin em um notebook ou desktop entre 2009 e 2011 de cunhar um novo bloco de bitcoin de vez em quando e coletar as taxas e o subsídio associados do bloco. Isso era feito simplesmente ao ativar a mineração no software do cliente principal após ter sido sincronizado com o blockchain do Bitcoin.

Alguns grandes mineradores ainda optam por minerar individualmente, escolhendo apostar em suas poucas chances de encontrar um bloco na esperança de cunhar um bloco e ficar com todas as recompensas associadas da moeda. Não é uma opção popular atualmente, mas com uma parcela significativa da taxa de hash da rede e com tempo suficiente, um bloco ainda pode ser, de fato, encontrado por mineradores individuais. (Eles aumentam suas poucas chances ao investir muita grana em seus equipamentos de mineração.) Hoje, este método não é recomendado para os mineradores novatos. A maioria dos mineradores que fazem isso como hobby escolhe trabalhar com os pools de mineração.

Conforme o hardware de mineração evoluiu para o âmbito do ASIC, ficou cada vez mais difícil para as pessoas leigas, os pequenos negócios ou os negócios familiares minerarem. O equipamento ficou mais caro, e, para competir, os mineradores precisavam de cada vez mais equipamento, mais espaço e refrigeração para o equipamento, tinham de aguentar o barulho e resolver configurações complexas de hardware e software e assim por diante. A mineração se tornou cara e complicada. A piscina de mineração (pool mining) e a mineração na nuvem foram desenvolvidas como forma de permitir que os "pequenos" se envolvessem na mineração, sem toda essa trabalheira. (E para que as empresas de mineração em pools e na nuvem ganhassem dinheiro, obviamente.)

Pool Mining (Mineração em Piscinas)

A mineração do Bitcoin é inerentemente competitiva em um ambiente adverso — sendo isso o que torna a mineração em piscina tão interessante, uma vez que é um microcosmo de cooperação dentro desse espaço altamente competitivo. Cada minerador que participa de um pool trabalha pelo benefício coletivo e divide a recompensa, em proporção à sua contribuição, com todos aqueles que contribuíram com poder de hash na tentativa de encontrar blocos cunhados.

O que é uma piscina de mineração (mining pool)?

Os usuários que participam de piscinas de mineração colocam todos seus recursos computacionais em uma mesma "piscina" e trabalham em equipe para encontrar blocos. Se um usuário da piscina de mineração encontrar um bloco, mas naquele momento estiver contribuindo com ~5% da taxa total de hash da piscina, ele receberá ~5% da recompensa total associada ao bloco. Isso faz com que haja uma distribuição dos custos e ganhos de uma maneira muito justa em toda a piscina, com base na contribuição de cada minerador.

A propósito, mesmo que os milhares de participantes em uma piscina se considerem mineradores — e, para o propósito deste livro, vamos chamá-los de mineradores —, sob um ponto de vista do sistema, eles não são. Um minerador é, verdadeiramente, um *nó* de mineração, e, sob a perspectiva da rede da criptomoeda, a piscina em si oferece um nó de mineração, e cada um dos integrantes da piscina é realmente invisível para a rede atrás do nó. Quer dizer, você não está configurando seu próprio nó. A mineração em piscinas é muito mais simples do que a mineração individual! Você não está realizando todas as tarefas necessárias para um minerador de verdade. Cada integrante da piscina oferece seu poder computacional para a operação de mineração, mas há, de fato e sob uma perspectiva técnica, apenas um minerador, o operador da piscina, que precisa gerenciar o processo inteiro e executar o nó. A piscina oferece as ferramentas para que você trabalhe com ele. A Figura 5-3, por exemplo, mostra a página de estatísticas da AntPool.

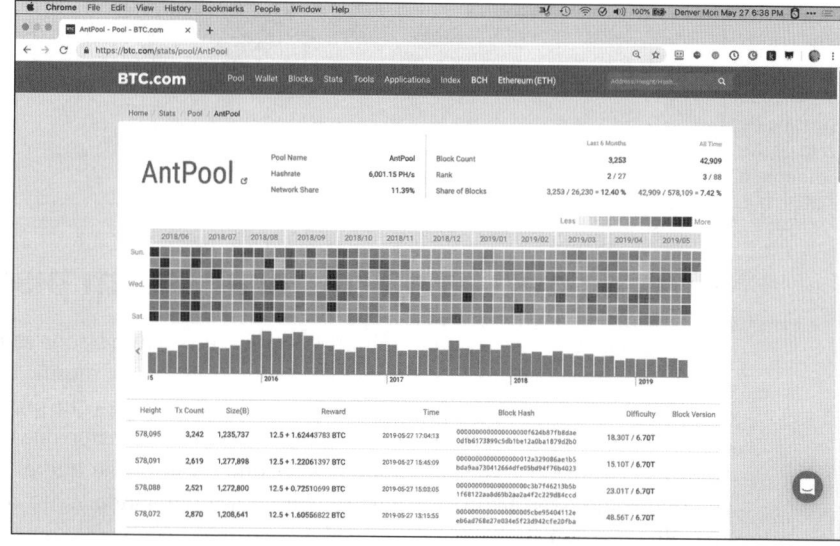

FIGURA 5-3: Página de estatísticas do AntPool, que é uma das maiores piscinas de mineração do Bitcoin.

Escolhendo uma piscina

Há muitas piscinas diferentes no setor de mineração do Bitcoin e das criptomoedas atualmente. Algumas delas são bem altruístas em sua essência, enquanto outras podem ser consideradas como participantes más.

DICA

É importante escolher uma piscina de mineração que reflita seus valores; caso contrário, a piscina poderia estar utilizando seu poder de hash de tal forma que não esteja alinhada com seus objetivos. (Veja mais sobre a escolha de uma piscina no Capítulo 7.) Você pode empregar muitas ferramentas para ajudá-lo a tomar a decisão certa. A Figura 5-4, por exemplo, mostra um gráfico do site Coin.Dance que apresenta os blocos acrescentados ao blockchain do Bitcoin durante as últimas 24 horas, classificados pela piscina de mineração.

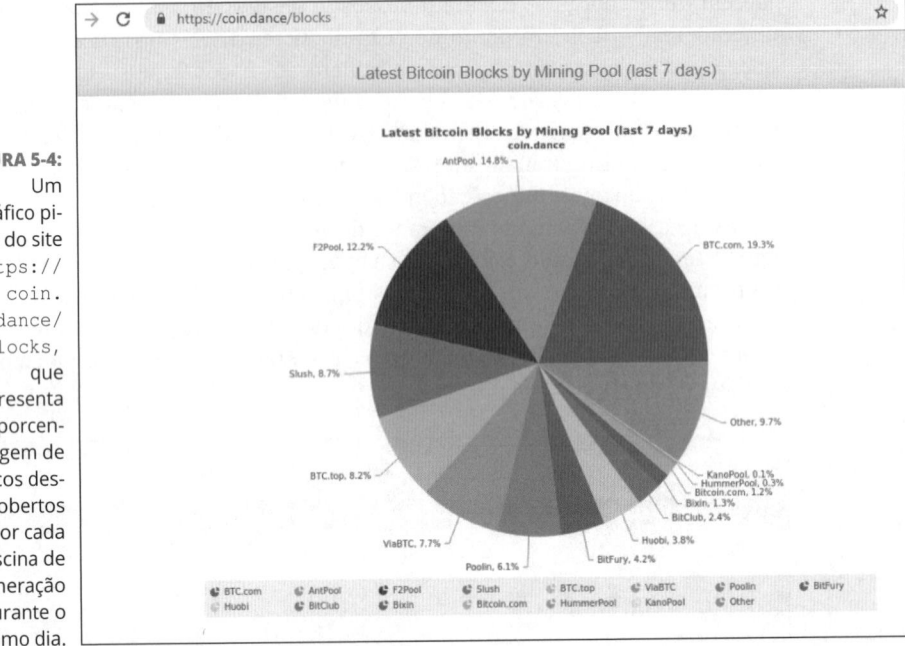

FIGURA 5-4: Um gráfico pizza do site `https://coin.dance/blocks`, que apresenta a porcentagem de blocos descobertos por cada piscina de mineração durante o último dia.

Prós e contras da mineração em piscina

A mineração em piscina (pool mining) permite que o minerador esteja sempre coletando recompensas pelo trabalho prestado para a rede, mesmo que o minerador comum nas piscinas tenha uma taxa de hash tão baixa que provavelmente não ganharia uma recompensa se trabalhasse sozinho. Mesmo que de fato você nunca descubra o hash para ganhar a recompensa, desde que esteja contribuindo com poder de processamento computacional, ainda assim receberá sua partilha dos lucros.

É claro que, caso seja o minerador sortudo que descobriu o hash vencedor, você não ficará com a recompensa inteira do bloco; ela será dividida com todos os outros mineradores, cada um recebendo sua proporção de acordo com o poder de hash contribuído.

A piscina também cobra uma pequena taxa por oferecer seu serviço. Quer dizer, as recompensas do bloco — abrangendo o subsídio do bloco e as taxas de transação — recebidas não são divididas igualmente entre todos; a turma que está executando a piscina fica com sua parte, obviamente (ei, são negócios!).

Uma crítica à mineração em piscina é que esta atividade está levando à concentração de poder em um pequeno número de mãos (os vários operadores das piscinas). Por exemplo, quando os nós votam sobre as regras do blockchain de uma rede, apenas alguns dos operadores das piscinas acabam votando entre as dezenas de milhares de integrantes das piscinas.

Isso ficou evidente durante os debates sobre a melhoria do código, em que as piscinas de mineração estavam votando em propostas de códigos com as quais os usuários individuais dessas piscinas podem não concordar. O uso impróprio da taxa de hash também ficou aparente quando algumas piscinas estavam minerando blocos que não incluíam nenhuma quantidade significativa de transações, em uma tentativa de entupir o mempool, aumentar a taxa de transações e congestionar a rede. Ao não acrescentar transações aos blocos, o mempool não é esvaziado tão rapidamente, e um espaço precioso de blocos fica desperdiçado. Essa situação causa o backlog das transações e atrasa o caráter definitivo de liquidez. Esta foi uma tática usada para pressionar as alternativas do Bitcoin com tamanhos maiores de blocos e é também usada para pressionar o aumento das taxas de transação, aumentando as recompensas para os mineradores. Eles selecionam as transações a partir do mempool que querem incluir em um bloco. A maioria escolhe preencher os blocos até seu limite máximo, com as maiores taxas de transações para si mesmos, mas às vezes os mineradores e os conglomerados das piscinas têm outras motivações políticas.

> **DICA** Essas desvantagens, porém, podem ser facilmente superadas pelos usuários ao simplesmente direcionar seu hardware de mineração para uma piscina diferente, que esteja mais alinhada com seus objetivos e suas intenções. Como a piscina de mineração está prestando um serviço, se um usuário não gosta da maneira que a piscina opera, ele pode pegar sua taxa de hash e ir para outro lugar. Esse ecossistema de livre mercado das piscinas normalmente atua como um fiscal ou árbitro dos operadores das piscinas e cria incentivos para o comportamento que beneficia a criptomoeda, em vez de prejudicá-la.

Mineração na Nuvem

As operações de mineração na nuvem são *fazendas de mineração* — centros de dados dedicados à mineração — que vendem ou alugam seu poder de hash. A essência do serviço é que um terceiro hospeda equipamentos de mineração e concede acesso às recompensas associadas ao equipamento. Este método tem muitas vantagens e desvantagens. Para começar, o usuário precisa confiar no provedor da nuvem em um ambiente repleto de golpes e fraudes. O usuário não tem o controle do equipamento ou de como este é usado.

As vantagens, é claro, são: não ter de abarrotar sua casa com equipamentos de computador e não ter de aguentar o barulho, o calor, o consumo de energia e a manutenção do equipamento de mineração, além de outras coisas. Basicamente, você terceiriza o trabalho.

Mineração em piscina versus mineração na nuvem

Então, qual é a diferença entre mineração em piscina e na nuvem? Em ambos os casos, você estará trabalhando com um terceiro.

» Na **mineração em piscina** você precisa ter sua própria plataforma de mineração e, por meio do uso do software da piscina, contribui com seu poder de processamento de sua plataforma para a operação de mineração. Você terá de resolver a compra e a administração do equipamento, sua execução, seu resfriamento, a manutenção constante de uma conexão robusta de internet e assim por diante.

» Com a **mineração na nuvem** você é, basicamente, um investidor em uma operação de mineração — fornece apenas o dinheiro. As empresas de mineração na nuvem cadastram milhares de pessoas para investirem diversas quantias na operação e, em retorno, recebem uma parte do lucro. Tudo que se precisa fazer é encontrar uma operação de mineração na nuvem com boa reputação (tenha cuidado!), enviar o dinheiro e voltar aos seus afazeres, enquanto eles administram tudo.

Prós e contras da mineração na nuvem

A mineração na nuvem tem prós e contras semelhantes à mineração em piscina, é claro. Você não fica com os blocos que minera (precisa dividi-los); é necessário pagar uma taxa à empresa da mineração na nuvem para poder participar (mas pense em toda a dor de cabeça que evitará!), e, como na mineração em piscinas, há o risco de concentração de poder em um pequeno número de mãos.

Trocar de nuvem também pode ser mais difícil, uma vez que alguns contratos exigem fidelização durante um prazo maior. Talvez não seja possível mudar de nuvem rapidamente. Outra coisa é que, ocasionalmente, se a mineração de uma criptomoeda em particular não se torna lucrativa (como ocorre às vezes), o operador pode cancelar o contrato. Faça seu dever de casa com cuidado e pesquise sobre as empresas de mineração na nuvem antes de investir qualquer quantia significativa de dinheiro nesses serviços.

> **NESTE CAPÍTULO**
>
> » A mineração incentivando a eficiência energética
>
> » Aumentando os recursos computacionais
>
> » Entendendo a espiral da morte da mineração
>
> » Considerando o futuro da participação corporativa e nacional

Capítulo **6**

O Futuro da Mineração de Criptomoedas

O que o futuro reserva para o setor das criptomoedas, agora em ascensão? Ele tem prosperado recentemente, e o futuro parece ser tão promissor quanto os últimos dez anos.

Incentivando a Exploração Energética

O processo da mineração de Bitcoin é inerente ao consumo intenso de energia, para evitar que participantes maldosos cooptem o sistema para seu próprio ganho pessoal. Os mineradores mais economicamente efetivos geralmente são aqueles que descobrem as fontes de eletricidade mais eficientes, em termos de custos.

Um estudo constatou que, em 2018, minerar uma quantia de bitcoin equivalente a um dólar era quatro vezes mais caro do que minerar uma quantia de ouro equivalente a um dólar. (Com base no preço do bitcoin no momento em que escrevemos este capítulo, atualmente seria um pouco menos da metade.) Isso, obviamente, levou a uma das principais críticas das moedas que fazem uso do Proof of Work, como é o caso do Bitcoin — que elas consomem enormes quantidades de energia, em um mundo que usa, majoritariamente, fontes de energia fósseis, aumentando a crise climática.

Porém, há outro futuro possível para as criptomoedas. Atualmente, algumas das energias mais baratas e abundantes não provêm de combustíveis fósseis, mas de fontes renováveis, como as energias hidráulica, eólica, solar e até nuclear. Conforme o progresso futuro, mais unidades de mineradores inovarão com eletricidade limpa e barata para ter uma vantagem competitiva maior.

Recuperação de recursos desperdiçados

Os melhores exemplos atuais de recursos de energia desperdiçados e abandonados variam de usinas hidroelétricas subaproveitadas na China, ao metano queimado em poços cavados durante o *boom* atual de petróleo de xisto nos Estados Unidos e Canadá. Também há exemplos de energia solar desperdiçada, uma vez que algumas empresas de produção e comercialização de eletricidade são forçadas a reduzir e desperdiçar os elétrons produzidos em fazendas de energia solar durante os períodos do dia com baixo consumo.

Alguns mineradores de criptomoedas têm buscado esses tipos de oportunidades energéticas. Os mineradores mais economicamente eficientes tendem a ser aqueles que desenvolvem, empregam e usam as fontes com maior eficiência no que se refere a custos de eletricidade; e, atualmente, algumas das fontes mais baratas de energia estão sendo as renováveis ou os recursos energéticos que costumavam ser desperdiçados. (Você pode encontrar mais detalhes sobre este assunto no Capítulo 17.)

Usinas hidroelétricas subutilizadas

Uma proporção gigantesca da mineração de criptomoedas (talvez 70%) durante os últimos anos ocorreu na China, em partes devido à monopolização das unidades de fabricação de chips de computador daquele país, mas também por causa da acessibilidade e abundância da energia hidráulica barata que, de outro modo, seria desperdiçada.

Durante os longos períodos de chuva, essas usinas hidroelétricas são forçadas a liberar a água pelas comportas, sem gerar tanta eletricidade quanto o fariam em algumas regiões, mais notavelmente na área de Sichuan. Isso também é algo frequente no noroeste dos EUA e em algumas áreas remotas do Canadá, onde a capacidade das hidroelétricas é geralmente subutilizada. Os mineradores de bitcoin nessas áreas têm conseguido capitalizar com o excesso de energia e redirecionar a hidroenergia de modo a diminuir seus custos.

Queima de petróleo e gás

A exploração e a extração de petróleo e gás aumentaram na América do Norte em locais remotos do Texas, do Colorado, da Dakota do Norte e em partes do Canadá. Uma das fontes de desperdício nesse setor reside no fato de que quantidades enormes de metano, também chamado geralmente de gás natural, são caras para serem transportadas, de modo a serem vendidas e utilizadas no mercado. Isso obriga muitos operadores a queimarem energia que poderia ser perfeitamente utilizada.

Alguns operadores empreendedores de mineração de bitcoin se realocaram com essas empresas de energia e obtêm a fonte de sua eletricidade diretamente desse excesso de gás, que de outro modo seria desperdiçado e queimado. (Sério! Dê uma olhada em uma empresa que se especializou na construção de plataformas de mineração que podem ser alocadas diretamente ao lado da queima nos campos de petróleo em www.upstreamdata.ca [conteúdo em inglês]. Veja a Figura 6-1.)

FIGURA 6-1: Alguns mineradores empreendedores posicionam suas plataformas de mineração perto de plataformas petrolíferas, para poderem capturar o metano queimado e usá-lo para rodar seus geradores (fonte: www.upstreamdata.ca).

Eles obtêm energia barata *e* (em casos em que o gás é apenas expelido, e não queimado) de fato contribuem para o ambiente, ao converter metano em água e dióxido de carbono. (Como o metano é um gás de aquecimento global 23 vezes mais potente que o dióxido de carbono, isso é uma redução drástica de danos.)

Aplicações singulares continuarão a proporcionar vantagens aos operadores de mineração, bem como a beneficiar as empresas de energia que tradicionalmente desperdiçam esses recursos excedentes. Essa tendência continuará se desenvolvendo e contribuindo com o ecossistema de mineração, à medida que este se torna cada vez mais limpo e eficiente.

Melhorias Contínuas na Eficiência Computacional

Com o progresso da mineração de criptomoedas, os recursos de processamento dos chips dispararam. Os níveis de eficiência estão aumentando a uma taxa comparável à Lei de Moore. Essa lei foi proposta por um senhor chamado Gordon Moore, que observou que o número de transistores nos circuitos integrados de computador estava praticamente dobrando a cada dois anos. A cada dobra, as características funcionais dos chips aumentaram, enquanto consumiam níveis parecidos de energia. Isso aumenta a eficiência para os chips-padrão de computador, e o fenômeno se mostrou verdadeiro para o hardware ASIC de mineração empregado na mineração de criptomoedas.

Há muita especulação se essa tendência continuará no futuro. Porém, ela tem se mantido, até agora.

Fazendo mais com menos

Os primeiros ASICs do Bitcoin começaram a chegar ao mercado por volta de 2013. Cada iteração subsequente de equipamentos de mineração trouxe mais poder de hash online, resultando em menos consumo de energia por hash. Isso deu aos mineradores que optam por fazer upgrade uma vantagem sobre aqueles que não.

Por exemplo, uma plataforma ASIC para minerar Bitcoin disponível no mercado hoje poderia ter uma taxa de hash maior que a taxa da rede inteira desde o início de 2013. Como o consumo de energia elétrica é um dos custos mais altos para operar uma plataforma de mineração de criptomoedas, os mineradores que buscam os equipamentos mais eficientes e eficazes têm conseguido manter suas operações, sem ficar com custos muito altos devido à dificuldade do bloco (veja a seção "Dificuldade do bloco", posteriormente neste capítulo) ou pela quantidade de energia necessária para minerar um bloco.

Chegando aos limites da física

À medida que os chips e os equipamentos de mineração que os utilizam têm avançado, os fabricantes de chips se aproximaram lentamente das limitações físicas da matéria. Este é um dos principais motivos pelos quais muitos especialistas acreditam que a Lei de Moore não se manterá válida por muito mais tempo. O mais moderno em termos de fabricação de chips ASIC para Bitcoin é colocar circuitos integrados diferentes com cerca de 11 a 17 nanômetros de distância entre eles.

Para você ter uma ideia da perspectiva, uma folha de papel tem aproximadamente 100 mil nanômetros de espessura. É uma distância incrivelmente pequena para a proximidade de circuitos elétricos e está rapidamente chegando aos limites do nosso universo físico. Para colocar esse número em perspectiva, os primeiros chips ASIC tinham uma separação de praticamente 130 nanômetros entre as camadas da placa com o circuito impresso. Anunciado há pouco tempo por alguns fabricantes da área, há o novo circuito integrado com 7 nanômetros de distância entre as camadas. Isso representa cerca de 15 átomos de silício de separação entre os componentes elétricos (o silício é usado como o isolante elétrico entre as diversas partes condutoras desses circuitos).

Em algum momento, essas melhorias incrementais nas características funcionais dos chips não serão mais fisicamente possíveis, pois não haverá matéria suficiente de silício entre os circuitos, para isolar adequadamente os componentes entre si. Uma vez chegados aos limites da física, os ganhos de eficiência dos chips serão mais lentos e muito difíceis de alcançar.

Participação de Corporações e Estados-nação

Com o progresso do Bitcoin e de outras criptomoedas ao longo dos anos, há muitos exemplos de corporações e Estados-nação participando na área de formas que dão legitimidade às tecnologias.

Estados-nação

Alguns países estão adotando um posicionamento não intervencionista no Bitcoin e nas criptomoedas, enquanto outros estão restringindo o uso ou proibindo totalmente que seus cidadãos usem esses sistemas. As criptomoedas são ilegais na Argélia, no Egito, no Marrocos, no Equador, no Nepal e em muitos outros lugares. A China já proibiu o Bitcoin anteriormente e em geral muda de opinião, mas isso não impediu que muitas empresas chinesas de mineração continuassem operando (algumas fecharam, mas a mineração de Bitcoin e de criptomoedas ainda continua).

Países como Vietnã e Brunei permitem que seus cidadãos possuam bitcoins, mas proíbem seu uso como forma de pagamento. E há os Estados mais abertos, como aqueles na maior parte da Europa e da América do Norte, onde há uma flexibilidade muito maior com relação ao uso das criptomoedas — embora esses

Estados estejam tentando resolver questões como a forma de tributação sobre os lucros com criptomoedas.

Alguns Estados também podem ser considerados "receptivos às criptomoedas", aprovando leis que incentivam o uso e desenvolvimento de criptomoedas. Suíça, Alemanha, Singapura, Eslovênia e Bielorrússia têm leis tributárias descomplicadas e em prol do bitcoin e das criptomoedas.

(Quer ver o status jurídico do Bitcoin ao redor do mundo? Acesse `https://en.wikipedia.org/wiki/Legality_of_bitcoin_by_country_or_territory` [conteúdo em inglês]. Essa lista se aplica especificamente ao Bitcoin, embora, em geral, ela também seja válida para criptomoedas de todos os tipos.)

E depois, temos os Estados que estão se envolvendo ativamente com as criptomoedas. Um dos primeiros exemplos de um Estado-nação participando e apoiando a validação no âmbito do Bitcoin e das criptomoedas teve início em 2014, e envolve o Departamento de Justiça dos EUA, que, por meio do U.S. Marshals Service (Serviço de Delegados dos EUA), fez o leilão de bitcoins e moedas digitais, em um montante equivalente a US$1 bilhão, que foi apreendido de criminosos ao longo dos anos.

Outro exemplo de destaque é a Venezuela, lançando sua própria criptomoeda, embora de forma precipitada, chamada *Petro*, em uma tentativa de consertar o Bolivar, em fase decadente, e contornar as sanções e o dólar norte-americano (veja a Figura 6-2). Alguns Estados-nação, como Irã e Estônia, anunciaram acordos quanto à eletricidade, visando trazer mineradores de Bitcoin e de outras criptomoedas para seus territórios. No entanto, esses acordos apresentam limitações e preços exorbitantes. Há rumores de que outros países, como Coreia do Norte e Irã, estejam minerando criptomoedas, com uma capacidade mais oficial; o Irã oficialmente criou sua própria criptomoeda, PayMon, atrelada ao ouro. Criptomoedas entre pares são difíceis de controlar e permitem que o proprietário se desvie das instituições financeiras tradicionais. Elas podem ser uma ferramenta na luta contra sanções e bloqueios econômicos aos quais esses países estão sujeitos.

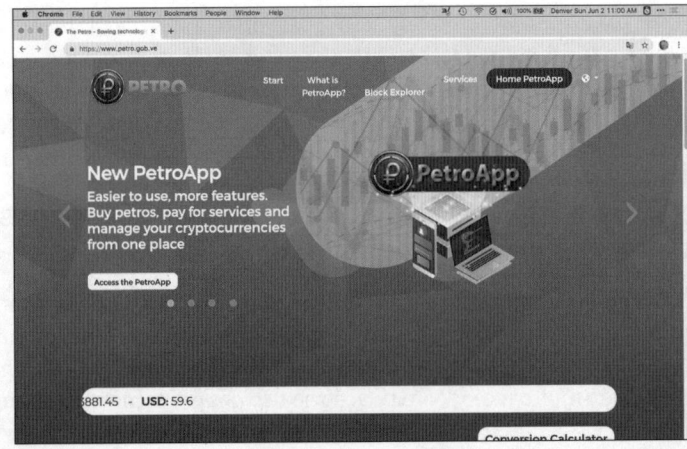

FIGURA 6-2: O site oficial da criptomoeda Petro, da Venezuela.

Você talvez tenha ouvido que as criptomoedas são tratadas no Japão e na Austrália como moedas de *curso forçado*. Isso é um mito (alimentado pelos baixos padrões do dito jornalismo no campo das criptomoedas!). Porém, esse equívoco surgiu quando ambos os países anunciaram que não fariam oposição ao uso de criptomoedas como *método legal de pagamento*. (*Curso forçado* é uma classificação mais específica, significando que uma forma particular de dinheiro *deve* ser aceita por um credor se um devedor desejar pagar usando-a; ninguém no Japão ou na Austrália será forçado a aceitar criptomoedas!)

Corporações

Muitas corporações convencionais se beneficiaram do *boom* das criptomoedas. Alguns dos primeiros e óbvios vencedores eram fornecedores e fabricantes de GPUs, como Nvidia e AMD. Outros fornecedores de hardware também tiveram um aumento na demanda por componentes, que é um sintoma da corrida armamentista com a qual os mineradores de criptomoedas contribuem. Algumas outras empresas notáveis, como Samsung, Taiwan Semiconductor Manufacturing e GMO Internet, Inc., começaram, de fato, a produzir chips e placas de circuito impresso especificamente para o hardware ASIC de mineração de Bitcoin. Outras empresas grandes, como Square, Fidelity e a bolsa de opções e futuros Chicago Board of Exchange (CBOE), têm produtos de Bitcoin. Essas empresas e suas ações expandiram ainda mais a credibilidade da tecnologia das criptomoedas.

Na verdade, muitas corporações importantes entraram no campo do blockchain, e algumas mergulharam nas criptomoedas. A IBM, por exemplo, fez uma aposta enorme, de muitos bilhões de dólares, no blockchain, incluindo o desenvolvimento da *World Wire*, um token de criptomoeda criado para tornar as transferências monetárias internacionais rápidas e baratas.

Especulações quanto ao futuro

Olhando para o futuro, mais países poderiam começar a combater o Bitcoin e as criptomoedas, uma vez que podem ser vistos como uma ameaça às moedas fiduciárias emitidas por governos e seus bancos centrais. Por outro lado, podemos ver outros países afrouxando as restrições e criando leis fiscais e jurídicas de curso forçado, benéficas às criptomoedas, similares às iniciativas do Japão ou da Alemanha, mencionadas na seção anterior.

Uma vez que o Bitcoin e as criptomoedas não ficam restritos a fronteiras e são facilmente transportados, eles se tornam atrativos em países com problemas financeiros significativos: onde há hiperinflação, como na Venezuela; nações com inflação alta, como Turquia e Zimbábue; e em países como a Grécia, com inflação moderadamente alta, porém com preocupações quanto à estabilidade do sistema bancário. Algumas pessoas nessas áreas têm procurado estabilidade financeira nas criptomoedas ao fugirem das moedas em colapso de seus países, e algumas conseguiram recuperar parte de sua riqueza. Se os países tentarem proibir a utilização dessas tecnologias dentro de suas fronteiras, pessoas com espírito empreendedor simplesmente irão embora, levando seu talento e capital para outro lugar. A natureza das criptomoedas tem uma característica peculiar que torna muito difícil para os governos proibir seu uso. Como um governo na América Latina, por exemplo, impede que um cidadão com bons conhecimentos de internet compre bitcoins e os transfira para outro país?

No que compete às empresas, muitas já lançaram tokens com marca registrada; outras, criptomoedas, ou lançaram seus próprios sistemas inteiros. Nessa lista há empresas como Kik Messenger, Circle, Coinbase, Gemini, Wells Fargo e JPMorgan Chase, entre muitas outras. Até o Facebook anunciou que pode lançar uma criptomoeda em breve, a Libra.

As vantagens que esses sistemas têm podem incluir a estabilidade de valor e resgatabilidade de 1 por 1, quando comparados com uma moeda nacional, como o dólar. Eles também podem incluir o reconhecimento de marcas com base na confiança de suas empresas controladoras.

As desvantagens, porém, são vastas em alguns casos. Esses sistemas podem ser mais centralizados que uma criptomoeda típica, tornando-os mais fáceis de ser confiscados, censurados e restringidos. Eles também podem ficar atrelados a falhas de segurança e privacidade, o que torna seu uso nada ideal. Outro fator negativo desses ativos emitidos por empresas é que não podem ser minerados, uma vez que uma única entidade controla sua emissão.

A Mítica Espiral da Morte do Minerador

Em anos recentes, especialmente quando o valor do bitcoin e de outras criptomoedas diminui, tem havido especulações sobre a possibilidade de uma *espiral de morte do minerador*. A teoria é a de que, conforme os preços caem e o bitcoin e as criptomoedas geradas pelos mineradores valem menos, os mineradores são forçados a negociar suas recompensas de mineração por moedas locais a preços que podem não conseguir cobrir as despesas operacionais (taxas de centro de dados, custos com eletricidade, manutenção dos equipamentos e assim por diante; veja a Parte 4).

Conforme os mineradores descartam as criptomoedas, o preço delas no mercado cai ainda mais, tornando a mineração menos lucrativa e forçando os mineradores a interromper suas operações. Caso um número suficiente de mineradores feche e liquide suas posições de criptomoedas, isso causará uma *espiral de morte do minerador*, que reduzirá ainda mais os preços do bitcoin e das criptomoedas, fazendo com que outros mineradores também encerrem suas operações.

Na verdade, se um número suficiente de mineradores encerrar suas operações, postula a teoria, os blocos não serão mais minerados e confirmados, e o sistema interromperá a propagação e falirá.

Dificuldade do bloco

Em algoritmos de consenso com base no Proof of Work, a quantidade de esforço computacional necessária para encontrar um nonce que crie um hash para o bloco atual é geralmente denominada de dificuldade do bloco (veja o Capítulo 2). Quando o bloco gênesis do Bitcoin foi criado, o primeiro bloco de todos, o alvo de dificuldade do bloco era 1. Se a dificuldade fosse de 100, seria 100 vezes mais difícil encontrar o hash correto para criar o block, em comparação a uma dificuldade de 1.

A dificuldade do bloco é um número sem unidade, e, no momento em que escrevemos este capítulo, a dificuldade do bloco do Bitcoin está em 6.704.632.680.587, ou aproximadamente 6,7 trilhões de vezes mais difícil encontrar um bloco, quando comparada com a dificuldade do bloco gênesis.

Imagine, então, uma situação na qual muitos mineradores encerram seus sistemas de computador. A dificuldade do bloco ficaria tão alta que seria praticamente impossível criar um bloco. Simplesmente não haveria capacidade suficiente de processamento na rede para fazê-lo.

Algoritmo de ajuste de dificuldade do bloco

Não tema! A rede do Bitcoin alivia esse fardo ao reajustar o limite da dificuldade do bloco a cada 2.016 blocos, ou aproximadamente a cada duas semanas. Esse período é conhecido como o *período de dificuldade de mineração do bitcoin*. A dificuldade se ajusta e tem um novo alvo ao término do período de 2.016 blocos, com base na velocidade com que os blocos foram criados durante a época anterior, com um objetivo de gerar blocos a uma taxa de cerca de 10 minutos por bloco.

Se os 2.016 blocos anteriores foram gerados com intervalo médio de cerca de 10 minutos, a dificuldade do bloco permanecerá praticamente a mesma. Se foram gerados a uma taxa maior que 10 minutos em média (os 2.016 blocos foram gerados em um período maior que duas semanas), a dificuldade diminuirá. Mas se os blocos foram gerados, em média, mais rápido que 10 minutos (ou seja, em um período menor que duas semanas), a dificuldade do bloco se ajustará para cima, para compensar.

É possível encontrar gráficos mostrando a dificuldade mais recente e a flutuação ao longo do tempo. Veja, por exemplo, `https://bitinfocharts.com/comparison/difficulty-hashrate-btc.html` e `https://www.blockchain.com/`

en/charts/difficulty [conteúdo em inglês em ambos os sites]. Você pode ver um gráfico com a dificuldade do bloco por dois anos na Figura 6-3.

Em geral, se mais poder de hash está sendo direcionado à rede durante o período de duas semanas, a dificuldade aumentará e vice-versa. Matematicamente, se a espiral de morte do minerador ocorresse e metade deles na rede de repente encerrasse as operações no início de um novo período de dificuldade, seria cerca de duas vezes mais difícil encontrar os 2.016 (praticamente quatro semanas, em vez de duas) e, no final do período, a dificuldade se ajustaria novamente para permitir a criação de blocos em uma taxa de cerca de um bloco a cada período de 10 minutos.

Imagine se 90% dos mineradores parassem de minerar os blocos e encerrassem as operações. O que aconteceria? Os 10% remanescentes da rede levariam 10 vezes mais tempo para encontrar os 2.016 blocos (aproximadamente 20 semanas, ou 4 meses, para chegar ao próximo período de ajuste de dificuldade). O que a rede faria? As transações teriam backlog, as taxas aumentariam pela duração do período, mas, no fim, isso acabaria ajustando a dificuldade!

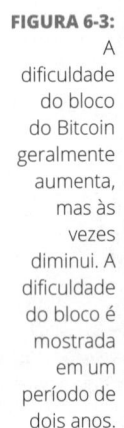

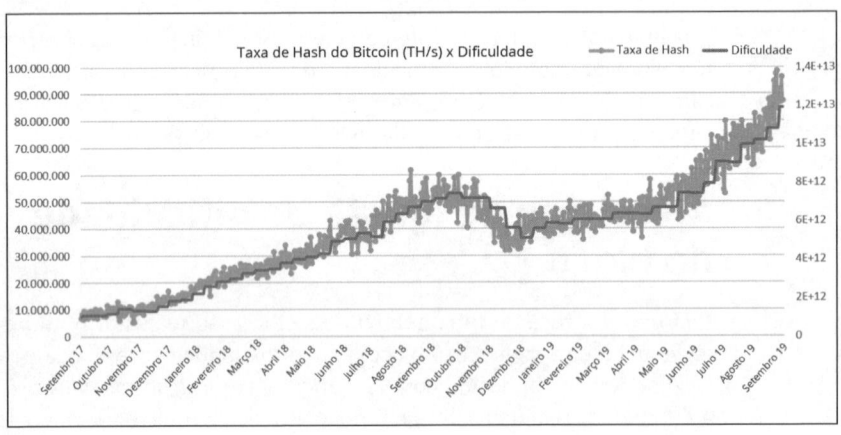

FIGURA 6-3: A dificuldade do bloco do Bitcoin geralmente aumenta, mas às vezes diminui. A dificuldade do bloco é mostrada em um período de dois anos.

Conforme a mineração se torna menos lucrativa, os mineradores vão embora, a dificuldade do bloco diminui e os mineradores remanescentes têm menos custos, tornando a mineração mais lucrativa. É um sistema autorregulatório.

Dê uma olhada na Figura 6-4. Você pode observar como a dificuldade do bloco mudou ao longo do tempo para o Bitcoin. Perceba a grande queda em 2018. É um exemplo perfeito da autorregulação da dificuldade do bloco na rede Bitcoin. Você deve se lembrar de que houve um declínio abrupto nos preços no início de 2018. O que aconteceu?

1. **O preço do bitcoin caiu.**
2. **Isso tornou a mineração de criptomoedas menos lucrativa.**

3. Alguns mineradores encerraram suas operações.

4. Isso quer dizer menos poder de hash aplicado ao Proof of Work.

5. Assim, levava mais tempo para acrescentar um bloco do que o alvo de dez minutos por bloco.

6. Dessa forma, a dificuldade do bloco foi reduzida, facilitando a mineração e a permanência dentro do alvo de dez minutos.

7. À medida que o preço do bitcoin se estabilizou e posteriormente subiu, mais mineradores entraram no negócio.

8. Isso representou mais poder de hash… e os blocos estavam sendo acrescentados em um tempo menor que dez minutos.

9. Portanto, a dificuldade do bloco aumentou novamente, dificultando que se acrescentassem blocos, novamente voltando ao alvo de dez blocos por minuto.

FIGURA 6-4: Esta figura é um gráfico da dificuldade do bloco na rede Bitcoin ao longo do tempo, crescendo imensamente durante a década de existência das criptomoedas.

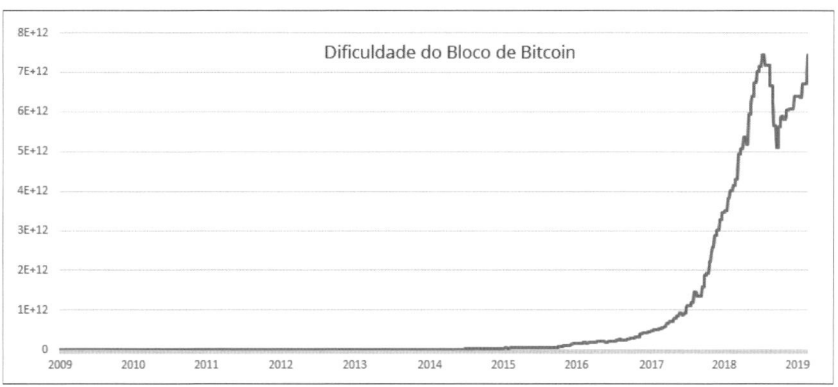

Mineradores de último recurso

Há outro motivo pelo qual é improvável que a espiral mítica de morte do minerador ocorra. Há atores no ecossistema do Bitcoin, assim como em outros sistemas de criptomoedas, que mineram com o princípio e a ideologia contrários a minerar pura e simplesmente pelo lucro. Eles o fazem para apoiar suas redes e para aumentar a descentralização do sistema. E, sim, eles também mineram por seus próprios interesses egoístas de buscar recompensa e lucro. No entanto, talvez eles meçam seus lucros em bitcoins ou em outras criptomoedas, em vez de na taxa de câmbio atual, como é o caso de moedas fiduciárias locais. Eles também acreditam nas criptomoedas e em seus valores futuros; assim, eles consideram suas perdas com a mineração como um investimento em lucros futuros.

CRIPTOANARQUISTAS!

Há um segmento muito definido de criptoanarquistas ou criptolibertários, presente na história das criptomoedas. Um *criptoanarquista* é alguém que vê na criptografia uma forma de manter o Big Brother distante! Eles veem na criptografia uma forma de se comunicar com os outros de modo que o Estado não possa escutar, para manter as informações privadas e, no caso das criptomoedas, até mesmo impedir que o Estado saiba quanto possuímos ou o que fazemos com nossos valores e nosso dinheiro. Muitos dos primeiros entusiastas das criptomoedas entraram por ideais políticos, e não por ganhos monetários (os lucros são a cereja do bolo, acredito eu!). Mesmo assim, da mesma forma que os primórdios da internet tinham uma subcorrente antiestablishment e, contudo, foi cooptada pelas grandes corporações, o espaço das criptomoedas provavelmente será cooptado pelas grandes empresas e pelo sistema bancário. (Os criptoanarquistas, porém, podem alegar que uma bomba-relógio está sendo plantada no sistema financeiro mundial; grandes corporações podem usar as criptomoedas como quiserem, mas isso não impede o progresso e o desenvolvimento das moedas peer-to-peer, descentralizadas e anônimas.)

Esses usuários podem ser considerados *mineradores de último recurso*. Seu poder de hash não pode acabar quando o preço de mercado das moedas locais cai. Na verdade, eles podem escolher aumentar seus recursos de hash de mineração durante esses momentos. Conforme a dificuldade diminui, fica mais fácil encontrar os blocos, e os preços de hardware caem devido à falta de demanda. Alguns desses mineradores de último recurso apoiavam e mineravam a rede antes de haver uma demanda real por bitcoins, e outros, antes mesmo de haver uma taxa de câmbio válida. Para esses mineradores de último recurso, o melhor momento para começar a minerar foi uma década atrás, e o segundo é agora.

3 Tornando--se um Minerador de Criptomoedas

NESTA PARTE...

Escolhendo uma piscina de mineração adequada.

Comparando os métodos de incentivo e pagamento nas piscinas.

Entendendo a importância da porcentagem do hash da piscina.

Pesquisando criptomoedas para minerar.

Calculando as unidades e proporções da taxa de hash.

Selecionando o hardware correto.

Escolhendo um local de mineração.

Instalando e configurando sua plataforma de mineração.

> **NESTE CAPÍTULO**
>
> » Entendendo as piscinas de mineração de criptomoedas
>
> » Escolhendo a piscina certa para você
>
> » Preparando sua conta na piscina
>
> » Explicando os sistemas comuns de recompensas usados pelas piscinas
>
> » Testando os market places de hash para criptomoedas
>
> » Aprendendo a configurar uma conta na piscina

Capítulo **7**

Facilitando a Mineração: Sua Conta na Piscina

Para a maioria dos mineradores de baixa escala, em busca de recompensas consistentes e previsíveis de mineração neste setor atual incrivelmente competitivo de mineração de criptomoedas, o melhor caminho para garantir recompensas estáveis é utilizar um serviço de piscina de mineração (mining pool) para o poder de hash de seu equipamento de mineração. A menos que esteja esbanjando uma quantidade gigantesca de poder de hash — uma porção considerável da taxa de hash estimada da rede (qualquer coisa que se aproxima de uma única porcentagem neste caso seria considerável) —, então a mineração solo é uma empreitada muito arriscada e deveria ser evitada por mineradores novatos.

Consideramos as piscinas de mineração como uma ótima forma de iniciar na mineração de criptomoedas, e, para muitos mineradores, elas também são o último estágio. Mesmo que tenha planos de passar para a mineração solo, as piscinas são uma ótima maneira de começar, para sentir as águas da mineração de criptomoedas e dar suas primeiras braçadas. A mineração em piscinas também o auxilia a descobrir a taxa de hash de seu equipamento, informação necessária quando ler os Capítulos 8 e 9. Você aprenderá mais sobre como tudo funciona, e, combinando as informações dos outros capítulos deste livro, esse conhecimento pode ajudá-lo a decidir se é melhor fazer a mineração solo; e, caso seja sua decisão, o que será necessário e quanto custará. Aprenda a caminhar (ou nadar na piscina de mineração) antes de aprender a correr (mineração solo).

Neste capítulo, também analisamos um conceito relacionado: a mineração na nuvem, em que basicamente você investe em uma operação de mineração e ganha uma proporção das receitas da operação. É uma situação em que você participa de longe, fornecendo o dinheiro, enquanto eles compram e gerenciam os equipamentos computacionais.

Entendendo Como Funcionam as Piscinas de Mineração

Como analisamos no Capítulo 5, a *piscina de mineração* consiste em um grupo de mineradores atuando em equipe para encontrar os blocos. As recompensas do bloco são divididas proporcionalmente entre todos os mineradores que contribuíram para o hash do Proof of Work da piscina. Quer dizer, quanto mais poder de hash você fornecer para a operação durante um período específico de tempo (*a duração da piscina de mineração* ou a *rodada de mineração*), maior será a fatia que você recebe das recompensas do bloco conquistadas pela piscina durante esse tempo. (Mais especificamente, há inúmeras maneiras de calcular cada fatia, como aprenderá na última parte deste capítulo, mas, em geral, você é recompensado de acordo com a proporção de poder de hash que forneceu à piscina.)

Normalmente, a duração da mineração, ou a rodada de mineração, é o período de tempo entre os blocos minerados pela piscina. Quer dizer, uma rodada começa imediatamente após a piscina ter ganhado o direito de acrescentar um bloco ao blockchain e termina quando ela adiciona um bloco ao blockchain da próxima vez. A rodada pode variar desde alguns poucos minutos até muitas horas, dependendo do tamanho e da sorte da piscina.

O funcionamento básico de tudo isso é este:

1. Você se inscreve em uma piscina de mineração.
2. Faz o download e a instalação do software de mineração da piscina em seu computador.

3. O software em seu computador se comunica com os servidores da piscina de mineração. Na verdade, seu computador acabou de se tornar uma extensão do nó de mineração da criptomoeda da piscina.

4. Seu computador auxilia as operações de mineração, contribuindo com poder sobressalente de processamento para o hash do PoW da piscina.

5. Quando a piscina conquista o direito de acrescentar um bloco ao blockchain, e ganha a recompensa do bloco — a soma do subsídio do bloco e as taxas de transações —, você ganha uma participação nos ganhos com base em sua contribuição individual.

6. A piscina transfere criptomoedas periodicamente para seu endereço de carteira. Você é pago na criptomoeda que ajudou a minerar, ou ela é convertida para outro formato (normalmente bitcoin) e o total convertido é transferido para você.

Independentemente do hardware com o qual planeja minerar ou a criptomoeda que acabar escolhendo, há uma piscina de mineração para você. Não importa se você tem um hardware de criptomoedas com Circuito Integrado de Aplicação Específica (ASIC), uma plataforma de mineração com Unidade de Processamento Gráfico (GPU) ou apenas um computador desktop normal com uma Unidade de Processamento Central (CPU) e uma GPU, a mineração em piscinas é o melhor método de ganhar consistentemente as recompensas de mineração para pequenos operadores.

LEMBRE-SE

As piscinas de mineração oferecem um caminho para que o pequeno operador entre no jogo, quando seu poder de processamento é tão baixo, que a mineração solo simplesmente não é viável. No Capítulo 8, você aprende sobre as *calculadoras de mineração*, sites nos quais coloca seu poder de hash e recebe, em retorno, um cálculo de lucratividade de uma determinada criptomoeda e quanto tempo seria necessário para você minerar seu primeiro bloco. Essas calculadoras apenas desenvolvem um cálculo estatístico com base em vários números; a *taxa geral de hash da rede* (ou seja, a combinação de todo o poder de hash de todos os computadores que estão minerando aquela criptomoeda), seu nível de poder de hash, a frequência na qual um bloco é minerado, a recompensa do bloco e assim por diante. As calculadoras pegam todos esses números e apresentam o resultado como respostas baseadas em pura probabilidade estatística. Elas informam quanto você provavelmente ganhará durante um período específico, mas os resultados podem variar. Talvez consiga minerar seu primeiro bloco imediatamente ou pode levar duas vezes o tempo previsto.

Bem, para a maioria dos pequenos operadores, essas calculadoras podem ser um choque. Talvez descubra, por exemplo, que minerar Bitcoin usando seu parco processador resultará, estatisticamente falando, em ter seu primeiro bloco minerado daqui a dez anos. Em outras palavras, a mineração solo simplesmente é inviável para você. Neste caso, se realmente quiser minerar Bitcoin, terá de se juntar a uma piscina.

As piscinas de mineração também são muito simples para o usuário, deliberadamente, e eliminam muitos detalhes técnicos e dor de cabeça do processo de mineração. Elas prestam um serviço aos mineradores individuais, e eles oferecem a taxa de hash às piscinas.

Escolhendo uma Piscina

Este capítulo apresenta links para uma variedade de piscinas de mineração [todos com conteúdo em inglês]. Em qual você acabará trabalhando dependerá de inúmeros critérios. Aqui estão os três principais:

» **Seu equipamento:** Algumas piscinas de mineração exigem que você tenha uma plataforma de mineração com ASIC. A Slush Pool, por exemplo, minera apenas Bitcoin e Z-Cash; assim, se quiser trabalhar com eles, precisará dos ASICs apropriados para essas moedas. Outras piscinas permitem que você forneça o poder de hash a partir de sua CPU ou GPU.

» **A criptomoeda que quer minerar:** Para começar, provavelmente você vai querer simplesmente mergulhar em uma piscina na qual pareça ser fácil trabalhar, apenas para dar as primeiras braçadas. Porém, em algum momento, será importante focar algumas criptomoedas específicas.

» **Pagamentos:** Piscinas diferentes pagam e cobram de formas diferentes. Por exemplo, com algumas, você dividirá o subsídio do bloco, mas não as taxas de transação. Com outras, dividirá ambos. Algumas piscinas cobram uma taxa maior — mantendo uma proporção da criptomoeda minerada — do que outras e assim por diante.

Muitas piscinas têm várias criptomoedas disponíveis para minerar, enquanto outras listam apenas um pequeno número de moedas específicas disponíveis para os mineradores trabalharem. Por exemplo, a NiceHash (NiceHash.com) trabalha com literalmente dezenas de algoritmos diferentes de mineração, para cerca de oitenta criptomoedas, enquanto a Slush Pool (SlushPool.com) oferece apenas piscinas de mineração de Bitcoin e ZCash.

A Slush Pool foi a primeira piscina de mineração de criptomoedas, lá em 2010, então ela tem um histórico de comprovação. Muitas outras piscinas foram criadas desde então, e agora essa forma de mineração é a dominante para as criptomoedas.

Algumas também são projetadas para aplicações de mineração em CPU ou GPU com uma taxa baixa de hash, e outras têm pacotes de software mais úteis para um hardware ASIC especializado. Nesta altura da evolução da mineração de criptomoedas, a maioria dos blockchains que usam Proof of Work exige o uso de ASICs, um hardware de aplicação específica para mineração de criptomoedas. Essas máquinas são tão eficientes que é simplesmente impossível competir usando uma CPU ou GPU. No entanto, ainda há oportunidades para minerar com computadores desktop disponíveis na maioria das lojas, ou plataformas de mineração com GPU customizadas. Essas outras oportunidades incluem tipos especiais de piscinas para minerar uma variedade de criptomoedas obscuras, mas que pagam as recompensas aos mineradores em criptomoedas mais comuns, como em bitcoins.

Boas piscinas para começar

Estas são duas piscinas populares e de fácil utilização, ótimas para começar, e uma ótima maneira para testar a mineração usando um hardware não especializado:

» **Nice Hash** (www.NiceHash.com) permite que os usuários comprem e vendam taxa de hash para uma variedade de criptomoedas.
» **Honeyminer** (www.Honeyminer.com) possibilita que você minere usando seu computador desktop em qualquer criptomoeda que seja mais lucrativa, mas paga as recompensas em Satoshi, a menor denominação do bitcoin.

Esses tipos de piscinas atuam como mercados de taxa de hash, permitindo que você maximize o retorno com seu computador não especializado como o hardware de mineração. Esses mercados e serviços de mineração permitem um acesso fácil e rápido aos iniciantes, assim como transformam qualquer computador desktop ou até mesmo notebook em um dispositivo de mineração. Há muitos outros serviços como esses listados anteriormente, mas alguns são arriscados, não têm a reputação muito boa e podem resultar em perdas de fundos.

Se você já se decidiu quanto a uma criptomoeda específica, sua escolha ajudará a ditar qual conjunto de piscinas é o mais apropriado para ser usado. Idealmente, é importante escolher uma piscina razoavelmente popular que minere blocos frequentemente, mas talvez você queira evitar a piscina maior para ajudar a mitigar os problemas de centralização e evitar um ataque de 51% teórico. (Um *ataque de 51%* é quando uma parte maliciosa assume 51% ou mais do poder de hash de um blockchain, dando a ela a habilidade de causar a disrupção do blockchain.)

Algumas das maiores piscinas

As próximas seções apresentam algumas das maiores piscinas de mineração para algumas das criptomoedas mais populares que usam Proof of Work, listadas em ordem alfabética para cada criptomoeda separadamente.

Outros fatores também devem influenciar sua escolha quanto às piscinas de mineração, além da popularidade e porcentagem da taxa de hash da rede. Esses fatores incluem os incentivos e os tipos de recompensa aos mineradores, ideologia, taxas e reputação da piscina.

Bitcoin (BTC)

A seguir, veja algumas das maiores piscinas de mineração de Bitcoin listadas em ordem alfabética:

- **AntPool:** www.antpool.com
- **Bitcoin.com:** www.bitcoin.com/mining
- **BitFury:** https://bitfury.com
- **BTC.com:** https://pool.btc.com
- **BTC.top:** www.btc.top
- **F2Pool:** www.f2pool.com
- **Huobi:** www.huobipool.com
- **Poolin:** www.poolin.com
- **Slush Pool:** https://slushpool.com
- **ViaBTC:** https://pool.viabtc.com

Litecoin (LTC)

A seguir, veja algumas das maiores piscinas de mineração de Litecoin listadas em ordem alfabética:

- **Antpool:** www.antpool.com
- **F2Pool:** www.f2pool.com
- **Huobi:** www.huobipool.com
- **LitcoinPool.org:** www.litecoinpool.org
- **Poolin:** www.poolin.com
- **ViaBTC:** https://pool.viabtc.com

Ethereum (ETH)

A seguir, veja algumas das maiores piscinas de mineração de Ethereum listadas em ordem alfabética:

- **Ethermine:** https://ethermine.org
- **F2Pool2:** www.f2pool.com
- **Minerall Pool:** https://minerall.io

- **Mining Express:** https://miningexpress.com
- **MiningPoolHub:** https://ethereum.miningpoolhub.com
- **Nanopool:** https://eth.nanopool.org
- **PandaMiner:** https://eth.pandaminer.com
- **Spark Pool:** https://eth.sparkpool.com

ZCash (ZEC)

A seguir, veja algumas das maiores piscinas de mineração de ZCash listadas em ordem alfabética:

- **FlyPool:** https://zcash.flypool.org
- **MiningPoolHub:** https://zcash.miningpoolhub.com
- **Nanopool:** https://zec.nanopool.org
- **Slush Pool:** https://slushpool.com
- **Supernova:** https://zec.suprnova.cc

Monero (XMR)

A seguir, veja algumas das maiores piscinas de mineração de Monero listadas em ordem alfabética:

- **F2Pool:** www.f2pool.com/#xmr
- **MineXMR.com:** https://minexmr.com
- **NanoPool:** https://xmr.nanopool.org
- **Poolin.com:** www.poolin.com
- **Support XMR:** www.supportxmr.com
- **Waterhole:** https://xmr.waterhole.io

Incentivos e recompensas

Piscinas diferentes usam métodos distintos para calcular os pagamentos. Cada site de piscina de mineração apresenta informações sobre qual método de pagamento é usado e dá os detalhes sobre como são implementados especificamente.

A lista a seguir mostra alguns dos métodos mais populares de cálculo de pagamento. A premissa é a seguinte: os mineradores recebem uma proporção dos ganhos obtidos pela piscina durante um período de tempo. Esse período é conhecido como a *duração da mineração*, ou a *rodada de mineração*. Por exemplo, o site https://SlushPool.com/stats/?c=btc mostra os resultados de mineração da Slush Pool. Na Figura 7-1, no lado direito, você pode observar há quanto tempo a rodada atual está em operação e a duração da média de cada rodada (1 hora e 30 minutos).

No lado esquerdo, vemos a taxa média de hash; 5,345 Eh/S; quer dizer, 5,345 exahashes por segundo, ou 5,345 quintilhões de hashes por segundo (5.345.000.000.000.000.000 hashes por segundo). Neste momento, 14.662 contas de mineradores estão fornecendo o poder de hash para a piscina (veja o lado esquerdo, o número de "workers" [trabalhadores] representa o computador de cada um desses 14.662 mineradores), então, para a Slush Pool, cada minerador está fornecendo, em média, 0,0068% do poder de hash da piscina.

Digamos que você forneça essa proporção de poder de hash durante a rodada de mineração; você receberá 0,0068% como pagamento dessa rodada de mineração (após as taxas terem sido levadas pelo operador da piscina). Seu poder de hash pode não ter sido usado para, de fato, ganhar os blocos (talvez seu computador estivesse operando em momentos em que a piscina não ganhou o direito de acrescentar um bloco, por exemplo), mas, como você forneceu poder de hash durante a rodada, ganhará seu pagamento proporcional.

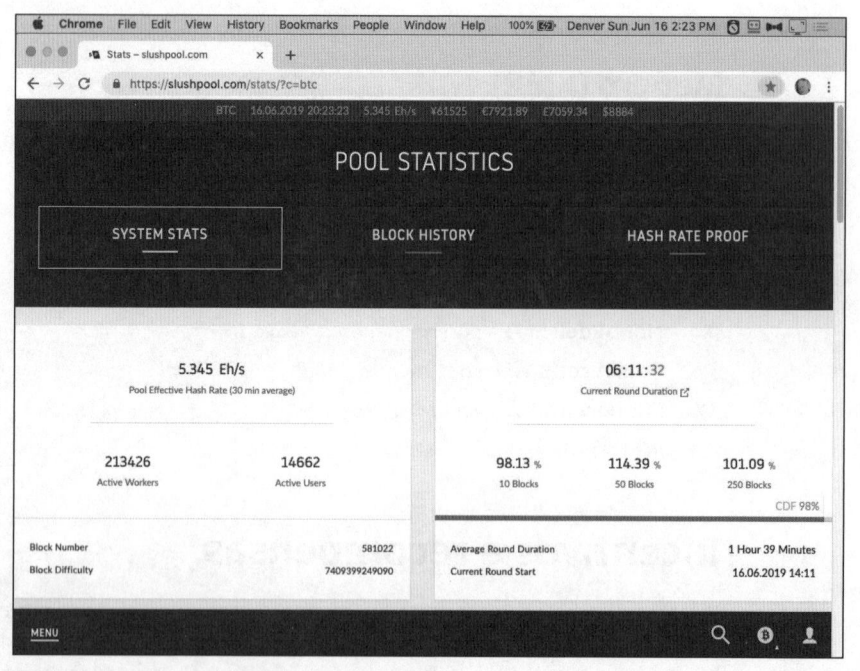

FIGURA 7-1: A página de estatísticas da Slush Pool, mostrando informações da rodada atual de mineração (ou a duração da mineração).

Os cálculos de pagamento geralmente são mais complicados (como tudo na mineração de criptomoedas!) do que um simples pagamento proporcional. A lista a seguir descreve alguns métodos populares para calcular os pagamentos nas piscinas de mineração. O termo *share* [parte, participação] se refere à proporção do poder total de hash durante a duração da mineração com a qual sua plataforma de mineração contribuiu para a piscina.

- **Pay-Per-Share (PPS) [Pagamento por Participação]:** Com o PPS, os mineradores ganham uma renda garantida com base na *probabilidade* de que a piscina minere um bloco, e não no desempenho real da piscina. Às vezes, a piscina se sairá melhor do que a probabilidade estatística, às vezes, pior, mas o minerador recebe com base em sua contribuição à taxa média de hash exigida para minerar um bloco.

- **Full Pay-Per-Share (FPPS) [Pagamento por Participação Total]:** FPPS é bem semelhante ao PPS. No entanto, com o FPPS, as piscinas também incluem as taxas de transações, bem como o subsídio do bloco no esquema de pagamento. Isso geralmente resulta em recompensas maiores de criptomoedas para os participantes da piscina, quando comparado ao PPS padrão.

- **Pay-Per-Last N Shares (PPLNS) [Pagamento pela Última Participação N]:** A estrutura PPLNS paga recompensas proporcionalmente, levando em conta o último número (N) de participação contribuída. Ele não considera *todas* as participações durante a rodada completa de mineração, mas apenas as participações de contribuição mais recentes no momento da descoberta do bloco. (Quantas participações recentes? Qualquer que seja o número definido por N.)

- **Shared Maximum Pay-Per-Share (SMPPS) [Pagamento Máximo por Participação Compartilhada]:** O SMPPS é um método de recompensa semelhante ao PPS, mas recompensa os mineradores com base nas recompensas reais obtidas pela piscina e, assim, nunca paga mais do que o obtido pela piscina.

- **Recent Shared Maximum Pay-Per-Share (RSMPPS) [Pagamento Máximo por Participação Recente]:** Este esquema de recompensas paga os mineradores de forma similar ao SMPPS. As recompensas são pagas proporcionalmente ao número total de participação contribuída durante a piscina de mineração, porém com um peso maior nas participações *recentes* de taxa de hash. Quer dizer, as participações que foram contribuídas no começo da rodada valeriam um pouco menos em comparação às contribuídas mais próximas da descoberta de um bloco.

- **Score Based System (SCORE) [Sistema Baseado em Pontuação]:** Este sistema de recompensa paga de acordo com sua proporção de taxa de hash fornecida, mas dá um peso maior às participações de taxas de hash mais recentes na rodada de mineração. Quer dizer, se seu hash estava no início do período, e um bloco foi obtido posteriormente no período, seu poder de hash ganhará uma proporção menor do que se tivesse fornecido mais próximo à obtenção do bloco. Então, é semelhante ao RSMPPS, mas a pontuação de taxa de hash é praticamente uma média arredondada de sua taxa de hash de mineração. Se ela estiver estável e constante, sua pontuação taxa de hash será constante também. Mas se sua plataforma de mineração estava offline quando um bloco foi descoberto pela piscina, você não ganhará uma recompensa equivalente ao hash total com que contribuiu ao longo da duração do bloco, mas uma ajustada.

» **Double Geometric Method (DGM) [Método Geométrico Duplo]:**
Este esquema de recompensa é um cruzamento entre o PPLNS e uma recompensa calculada geometricamente que equaliza os pagamentos, dependendo da duração da rodada de mineração. Isso cria recompensas menores durante rodadas mais curtas, e maiores em rodadas mais longas.

Cada um desses métodos de pagamento foi criado e empregado em uma tentativa de manter a equidade entre os operadores de piscina e a distribuição de recompensas de mineração na piscina para cada minerador que contribuiu. Alguns dão mais certo do que outros. No entanto, de forma geral, todos têm aspectos de imparcialidade que equilibram as regras do jogo para todos os mineradores participantes do sistema.

PAPO DE ESPECIALISTA

Para obter uma análise mais detalhada sobre os métodos de pagamento nas piscinas, veja `https://en.wikipedia.org/wiki/Mining_pool` e `https://en.bitcoin.it/wiki/Comparison_of_mining_pools` [ambos com conteúdo em inglês].

Ideologia da piscina

Um aspecto que é geralmente deixado de lado ao selecionar uma piscina para a qual contribuir com sua taxa de hash e poder de mineração é a ideologia da piscina. A ideologia pode ser um conceito escorregadio para compreender, especialmente quando negócios estão envolvidos, e é isso que os operadores de piscinas de mineração são: negócios com fins lucrativos. Alguns são atores benevolentes, e outros têm motivos escusos além da recompensa e receita da mineração. Algumas piscinas têm tentado, historicamente, enfraquecer as criptomoedas que apoiam. Isso pode ser visto em piscinas que mineram blocos vazios, em uma tentativa de jogar com as recompensas de taxas de transações, entupir a taxa de transferência das transações e pressionar sistemas alternativos.

Outras piscinas de mineração têm usado sua taxa de hash e influência para atrasar as atualizações do sistema ou para instigar e propagar forks [bifurcações] no blockchain que estão minerando. Não há maneira testada e comprovada, ou fácil, de avaliar a ideologia de uma piscina de mineração. No entanto, o sentimento de comunidade e as ações históricas são geralmente um bom medidor para avaliar se uma piscina está atuando de uma forma que apoia o ecossistema mais amplo. A melhor forma de filtrar a ideologia da piscina é ficar atualizado com as notícias da criptomoeda e examinar os fóruns online, como o BitcoinTalk.org, ou sites de mídia social como Twitter ou Reddit. No todo, a ideologia é um fator menos importante ao considerar uma piscina, quando comparado com o processo de recompensa e as taxas da piscina. Afinal, as criptomoedas são um sistema baseado em incentivos, e o egoísmo conduz os mecanismos de consenso e segurança dos inúmeros blockchains.

Reputação da piscina

Outro fator importante na seleção de uma piscina é sua reputação. Algumas piscinas de mineração propagam golpes e roubam a taxa de hash ou as recompensas de mineração dos usuários. Esses tipos de piscina não duram muito, visto que as notícias correm rápido no mundo das criptomoedas e os custos para trocar de piscina são muito baixos para os mineradores, facilitando a saída daquelas que passam a perna nos usuários. No entanto, apesar disso, há uma série de exemplos de golpes em serviços piscinas de mineração e de mineração na nuvem. Alguns dos mais notáveis, historicamente, foram Bitconnect, Power Mining Pool e MiningMax. A melhor forma de detectar um golpe pode ser o velho mantra: "Se parece bom demais para ser verdade, provavelmente é!" (Estritamente falando, o Bitconnect não era uma piscina de mineração, mas um serviço que prometia retornos sobre investimentos em criptomoedas. Um investidor de bitcoin poderia emprestar moedas para o Bitconnect e, em retorno, ganharia algo entre 0,1% e 0,25% por dia... sim, até o dobro do valor a cada mês. Obviamente, muitos investidores nunca viram a cara de seus retornos nesse esquema de pirâmide.)

Outras indicações claras de golpes de piscinas de mineração ou mineração na nuvem incluem, mas não se limitam a:

- » **Lucros garantidos:** Serviços de piscina ou de nuvem que oferecem lucros garantidos estão vendendo além do que podem oferecer. Novamente, você conhece o velho ditado: se parece bom demais para ser verdade...
- » **Perpetradores anônimos:** Serviços de piscina ou de mineração que são de propriedade ou operados por entidades ou pessoas físicas anônimas podem ser suspeitos às vezes — comprador, cuidado.
- » **Esquemas de marketing multinível:** Alguns serviços de piscinas de mineração ou de mineração em nuvem oferecem recompensas maiores para aqueles que recrutam outros para o esquema. Isso nem sempre significa que a operação é um golpe, mas tenha o cuidado de fazer sua pesquisa minuciosa se o marketing multinível (multilevel marketing — MLM, também conhecido como esquema de pirâmide) estiver presente. (Muitas empresas online pagam bônus por recrutamento, mas o MLM leva isso a outro nível.) A MiningMax, por exemplo, foi um esquema de pirâmide: os mineradores pagavam para entrar na piscina e depois ganhavam bônus de recrutamento. Foram registrados US$250 milhões perdidos.
- » **Infraestrutura sem auditoria pública:** Serviços de mineração em piscina ou na nuvem que não são *transparentes* — que não publicam vídeos de suas instalações de mineração ou os dados das taxas de hash — podem ser golpe.

» **Não há prova de taxa de hash:** Algumas piscinas publicam dados comprováveis de taxa de hash, evidências que não podem ser falsificadas e podem ser verificadas de forma independente por qualquer potencial minerador. Por outro lado, algumas piscinas simplesmente publicam seus dados de taxa de hash sem qualquer evidência, na esperança de que você simplesmente confiará nessas alegações. (Para ver um exemplo de como os dados de taxa de hash podem ser verificados de forma independente, veja a explicação da Slush Pool em `https://slushpool.com/help/hashrate-proof/?c=btc` [conteúdo em inglês].)

» **Compras ilimitadas de poder de hash:** Se um serviço de mineração na nuvem oferece quantias enormes e irreais de poder de hash para compras, talvez estejam apenas tentando assegurar sua criptomoeda para eles mesmos, em vez de oferecer qualquer serviço em longo prazo. Abra o olho para serviços que oferecem pacotes muito grandes, pode ser mais do que conseguem entregar.

É difícil ganhar reputação no setor de mineração de criptomoedas, mas muito fácil perdê-la. Por esse motivo, muitos dos operadores de piscina em funcionamento hoje, que adquiriram grandes porcentagens de taxa de hash nas redes de criptomoedas que apoiam, não se tratam de golpe. Se fossem realmente golpistas ou atores ilegítimos na área, os mineradores empreendedores já teriam mudado para uma piscina melhor. Isso nem sempre se aplica a operadores de mineração na nuvem (analisamos os serviços de mineração na nuvem em mais detalhes posteriormente neste capítulo), uma vez que os custos de troca para os compradores de contratos de mineração na nuvem são muito mais altos, então isso quer dizer que você não pode baixar a guarda. Vigilância e diligência são uma obrigação e altamente recomendadas nesse espaço.

DICA

Como verificar a reputação de uma piscina? Verifique os fóruns de mineração e pesquise o nome da piscina para ver o que as pessoas estão falando sobre ela.

Taxas das piscinas

As piscinas cobram taxas de diversas formas, pagas pelos mineradores para o operador da piscina. A maioria das taxas varia de 1% a 4% do total dos ganhos da piscina. Essas taxas são usadas para a manutenção da infraestrutura da piscina, hospedar os servidores para as interfaces online e executar os nós completos de mineração e outros equipamentos necessários para que a piscina permaneça funcional — mais, obviamente, o lucro do operador.

CUIDADO

Não se deixe enganar por piscinas que alegam não cobrar taxas. (Não tem taxa? Como se mantém no negócio? Não são caridade, são!?) Obviamente, as piscinas precisam ganhar dinheiro, então, de alguma forma, você pagará.

As piscinas ganham dinheiro de duas formas ao minerarem um bloco:

» O subsídio do bloco.

» As taxas de cada uma das transações que foram colocadas no bloco.

Assim, uma piscina pode tirar uma porcentagem do valor total — o subsídio do bloco e as taxas de transação — para si mesma e, depois, dividir o restante com os mineradores. Ou ela pode dividir o subsídio inteiro do bloco entre os mineradores, mas ficar com as taxas de transação para si (essas são aquelas que provavelmente alegam ser "taxa zero"). Talvez, ainda, elas fiquem com as taxas de transação e uma parte do subsídio do bloco. Mas, de alguma forma, você está pagando uma taxa!

Porcentagem da piscina na rede total

Como a porcentagem que uma piscina fica da taxa total de hash da rede geral afeta você? Afinal, uma piscina grande ficará com uma proporção maior do dinheiro que está sendo ganho de uma mineração do que ficaria uma piscina menor.

Tudo bem, mas isso não deveria, com o passar do tempo, afetar o quanto você ganha. Veja o porquê. Lembre-se de que a taxa de hash da rede é o número de hashes contribuídos por todos os mineradores e todas as piscinas para a mineração de um bloco. Dependendo da criptomoeda, pode levar quintilhões de hashes por segundo para, talvez, em dez minutos na média, minerar um bloco (o que basicamente descreve a mineração de bitcoin, por exemplo).

Então, temos todas essas máquinas, milhares de dezenas de milhares, fazendo hashes. Quem conseguirá acrescentar um bloco ao blockchain? Isso será um fator da quantidade de potência de hash fornecida, em combinação com sorte... acaso. Isso quer dizer que é extremamente difícil determinar quem será o minerador ou a piscina que conseguirá minerar o *próximo* bloco. Pode ser a piscina que contribui com maior poder de hash do que qualquer outra piscina ou minerador. Mas há sorte envolvida, também, então poderia ser o minerador com a contribuição mais minúscula de toda a rede. Provavelmente não será, mas poderia. É assim que a sorte — a probabilidade — funciona.

DICA

Pense nisso como se fosse uma loteria. Quanto mais bilhetes tiver, mais chances tem de ganhar... mas você também pode ganhar tendo apenas um bilhete. Há menos chances, mas poderia acontecer.

Em curto prazo, então, é impossível prever quem vencerá a competição de hash, ou até mesmo quais chances qualquer piscina tem de vencer após algumas rodadas de mineração (ou mesmo algumas centenas de rodadas).

Todavia, em longo prazo, as vitórias ficam mais próximas da porcentagem de hash. Se sua piscina contribui com 25% de todo o poder de hash, então, com o passar do tempo, ela minerará 25% dos blocos.

Veja outra analogia: é como jogar uma moeda. Qual porcentagem de cada jogada é para cara, e qual é para coroa? Em curto prazo, é difícil dizer. Jogue duas vezes, e é totalmente possível ter 100% de uma ou de outra. Jogue dez vezes, e ainda será improvável ter 50:50. Mas jogue mil vezes, e chegará muito próximo da proporção meio a meio (presumindo que a moeda não esteja viciada).

Portanto, com o passar do tempo, uma piscina que representa 25% da taxa de hash da rede deveria minerar 25% dos blocos na rede, e uma piscina com 10% de taxa deveria minerar 10% dos blocos.

Tudo bem, voltando à pergunta: você deve começar com uma piscina grande ou uma pequena? Uma piscina grande, com o passar do tempo, obterá mais blocos do que uma pequena. Mas, obviamente, você terá uma proporção menor dos ganhos do que se estivesse em uma piscina menor.

Com o tempo, isso quer dizer que não há diferença real. Independentemente do tamanho da piscina que escolher, *seu* poder de hash é a mesma porcentagem do poder de hash da rede geral, e, portanto, com o transcorrer do tempo, você deve ganhar a mesma porcentagem.

LEMBRE-SE Há uma diferença. Quanto maior a piscina, mais frequentemente você nada bonito, quer dizer, você terá ganhos mais frequentes do que em uma piscina pequena. Porém, esses ganhos serão menores; não dá para derrotar a matemática. Você não ganhará mais do que sua porcentagem dos ganhos representada pela porcentagem da taxa de hash. (Isto é, em longo prazo. Em curto prazo, você pode ganhar consideravelmente a mais ou a menos, depende de sua decisão.)

Assim, talvez você queira ir para uma piscina maior apenas para ver as entradas com mais frequência, mas não tenha a expectativa de escolher uma piscina maior para aumentar seus ganhos... no longo prazo.

Como encontrar o tamanho relativo das piscinas? Muitos sites fornecem essa informação, frequentemente na forma de gráfico pizza. (Analisamos como encontrar tais informações posteriormente neste capítulo, na seção "Pesquisando Piscinas de Mineração".) Analise uma visão histórica das porcentagens de taxa de hash na rede por piscina e na rede do Bitcoin, no gráfico apresentado pela Figura 7-2.

FIGURA 7-2: Um gráfico histórico da contribuição de taxa de hash de cada piscina para a rede do Bitcoin nos últimos seis meses. Este gráfico está disponível em: https://data.bitcoinity.org/bitcoin/hashrate/.

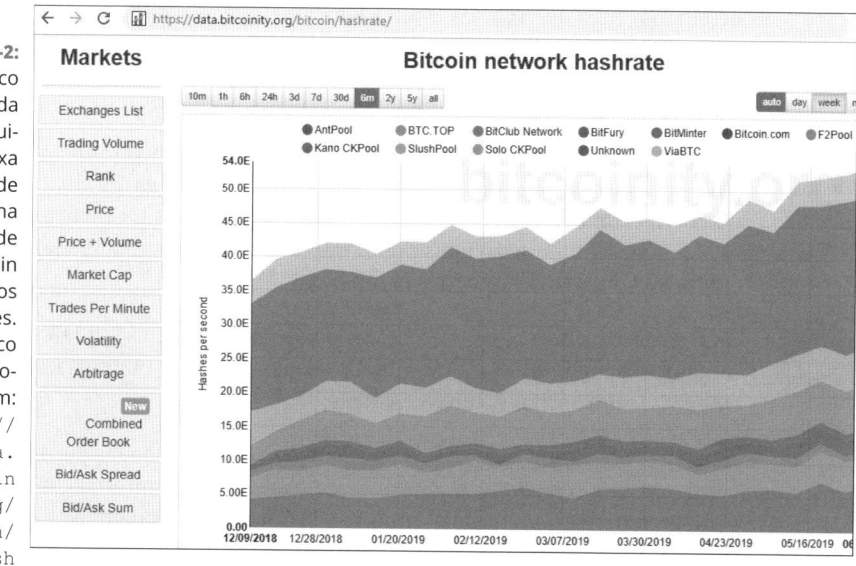

Criando uma Conta na Piscina

No geral, depois que decide qual é a criptomoeda certa para você (veja o Capítulo 8) e após selecionar uma piscina com a qual contribuir — que esteja em sintonia com você —, criar e configurar uma conta na piscina é bem simples. O processo pode ser comparado com a criação de uma conta de e-mail ou de outro serviço online, como uma conta em uma rede social. As duas coisas que você precisa ter para criar uma conta é um e-mail e um endereço de moeda de criptomoeda. Há, no entanto, algumas peculiaridades e alguns fatores a se considerar durante o processo de criação da conta da piscina, incluindo escolha do servidor piscina, limite de pagamento e endereços para o pagamento de recompensas.

Todas as piscinas de mineração, não importa qual criptomoeda estejam minerando, têm orientações fáceis em formato passo a passo para conectar seu equipamento adequado de mineração (ASIC, GPU ou outro) com a interface delas em seu site. Você deve criar uma conta, selecionar um servidor, configurar seu hardware de mineração e registrar um endereço para os pagamentos. A maioria das piscinas também tem manuais básicos para os usuários, que ajudam a filtrar o processo de criação, com perguntas frequentes úteis para quando surgir um imprevisto, e muitas têm mais documentações técnicas detalhadas para os usuários avançados.

Escolha de servidor

Na maioria das piscinas, há muitos servidores diferentes prontos para que você conecte seu hardware de mineração à infraestrutura da piscina. A diferença mais importante entre os servidores é principalmente a localização geográfica. As piscinas de mineração mais populares têm servidores espalhados pelo globo, em locais como Ásia, Europa e as Américas.

> **DICA:** Será mais benéfico para você se conectar com servidores que estejam mais próximos ao seu hardware de mineração para reduzir a latência de conexão e evitar as interrupções na conectividade.

A maioria dos hardwares ASIC de mineração de criptomoedas permite que você configure três servidores ou piscinas de mineração na interface do usuário do equipamento de mineração. Alguns mineradores posicionam seus equipamentos em várias piscinas para evitar perda de tempo no evento de uma interrupção em uma piscina, enquanto outros apenas posicionam seu hardware em servidores diferentes dentro da mesma piscina.

Configurações da piscina para o equipamento de mineração

Um hardware especializado de mineração de criptomoedas (analisado no Capítulo 9) normalmente é equipado com uma Interface Gráfica do Usuário (GUI) fácil de usar. A interface de usuário do equipamento de mineração pode ser acessada por meio de qualquer computador que esteja conectado à mesma Rede de Área Local (LAN) que o equipamento de mineração. Apenas abra um navegador e digite o endereço de Protocolo da Internet (IP) para navegar pela interface de usuário.

> **DICA:** Caso não saiba o endereço IP de sua plataforma de mineração, você pode logar em seu roteador doméstico para escanear os dispositivos conectados em sua rede. Softwares como AngryIP.or também auxiliam a fazer o escaneamento de IP para identificar qual é o endereço local do seu dispositivo, caso não saiba como acessar seu modem ou roteador doméstico. O manual de usuário ou guia de seu hardware de mineração também deve conter informações para ajudá-lo a fazer a configuração e conexão.

A seguir, temos um exemplo das configurações necessárias para seu equipamento ASIC minerando bitcoin nos EUA, na piscina Slush Pool:

```
URL: stratum+tcp://us-east.stratum.slushpool.com:3333
userID: userName.workerName
password: anything
```

A piscina específica que escolher também fornecerá detalhes sobre as configurações de conexão por meio do site deles.

O URL ao qual se conecta depende de qual local está mais próximo a você. Seu nome de usuário será o mesmo de sua conta na piscina de mineração, e você pode usar a criatividade ao nomear seu trabalhador, ou plataforma, mas não duplique os nomes caso esteja se conectando em mais de uma máquina de mineração. (Assim, como pode ver na Figura 7-1, é possível ter vários "trabalhadores" dentro de sua única conta de mineração, cada trabalhador representando uma plataforma de mineração específica.) Veja o Capítulo 10 para ter mais informações sobre a configuração de sua plataforma de mineração.

Endereços de pagamento

Você pode gerar um endereço de criptomoedas para receber os pagamentos da piscina de mineração, provenientes de qualquer carteira de criptomoedas. (Veja os Capítulo 1 e 9 para mais informações sobre as carteiras de criptomoedas.) No espaço das criptomoedas, é altamente recomendado que os endereços para as transações não sejam usados mais de uma vez. Essa não reutilização dos endereços é uma ótima prática que ajuda a facilitar mais privacidade e anonimato nas transações.

Na verdade, configurar uma conta na piscina pode ser até muito mais fácil do que isso, caso esteja usando um hardware que não é ASIC. Posteriormente neste capítulo, mostramos exemplos de configuração de uma conta na piscina, que levou cerca de cinco minutos, desde encontrar o site até começar a minerar.

Limites de pagamento

Para as piscinas de mineração de criptomoedas, uma das configurações mais finamente ajustadas é o *limite de pagamento*. Esta é a quantia que você deve ganhar enquanto minera para a piscina, antes de ela enviar sua recompensa ao seu endereço de criptomoedas no blockchain. A maioria das piscinas lhe permite estabelecer a frequência com que você quer receber seus ganhos. Embora algumas permitam um ativador de pagamentos de recompensa de mineração, a maioria exige que você defina um limite de pagamento que indiretamente determinará a frequência de seus pagamentos, dependendo dos recursos de seu hardware e da contribuição da piscina. Caso selecione um limite muito baixo, acabará desperdiçando uma grande parte de sua recompensa com as taxas de transação e pode ficar apenas com um monte de poeira se acumulando em sua carteira.

> ## POEIRA DE CRIPTOMOEDAS
>
> O termo *poeira [dust]* no âmbito das criptomoedas geralmente se refere a quantias pequenas ou minúsculas de transações, que podem se tornar inoperantes no futuro porque a quantia total no endereço é menor do que a taxa de transação necessária para movimentá-la. As transações de poeira são algo a evitar, se possível.

No entanto, caso escolha um limite alto demais, suas recompensas de criptomoedas ficarão nas mãos da piscina por mais tempo do que o necessário, suscetíveis a furto por meio de hackeamento ou fraude.

DICA

Há um meio-termo, quer dizer, uma quantia para configurar o valor de limite de pagamento que ajudará a minimizar ambos os problemas. Normalmente, uma boa regra é configurar o limite de pagamento de sua conta na piscina para o equivalente às recompensas projetadas de mineração a serem ganhas a partir de seu equipamento de mineração nos próximos poucos meses pelo trabalho contribuído (na mineração e no labor). No entanto, os pagamentos por hora do seu trabalho pela mineração de criptomoedas não têm um sentido lógico com as taxas de transação e os custos fixos envolvidos. Isso possibilita que você ganhe uma quantia suficiente de criptomoedas para fazer a transação valer a pena e, também, não deixa seus fundos no controle de outra pessoa por um período longo demais.

Pesquisando Piscinas de Mineração

Inúmeros sites de recursos oferecem ótimas informações sobre as piscinas de mineração, especialmente para a rede Bitcoin. Em termos de informações comparativas sobre piscinas de criptomoedas alternativas, as informações acabam sendo menos confiáveis e mais difíceis de encontrar. Na verdade, não há um método testado e comprovado de pesquisa de piscinas de mineração. Porém, tente pesquisar pelo nome da criptomoeda em que está interessado e o termo *piscina de mineração* (*piscina de mineração dash*, *piscina de mineração litecoin* e assim por diante [a pesquisa pode incluir os termos em inglês: *pool de mineração* ou *mining pool*]); e visite fóruns em sites públicos, como Reddit, Stack Exchange e Bitcoin Talk, para encontrar mais informações.

Veja alguns recursos do Bitcoin [conteúdo em inglês]:

- » `https://Coin.Dance/blocks/thisweek`
- » `https://en.Bitcoin.it/wiki/Comparison_of_mining_pools`
- » `https://99Bitcoins.com/bitcoin-mining/pools/`

- » https://en.BitcoinWiki.org/wiki/Comparison_of_mining_pools
- » www.Blockchain.com/pools

E aqui temos alguns para Ethereum e Litecoin:

- » www.Etherchain.org/charts/topMiners
- » https://Investoon.com/mining_pools/eth
- » www.LitecoinPool.org/pools
- » https://Litecoin.info/index.php/Mining_pool_comparison

Mineração na Nuvem

Outra opção para os mineradores aspirantes de criptomoedas é trabalhar com serviços de mineração na nuvem. Basicamente, você financia uma parte de uma operação de mineração e os mineradores da nuvem fazem o resto. Na verdade, você é um investidor na operação.

Essas empresas oferecem contratos de taxa de hash. Você pode comprar uma determinada taxa de hash, por determinado período de tempo (veja a Figura 7-3), e depois receber os benefícios proporcionais com base na porcentagem da operação total da mineração na nuvem que financiou.

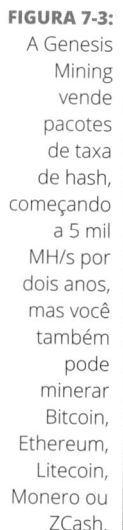

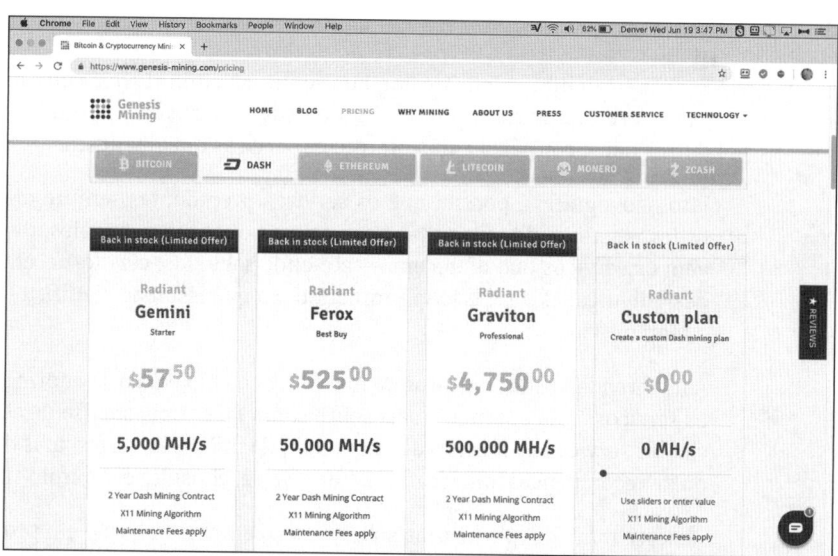

FIGURA 7-3: A Genesis Mining vende pacotes de taxa de hash, começando a 5 mil MH/s por dois anos, mas você também pode minerar Bitcoin, Ethereum, Litecoin, Monero ou ZCash.

Uma vantagem enorme desses serviços é que você não precisa fazer praticamente nada — quanto aos equipamentos, não precisa comprar ou gerenciar, não precisa encontrar espaço para eles e nem se preocupar com barulho ou aquecimento. Os serviços de mineração resolverão essas questões para você.

No entanto, a mineração na nuvem também pode ser um tanto arriscada. Muitas não são lucrativas pelas durações especificadas no contrato e podem fazer com que os compradores dos serviços percam dinheiro, em alguns casos, no longo prazo. Os usuários poderiam ter um resultado muito melhor simplesmente se tivessem comprado a criptomoeda que seu contrato de mineração trabalha. (Isso, obviamente, também vale para a mineração solo e nas piscinas, mas você pode encontrar mais sobre a economia da mineração no Capítulo 11.)

Outros riscos incluem golpes e fraudes diretas. Um mantra comum nos círculos de criptomoedas é: "Sem chave, sem moeda." No caso dos contratos de mineração na nuvem, pode-se dizer: "Sem hardware de mineração, sem recompensa."

Acreditamos que o ranque, a seguir, de serviços de operadores de mineração na nuvem esteja no topo, em termos de confiança. No entanto, *caveat emptor*, comprador, cuidado! Para *todos* os serviços mencionados neste livro, você deve fazer sua devida diligência, descobrir o que a comunidade está dizendo sobre eles e garantir que são, ou ainda são, confiáveis e seguros [conteúdos em inglês]:

- **Genesis Mining:** www.genesis-mining.com/
- **Hash Nest:** www.hashnest.com/
- **Bit Deer:** www.bitdeer.com/en/
- **Hash Flare:** https://hashflare.io/

Essa lista é curta, uma vez que nos sentimos confortáveis com apenas alguns provedores de mineração de criptomoedas na nuvem, porque a maioria dos outros não é confiável e não oferece os serviços que divulgam.

Isso não significa, porém, que os serviços precedentes sempre ofereçam contratos *lucrativos* de mineração. Isso apenas quer dizer que eles, de fato, entregam os serviços que oferecem — até onde sabemos, eles fornecem as taxas de hash divulgadas e o período prometido. Só que isso não significa lucratividade o tempo todo.

A lucratividade dos contratos de mineração na nuvem varia enormemente entre os serviços. Para aprender mais sobre como fazer uma análise de custo-benefício dos serviços de mineração na nuvem, da utilização de piscinas de mineração ou de recompensas antecipadas de hardware, consulte o Capítulo 11.

Observe também que há uma sobreposição entre mineração em piscina e mineração na nuvem. Algumas piscinas não apenas usam seu poder de hash, como também o vendem. Depois de criar uma conta no Honeyminer, por exemplo, (veja a próxima seção), a piscina tentará vender mais poder de hash para você. Na verdade, você está conectando seus processadores ao nó da piscina, mas também está fornecendo dinheiro à piscina para comprar mais poder computacional, que eles administrarão para você.

Trabalhando com a Honeyminer

Ao longo deste capítulo, oferecemos várias opções de piscinas de minerações e de recursos para pesquisa. Elas funcionam de forma diferente, é claro, então não dá para mostrarmos como trabalhar com cada uma; será uma jornada de descoberta para você. Passe algum tempo conhecendo a piscina que escolheu.

Nesta seção, daremos uma rápida olhada em uma piscina popular e muito respeitada, a Honeyminer (www.Honeyminer.com [conteúdo em inglês]). Na Figura 7-4, você pode ver uma parte do site da Honeyminer, mostrando como o processo funciona (e, a propósito, como a maioria das piscinas de mineração funciona). Conforme explicamos no início deste capítulo, o software de mineração em piscinas é executado em seu computador, contribuindo com poder adicional de processamento para o hash da piscina. Você pode estar envolvido na mineração de uma variedade de criptomoedas, mas a Honeyminer converterá os ganhos e pagará sua parte em bitcoin.

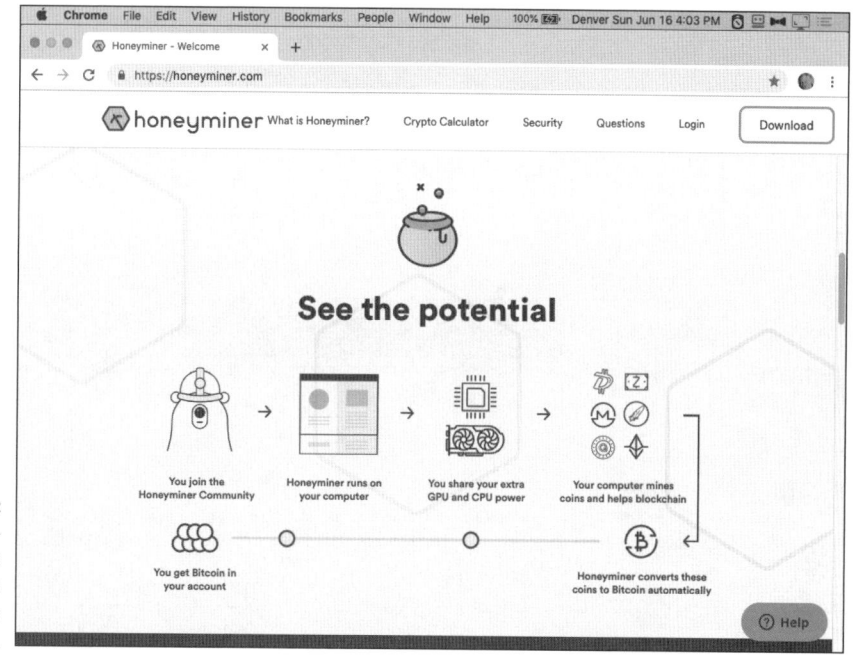

FIGURA 7-4: Honeyminer, uma piscina de mineração fácil de usar.

Para dar seus primeiros passos na Honeyminer:

1. **Faça o download e instale o software da Honeyminer.**

   Atualmente, há um botão grande e verde, no qual está escrito "Download", no canto direito superior da página.

2. **Execute o software.**

3. **Crie uma conta, inserindo seu endereço de e-mail e uma senha (veja a Figura 7-5).**

4. **Clique no botão Get Started.**

   A Honeyminer cria uma conta para você.

   O programa abre sua tela de mineração (veja a Figura 7-6) e (no momento em que escrevemos este capítulo) lhe dá um bônus de boas-vindas de mil Satoshi! Uhuu! Lembre-se: um Satoshi vale um centésimo de milionésimo de um bitcoin, logo (novamente, no momento de nossa escrita), mil satoshi valem cerca de US$0,09. Então, hmm, não fique tão animado.

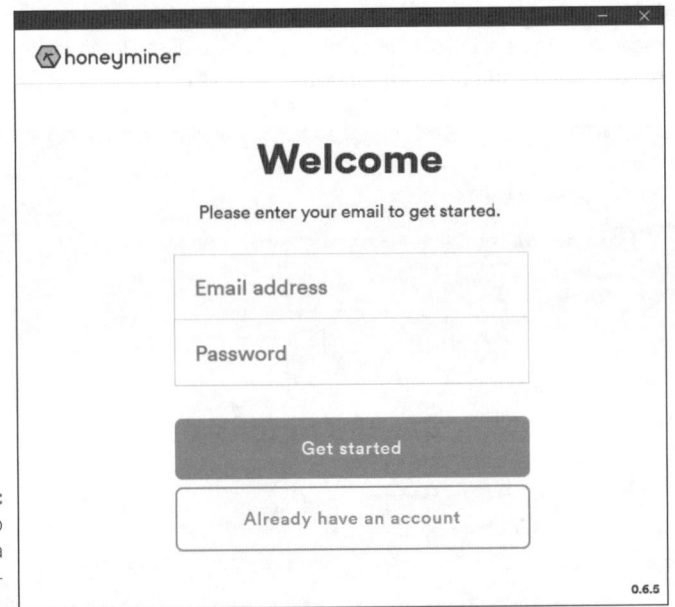

FIGURA 7-5: Criando uma conta na Honeyminer.

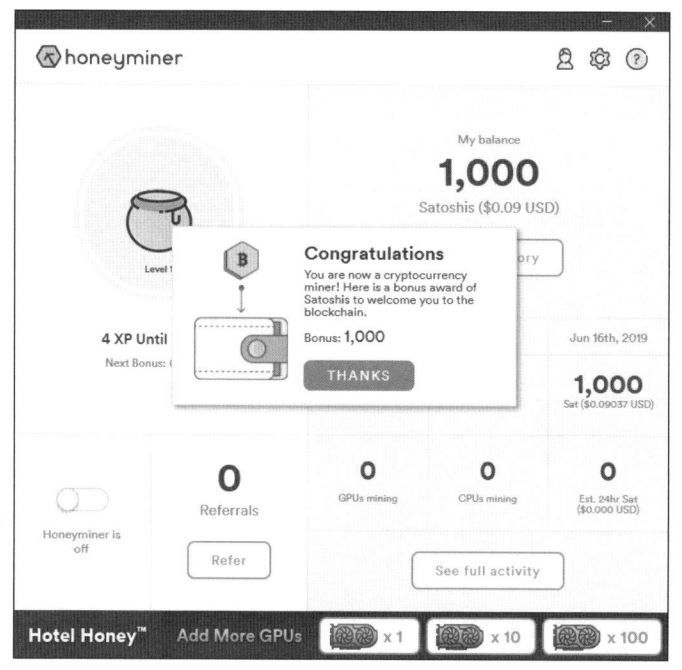

FIGURA 7-6:
O bônus gigantesco de boas-vindas da Honeyminer.

5. **Clique no botão THANKS.**

   A Honeyminer começa a usar seu processador para minerar criptomoedas (veja a Figura 7-7).

   Deixe sua máquina rodar por um tempo, mas, a certa altura, provavelmente você vai querer saber como as coisas estão indo.

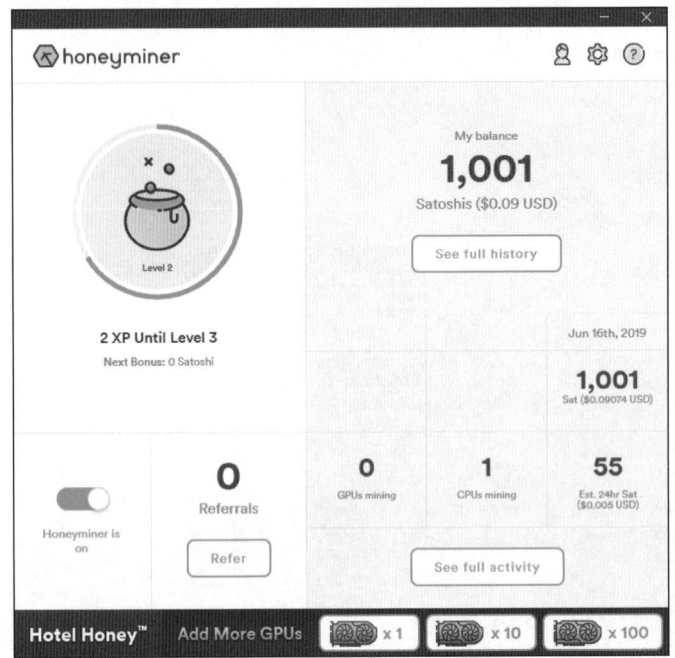

FIGURA 7-7:
A página de mineração da Honeyminer.

6. **Clique no botão See Full Activity.**

   A tela da Figura 7-8 aparece.

   Há algumas informações importantes nessa janela. Você verá o número de GPUs e CPUs em uso. (Este exemplo está usando um notebook a preço de banana, então tudo que veremos será uma CPU em uso.) Ela mostra quanto Sat (Satoshi) você provavelmente ganhará em 24 horas e durante um mês. A quantia de 1.890 Satoshis vale cerca de US$0,17, então essa máquina não deixará você rico (mas o ajudará a dar as primeiras braçadas na piscina de mineração), porém, você terá um gostinho do processo. A janela ainda mostra o tipo de criptomoeda que está sendo minerada; Honeyminer está usando meu poder de processamento para minerar Monero (embora eu vá receber o valor equivalente em bitcoin). Ela mostra o tipo de processador em seu computador e, talvez o mais importante para seu objetivo, a taxa de hash de seu processador. Neste caso, tenho 8,36 H/s (hashes por segundo). Como discutimos nos Capítulos 8 e 9, a mineração em piscina apresenta uma forma para você saber a taxa de hash de seu processador, que você pode usar posteriormente nas calculadoras de mineração de criptomoedas.

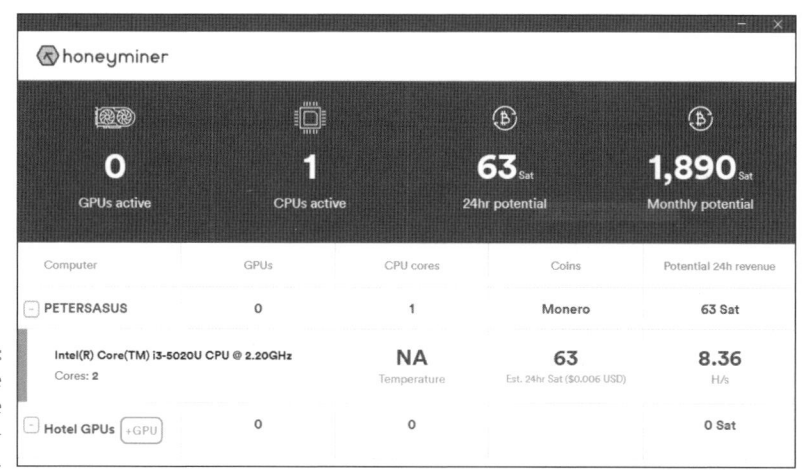

FIGURA 7-8:
A janela de Atividade Total da Honeyminer.

7. **Para retornar à tela de mineração, apenas feche a janela.**

8. **Clique no botão See Full History.**

   Uma janela de navegação é aberta e carrega a página de histórico de sua conta Honeyminer. (Talvez você tenha de fazer login para ver a tela da Figura 7-9.) Você terá um histórico de todos os pagamentos, mas observe o menu no lado esquerdo. Dê uma passeada por lá para ver como a Honeyminer funciona.

Então, não, você não ficará rico com a CPU de um notebook básico (e velho). A mineração de criptomoedas não é o tipo de negócio no qual você pega suas tralhas de computador, conecta a uma piscina e tira férias adicionais a cada ano. É necessário investimento para que funcione (veja os Capítulos 8 a 10).

A Honeyminer também vende taxa de hash, assim, você não precisa nem sair do conforto de sua poltrona para configurar uma plataforma de mineração mais potente. A piscina fará isso em seu lugar. (É aqui que as piscinas de mineração e a mineração na nuvem se sobrepõem.)

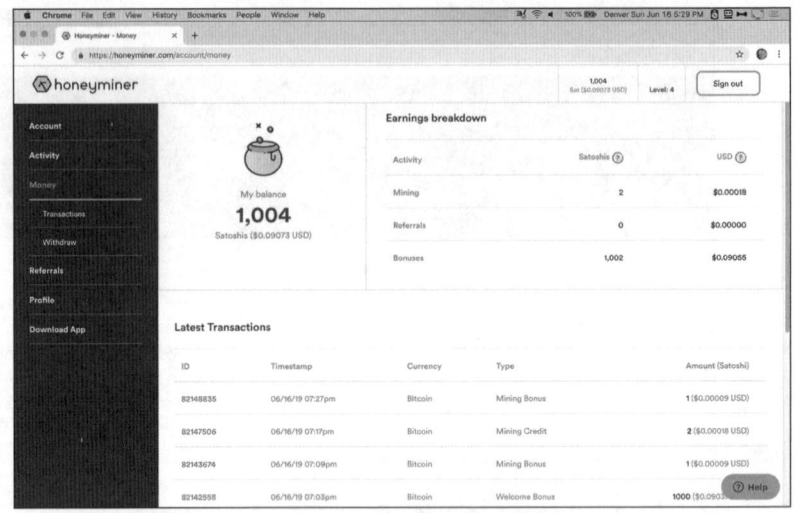

FIGURA 7-9:
Página de Histórico Completo da Honeyminer.

Procure os links Hotel Honey ou On-Demand GPU e verá que pode comprar taxa de hash; 25MH/s custarão US$20 por mês, enquanto 2.500MH/s saem por US$21.600 por um ano (veja a Figura 7-10).

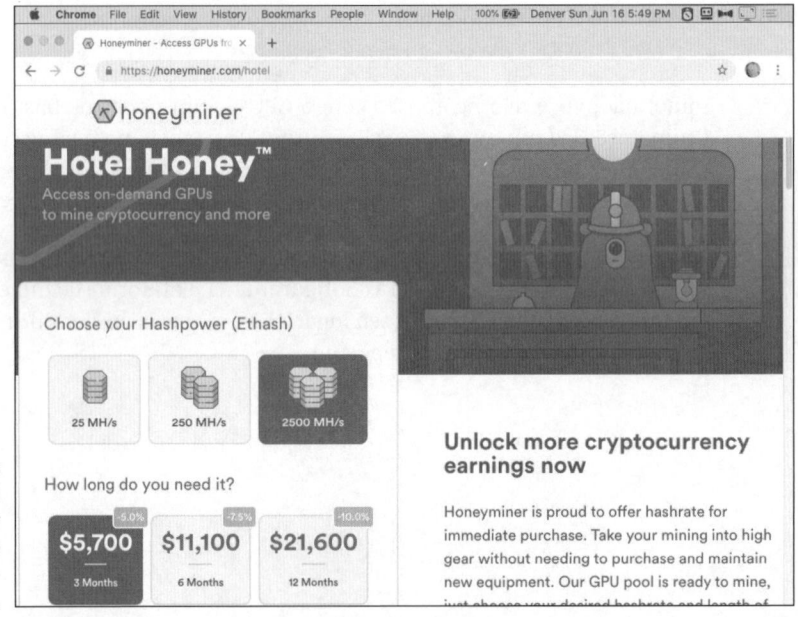

FIGURA 7-10:
É possível comprar taxa de hash na Honeyminer.

> **NESTE CAPÍTULO**
>
> » Definindo seus objetivos
>
> » Examinando os atributos de uma boa criptomoeda
>
> » Fazendo as perguntas certas
>
> » Escolhendo a criptomoeda certa para você

Capítulo **8**

Escolhendo uma Criptomoeda para Minerar

O Capítulo 7 fala sobre uma maneira fácil de começar a minerar: usando uma piscina. Neste capítulo, analisamos como se preparar para minerar diretamente sozinho, escolhendo uma criptomoeda apropriada.

No entanto, começar de verdade é muito mais complexo do que apenas definir um alvo, e, de fato, recomendamos que você não comece a minerar realmente até ter terminado este livro — não apenas este capítulo. Neste capítulo, analisamos os tipos de fatores que podem ajudá-lo a encontrar uma boa criptomoeda para trabalhar — que seja estável o suficiente para você ter êxito, por exemplo. Mas acreditamos que é uma boa ideia entender mais antes de começar para valer. Este capítulo também o ajuda a escolher uma criptomoeda-alvo inicial, mas seu alvo pode mudar à medida que descobre mais a respeito dos equipamentos que terá de usar, por exemplo (veja o Capítulo 9), ou da economia da mineração (veja o Capítulo 10). Na verdade, este processo de tomada de decisão tem um quê de um processo circular: a criptomoeda que você decide minerar determina o tipo de hardware necessário, e, por sua vez, o hardware que você tem (ou pode obter) determina a criptomoeda que faz sentido você minerar.

Portanto, não entre de cabeça até que realmente entenda mais, mas este capítulo permite que você pelo menos comece a descobrir qual criptomoeda é um bom alvo inicial.

Estabelecendo Seu Objetivo

Independentemente de você ser um minerador por hobby, fazer isso de forma comercial e séria ou ser um pouco de cada, há uma pergunta muito importante que deve se fazer antes de adentrar mais profundamente o caminho da mineração de criptomoedas. Responder a esta pergunta permitirá que você decida de forma correta quais criptomoedas minerar e o ajudará a se tornar o minerador mais bem-sucedido possível: qual é seu objetivo com a mineração de criptomoedas — e como vai alcançá-lo?

Vamos dividir a pergunta em duas partes e nos aprofundar um pouco mais em cada uma. Você deve dedicar um tempo a pensar sobre elas:

» **O que você quer obter com a mineração de criptomoedas?** Talvez esteja querendo aprender e obter insights sobre toda a tecnologia das criptomoedas ou pode ser que sua maior motivação seja obter lucros excepcionais. Está querendo sustentar o ecossistema de sua criptomoeda ou está mais preocupado com que ele o sustente?

» **Quanto capital pretende usar? Está planejando apostar tudo que tem ou apenas começar com pouco para ver no que dá?** É sempre uma boa ideia começar com pouco e se ambientar no ecossistema, mas, dependendo de sua situação financeira, começar pequeno pode significar algo totalmente diferente para você do que para outro investidor.

» **Qual é o nível de seriedade com que você vê a mineração de criptomoedas e qual nível de riscos está disposto a assumir?** Os mercados sobem e descem e, nos sistemas das criptomoedas, flutuam com mais frequência do que com os ativos financeiros tradicionais. São suas economias que estão em jogo, portanto, é preciso compreender os riscos. Considere as obrigações e o estresse, garantindo que não se comprometerá além da conta antes de ter experiência suficiente e uma compreensão dos sistemas complexos. Tudo bem se apenas quiser que a mineração de criptomoedas seja um hobby divertido!

» **Qual é o retorno mínimo sobre o investimento (ROI) que você precisa conseguir e em qual prazo?** Quer dizer, o que fará valer a pena se envolver? Quer ficar rico rapidamente ou está buscando algo seguro para suas posses no longo prazo? Você deve estar preparado para tentar algo diferente se o ROI não for alcançado, talvez até diminuir a base de suas operações. Não tenha vergonha de reduzir os investimentos nem de interrompê-los. Dependendo das condições do mercado, às vezes é mais barato apenas comprar determinada criptomoeda do que minerá-la!

» **Está planejando avaliar seus retornos com base em sua moeda fiduciária local ou está avaliando seus ganhos no ativo da criptomoeda que planeja minerar?** Isso só fará sentido se tiver confiança no valor futuro da criptomoeda, obviamente. Por exemplo, muitos mineradores, durante as épocas de vacas magras do bitcoin, continuam minerando, motivados por sua forte crença de que o preço subirá novamente. Conforme o preço da criptomoeda cai, e alguns mineradores saem do negócio, as rendas dos outros — em criptomoedas — sobem, porque as recompensas do bloco passam a ser divididas por menos mineradores. Em épocas assim, os remanescentes estão aumentando seu estoque da criptomoeda, e, mesmo que estejam perdendo dinheiro em termos da moeda fiduciária atual, eles não se importam, pois entendem que a criptomoeda é um investimento que compensará no futuro. (Você pode encontrar mais informações sobre este assunto no Capítulo 14.)

Para ajudá-lo a responder a essas perguntas, vamos analisar algumas histórias hipotéticas da mineração de criptomoedas.

Primeiro, temos Kenny (é como o chamaremos), um cara inteligente com formação em computadores e TI. Ele sabe se virar com um centro de dados, e, em sua opinião, a mineração de criptomoedas é muito similar a cuidar de uma sala cheia de servidores. (Kenny tem um pinguinho de excesso de confiança, uma vez que operar o equipamento de mineração é apenas parte da batalha ao minerar criptomoedas.)

Kenny quer lucrar com a mineração e vê a atividade como um desafio. Com as economias de seu trabalho com tecnologia, ele separou US$10 mil para seu empreendimento de mineração, apenas uma fração de sua poupança total. (Dissemos que ele é esperto!) Está muito determinado com a mineração de criptomoedas e vê a empreitada como um desafio para seu intelecto e suas habilidades. Ele decidiu que o ROI mínimo é de 20% ao ano a cada centavo investido e planeja ajustar sua estratégia diariamente se não estiver no caminho para alcançar seu objetivo. Obtendo um sucesso moderado com os objetivos do ROI, ele fará uma reavaliação completa após um ano, para decidir se continuará minerando.

Nosso segundo exemplo é o da Cathy, investidora esclarecida que gerencia seu portfólio de aposentadoria com muito sucesso. Para ela, a mineração de criptomoedas é uma forma de ganhar experiência e exposição a essa nova tecnologia; se a moda pegar, ela não quer ficar de fora. Pretende lucrar, mas sabe que não entende por completo o funcionamento das criptomoedas, e está animada para aprender. Ela está comprometida a minerar corretamente e separou, de início, US$500 como montante inicial. Mas não arrancará os cabelos se não der certo no final. Para ela, um ROI de 10% anual estaria bom, e, após seis meses, decidirá se continuará minerando. Seu plano é reavaliar a estratégia a cada dois meses.

As diferenças a serem destacadas aqui são especificamente as quantias investidas e as expectativas que Kenny e Cathy estabeleceram para si. Cathy adotou uma abordagem avessa aos riscos, mas aliviou muito a pressão sobre si mesma caso as coisas não saiam como esperado, começando com uma quantia baixa que está disposta a perder. Ela também reavaliará sua estratégia a cada dois meses, outra forma de reduzir o risco e exposição, e também para garantir que não se estressará demais se não funcionar.

Kenny optou pela abordagem arriscada, mas se der certo ele lucrará muito mais que Cathy. É importante observar que ele já tem experiência prévia na operação de computadores em rede, dando-o uma vantagem e reduzindo alguns dos riscos já na largada. Ele também está adotando uma abordagem mais interativa com suas avaliações de ROI bissemanais, porque está colocando mais em jogo, o que é uma boa estratégia. No entanto, Cathy também está se protegendo contra as perdas ao dispor de um investimento inicial menor.

Os dois mineradores conseguiram atingir seus objetivos ao final dos prazos predeterminados e ficaram felizes com o que obtiveram com sua mineração de criptomoedas. A moral dessas histórias é que nenhuma de suas respostas à pergunta mais importante estará errada, mas fazê-las é crucial para seu sucesso. As perguntas e respostas desempenharão um papel principal em termos de escolha das criptomoedas que serão mineradas e como será feita a configuração de suas plataformas de mineração.

Minerável? PoW? PoS?

Muitos fatores contribuem ao determinar se uma criptomoeda é uma boa escolha para o minerador aspirante. A primeira decisão, obviamente, é se é possível minerar a criptomoeda. Como explicamos no Capítulo 1, algumas não podem ser mineradas. De fato, alguns dos tokens e criptomoedas mais recentes que estão sendo criados e promovidos não podem ser minerados, especialmente as ofertas de moedas centralizadas e tokens baseados em empresas, uma vez que são normalmente emitidos antes de divulgações e funcionamento em sistemas mais parecidos com banco de dados autorizados do que com uma criptomoeda descentralizada.

Além do mais, em geral, ignoraremos as criptomoedas que usam Proof of Stake (veja o Capítulo 4). Embora seja possível minerar as moedas com PoS, esse tipo de mineração tem problemas inerentes que a tornam menos atrativa para a maioria dos mineradores. Primeiro, você precisa de uma participação. Em outras palavras, deve investir não apenas em sua plataforma de mineração, mas também na criptomoeda que planeja minerar. (Note, porém, que o equipamento necessário para minerar criptomoedas que usam PoS é geralmente mais barato que o equipamento necessário para as que usam PoW. A mineração geralmente pode ser feita em computadores comuns, até mesmo aquelas peças de hardware velhas que estão no canto do escritório.) Você precisará comprar uma quantia dessa criptomoeda antes de começar e guardá-la em sua carteira. Dependendo da criptomoeda com PoS específica que escolheu, isso pode significar um investimento significativo. Quanto mais alta a participação, maior será a frequência com que acrescentará um bloco ao blockchain e ganhará taxas, e, talvez, os subsídios do bloco.

Em segundo lugar, as cartas já estão contra você. Os sistemas PoS precisam ter uma moeda pré-minerada; afinal, se o sistema exige a participação, não consegue funcionar até que haja moedas suficientes para tanto. Os fundadores da moeda já terão se autoconcedido altas quantias da criptomoeda logo de cara, assim, terão vantagens iniciais e dominarão o processo. (Novamente, quanto mais tiver para colocar como participação, mais frequentemente ganhará o direito de acrescentar um bloco ao blockchain.)

Desta forma, a mineração com PoS tem este problema inerente para os estreantes: você precisa investir no equipamento, mas o ROI será menor para você do que para os fundadores da criptomoeda, porque têm uma participação muito maior e, assim, acrescentarão mais blocos. Sistemas híbridos de PoW e PoS enfrentam muitos desses mesmos problemas, mas com a mineração também envolvida, então tendem a incluir muitas das desvantagens de ambos os sistemas.

Desta forma, a maioria da mineração se concentra em criptomoedas que usam PoW — Proof of Work —, e é o que focamos aqui. Quanto às criptomoedas que, de fato, têm a mineração implementada e o Proof of Work incorporado aos seus sistemas empregados, explicaremos alguns fatores que podem fazer com que algumas criptomoedas sejam melhores para minerar do que outras.

Pesquisando Criptomoedas

Caso queira se aprofundar e aprender de verdade sobre uma criptomoeda, será necessário ter algumas fontes de informações. Nesta seção, analisamos várias maneiras de aprender tudo a respeito da criptomoeda escolhida.

Sites comparativos de lucratividade de mineração

Bem, aqui temos o primeiro tipo de fonte de informações, que oferece um atalho para todas as dúvidas sobre a pergunta "É minerável?". Consulte os sites de comparação de mineração. Vários deles coletam uma infinidade de dados sobre criptomoedas mineráveis. A seguir, temos alguns, e outros provavelmente aparecerão com o tempo, então, se qualquer link a seguir não funcionar, é só fazer uma pesquisa em seu navegador [os conteúdos dos sites estão em inglês]:

» `www.CoinWarz.com`
» `www.WhatToMine.com`
» `www.2CryptoCalc.com`
» `www.Crypt0.Zone/calculator`
» `https://CryptoMining.tools`
» `www.Crypto-Coinz.net/crypto-calculator`

A primeira coisa que esses sites farão por você é apresentar uma lista de criptomoedas mineráveis. Caso não esteja na lista, provavelmente não é minerável ou não é viável para ser minerada. Alguns desses sites terão mais criptomoedas listadas que outros, mas, juntando os dados, eles lhe darão uma ótima ideia do que é viável minerar no momento. (E aquela moeda novinha que será lançada amanhã? É claro que não estará nessas listas, mas, para o minerador iniciante, isso provavelmente não importa; e, de qualquer modo, considere o Efeito Lindy, explicado posteriormente neste capítulo, na seção "Longevidade de uma criptomoeda".)

Dê uma olhada na Figura 8-1, um print tirado do site WhatToMine.com. Como pode ver, é uma lista de inúmeras criptomoedas e a comparação entre elas e minerar Ether no blockchain Ethereum. Temos Metaverse, Callisto, Expanse, Dubaicoin e outras. No momento em que escrevemos este capítulo, WhatToMine listou 62 criptomoedas que podem ser mineradas com GPUs (Unidades de Processamento Gráfico) e 59 que necessitam de ASICs para se tornarem viáveis à mineração, em termos de custos. (Veja as abas GPU e ASIC próximas do topo da página.) Juntos, esses sites listam por volta de 150 criptomoedas mineráveis diferentes.

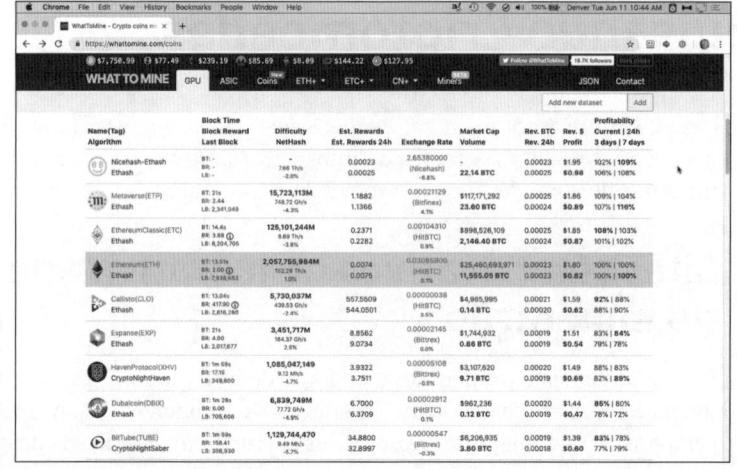

FIGURA 8-1: O site comparativo de lucratividade de WhatToMine.com.

128 PARTE 3 **Tornando-se um Minerador de Criptomoedas**

Na Figura 8-2, temos o CoinWarz.com, outro site popular. Ele compara as várias criptomoedas com a mineração de Bitcoin, em vez de Ethereum. O CoinWarz apresenta uma tabela muito mais clara, permitindo ver com facilidade algumas métricas importantes:

» Informações básicas relacionadas à criptomoeda, incluindo o nome, o ícone, a sigla (LTC, BTC etc.), a taxa geral de hash da rede (o número de Terahashes por segundo; veja o Capítulo 5), a recompensa do bloco (se bem que, estritamente falando, o CoinWarz está mostrando o *subsídio* do bloco; a recompensa do bloco é o subsídio mais as taxas de transação), o número de blocos e o tempo médio necessário para acrescentar um novo bloco ao blockchain.

» Um gráfico mostrando a dificuldade do bloco e como ela mudou com o passar do tempo.

» Uma estimativa de quantas moedas você poderia minerar por dia, com base na taxa de hash de sua plataforma de mineração e na dificuldade do bloco atual, sua taxa de hash e a dificuldade média nas últimas 24 horas.

» A taxa de câmbio entre cada criptomoeda e bitcoin e como ela mudou nas últimas duas semanas (os números se baseiam no melhor câmbio para a criptomoeda, apontado por ela, para que você obtenha a melhor taxa quando vender sua criptomoeda minerada).

» O volume de câmbio nas últimas 24 horas — quer dizer, quanto da moeda foi negociado.

» A receita bruta diária, em dólares norte-americanos, que você possivelmente ganharia (novamente, com base em sua taxa de hash), o custo da energia elétrica e o lucro (ou perda!) que teria por dia.

» A estimativa de seus ganhos diários, denominados em bitcoin.

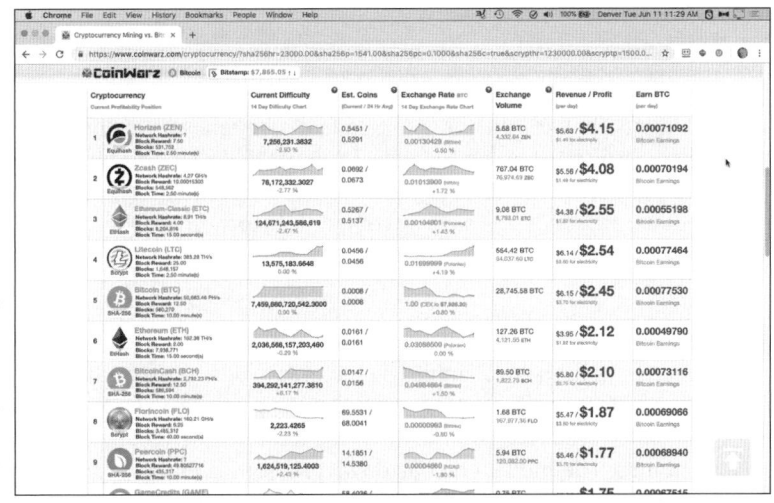

FIGURA 8-2: CoinWarz.com, outro site muito popular de comparação de lucratividade.

CAPÍTULO 8 **Escolhendo uma Criptomoeda para Minerar** 129

Certo, quanto à sua taxa de hash, como observado, alguns desses cálculos são baseados na *taxa de hash* de seu equipamento de computador — ou seja, o número de hashes PoW que ele pode realizar por segundo (veja o Capítulo 5). Esta é a informação básica de que o site precisa para calcular as possibilidades de você ganhar o jogo e acrescentar um bloco no blockchain. Sua taxa de hash é, basicamente, a potência computacional de sua máquina.

Esses sites usam configurações-padrão de potência, e a vantagem disso é que você pode, pelo menos, ter uma ideia da lucratividade relativa das diferentes criptomoedas, mesmo que não saiba a potência de seu equipamento. (No momento da escrita deste capítulo, o WhatToMine.com estava listando sete criptomoedas mais lucrativas para minerar do que o bitcoin.)

Agora, se você *sabe* qual é a potência de seu equipamento, pode inserir essa informação. No CoinWarz, isso é feito no topo da página, como pode ver na Figura 8-3. O que são todos esses boxes? Para cada algoritmo de mineração (SHA-256, Scrypt, X11 etc.), há três boxes. Insira a taxa de hash de seu processador no box de cima, em H/s (hashes por segundo), MH/s (megahashes por segundo) ou GH/s (gigahashes por segundo) — dependerá do algoritmo.

FIGURA 8-3: O topo do site CoinWarz.com, no qual você insere suas informações de taxa de hash.

O segundo box é *watts*, a quantidade de energia elétrica que seu processador usará, e o último box é o custo dessa eletricidade, em $/kWh, dólares por quilowatt por hora. Bem, é um assunto complexo, que analisamos no Capítulo 10. Na verdade, alguns desses sites de comparação fornecem dados para processadores comuns. Por exemplo, na Figura 8-4, podemos ver a calculadora Crypto-Coinz.net.

Perceba que a aba GPU foi selecionada, então essa parte está mostrando GPUs comumente usadas no âmbito de mineração de criptomoedas. São processadores potentes, configurados para aguentar o calor provindo do processamento constante. O box de cima lista vários números de modelos de GPUs NVIDIA; os números de modelo de baixo são produtos AMD. Encontre os modelos que você tem e insira a quantidade que usará nos boxes de texto, e o site inserirá automaticamente a potência de processamento nos boxes abaixo.

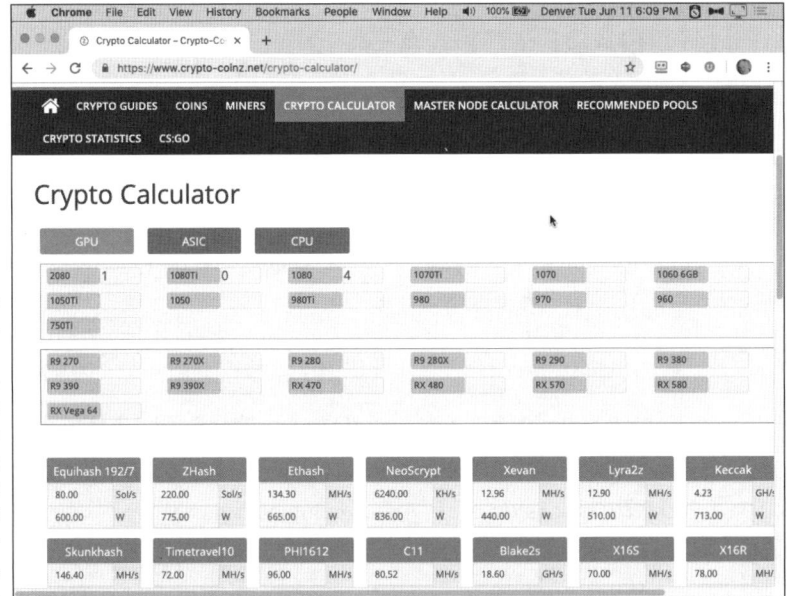

FIGURA 8-4:
O site Crypto-Coinz.net de fato fornece as informações de potência de hash para alguns processadores GPU, CPU e ASIC.

Cada um desses sites funciona de forma diferente. É altamente recomendável que você teste alguns, escolha um ou dois de que realmente goste e passe algumas horas mexendo neles para entender como funcionam. Eles fornecem quantias gigantescas de informações, em vários formatos, então brinque um pouco e aprenda bem.

Algoritmos e criptomoedas

Ao começar a trabalhar com esses sites, pode parecer que estão falando uma língua estrangeira. (É por isso que sugerimos que você passe bastante tempo mexendo neles, aprendendo os jargões e compreendendo totalmente o que está rolando.) Leva tempo para se acostumar a um ambiente no qual quase todas as palavras são novas para você.

Consulte a Figura 8-3, por exemplo, e verá SHA-256, Scrypt, X11 etc. O que é isso? Algoritmos PoW específicos de mineração. Para cada um, há uma ou mais (geralmente mais) criptomoedas que usam o algoritmo. As próximas seções apresentam uma lista parcial de criptomoedas mineráveis e os algoritmos que usam.

As listas a seguir não são tudo. Há mais algoritmos e mais criptomoedas mineráveis, mas você pode presumir que, se não estão em pelo menos um dos sites de comparação, não merecem sua atenção. Por exemplo, no momento da escrita deste capítulo, há vários algoritmos (X25, Keccak, Skunkhash, Blake2s, Blake256, X17, CNHeavy e EnergiHash) que não estão sendo usados por criptomoedas que os sites consideram valer a pena.

UNIDADES DE TAXA DE HASH

Em geral, as taxas de hash no ecossistema Bitcoin são medidas em terahashes. Mas, em alguns casos, você verá outras unidades. Assim, aqui temos um resuminho:

- **H/s:** Hashes por segundo
- **MH/s:** Megahashes por segundo (milhões de hashes: 1.000.000)
- **GH/s:** Gigahashes por segundo (bilhões de hashes: 1.000.000.000)
- **TH/s:** Terahashes por segundo (trilhões de hashes: 1.000.000.000.000)
- **PH/s :** Petahashes por segundo (quadrilhões de hashes: 1.000.000.000.000.000)
- **EH/s:** Exahashes por segundo (quintilhões de hashes: 1.000.000.000.000.000.000)

Observe outra coisa na lista anterior, algo que talvez queira considerar ao escolher uma criptomoeda que usa um algoritmo que requer um ASIC. Temos cinco algoritmos ASIC listados e, abaixo de cada um, temos 7, 13, 8, 7 e 4 criptomoedas usando cada algoritmo, respectivamente. Quer dizer, o mesmo ASIC — o mesmo hardware — pode ser usado para minerar qualquer uma das criptomoedas usando o algoritmo para o qual o ASIC foi projetado.

Portanto, digamos que queira minerar Cannabis Coin, para o que você precisa de um ASIC X11 ASIC. Se a Cannabis Coin virar fumaça (perdão pelo trocadilho), você pode mudar para Dash, Idapay ou StartCoin. Mas, se comprou um ASIC para o algoritmo Scrypt, começou a minerar uma das criptomoedas que usam Scrypt; e, se quiser mudar depois, não terá três, mas *doze* alternativas.

Algoritmos que requerem um ASIC especializado

A seguir, apresentamos uma lista parcial de criptomoedas mineráveis e o algoritmo que usam. O primeiro, SHA-256, é o algoritmo mais popular — usado pelo Bitcoin e todos os seus derivados.

» **SHA-256:**
- Bitcoin (BTC)
- Bitcoin Cash (BCH)
- eMark (DEM)
- Litecoin Cash (LCC)
- Namecoin (NMC)
- Peercoin (PPC)

- Unobtanium (UNO)

» **Scrypt:**
- Auroracoin (AUR)
- Digibyte (DGB)
- Dogecoin (DOGE)
- Einsteinium (EMC2)
- Florincoin (FLO)
- Game Credits (GAME)
- Gulden (NLG)
- Held Coin (HDLC)
- Litecoin (LTC)
- Novacoin (NVC)
- Oid Life (OID)
- Verge (XVG)
- Viacoin (VIA)

» **Equihash:**
- Aion (AION)
- Beam (BEAM)
- Bitcoin Private (BTCP)
- Commercium (CMM)
- Horizen (ZEN)
- Komodo (KMD)
- Vote Coin (VOT)
- ZCash (ZEC)

» **Lyra2v2:**
- Absolute Coin (ABS)
- Galactrum (ORE)
- Hanacoin (HANA)
- Methuselah (SAP)
- Mona Coin (MONA)
- Straks (STAK)
- Vertcoin (VTC)

» **X11:**
- Cannabis Coin (CANN)
- Dash (DASH)
- Idapay (IDA)
- Petro (PTR)
- StartCoin (START)

Algoritmos que podem ser minerados sem ASICs

Os algoritmos a seguir podem ser minerados sem ASICs.

» **NeoScrypt:**
- Cerberus (CBS)
- Coin2fly (CTF)
- Desire (DSR)
- Dinero (DIN)
- Feathercoin (FTC)
- GoByte (GBX)
- Guncoin (GUN)
- Innova (INN)
- IQCASH (IQ)
- LuckyBit (LUCKY)
- Mogwai (MOG)
- Phoenixcoin (PXC)
- Qbic (QBIC)
- Rapture (RAP)
- SecureTag (TAG)
- Simplebank (SPLB)
- Suncoin (SUN)
- Traid (TRAID)
- Trezar (TZC)
- UFO (UFO)
- Vivo (VIVO)
- Zixx (XZX)

» **Ethash:**
- Akroma (AKA)
- Atheios (ATH)
- Callisto (CLO)
- Dubaicoin (DBIX)
- Ellaism (ELLA)
- ETHER-1 (ETHO)
- Ethereum (ETH)
- Ethereum Classic (ETC)
- Expanse (EXP)
- Metaverse (ETP)
- Musicoin (MUSIC)

- Nilu (NILU)
- Pirl (PIRL)
- Ubiq (UBQ)
- Victorium (VIC)
- Whale Coin (WHL)

» **X16R:**
- BitCash (BITC)
- Crowd Coin (CRC)
- Gincoin (GIN)
- Gpunion (GUT)
- Gravium (GRV)
- HelpTheHomeless (HTH)
- Hilux (HLX)
- Motion (XMN)
- Ravencoin (RVN)
- Stone Coin (STONE)
- XChange (XCG)

» **Lyra2z:**
- CriptoReal (CRS)
- Gentarium (GTM)
- Glyno (GLYNO)
- Infinex (IFX)
- Mano (MANO)
- Pyro (PYRO)
- Stim (STM)
- TALER (TLR)
- ZCore (ZCR)

» **X16S:**
- Pigeon (PGN)
- Rabbit (RABBIT)
- Reden (REDN)
- RESQ Chain (RESQ)

» **Zhash:**
- BitcoinZ (BTCZ)
- BitcoinGold (BTG)
- SnowGem (XSG)
- ZelCash (ZEL)

- **CryptoNightR:**
  - Monero (XMR)
  - Lethean (LTHN)
  - Sumokoin (SUMO)
- **Xevan:**
  - BitSend (BST)
  - Elliotcoin (ELLI)
  - Urals Coin (URALS)
- **PHI2:**
  - Argoneium (AGM)
  - Luxcoin (LUX)
  - Spider (SPDR)
- **Equihash 192/7:**
  - Safe Coin (SAFE)
  - Zero (ZER)
- **Tribus:**
  - BZL Coin (BZL)
  - Scriv (SCRIV)
- **Timetravel10:** Bitcore (BTX)
- **PHI1612:** Folm (FLM)
- **C11:** Bithold (BHD)
- **HEX:** XDNA (XDNA)
- **ProgPoW:** Bitcoin Interest (BCI)
- **LBK3:** VERTICAL COIN (VTL)
- **VerusHash:** Verus (VRSC)
- **UbqHash:** Ubiq (UBQ)
- **MTP:** ZCoin (XZC)
- **Groestl:** Groestlcoin (GRS)
- **CrypoNightSaber:** BitTube (TUBE)
- **CryptoNightHaven:** HavenProtocol (XHV)
- **CNReverseWaltz:** Graft (GRFT)
- **CryptoNightConceal:** Conceal (CCX)
- **CryptoNightFastV2:** Masari (MSR)
- **CryptoNightFast:** Electronero (ETNX)
- **Cuckatoo31:** Grin-CT31 (GRIN)
- **Cuckatoo29:** Grin-CR29 (GRI)
- **Cuckatoo29s:** Swap (XWP)
- **CuckooCycle:** Aeternity (AE)
- **BCD:** BitcoinDiamond (BCD)

- » **YescryptR16:** Yenten (YTN)
- » **YesCrypt:** Koto (KOTO)

Página de detalhes da criptomoeda

Outro ótimo lugar para encontrar informações sobre uma criptomoeda em particular é a página de detalhes da criptomoeda nos sites de comparação. Esses sites que analisamos anteriormente neste capítulo geralmente têm um link para ela. De fato, consulte a imagem na Figura 8-1. Se clicar no nome de uma criptomoeda, será levado à página de detalhes que contém pilhas de informações sobre essa criptomoeda. Clique em Callisto (CLO), por exemplo, e verá a página apresentada na Figura 8-5.

Essa página contém inúmeras informações sobre a criptomoeda, incluindo estatísticas tais como o tempo do bloco (a frequência com que um bloco é acrescentado), a recompensa, a dificuldade etc. Ela também lista as piscinas de mineração que trabalham com essa criptomoeda em particular (veja o Capítulo 7).

> ### CPU VERSUS GPU VERSUS APU VERSUS ASIC
>
> Você usa uma CPU (Unidade de Processamento Central), uma GPU (Unidade de Processamento Gráfico), uma APU (Unidade de Processamento Acelerado) ou um ASIC (Circuito Integrado de Aplicação Específica)? Primeiro, algumas criptomoedas praticamente requerem um ASIC (veja a lista anterior). Você *poderia* minerar usando outro processador, mas isso não faria muito sentido, porque sua potência de processamento será tão lenta em comparação com os ASICs projetados para o serviço, que talvez tenha de esperar mil anos para ganhar o direito de acrescentar um bloco ao blockchain. (Não é brincadeira não, a disparidade está nessa escala mesmo.)
>
> Como mostra a lista anterior, outras criptomoedas não requerem ASICs. Elas podem ser minadas com uma CPU (o processador principal do seu computador), uma GPU (um processador especializado para gerenciar gráficos de computador, que tende a ser mais potente) ou com uma APU (um processador que combina a CPU e a GPU em um mesmo chip).
>
> Em geral, as CPUs não são grandes processadores de mineração, embora seja possível. Esses sites de comparação, e as calculadoras que analisamos na última parte deste capítulo, podem lhe dizer se sua CPU, GPU ou APU em particular pode ser usada. Há uma variância enorme de potência de processamento nos processadores. Alguns serão inúteis, e outros, viáveis. Veja no Capítulo 9 como descobrir a potência de seu processador.

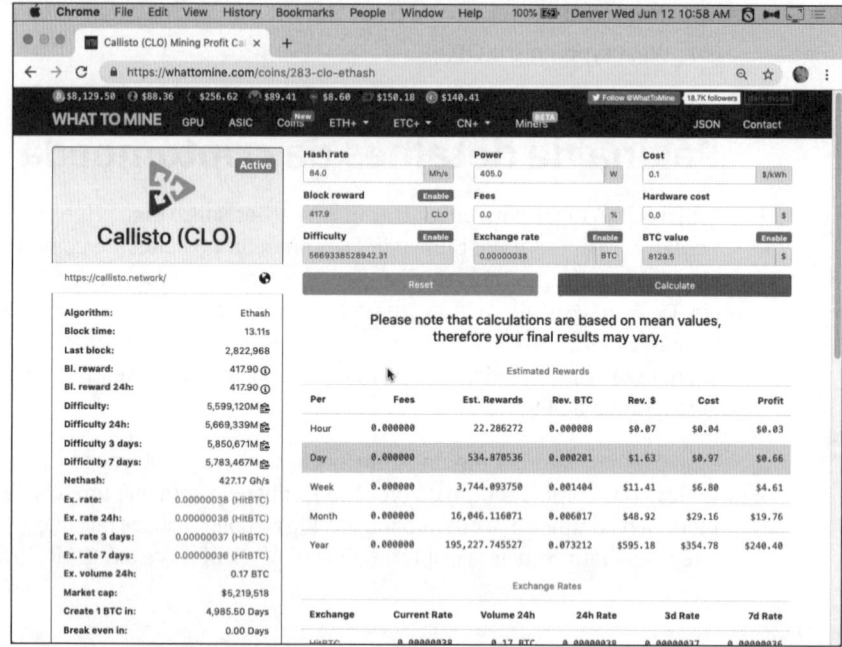

FIGURA 8-5:
A página de detalhes de uma criptomoeda em WhatToMine.com.

Calculadoras de lucros de mineração

Se quiser saber qual é o lucro potencial de determinada criptomoeda, é necessário usar uma calculadora de lucros de mineração. Os sites de comparação geralmente as têm, embora outros sites também disponibilizem calculadoras individuais sem uma ferramenta de comparação global. (www.cryptocompare.com/mining/calculator/, por exemplo, tem calculadoras para Bitcoin, Ethereum, Monero, ZCash, Dash e Litecoin.)

Consulte a Figura 8-5. No topo do site, você pode inserir a taxa de hash de seu hardware, o consumo de energia e o custo, juntamente com o custo de sua eletricidade, e a calculadora mostra quanto pode ganhar (ou perder) em uma hora, um dia, uma semana ou um ano.

Na Figura 8-6, temos uma calculadora mais simples, do site www.cryptocompare.com/mining/calculator/btc, que mostra a receita potencial e o lucro provenientes da mineração de Bitcoin. Ela até possibilita que você insira uma taxa de piscina, para incluir os custos de mineração por meio de uma piscina (veja o Capítulo 7). Esse exemplo, embora demonstre lucro, está, de fato, em uma posição de perda. (Veja o box "Quer mais poder de hash? É melhor minerar em uma piscina".)

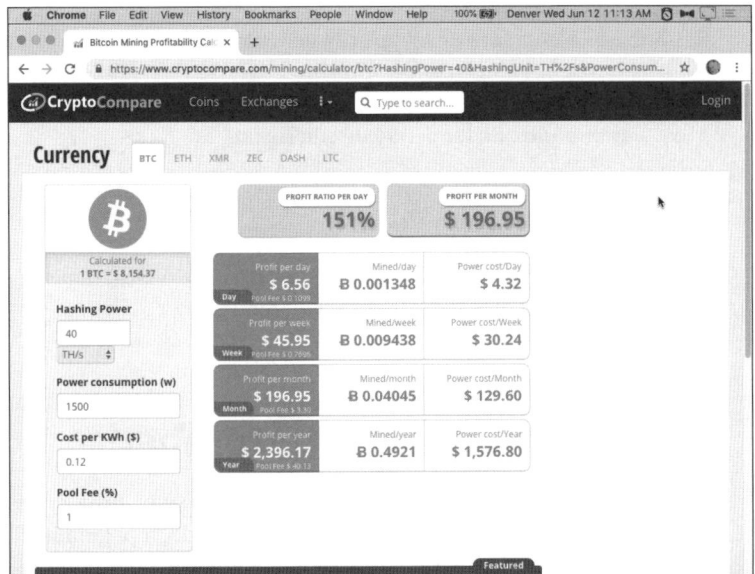

FIGURA 8-6: A calculadora de Bitcoin em CryptoCompare.com.

QUER MAIS PODER DE HASH? É MELHOR MINERAR EM UMA PISCINA

Em muitos casos, você não vai gostar do que vê nessas calculadoras. Caso seu poder de hash simplesmente não seja suficiente, elas dirão implicitamente — em alguns casos, explicitamente — para que nem considere fazer mineração solo, direcionando-o à piscina de mineração. Por exemplo, na Figura 8-6, temos a informação de que mineraremos, em média e usando o poder de hash especificado no lado esquerdo da página, 0,4921 bitcoin por ano. Bem, no momento, o subsídio do bloco é de 12,5 bitcoins, e não dá para ganhar um subsídio parcial; é tudo ou nada. Então, 12,5 bitcoins divididos por 0,4921 dá 25,4, o que significa, se tudo permanecer igual (o que não vai acontecer), que seu hardware levaria 25,4 *anos* para ganhar o direito de acrescentar um bloco ao blockchain. E isso é apenas a média... sua sorte pode variar, pode ser em menos tempo, mas poderiam ser 30 anos (ou mais) antes de ganhar um subsídio de bloco! (O que mudará? O subsídio será reduzido com o passar do tempo, mais poder de hash pode entrar na rede e assim por diante.) Em outras palavras, não é possível minerar bitcoins de forma viável com apenas 40 TH/s... então junte-se a uma piscina se quiser fazer isso (veja o Capítulo 7) ou melhore seu jogo (sua plataforma de mineração) drasticamente! (Veja o Capítulo 9.)

Algumas calculadoras serão realmente mais explícitas. A calculadora de mineração de bitcoin CoinWarz bitcoin (disponível em www.coinwarz.com/calculators/bitcoin-mining-calculator [conteúdo em inglês]) mostraria as seguintes informações:

(continua)

(continuação)

> **Resumo da Calculadora de Mineração de Bitcoin**
>
> - **Dias para gerar um bloco com mineração solo:** 9271,5 dia(s) (pode variar muito, dependendo de sua sorte).
>
> - **Dias para gerar um BTC:** 741,72 dia(s) (pode variar muito, dependendo das taxas de câmbio atuais).
>
> - **Dias para o ponto de equilíbrio:** N/A [não se aplica] (pode variar muito, dependendo das taxas de câmbio atuais).

A página inicial da criptomoeda

Outro ótimo lugar para encontrar informações sobre uma criptomoeda pela qual tenha algum interesse é, como já era esperado, a página inicial da criptomoeda na internet (embora, obviamente, as informações lá terão um viés otimista pelo futuro da moeda). É muito fácil encontrá-la. As páginas de detalhes do site de comparação de criptomoedas (consulte a Figura 8-5) geralmente têm essa informação. Outro lugar em que você pode encontrá-la é em sites mais genéricos, como coinmarketcap.com.

LEMBRE-SE Muitos desses sistemas de criptomoedas são distribuídos com o objetivo de descentralização. Isso quer dizer que não há uma parte única controlando a maioria deles, então podem haver sites alegando ser a página inicial de determinada criptomoeda peer-to-peer, sendo alguns mais válidos nessa alegação do que outros. Sempre pesquise muito e caminhe sobre ovos.

GitHub

A maioria das criptomoedas que você provavelmente minerará tem uma página GitHub, que é uma plataforma de desenvolvimento e repositório de software, usada por muitos projetos com código aberto. Embora, na teoria, as criptomoedas não tenham código aberto, a maioria tem (em particular, qualquer criptomoeda que você pode vir a minerar geralmente tem código aberto). Veja um exemplo, a página GitHub do Bitcoin na Figura 8-7.

E como encontrar a página GitHub? Vamos reforçar: a página de detalhes em um dos sites de criptomoedas pode conter um link para a página GitHub da moeda, mas talvez não tenha (por exemplo, a `WhatToMine.com` tem, mas a `CoinWarz.com`, não). Você pode conseguir encontrar um link para ela na página inicial da moeda ou pesquisar no próprio site GitHub.com. [Lembre-se: os conteúdos dos endereços indicados estão em inglês.]

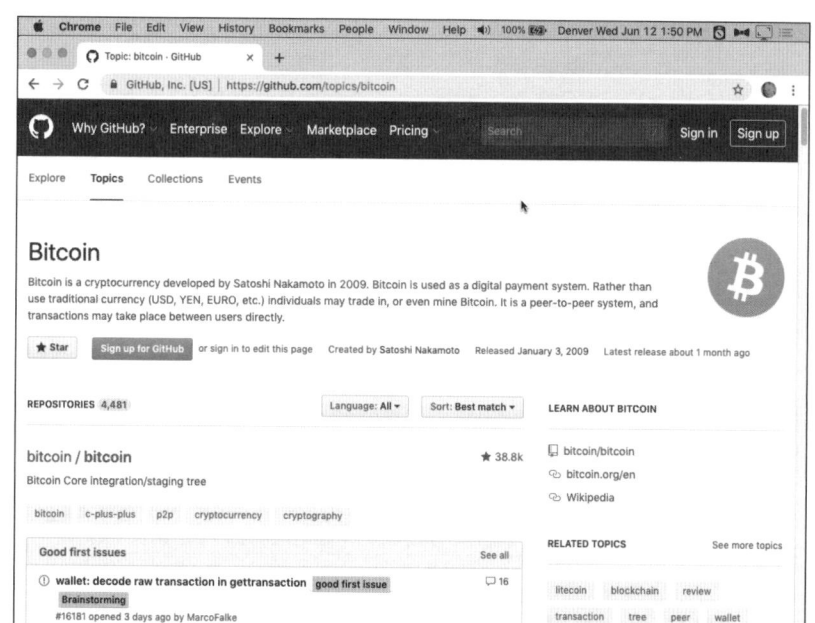

FIGURA 8-7:
Página GitHub do Bitcoin.

No GitHub, você pode avaliar o código-fonte real da criptomoeda para ver como ele funciona, se tiver as habilidades para tanto, mas também pode ter uma ideia de como a comunidade é ativa, quantas pessoas estão envolvidas, com que frequência são feitas alterações no código e assim por diante. Para dar um mergulho mais profundo nos mecanismos e nas complexidades específicas que envolvem o GitHub, sugerimos a leitura do livro recém-publicado *GitHub For Dummies*, de Sarah Guthals e Phil Haack.

A página da criptomoeda na Wikipedia

Muitas, talvez a maioria, das criptomoedas têm páginas na Wikipedia. Elas podem ser úteis para fornecer informações gerais sobre uma criptomoeda, geralmente de forma mais rápida do que em outras fontes. Geralmente, apresentam uma breve história da moeda, informações sobre os fundadores e tecnologia, controvérsias relacionadas a ela e outros detalhes. Mas talvez você não encontre as páginas para criptomoedas menores e menos conhecidas, e o nível de detalhes nas páginas disponíveis varia de superficial a extremamente detalhado.

Veja um exemplo na Figura 8-8, que mostra a página da Dogecoin na Wikipedia. Observe a caixa de informações no lado direito, mostrando um resumo rápido das informações importantes.

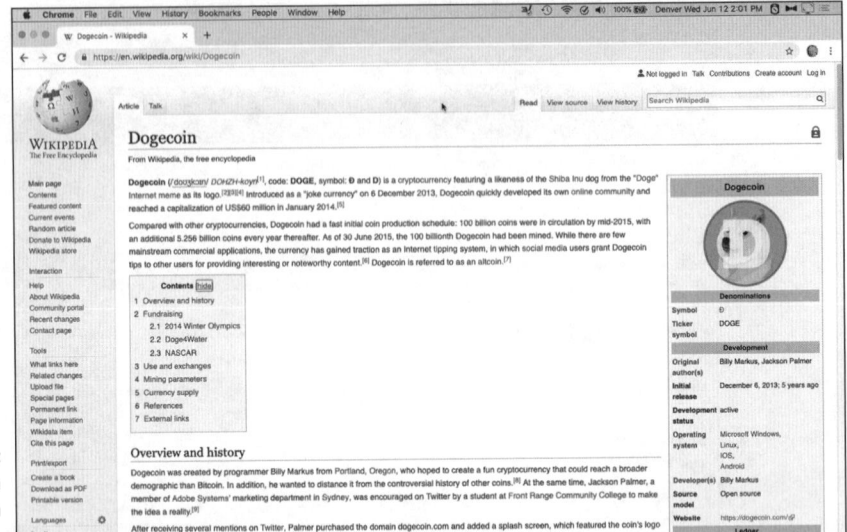

FIGURA 8-8:
Página da Dogecoin na Wikipedia.

Fóruns de mineração

Por fim, não se esqueça dos fóruns de mineração, dos quais os mais importantes talvez sejam os encontrados em BitcoinTalk.org [conteúdo em inglês]. Há fóruns disponíveis em português, como em https://bitcoin.org/pt_BR/comunidade e https://forum.bitcoin.com/portugues/]. Há fóruns sobre vários assuntos, relacionados a muitas questões envolvendo Bitcoin e outras criptomoedas. Mas, em particular, há uma área de Mineração de Bitcoin, e também uma área de Criptomoedas Alternativas, dentro da área de Mineração. A área de mineração Altcoin tem mais de 113 mil posts em mais de 3 mil áreas de assunto, então há uma riqueza de informações sobre mineração lá para ser digerida.

Indo Além

Após saber como encontrar as informações sobre vários sistemas de criptomoedas — quer dizer, se estiver disponível, em muitos casos, pode ser difícil encontrar as informações —, será importante considerar diversos outros fatores.

Longevidade de uma criptomoeda

Para escolher a criptomoeda certa para você, é importante estar confiante de que ela continuará existindo e operando durante o período que escolha minerá-la, assim como o período pelo qual queira que a criptomoeda armazene suas recompensas de mineração.

Os sistemas de criptomoedas que sobreviveram ao teste do tempo têm mais chances de continuarem existindo. Há uma teoria chamada de *Efeito Lindy*, que sustenta que a expectativa de vida de certas coisas, tal como a tecnologia, aumenta com o passar do tempo. (O contrário também é verdadeiro para coisas vivas, obviamente; uma vez alcançada certa idade, a expectativa de vida diminui.)

A teoria, a propósito, leva o nome de uma lanchonete em Nova York onde comediantes se encontram todas as noites para falar sobre trabalho. De qualquer maneira, a teoria sugere que a expectativa de vida das ideias ou da tecnologia (sistemas não biológicos) está relacionada à sua idade atual, e que cada duração extra de existência a faz mais passível de sobreviver. Com os sistemas de código aberto, como o do Bitcoin ou de outras criptomoedas similares, há upgrades e melhorias pequenas, mas contínuas, feitas por programadores e entusiastas de software. Cada *bug* no código, ou erro no sistema, que é encontrado e rapidamente *patched* — um termo de software que significa corrigido — deixará o sistema mais robusto e com menos tendências para que o erro continue. Os sistemas de software como o do Bitcoin ou de criptomoedas similares com código aberto podem ser considerados *antifrágeis*, com cada falha que é descoberta e subsequentemente corrigida lavando a uma tecnologia mais forte e menos frágil.

LEMBRE-SE

É importante escolher uma criptomoeda para minerar que tenha longevidade, durabilidade e resistência suficientemente reconhecidas para atender a seu perfil específico de risco.

Vamos resumir com uma pergunta: qual criptomoeda provavelmente terá uma sobrevida maior? Bitcoin, com início em janeiro de 2009, ou QualquerOutraCoin, uma nova moeda (hipotética) lançada ao mundo ontem à tarde? *Bitcoin é uma aposta melhor.* Há alguns milhares de criptomoedas, a maioria é lixo e possivelmente não sobreviverá. Uma nova que surge é provavelmente apenas mais uma LixoCoin na pilha de entulhos.

Por outro lado, alguns sistemas aparentemente estáveis e de longa vida morrem. Quem se lembra de DEC, Word Perfect ou VisiCalc, por exemplo? (Apostamos que muitos leitores não fazem ideia nem do significado dessas palavras.) E, algumas vezes, novos sistemas aparecem do nada e vencem concorrentes bem estabelecidos. (Conhece o Google? Ou Facebook?)

Mas, continuando com o exemplo das empresas de tecnologia, a maioria das novatas vai à falência. A maioria das startups online iniciadas na bolha da internet na década de 1990 fechou as portas, por exemplo. Acontecerá o mesmo com as criptomoedas menos conhecidas. Então, *em geral*, uma criptomoeda que existe há mais tempo, como Bitcoin, Litecoin ou Ether, é uma melhor aposta do que aquelas que acabaram de entrar no mercado das criptomoedas.

Como é possível saber há quanto tempo uma criptomoeda existe? Não deve ser muito difícil de descobrir. Veja o próprio site da moeda, sua página na Wikipedia, se houver uma, e o histórico de Commits and Releases (Alterações no Repositório e Lançamentos) no GitHub.

Segurança da taxa de hash e da criptomoeda

Outro fator importante envolvido na escolha de qual criptomoeda minerar é a segurança compreendendo o blockchain que está sendo escolhido para minerar. Não é uma boa ideia colocar seus ovos (recursos de mineração) em uma cesta (blockchain) que não aguenta o peso de sua carga valiosa (valor).

Essa mesma ideia se aplica aos sistemas de criptomoedas, e a segurança é relativa nesse sentido. Uma criptomoeda que tem um nível baixo de poder de hash para o Proof of Work em comparação com outras criptomoedas que executam um mecanismo semelhante de consenso é menos segura — mais facilmente hackeada ou manipulada —, colocando em risco a chance de sobrevivência das criptomoedas e também seus investimentos nesse blockchain.

DICA

Onde você pode encontrar o nível de poder de hash que está sendo usado pela rede? Um ótimo lugar para achar esse tipo de informação é em BitInfoCharts.com [conteúdo em inglês], que permite que você selecione as criptomoedas para serem comparadas. Esse site disponibiliza uma gama enorme de métricas diferentes de criptomoedas, desde gráficos de preço a capitalização no mercado e a listas dos endereços mais ricos do blockchain, para muitas criptomoedas diferentes.

Como se pode observar na Figura 8-9, uma coisa que você pode fazer é selecionar várias criptomoedas e criar um gráfico comparando suas taxas de hash; acesse `https://bitinfocharts.com/comparison/bitcoin-hashrate.html` [conteúdo em inglês]. Também é possível encontrar taxas individuais de hash nos sites de comparação que analisamos anteriormente neste capítulo (na seção "Sites comparativos de lucratividade de mineração").

Na verdade, a taxa de hash é disponibilizada em diversos sites. Por exemplo, você encontrará a taxa de hash para Bitcoin, Ethereum e Bitcoin Cash em `www.blockchain.com/explorer`. Os serviços de mineração em piscina fornecem estatísticas da taxa de hash para as criptomoedas que mineram, e sites de estatísticas, como CoinDance, também as disponibilizam (veja `https://coin.dance/blocks/hashrate` [ambos os sites apresentam conteúdos em inglês]).

FIGURA 8-9:
Página de comparação de taxa de hash do Bit InfoCharts.com.

Suporte da comunidade

Outro fator a ser considerado e colocado na balança quando for escolher qual criptomoeda é a certa para você é o suporte da comunidade. Os efeitos da rede dos sistemas da criptomoeda são importantes, e a ampla adoção e utilização é uma métrica essencial a ser observada ao escolher qual blockchain minerar. Ou seja, há muitas pessoas envolvidas na gestão e no desenvolvimento da criptomoeda? (Uma que tenha bem poucas pessoas envolvidas, maior as chances de ficar instável.) E há muitas pessoas usando a criptomoeda — quer dizer, há muita negociação acontecendo ou as pessoas estão usando-a para fazer compras?

Há um conceito, conhecido como *Lei de Metcalfe*, que explica os efeitos da rede. A ideia, proposta por Robert Metcalfe, um dos inventores do Ethernet, é a de que um sistema de comunicação cria valor proporcionalmente ao quadrado do número de usuários de determinado sistema. Basicamente, quanto mais usuários estão em um sistema, mais útil — e mais valiosa — se torna a rede.

O suporte da comunidade também é importante de outras maneiras. Ele pode ser mensurado na forma de desenvolvedores de código aberto contribuindo para o repositório de código da criptomoeda. Uma criptomoeda saudável e robusta terá um conjunto diverso de muitas pessoas e entidades avaliando e auditando o código que a fortifica.

A LEI DE METCALFE

Conceitualmente, a Lei de Metcalfe pode ser aplicada a qualquer rede, tais como as de e-mail ou de telefone, mas também às redes de criptomoedas, como Bitcoin. Se apenas dois usuários estão em um sistema de telefone ou e-mail, você e mais alguém, não há muito valor nessa rede; mas, se há quatro usuários, o valor (e as possíveis conexões da rede) seriam exponencialmente maiores. Se o sistema tiver doze usuários, há uma possibilidade drasticamente maior de conexões possíveis, e, desta forma, mais valor (veja a figura a seguir).

A mesma lógica se aplica às redes de criptomoedas. Cada usuário a mais acrescenta uma quantidade desproporcional e exponencial de possíveis conexões. Se o sistema da criptomoeda que você escolher minerar não tiver uma base grande de usuários, talvez não haja possíveis conexões o suficiente para dar à rede um valor adequado para a mineração em longo prazo.

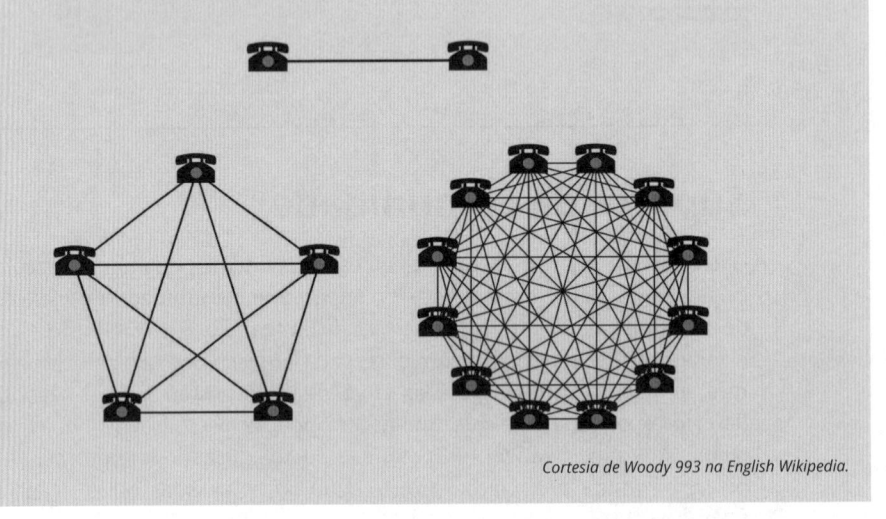

Cortesia de Woody 993 na English Wikipedia.

CUIDADO

O suporte de desenvolvedores é crucial para a longevidade e robustez de um sistema de criptomoeda. Observe que muitos sistemas criados e emitidos por companhias ou consórcios não têm código aberto, não são mineráveis e não têm uma vasta gama de auditores de código fora da empresa, avaliando e revisando seus sistemas em um jardim murado.

Como avaliar o suporte da comunidade? A página de criptomoeda da GitHub é um ótimo começo; você poderá ver exatamente quão ativo é o processo de desenvolvimento e quantas pessoas estão envolvidas. A página pode lhe dar uma ideia da atividade também, especialmente se houver grupos de discussão no site. Outra ferramenta útil para comparar o suporte em redes diferentes pode ser encontrada em `www.coindesk.com/data` [conteúdo em inglês], que apresenta uma variedade de rankings comparando as principais criptomoedas, em âmbitos social, mercado e referenciais de desenvolvedores.

Descentralização É uma Boa

De forma geral, as criptomoedas mais descentralizadas têm mais chances de ser mais estáveis e de maior sobrevida (o suficiente para que você lucre com a mineração) do que as centralizadas e menos distribuídas.

No âmbito das criptomoedas, o termo *descentralização* é difundido como absoluto: o sistema é descentralizado ou não. Este, no entanto, não é exatamente o caso. A descentralização, de fato, pode ser considerada um espectro (veja a Figura 8-10), e muitas características de um sistema de criptomoedas são classificadas em partes diferentes desse espectro.

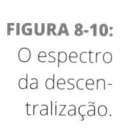

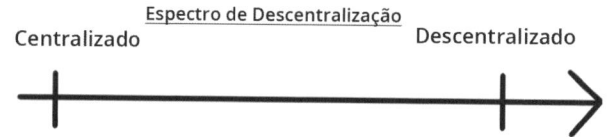

FIGURA 8-10: O espectro da descentralização.

Uma característica principal dos sistemas peer-to-peer baseados em blockchain é o fato de que qualquer usuário pode criar um nó e ser um participante igualitário na rede. Veja a seguir alguns fatores que também podem ser usados para classificar as criptomoedas no espectro da descentralização.

» **Distribuição inicial da moeda e sua emissão:** Para uma criptomoeda com Proof of Work com um cronograma preestabelecido de emissão, a distribuição de moedas pode ser considerada mais justa do que em um sistema no qual uma alta porcentagem da emissão da moeda foi pré-minerada e distribuída para alguns poucos que têm informações privilegiadas. Isso colocaria as criptomoedas pré-minerada muito mais próximas do espectro centralizado do que os modelos mais descentralizados de distribuição de moedas. Você pode ver uma discriminação detalhada do cronograma de emissão de moeda da rede Bitcoin na Figura 8-11, que mostra o gráfico interativo sendo criado dinamicamente em `https://bashco.github.io/Bitcoin_Monetary_Inflation/` [conteúdo em inglês]. (Acesse o site e passe o cursor nas linhas para ver os números exatos em qualquer momento.) A linha em formato de escada mostra o subsídio do bloco sendo cortado pela metade a cada 210 mil blocos, ou aproximadamente a cada quatro anos. A linha em curva para cima mostra a quantidade de bitcoins em circulação em qualquer momento. Quanto à pesquisa de outras criptomoedas, os sites de comparação mostrarão com que frequência as moedas são emitidas.

FIGURA 8-11: Gráfico do site Bashco.Github.io/Bitcoin_Monetary_Inflation/ representando o cronograma de emissão da moeda e a taxa de inflação do Bitcoin. Ele serviu como modelo para a maioria dos cronogramas de distribuição com PoW.

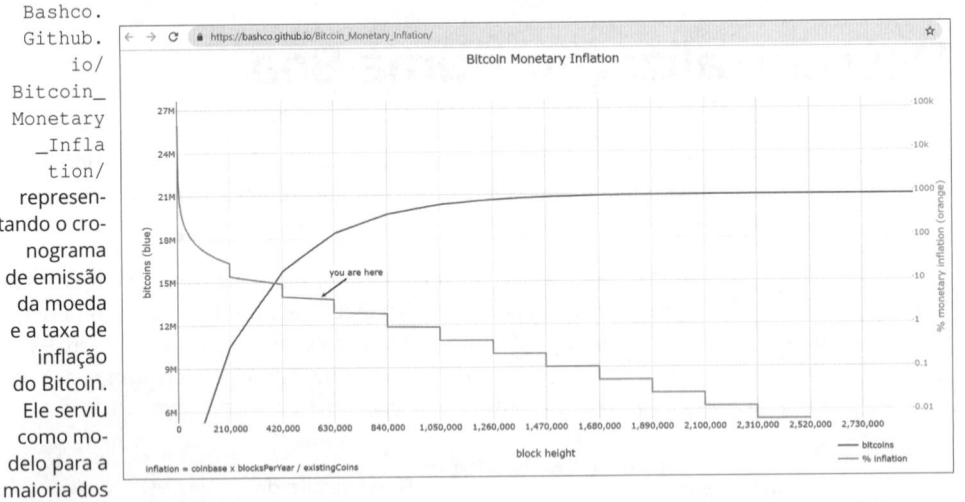

» **Número de nós:** Os nós são os grandes guardiões dos dados de transações válidas e das informações dos blocos nos sistemas de blockchain. Quanto mais nós ativos estão sendo executados no sistema, mais descentralizada será a criptomoeda. Infelizmente, há uma pegadinha aqui. Provavelmente é muito difícil encontrar essa informação precisa para a maioria das criptomoedas.

» **Taxa de hash da rede:** O nível de distribuição da taxa de hash de uma criptomoeda entre os pares também é uma medida importante de descentralização para as criptomoedas que usam PoW. Se apenas algumas empresas, pessoas físicas ou organizações (como as piscinas de mineração) estão fazendo o hash de um blockchain para criar blocos, a criptomoeda é relativamente centralizada. Veja a seção anterior, "Segurança da taxa de hash e da criptomoeda".

» **Implementações de nós de clientes:** Há muitas versões de software de clientes, ou nós, na maioria das criptomoedas. Por exemplo, o Bitcoin tem bitcoin core, bitcore, bcoin, bitcoin knots, btcd, libbitcoin e muitas outras implementações. O Ethereum tem geth, parity, pyethapp, ewasm, exthereum e muitas outras. As criptomoedas com menos versões de clientes podem ser consideradas mais centralizadas do que aquelas com mais. Essa informação pode ser obtida na página GitHub da criptomoeda e em seu site, muito provavelmente. Uma visão interessante sobre as versões da rede Bitcoin para os nós na rede pode ser encontrada no site: `https://luke.dashjr.org/programs/bitcoin/files/charts/branches.html` [conteúdo em inglês].

» **Consenso social:** Redes sociais de usuários e as pessoas que participam nessas criptomoedas também são muito importantes no que tange ao espectro de descentralização da criptomoeda. Quanto maior a base de usuários e mais diversas as opiniões técnicas no sistema, mais resistentes o software e o hardware físico serão às mudanças que estão sendo pressionadas pelos principais participantes no sistema. Se o consenso social de uma criptomoeda está seguindo de perto um pequeno grupo de superusuários ou uma fundação, a criptomoeda está, na verdade, mais centralizada. Mais controle está nas mãos de menos pessoas, e é mais possível passar por mudanças drásticas nas regras do sistema. Podemos ver uma analogia nos eventos esportivos. As regras (mecanismos de consenso) não são alteradas pelos árbitros (usuários e nós) no meio da competição. O número de endereços ativos no blockchain da criptomoeda fornece uma boa métrica que indica o efeito do consenso social e da rede. Isso mostra o número de endereços diferentes no blockchain com saldos associados. Essa métrica não é perfeita, uma vez que os usuários podem ter vários endereços, e, às vezes, muitos têm moedas associadas a um único endereço (quando há a utilização de um serviço de custódia ou de câmbio que armazena o total das moedas dos clientes em um endereço). No entanto, a métrica de endereços ativos ainda pode ser um mecanismo útil para comparar as criptomoedas — mais endereços significa que há, em geral, mais atividade e mais pessoas envolvidas. Uma ferramenta útil para encontrar números de endereços ativos de criptomoedas está disponível em `https://coinmetrics.io/charts/` [conteúdo em inglês]. Selecione Active Addresses na caixa de opções no lado esquerdo e escolha as criptomoedas para comparar, usando os botões de opções na parte de baixo do gráfico (veja a Figura 8-12). Para as criptomoedas menores, pode ser difícil encontrar essa informação, mas os dados devem estar acessíveis por meio do blockchain auditável da criptomoeda em questão.

» **Distribuição física dos nós:** Para as criptomoedas, o número de nós é importante, mas também é importante que eles não estejam fisicamente localizados na mesma área geográfica ou nos mesmos servidores hospedados. Algumas criptomoedas têm a maioria de seus nós hospedados em serviços de nuvem terceirizados que fornecem a infraestrutura do blockchain, tais como Amazon Web Services, Infura (que usa Amazon Web Services), Digital Ocean, Microsoft Azure ou Alibaba Cloud. Os sistemas com esse tipo de centralização de nós podem correr o risco de ser atacados pelos terceiros confiados. Tais sistemas são mais centralizados do que as redes mais puras peer-to-peer com um grande número de nós que também estão distribuídos geograficamente de forma ampla. Você pode ter um panorama da distribuição geográfica da rede de nós do Bitcoin no seguinte site: `https://bitnodes.earn.com/` [conteúdo em inglês]. Pode ser mais difícil encontrar essas informações para as criptomoedas menores.

FIGURA 8-12: O site Coinmetrics.io compara quantidades de endereços ativos entre as diferentes criptomoedas (e disponibiliza muitas outras estatísticas).

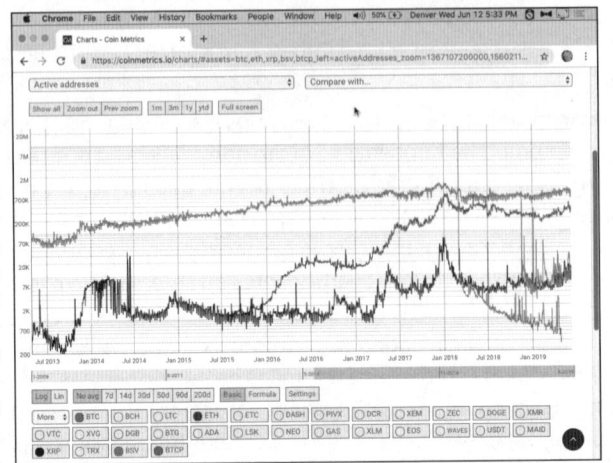

» **Colaboradores de código de software:** Uma vasta gama de colaboradores de código para as implementações do software do cliente — e avaliadores de código — é importante para a descentralização de uma criptomoeda. Quanto maior o número de codificadores, mais distribuída e descentralizada poderá ser considerada a criptomoeda. Com menos colaboradores e avaliadores, erros no código podem ser mais comuns, e a manipulação intencional, mais possível. Com grandes números de avaliadores e codificadores, os erros e as malfeitorias serão mais facilmente identificados. O número de desenvolvedores e a atividade em vários repositórios de código das criptomoedas podem ser obtidos explorando sua página no GitHub. O link para encontrar mais detalhes sobre o repositório de código do Bitcoin é o seguinte: `https://github.com/bitcoin/bitcoin/graphs/contributors` [conteúdo em inglês]. Por exemplo, o Ethereum tem uma média de pouco menos de cem desenvolvedores ativos de repositório por mês, enquanto a rede Bitcoin tem uma média de aproximadamente cinquenta. Para a maioria das redes de outras criptomoedas, esse número é muito menor. Em média, no momento em que escrevemos este capítulo, cerca de 4 mil desenvolvedores estão trabalhando em cerca de 3 mil projetos de criptomoedas a cada mês.

É um Processo Iterativo

Escolher uma criptomoeda para minerar tem um quê de um processo iterativo. É uma combinação de todos os fatores dos quais falamos neste capítulo, o hardware que puder obter (veja o Capítulo 9) e a economia da mineração (Capítulo 10). A economia afetará por qual hardware de mineração você pode pagar, e isso afetará, por sua vez, qual criptomoeda escolherá. Caso ainda não tenha passado pelos Capítulo 8 e 9, sugerimos sua leitura para descobrir como tudo isso se encaixa, e não tome sua decisão antes disso.

NESTE CAPÍTULO

» **Escolhendo o hardware correto para minerar**

» **Encontrando um local viável para minerar**

» **Escolhendo uma carteira para armazenar sua criptomoeda minerada**

» **Encontrando outros recursos necessários**

Capítulo **9**

Montando Seu Equipamento de Mineração

Minerar criptomoedas é fácil. O hardware de mineração faz a maior parte do trabalho pesado enquanto você relaxa e vê as moedas se acumulando. No entanto, escolher os mineradores certos, comprar o equipamento necessário e configurá-lo é a parte difícil. Selecionar a criptomoeda certa, o hardware correto para esse blockchain específico e escolher um local apropriado para implementar o equipamento de mineração são os primeiros passos cruciais para ter qualquer ganho e obter sucesso de curto ou longo prazo.

Analisamos a seleção de uma criptomoeda no Capítulo 8. Agora, neste capítulo, mergulharemos nas coisas que você precisa considerar ao escolher o hardware de mineração. (Veja também o Capítulo 10 para ter mais informações sobre hardware de mineração.)

Escolhendo o Hardware Correto de Mineração

É possível minerar qualquer criptomoeda com qualquer equipamento de computação (CPUs, GPUs ou ASIC), mas, se os ASICs estiverem disponíveis para o algoritmo de determinada criptomoeda, na maioria dos casos, usar uma CPU ou GPU o deixará com uma tremenda desvantagem — talvez tão grande que realmente não valha a pena minerar sem um ASIC atualizado.

Assim, o hardware necessário varia de acordo com os vários blockchains e seus algoritmos específicos de hash. Para o Bitcoin, por exemplo, o hardware ASIC necessário executa o algoritmo SHA-256, e não faz sentido minerar com uma CPU ou GPU; a desvantagem é simplesmente grande demais. O Ethereum usa o algoritmo Ethash e, embora haja ASICs Ethash disponíveis, alguns mineradores ainda o mineram com GPUs. Também há plataformas de mineração com ASICs que mineram Litecoin ou Dogecoin, e os ASICs das criptomoedas Dash e Petro usam o algoritmo de mineração X11 (embora, como explicamos no Capítulo 8, qualquer pessoa que queira manter sua liberdade deve ficar longe do Petro; vejam também uma lista de inúmeras criptomoedas e seus algoritmos no Capítulo 8).

Porém, para criptomoedas como Monero, um computador disponível nas lojas com uma CPU e GPU (ou seja, praticamente qualquer computador) pode ser usado para minerá-las efetivamente.

LEMBRE-SE Não se esqueça, no entanto, dos serviços de piscinas de mineração. Serviços como Nice Hash ou Honeyminer permitem que você use o software deles para direcionar os ciclos de seu computador comum, comprado em qualquer loja, para uma piscina e criptomoeda que escolheram, e o recompensarão por sua contribuição com uma criptomoeda mais estável, como Bitcoin. Esses serviços podem ser a maneira mais fácil de testar sua mineração, usando o hardware que você já tem e que pode estar parado em sua mesa a maior parte do dia. Para aqueles que quiserem sondar o terreno antes de comprar equipamentos mais caros, os serviços de mineração em piscinas são altamente recomendados. Veja o Capítulo 7.

Se quiser ir além em sua empreitada de mineração, possivelmente até comprando equipamento especializado — que, a propósito, pode ser usado tanto para mineração solo quanto em piscinas —, há alguns fatores de avaliação que devem ser considerados.

Taxa de hash específica

O primeiro e mais importante fator ao escolher um hardware específico para mineração é a taxa de hash que a plataforma indica produzir. Normalmente, as empresas que fornecem ASICs de mineração disponibilizam um valor garantido de taxa de hash que a plataforma entregará em média. Algumas vezes, será levemente maior, outras, levemente menor, mas, em longos períodos de tempo, deve ficar dentro da média garantida.

Para um hardware de mineração de bitcoin baseado em SHA-256, o equipamento mais avançado e eficiente, a taxa de hash é geralmente especificada em terahases por segundo, ou TH/s. A Figura 9-1 mostra as características funcionais de taxa de hash especificada para alguns desses equipamentos no momento de escrita deste capítulo. Como pode ver, o equipamento varia bastante, de uma baixa ao redor de 5 TH/s para cerca de 80 TH/s.

FIGURA 9-1: Este gráfico mostra uma lista dos equipamentos de mineração SHA-256 com maior taxa de hash utilizados na rede Bitcoin desde 2017.

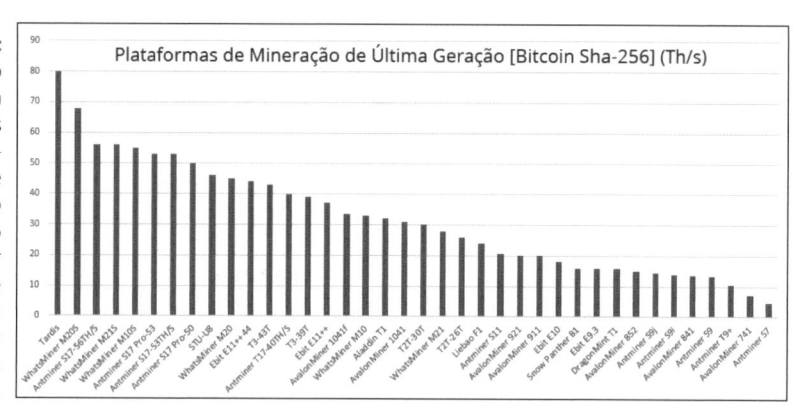

Nos últimos dois anos, muitos fabricantes diferentes entraram no jogo de hardware para mineração de bitcoin, aumentando a concorrência no setor e criando uma corrida armamentista de hardware ASIC de mineração. O setor testemunhou um crescimento enorme em termos de diversidade de fornecedores e recursos de taxa de hash.

DICA

Para permanecer competitivo no âmbito do bitcoin ou de outras criptomoedas, você precisará usar o melhor e mais moderno hardware. A maioria dos blockchains com Proof of Work teve plataformas de mineração ASIC desenvolvidas para o algoritmo de suas redes. Indiscutivelmente, isso é algo bom para esses blockchains (embora ainda haja muitas reclamações a respeito), uma vez que traz mais segurança ao blockchain e diminui a possibilidade de ataques, pois, para tanto, há um aumento de recursos necessários. Lembre-se de que esta é a ideia central do Proof of Work: dificultar para encontrar um bloco de modo que não seja fácil atacar o blockchain.

Porém, o perigo com o lançamento de hardware ASIC de mineração é que não demorará muito para ele ficar obsoleto... ele será substituído por produtos mais novos e eficientes. Talvez você ache que, para ficar à frente da multidão, deve comprar o equipamento mais recente que existe, até mesmo fazendo pré--pedidos antes que o produto esteja pronto. Porém, essa estratégia tem seus próprios riscos. Alguns fabricantes duvidosos venderam hardware de mineração com um lead time muito longo e com ganhos implícitos ou calculados, que não serão os mesmos que o equipamento ganhará de verdade, uma vez que seja entregue. Enquanto espera pela entrega, a dificuldade do bloco e a taxa de hash no blockhain aumentam, talvez até demais, durante os primeiros estágios de desenvolvimento do ASIC. Quanto mais espera, menos competitivo o equipamento será, uma vez que entre em ação.

Vendas desonestas de ASIC não são um problema tão grande hoje como foram no passado, pelo menos para os blockchains mais antigos que usam Proof of Work, por causa da diversificação dos fabricantes e pelo fato de que, conforme o ASIC vai ganhando anos de vida, seus ganhos em eficiência ficam mais difíceis de aparecer. Porém, para os novos algoritmos que não tinham um hardware específico ASIC desenvolvido, ainda podem haver riscos significativos para os compradores das primeiras edições do hardware.

Consumo especificado de energia

Os ASICs são muito mais potentes do que sua CPU ou GPU convencionais; eles poderão fazer o hash muito mais rapidamente. E isso é o mais importante. No entanto, não existe almoço grátis. Os ASICs podem consumir uma quantidade considerável de energia elétrica. Cada equipamento tem uma faixa de consumo — quer dizer, antes de comprar, você deve conseguir identificar as especificações do equipamento para descobrir quanta eletricidade ele usará quando você começar a minerar.

A eletricidade é medida na unidade científica internacional *watts*, e o consumo é calculado em watts por hora. As antigas lâmpadas incandescentes geralmente consumiam entre 20 e 100 watts — talvez você as comprasse com a potência de 60, 75 ou 100 watts —, enquanto as lâmpadas LED atuais podem entregar o mesmo resultado usando entre 4 e 15 watts. Digamos que tenha uma lâmpada de 15 watts e a deixa ligada por uma hora, você acabou de consumir 15Wh — 15 watts por hora. Quanto isso lhe custa? Depende de onde você mora. Em Denver, EUA, onde nós moramos, um watt por hora custa cerca de US$0,01, então, deixar uma lâmpada dessas ligada por uma hora nos custa cerca de US$0,15. Em 100 horas, pagaremos US$15.

Um computador desktop comum com uma CPU e GPU pode consumir algo em torno de 600 a 1.200 watts, talvez um pouco mais. (Os Mac Pros mais recentes consomem cerca de 1.280 watts.) Os notebooks geralmente precisam de menos energia. O Macbook Pro do Peter tem uma fonte de 85W, por exemplo.

Contudo, os ASICs de última geração que estão sendo implementados na rede Bitcoin consomem entre 1.000 e 6.000 watts (1,0 a 6,0kW — isto é, kilowatt; um kW equivale a 1.000 watts). Para ver uma comparação entre alguns dos ASICs SHA-256 que estão sendo usados na rede Bitcoin atualmente, consulte a Figura 9-2.

PAPO DE ESPECIALISTA

Como descobrir quanto sua energia custa? Verifique sua conta de eletricidade, descubra qual é a mais recente ou acesse o site da companhia elétrica. Talvez você tenha de verificar na própria conta ou talvez veja um resumo. A Figura 9-3 mostra um exemplo da área de consumo que aparece em uma conta nos EUA.

Observe que a eletricidade é cobrada por kilowatt/hora, e não watt/hora. Na Figura 9-3, você vê que a companhia elétrica cobrou uma taxa base de US$0,05461 por kWh (com dois períodos diferentes de tempo — verão e não verão, faixa 1, embora, neste caso, a taxa seja a mesma em ambos os períodos). Então, há várias taxas adicionais, como Trans Cost Adj, Elec Commodity Adj etc... independentemente do que sejam, e realmente não damos a mínima. Apenas somamos as taxas diferentes — 0,05461, 0,00203, 0,03081, 0,00159, 0,00401 e 0,00301 — para chegarmos ao preço do kWh: US$0,09606. Este é o valor cobrado pela companhia elétrica por cada kWh consumido.

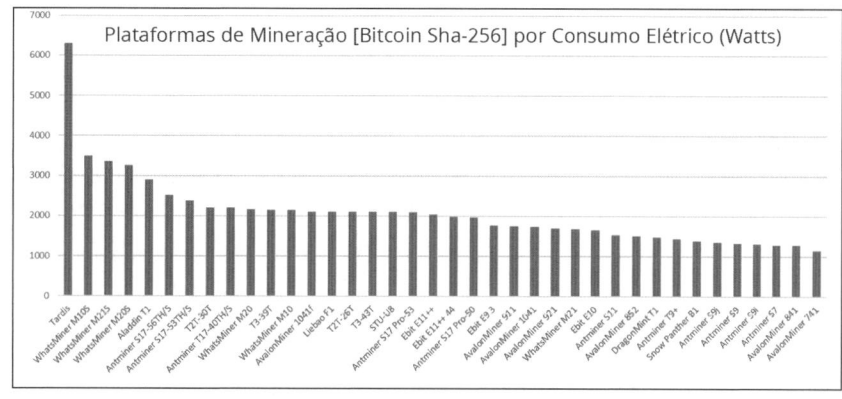

FIGURA 9-2: Consumo de eletricidade para vários ASICs SHA-256 para o hash de Bitcoin.

FIGURA 9-3: Exemplo de uma conta de luz nos EUA; nela, você pode encontrar o custo do kWh.

CAPÍTULO 9 **Montando Seu Equipamento de Mineração** 155

As entradas de consumo elétrico e as saídas de taxa de hash para o hardware de mineração são fatores importantes ao decidir qual equipamento é o certo para você. No entanto, ambas as métricas ficam mais úteis ao serem combinadas. Afinal, o que realmente é importante para nós é quantos hashes podemos conseguir com cada real ou dólar. De que vale um ASIC que consome muito pouca energia, mas que não produz quase nenhum hash? Ou o contrário, um que entregue uma quantidade enorme de hashes, mas com o dobro do custo de outros equipamentos? O que conta é quanto teremos de pagar por determinado resultado de hashes. Estamos preocupados com a *eficiência*. (Neste momento, estamos falando sobre custos de eletricidade, obviamente, não o custo do equipamento em si.)

A *eficiência* é normalmente definida como um trabalho útil realizado dividido pela energia gasta para realizá-lo. No entanto, em termos de hardware ASIC de mineração, os fabricantes geralmente listam essa métrica ao contrário. Esses equipamentos são geralmente classificados pela energia gasta (em *joules*) dividida pelo trabalho realizado (terahashes/segundo).

PAPO DE ESPECIALISTA

Um *joule* é uma unidade de energia equivalente a um watt por segundo, ou 1/3.600 de um watt/hora. A Wikipedia o define como "O trabalho necessário para produzir um watt de potência por um segundo, ou um watt-segundo (W·s)". Desta forma, um watt/hora — Wh — é o equivalente a 3,6 mil joules (1 joule por segundo, multiplicado por 60 segundos em um minuto, multiplicado por 60 minutos em uma hora; 1kWh seria 3,6 megajoules — 3,6 milhões de joules).

Assim, os fabricantes de ASICs geralmente mostram a energia gasta por valor de resultado que permite que os usuários comparem facilmente a eficiência dos hardwares de mineração. As especificações do ASIC são geralmente disponibilizadas em termos de *joules/hash*. Por exemplo, veja estas palavras de alguém que adquiriu um equipamento de mineração:

> "Graças ao DragonMint 16T com nova geração de ASIC DM8575, o 16T se tornou o equipamento de mineração mais eficiente em termos de consumo de eletricidade no mercado. **Com um consumo de apenas 0,075J/GH, ou 1480W** conectado na tomada, o 16T é 30% mais eficiente energeticamente do que o Antminer S9... Ao ser comparado com seu concorrente mais próximo, o Antminer S9, o DragonMint 16T é claramente o vencedor. Ele faz hashes a 16TH/s, contra os 14TH/s do S9. Além do mais, o 16T consome **0,075J/GH, quando o S9 consome 0,098J/GH**."

A avaliação afirma que esse equipamento de mineração em específico (o DragonMint 16T) consome 1.480W. Assim, em uma hora, ele consumiria 1,48kWh de eletricidade. (No Capítulo 11, você pode ver como isso afeta o custo de rodar o equipamento.) Mas também lemos que ele consome 0,075J/GH. (Quer dizer, 0,075 joules por gigahash, ou 0,075 joules de energia é consumido cada vez que o dispositivo executa 1 milhão de hashes.) Como se pode ver, esses dados podem ser usados para comparar diretamente os equipamentos de mineração; o S9 consome 0,098J/GH. Ou seja, ele consome cerca de 31% a mais de energia para o mesmo número de hashes.

Veja um ranking dos equipamentos SHA-256 mais recentes lançados para minerar na rede Bitcoin na Figura 9-4. À esquerda, você vê os equipamentos menos eficientes. O Antminer S7 precisa de cerca de 275 Joules para entregar 1 terahash por segundo, enquanto, na outra ponta do gráfico, vemos os equipamentos que estão entregando 1 terahash por segundo enquanto consomem cerca de 40 joules.

Disponibilizamos gráficos similares para alguns outros algoritmos comuns de mineração. A Figura 9-5 mostra os equipamentos X11 ASIC projetados para operar na rede DASH, a Figura 9-6 mostra os equipamentos Scrypt ASIC desenvolvidos para fazer o hash na rede Litecoin, a Figura 9-7 classifica os equipamentos Equihash ASIC que podem minerar na rede Zcash, e, por fim, a Figura 9-8 traz o ranking da eficiência dos equipamentos EtHash ASIC. Os equipamentos à esquerda desses gráficos com menor consumo de energia (joules) por resultado (hash) seriam mais lucrativos para operar, uma vez que o custo elétrico por trabalho seria menor. Para saber mais sobre a economia da mineração, veja a Parte 4 deste livro.

FIGURA 9-4: Hardwares SHA-256 ASIC de mineração na rede classificados por eficiência em termo de joules por terahash por segundo.

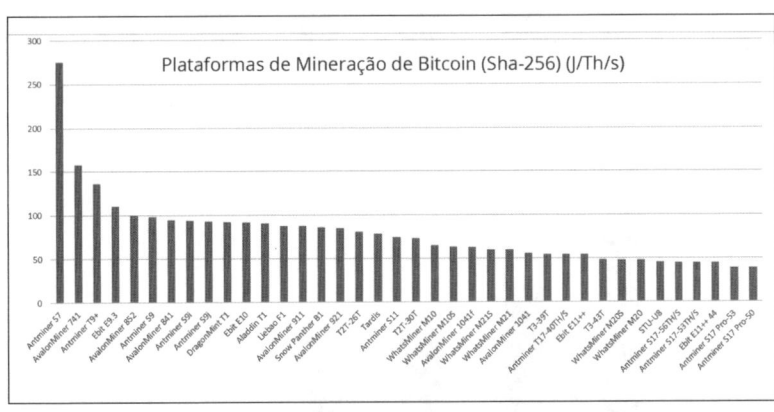

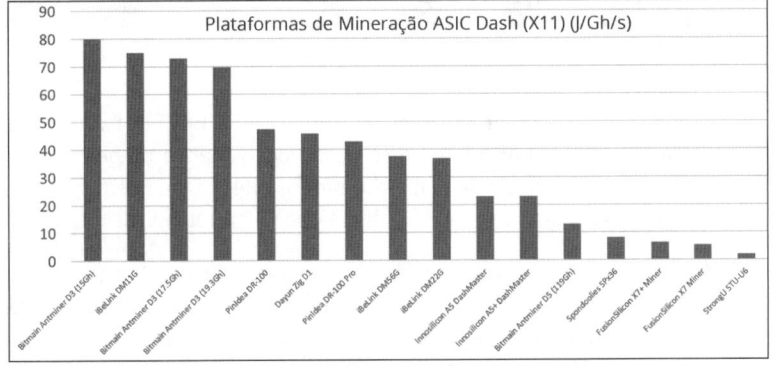

FIGURA 9-5: Hardwares de mineração X11 ASIC na rede DASH, classificados em termos de joules por gigahash por segundo.

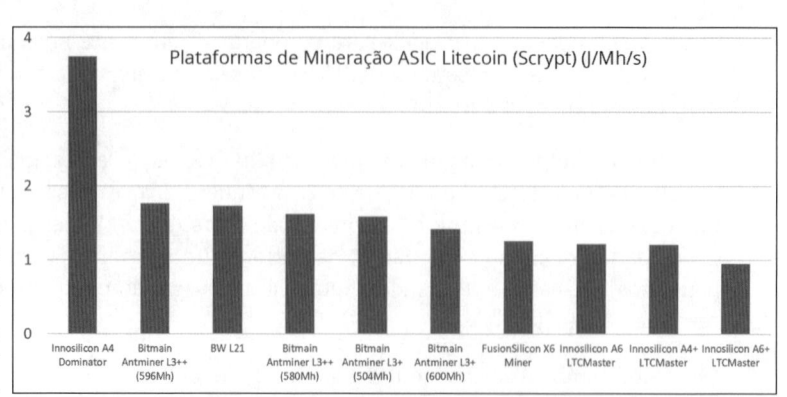

FIGURA 9-6: Hardwares de mineração Scrypt ASIC para a rede Litecoin, classificados em termos de joules por megahash por segundo.

Plataformas de Mineração ASIC Litecoin (Scrypt) (J/Mh/s)

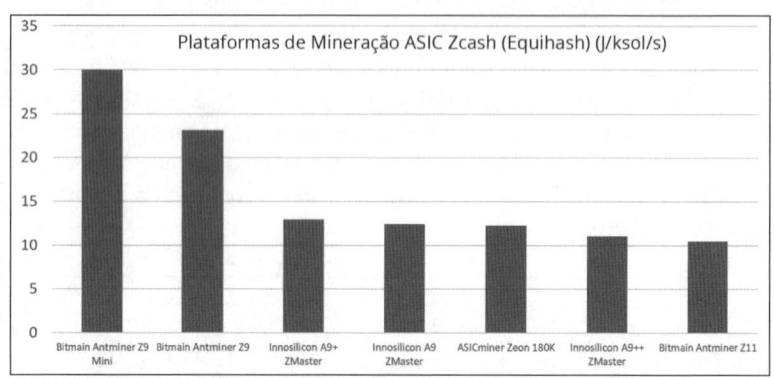

FIGURA 9-7: Hardwares de mineração Equihash ASIC para a rede Zcash, classificados em termos de joules por kilosolution por segundo.

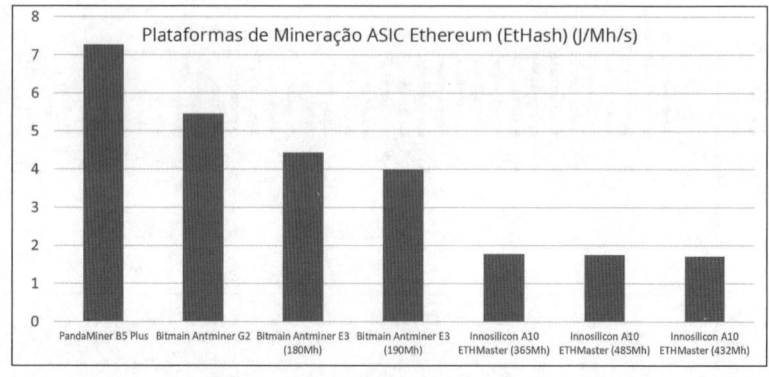

Plataformas de Mineração ASIC Zcash (Equihash) (J/ksol/s)

FIGURA 9-8: Hardwares de mineração EtHash ASIC para a rede Ethereum, classificados em termos de joules por megahash por segundo.

Plataformas de Mineração ASIC Ethereum (EtHash) (J/Mh/s)

LEMBRE-SE

A eficiência dos equipamentos de mineração é um fator muito importante ao decidir qual é o hardware certo para você. Quanto menor for o consumo de energia por resultado de trabalho, menos eletricidade será gasta, menor será a conta, e esse equipamento será mais eficaz em termos de custos.

A eficiência de custos é crucial para a sobrevivência do setor de mineração no longo prazo, seja empregando uma unidade comercial de mineração ou apenas como um hobby em casa. Com o passar do tempo, a maioria dos custos virá de gastos operacionais, dos quais a maior parte é o custo da energia elétrica. Para mais informações sobre a economia da mineração, consulte o Capítulo 11.

Custos de equipamentos e outras considerações

O custo e a acessibilidade dos hardwares de mineração variam muito, de forma similar à capitalização de mercado das criptomoedas. Durante alguns períodos, o custo, curiosamente, anda de mãos dadas com o mercado. Se o preço está subindo, equipamentos novos e usados são vendidos por preços altos. Se o preço está em queda, o hardware é vendido com muito desconto, uma vez que as grandes empresas e os fabricantes estão limpando o estoque.

Porém, em qualquer condição de mercado, o equipamento mais novo e eficiente é sempre caro. Essas plataformas de mineração de alta eficiência estão em alta demanda, não importa o preço da criptomoeda que mineram. No momento da escrita deste capítulo, o equipamento de última geração SHA-256 ASIC tem custos que variam de algumas centenas a alguns milhares de dólares.

DICA Para conseguir os melhores preços de novos equipamentos, o caminho mais confiável é comprar diretamente do fabricante e evitar intermediários, que vendem os produtos com preços mais altos.

Por outro lado, alguns fabricantes simplesmente não vendem para o varejo, em pequenas quantidades, enquanto outros não recebem em moeda local, mas vendem seus produtos apenas por bitcoin ou pela criptomoeda que o hardware é especializado para minerar. Outra coisa para verificar cuidadosamente é o tempo de entrega após a compra. Se está comprando o melhor e mais moderno hardware com preço alto, sua vantagem pode ser minimizada se a entrega real acabar atrasando por muito tempo.

Também é possível comprar equipamentos usados. Veja sites como eBay, Amazon, Newegg, Alibaba ou Craigslist. No entanto, tenha cuidado com os vendedores na maioria dos mercados de segunda mão. Lembre-se de que alguns são mais confiáveis do que outros. (Na Amazon, por exemplo, você pode devolver o equipamento se tiver defeitos ou obter outro se o que pediu está esgotado.) Sempre pesquise sobre as especificações do equipamento, como taxa de hash, consumo elétrico e eficiência, antes de fazer a compra.

Duração do hardware

Outro fator a ser considerado é quanto tempo o equipamento ASIC que está comprando poderá se manter e permanecer viável. Quer dizer, conforme as exigências de dificuldade do bloco e da taxa de hash aumentam, quanto tempo levará até que seu hardware fique para trás, sozinho?

Inúmeros fatores determinam a viabilidade de um equipamento ASIC de mineração, incluindo a taxa de hash da rede e, assim, a dificuldade do bloco, além do valor de mercado da moeda que está minerando, a eficiência do equipamento e sua preferência de tempo.

Na maioria das vezes, a taxa de hash geralmente não acompanha o preço das criptomoedas. Lembre-se de que a taxa de hash da rede aumenta conforme mais mineradores entram na rede ou quando mineradores existentes compram mais equipamentos de mineração, e a taxa cai quando os mineradores vão embora. Assim, se o preço da criptomoeda dispara durante um mês, a taxa de hash para os meses seguintes provavelmente subirá, visto que mais mineradores se juntarão e vice-versa. Se o preço cai, nos próximos meses a taxa de hash também pode cair, conforme os mineradores desativam seus equipamentos já não mais lucrativos.

Porém, observe que, embora durante o período em que os preços da criptomoeda sobem, você pode ganhar menos da moeda — conforme os mineradores trazem mais equipamentos online, sua porcentagem de taxa de hash da rede cai, levando a recompensas mineradas com menos frequência — talvez você ainda esteja ganhando mais dinheiro em termos de dólar (ou qualquer outra moeda fiduciária com a qual trabalhe). Você minera menos moedas, mas estas valem mais.

O inverso também é verdadeiro, obviamente. Durante as épocas de valor baixo da criptomoeda que está minerando, e a queda subsequente da taxa de hash, seu equipamento de mineração produzirá mais recompensas, considerando o ativo minerado, mas essas grandes quantidades de criptomoedas podem valer menos no geral, quando avaliadas em sua moeda fiduciária local.

É aqui que o fator de sua preferência de tempo entra em cena, juntamente com sua avaliação do valor futuro da criptomoeda que está minerando. A *preferência de tempo* é o valor que coloca ao receber algo agora, ao contrário do valor que colocaria ao receber essa mesma coisa no futuro. Uma pessoa com preferência alta de tempo está mais preocupada com seu bem-estar e sua satisfação presentes do que a pessoa que tem uma preferência baixa de tempo, que prefere postergar a recompensa para o futuro, quando a satisfação pode aumentar.

Portanto, se acredita na criptomoeda que está minerando e que o preço subirá no longo prazo, talvez queira continuar minerando-a, especialmente durante as baixas de mercado. Conforme a taxa de hash da rede diminui, a concorrência é reduzida, sua porcentagem da taxa de hash da rede aumenta e, assim, custa menos para você minerar a mesma quantia de criptomoedas.

Vejamos um exemplo. Em dezembro de 2018, o bitcoin caiu abaixo de US$3,3 mil por moeda. Para muitos mineradores, talvez a maioria, a mineração se tornou inviável, mas a mineração não parou. Por quê? Porque as pessoas que continuaram minerando acreditavam que o preço subiria de novo, e elas estavam certas. Alguns meses depois, uma moeda valia quase quatro vezes aquele valor. Assim, se está disposto a abrir mão de ganhos presentes em prol de ganhos futuros, e se tem certeza de que *haverá* um ganho futuro, continue minerando nos momentos ruins (que, se estiver certo, terão a aparência de bons momentos!).

Os mineradores de criptomoedas com uma preferência baixa de tempo e com fé na criptomoeda podem continuar a usar equipamentos levemente "inviáveis" de mineração durante o que parecem ser condições de mineração sem lucro, porque eles esperam os lucros no futuro.

Conforme a taxa de hash aumenta e os equipamentos de mineração concorrentes ficam mais eficientes — pois o novo equipamento consegue entregar mais hashes para cada kWh de energia elétrica consumida —, seu equipamento ficará menos rentável. Ele minerará menos moedas que antes, e cada moeda custará mais. Em algum momento, fará sentido econômico trocar o equipamento de mineração por outro mais eficiente.

Uma plataforma de última geração de mineração de bitcoin ou outra criptomoeda atualmente pode ter uma vida viável de quatro anos ou mais. No entanto, no futuro, a vida viável de um ASIC pode aumentar conforme os ganhos de eficiência de hardware ASIC se tornem cada vez mais lentos e difíceis de acontecer. Consulte a Figura 9-4 para ver como os ganhos de eficiência foram mudando nos equipamentos de mineração lançados durante os últimos quatro anos.

Por exemplo, o Bitmain Antminer S7 foi lançado no final de 2015 como o equipamento de mineração mais eficiente e capaz do mercado na época. Em algumas situações, se os mineradores têm uma preferência baixa de tempo e acesso à energia elétrica abundante ou barata, o S7 ainda é um equipamento lucrativo e ainda está sendo operado atualmente, cerca de quatro anos e meio depois. No entanto, ele está próximo do fim de sua vida e é o equipamento ASIC menos eficiente de mineração de bitcoin listado na Figura 9-4. Compare o S7 (com 275J/Th/s) com o Antminer S17 Pro-15, que consome cerca de 40J/Th/s. Quer dizer, o primeiro usa cerca de sete vezes mais eletricidade para fazer o mesmo trabalho.

LEMBRE-SE A vida útil de hardwares nunca é garantida, especialmente no setor da mineração de criptomoedas, que se movimenta rápido, mas com uma pesquisa apropriada, diligência devida e conhecimento, esses riscos podem ser mitigados. Sempre faça pesquisas do produto antes de comprá-lo e consulte as ferramentas de projeção de lucros para garantir a lucratividade do ciclo de vida. Veja o Capítulo 11 para ter mais informações sobre como calcular a lucratividade de um equipamento de mineração.

Fabricantes de Equipamentos de Mineração

Atualmente, muitos fabricantes produzem equipamentos de computador (tanto ASIC como GPU) que são feitos sob medida para fazer hash e minerar várias criptomoedas.

Fabricantes de plataformas ASIC

A seguir, veja uma lista com alguns dos principais fabricantes de ASIC do setor que produzem os equipamentos mais eficientes e com recursos projetados especificamente para fazer hash e minerar bitcoin e outras criptomoedas que usam o algoritmo de hash SHA256 [todos os sites apresentam conteúdo em inglês]. No Capítulo 8, há uma lista sobre outras criptomoedas que usam esse algoritmo.

» **Whatsminer:** Este fabricante produz a linha de série M do hardware para o SHA-256 do Bitcoin. `https://whatsminer.net/shop`

» **Bitfury:** É o fabricante do hardware de mineração Tardis Bitcoin SHA-256. `https://bitfury.com/crypto-infrastructure/tardis`

» **Bitmain:** Produz a série Antminer de hardware de mineração e vende equipamentos ASIC especializados em SHA-256, Equihash e outros algoritmos de mineração populares. `https://shop.bitmain.com`

» **Innosilicon:** Produz equipamentos de mineração especializados em Equihash, SHA-256, Scrypt, X11+ e outros algoritmos de mineração populares. `https://innosilicon.com/html/miner/index.html`

» **Halong mining:** Vende a linha DragonMint de equipamentos para SHA-256 ASIC. `https://halongmining.com`

» **Canaan:** Criou e produz a série Avalon dos equipamentos de mineração SHA-256. `https://canaan.io`

» **EBang:** Produz a linha EBIT de equipamentos ASIC especializados no algoritmo de hash SHA-245 do Bitcoin. `http://miner.ebang.com.cn`

CUIDADO

Tenha cuidado com novos fabricantes que estão vendendo ASICs com especificações sensacionais com a maior taxa de hash do setor e com os melhores números de eficiência! Houve vários casos (e provavelmente veremos outros no futuro) em que empresas de fabricação de hardware recém-criadas lançam uma pré-venda de hardware ASIC com especificações maravilhosas. Geralmente, esses golpistas apenas aceitam bitcoin ou outras criptomoedas como pagamento da pré-venda. Obviamente, você nunca verá a cara do hardware, e o "fabricante" nunca mais será visto nas redondezas. (Isso é chamado às vezes de *golpe de saída*.)

Fabricantes de plataformas GPU

Confira a lista a seguir de fornecedores de hardware de mineração GPU pré-montados. Esse equipamento é montado com peças encontradas nas lojas para minerar uma variedade de criptomoedas e algoritmos. O Capítulo 10 mostra os passos e as ferramentas necessários para você mesmo montar uma GPU similar como plataforma de mineração.

- » A **Mining Store** oferece uma variedade de serviços diferentes, incluindo hospedagem e contêineres de mineração, assim como plataformas de mineração com GPU e ASIC pré-montadas. `https://miningstore.com/shop`
- » A **Shark Mining** oferece a linha Shark de plataformas de mineração com GPU especializadas em Ethereum, ZCash e Monero. `https://sharkmining.com`
- » A **Coin Mine** é uma plataforma de mineração com GPU que tem uma interface fácil de usar e com a habilidade de minerar várias criptomoedas, como Ethereum, Grin, Monero e ZCash. `https://coinmine.com`
- » A **Panda Miner B Pro series** é uma série de plataformas de mineração com GPU que podem minerar Ethereum, Grin, Monero e ZCash. `www.pandaminer.com/product`
- » A **MiningSky** fornece a série V de equipamentos com GPU que suporta até oito GPUs para amplificar a capacidade de mineração. `https://miningsky.com/gpu`
- » A **Mine Shop** tem muitos produtos à venda, incluindo equipamentos ASIC, operações de mineração de criptomoedas em grande escala montadas em contêineres de vinte pés e plataformas GPU para Ethereum. `https://mineshop.eu`
- » A **Mining Store AU** fornece plataformas de mineração pré-montadas com GPU que podem minerar uma variedade de criptomoedas com seis, oito ou doze GPUs para maximizar os retornos. `https://miningstore.com.au`

A Carteira: Guarde e Proteja Suas Chaves Privadas

Além do equipamento de mineração em si, você também precisará de um endereço no blockchain ao qual seus lucros de mineração serão enviados e de uma carteira para armazenar suas chaves. (Para mais detalhes sobre as carteiras, veja o Capítulo 1.) Mas veja que é necessário ter uma compreensão bem detalhada sobre as carteiras e como protegê-las do rápido lembrete a seguir. A segurança da carteira é tudo. Perca suas chaves privadas e, caso sejam roubadas, suas criptomoedas já eram, então as seções a seguir são apenas um lembrete e, talvez, uma maneira de lhe dar mais ideias, mas certifique-se de entender a fundo a segurança da carteira! Considere, por exemplo, assistir ao curso de Peter sobre criptomoedas em vídeo, *Crypto Clear: Blockchain and Cryptocurrency Made Simple*, disponível, em inglês, no site CryptoOfCourse.com.

Tipos de carteiras

Sua criptomoeda fica armazenada no blockchain associada com um endereço que pertence a você. Esse endereço é gerenciado por suas chaves pública e privada, e é a carteira que guarda essas chaves.

Há muitos tipos de carteira de bitcoin ou de outras criptomoedas. As duas formas principais são:

» **Carteiras quentes** estão conectadas à internet.
» **Carteiras frias** ficam offline e se conectam apenas esporadicamente, quando você quer enviar uma transação para o blockchain.

Dentro das carteiras quentes, há as *carteiras de custódia* — ou seja, são gerenciadas por outra pessoa. Se tiver uma carteira na Coinbase, por exemplo, ou em outra casa de câmbio digital, ela é de custódia.

E, obviamente, também há as carteiras autogerenciadas, que são aquelas gerenciadas pelo próprio dono da criptomoeda. Sua carteira autogerenciada pode ser quente ou fria, em um notebook ou desktop, em um dispositivo móvel como um smartphone, um hardware específico para moedas, até mesmo uma folha de papel ou, em teoria, em seu cérebro. (As carteiras cerebrais não são uma boa ideia!)

O site Bitcoin.org — que tem versão em português, é só escolher o idioma no canto superior direito da tela — tem uma boa lista de carteiras, classificadas por tipos diferentes. Acesse `https://bitcoin.org/en/choose-your-wallet`.

CUIDADO

As carteiras de custódia são tentadoras porque nos livram de toda a dor de cabeça relacionada a gerenciar nossa própria carteira. O problema é que temos que ter confiança de que o custodiante, ou guardião, seja confiável e cuidadoso. Com certeza você já ouviu falar dos inúmeros hackeamentos de exchanges que levaram a perdas literalmente bilionárias. Por esse motivo, muita gente com experiência no campo das criptomoedas foge das carteiras custodiadas como o diabo foge da cruz e passa a gerenciar suas próprias carteiras.

Alguns dos serviços mais populares de carteira de custódia podem ser acessados online ou por meio de aplicativos e incluem Coinbase e Gemini, que negociam uma variedade das criptomoedas mais populares; CashApp, que só permite acesso com as moedas fiduciárias e bitcoin; e Blockchain.com, que pode armazenar algumas criptomoedas. Porém, mais uma vez, lembre-se: nas palavras de um ditado popular no ramo das criptomoedas: "Não tem chave, não tem moeda." Se qualquer outra pessoa além de você tiver acesso às suas chaves privadas, ela terá acesso a sua criptomoeda.

Qual forma de moeda é a mais segura?

- » **É uma carteira fria.** Ela não fica online a menos que você queira transferir criptomoedas para alguém.
- » **Ela tem algum tipo de backup.** Caso seja destruída ou perdida, ainda é possível reconstruí-la.
- » **Ela tem vários backups e, pelo menos, fica em um local distante.** Se sua casa pegar fogo, você se sentirá um tremendo idiota se o dispositivo no qual estava sua carteira queimar e o backup virar fumaça!
- » **Ela tem um backup que usa métodos de proteção contra outras pessoas.** Do que vale fazer backup se ele pode ser facilmente roubado?
- » **Um mecanismo está pronto para transferir as informações de acesso à carteira a seu herdeiro no caso de sua morte ou incapacitação.**

É bem complicadinho conseguir tudo. É necessário analisar isso tudo (e realmente entender de moedas) para conseguir cumprir com todos os critérios.

As moedas em papel são apenas uma forma impressa de usar chaves privadas. Você tem a segurança de uma carteira fria — não pode ser hackeada —, mas o perigo do papel. Caso seja perdido, você perde a criptomoeda. Então, apenas uma carteira de papel não é o suficiente; são necessárias várias, o que também significa várias possibilidades de roubo.

Que tal uma carteira cerebral? É bem segura, até que você tenha um dano no cérebro ou seja atingido por um ônibus e diga adeus a esse fardo mortal. (Que má sorte a de seus amados!)

Muitos mineradores usam carteiras de hardware. Isso permite acesso fácil à sua criptomoeda, mas também garante uma dose aceitável de segurança. Geralmente, são uma forma de armazenagem fria (assim não podem ser hackeadas), mas, quando você precisa enviar criptomoedas para alguém, pode conectar o equipamento na internet por alguns momentos.

DICA Algumas das marcas mais comuns de carteiras de hardware incluem Trezor, Ledger, KeepKey, ColdCard, OpenDime e BitBox. É altamente recomendável que você use as carteiras de hardware para armazenar qualquer quantia significativa de criptomoedas. Em geral, custam entre R$100 e R$700.

CUIDADO Tenha cuidado ao comprar carteiras de hardware usadas! Sempre crie sua própria seed phrase [frase de seed] após comprar a carteira de hardware usada, para ter certeza de que o dono anterior não consiga roubar seus fundos! (Sim, já aconteceu; golpistas vendem carteiras de hardware com frases de seed pré-configuradas).

Proteção e backup de sua carteira

Ter um único ponto de controle de seu endereço no blockchain é perigoso. Se você usa uma carteira de hardware como Trezor ou Ledger, por exemplo, o que acontece se perdê-la ou se ela quebrar? Você perde o controle de seu endereço e, consequentemente, do acesso a sua criptomoeda.

Portanto, tenha um plano de recuperação pronto. Na verdade, esse plano é algo que toma um tempo para ser bolado. É necessário considerar cenários diferentes e como você se recuperaria em cada um.

As chaves geradas por muitos softwares ou hardwares de carteiras podem ser recuperadas com uma frase de seed criada por você quando configurou a carteira pela primeira vez. A frase de seed padrão de recuperação em inglês provém da BIP39 (Bitcoin Improvement Proposal — Proposta de Melhoria do Bitcoin), que tem 2.048 palavras. Elas são disponibilizadas em frases com 12 ou 24 palavras. Na verdade, talvez você tenha de salvar apenas os quatro primeiros caracteres de cada palavra, visto que são únicos em todas as 2.048 palavras da BIP39, e algumas carteiras automaticamente preenchem o restante da palavra se você inseri-los (mas verifique primeiro as instruções em seu software de carteira e, caso seja meio paranoico, salve a palavra inteira). Essas palavras são geradas aleatoriamente e, quando inseridas na carteira com a ordem correta, ela recriará suas chaves.

Então, você tem uma carteira vulnerável à perda e mau funcionamento. Mas também tem uma seed que pode ser usada para recriar as chaves dentro da carteira. O que precisa é guardar a seed em segurança, de alguma forma, e idealmente em vários locais.

Considere os cenários. Sua carteira tem uma pane, mas também tem sua frase de seed armazenada no mesmo local. Certo, dá para conseguir outra carteira e usar a seed para recriar suas chaves. Mas e se sua casa pegar fogo e sua carteira de hardware for destruída? Onde sua frase de seed está guardada? Na mesma casa? Então, acabou-se o que era doce.

Outra coisa: e se você escrever a frase de seed de recuperação e guardá-la em algum lugar seguro? Qual é o nível de segurança desse lugar? Pode estar segura no sentido de que pode recuperar a seed se for necessário, mas será que não pode ser encontrada por outras pessoas? Qualquer um que pegar a seed será dono de sua criptomoeda!

Alguns investidores e mineradores guardam a seed em um dispositivo de metal, que (teoricamente) protege a frase de seed da água, do fogo e de outros tipos de danos que destruiriam seu armazenamento em papel (por exemplo, Billfodl, Cryptosteel, Crypto Key Stack, ColdTi, Bitkee, SeedSteel e Steely). Será que realmente sobreviveriam a um fogo de alta temperatura? (Sim, em teoria, pelo menos a maioria dos fogos na maior parte das casas de madeira, mas, ainda assim, não estamos recomendando que use apenas um único método de backup.)

Não estamos seguros de confiar totalmente nelas, e, obviamente, ainda têm o problema de poder ser encontradas (e qualquer um que tiver sua seed será o dono de sua criptomoeda). Você pode entregar sua seed para que um advogado seja o guardião, ou para um parente ou um bom amigo. Mas qual é o nível de confiança que tem neles? É preciso que confie em sua honestidade, mas mesmo com esse nível de confiança, tem certeza de que eles guardarão sua seed e garantirão que nenhuma outra pessoa a veja, e de que, quando precisar, eles conseguirão encontrá-la?

Outras opções são cofres, serviços de armazenamento e programas de gestão de senhas, ou qualquer outra forma de armazenamento digital altamente criptografado, que tenha backup no local e em outro lugar também, talvez na nuvem... apenas se for criptografado, obviamente, e apenas se suas práticas computacionais são muito seguras para garantir que esteja trabalhando em um ambiente computacional que não seja hackeado de alguma forma. A criptografia moderna é indecifrável, mas pense nos pontos fracos. Se, por exemplo, um keylogger — programa que registra tudo que foi digitado em seu dispositivo — foi instalado em seu computador, as senhas podem ser roubadas. Se alguém tem uma senha de carteira, não importa o nível de criptografia que os dados tenham.

De novo, esse assunto é extremamente importante, e não está, de fato, dentro do escopo deste livro. É necessário entender as carteiras, como protegê-las e como restaurá-las, se for necessário — e, caso se importe com seus herdeiros, como repassar seus ativos no evento de sua partida.

Onde Minerar? Escolhendo um Local Viável

Uma vez obtido o hardware adequado (tanto o equipamento de mineração como o de armazenagem da chave), a próxima prioridade é encontrar e proteger um lugar para executar seu equipamento de mineração. Algumas exigências para qualquer local de mineração de criptomoedas incluem espaço, conectividade, ventilação apropriada ou ar condicionado e suprimento adequado de energia elétrica.

Hoje a festa é lá no meu apê

O local mais simples e acessível para começar a testar lentamente as águas da mineração de criptomoeda é em casa. Você já tem os recursos necessários: acesso à internet, eletricidade e espaço.

Algumas casas são mais adequadas à mineração, é óbvio. Por exemplo, talvez a festa não role mesmo no apartamento, por ter um espaço limitado e pelo barulho dos equipamentos. Uma casa onde vive apenas uma família seria melhor do que uma onde vivem várias. Não será legal manter todo mundo acordado enquanto seus equipamentos de mineração fazem aquela cantoria toda.

Os equipamentos de mineração, especificamente os ASICs, são normalmente resfriados por uma entrada e por um exaustor que funcionam saindo de 3,6 mil e chegando a 6,2 mil rotações por minuto. (Ventiladores de 6.200 RPM emitem entre 60 e 100 decibéis, se não mais!) Esses ventiladores de resfriamento com altas RPMs criam um bom barulhinho, e o exaustor libera ainda mais calor. Alguns lugares na casa são melhores que outros. Por exemplo, não será legal ter um ventilador de 6,2 mil RPM zunindo do lado de sua cama ou na cozinha.

DICA Os melhores lugares para operar um equipamento de mineração em uma residência, se for o lugar que selecionou, seria a garagem, um galpão bem ventilado no quintal ou em um porão frio, com bastante fluxo de ar.

Não importa se sua residência, uma unidade industrial ou algum outro local adequado seja o lugar de escolha para implementar seu equipamento de mineração de criptomoedas, há algumas coisas que você deve considerar nesse espaço: facilidade de ventilação, resfriamentos nos meses quentes, acesso à internet e suprimento adequado de eletricidade são essenciais. A ventilação é um fator que fica mais fácil e viável se o clima onde está minerando for fresco, frio ou agradável na maior parte do ano.

Conectividade é tudo

Os mineradores de criptomoedas precisam se conectar à rede global dos nós do blockchain, portanto, a conectividade é tudo. O mais importante é que você precisa de uma conexão confiável. Há várias opções, mas, para a mineração, é necessário poder enviar e receber informações, então, tanto a velocidade de download como de upload são importantes. Uma conexão de banda larga não é uma exigência, mas uma baixa latência na conectividade é geralmente melhor, pois cada milissegundo (milionésimo de um segundo) na mineração conta.

A largura de banda é a quantidade de taxa de transferência de dados, geralmente mensurada em Megabit por segundo (Mbps). A *latência* é o atraso nos dados para que possam ir de A para B, geralmente mensurado em milissegundos (mS) ou milionésimos de um segundo.

Acesso tradicional à internet

O método mais simples de conexão para a mineração de criptomoedas é o acesso tradicional à internet. A maioria das velocidades de banda larga é mais do que adequada para satisfazer as necessidades de um minerador. Na verdade, um nó de Bitcoin totalmente sincronizado e com uma conexão decente raramente ultrapassa de 10 a 50 kbps ou quilobit por segundo, e poderia, teoricamente, ser executado em um modem com conexão discada de 56 kBps de anos atrás. (Não, este não é nosso conselho!)

Idealmente, seu equipamento de mineração deve se conectar ao modem do provedor de serviço de internet com um cabo Ethernet; talvez seja necessário um roteador adicional ou um comutador para conectar vários mineradores. No entanto, você poderia usar uma conexão Wi-Fi se o hardware não tiver os cabos de conexão ao modem com fácil acesso.

Acesso via satélite

Algumas áreas remotas, adequadas aos equipamentos de mineração, não têm uma infraestrutura cabeada de internet, mas há alternativas. Algumas empresas fornecem serviços de conexão à internet via satélite para áreas que, de outro modo, ficariam sem qualquer acesso online. Pesquise *internet por satélite* e encontrará várias opções de serviços.

O assunto é... fontes energéticas

Não importa onde instale seu equipamento de mineração, deve haver, é claro, uma fonte adequada de energia elétrica para que ele funcione. Se estiver planejando minerar em um computador desktop normal, uma tomada comum de 120 volts garantirá energia suficiente para a fonte do computador. No caso de um hardware dedicado à mineração da criptomoeda, o equipamento consome milhares de watts, de modo a produzir muitos trilhões de hashes por segundo.

Além do circuito de 120 volts ao qual você pluga a maioria de seus dispositivos — TV, secador de cabelo, abajur e assim por diante —, as casas também têm circuitos de 240 volts; ali conectamos o ar-condicionado, por exemplo. Esse circuito pode alimentar equipamentos ASIC de voltagem mais alta que talvez você use.*

Mesmo assim, você precisará de alguns materiais elétricos para garantir a entrega segura e confiável de energia para qualquer hardware de mineração de criptomoedas. Serão necessárias Unidades de Distribuição de Energia (PDUs), Fontes de Alimentação Devidamente Qualificadas (PSUs) e uma infraestrutura com cabeamento de alta qualidade e painel de disjuntores.

BLOCKCHAIN VIA SATÉLITE?

Um serviço gratuito faz a distribuição do blockchain do Bitcoin no mundo todo via satélite, permitindo que você monte um nó completo em qualquer canto. Esse satélite de dados do Bitcoin é disponibilizado pela Blockstream, Inc., e mais informações sobre o serviço gratuito estão disponíveis no site `https://Blockstream.com/satellite/` [em inglês, mas há opções de outros idiomas, como espanhol].

(continua)

---

* N. do T.: No Brasil, há estados que só dispõem da voltagem 220v.

(continuação)

Por mais revolucionário que o serviço possa ser, ele está atualmente limitado a apenas distribuir os dados do blockchain e não permite upload de dados. Então, não serve para a mineração de bitcoin, na qual é necessário enviar os blocos minerados de volta à rede. Ele atua como um bom backup para manter os nós atualizados e totalmente sincronizados com o blockchain, mas talvez serviços assim permitirão tanto download como upload em um futuro próximo.

Unidades de Distribuição de Energia

Unidades de Distribuição de Energia roteiam a energia das tomadas para as fontes de alimentação. Elas geralmente são de 240v nos EUA, entregam a energia e protegem contra sobrecargas no circuito. Elas também podem conseguir conectar e alimentar várias fontes de alimentação, dependendo da classificação. Normalmente têm barramentos elétricos internos de 240v linha para linha que alimentam alguns disjuntores, proporcionando proteção de oscilações e sobrecarga nas tomadas que estão alimentando. Veja um exemplo na Figura 9-9.

FIGURA 9-9: Uma PDU (Unidade de Distribuição de Energia) fabricada pela Cyber-Power.

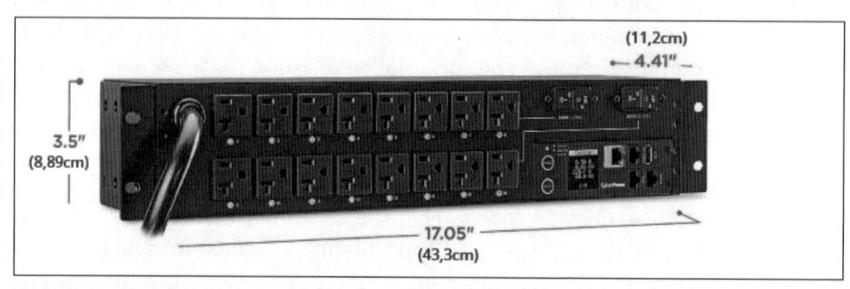

Por exemplo, uma linha de alimentação com potência adequada de acordo com as especificação do Código Elétrico Nacional dos EUA (NEC) — como a ANEEL do Brasil —, que esteja alimentando uma PDU com potência nominal de 240 volts e 30 amperes, pode, então, alimentar três disjuntores na PDU de 220 volts e 10 amperes cada.

A equação para calcular a energia elétrica (P, medida em watts) a partir da voltagem e amperagem é bem simples. Usamos P = V × I, em que P é a energia elétrica (a taxa de fluxo da energia, em watts), V é a voltagem e I representa a corrente, medida em amperes.

Usando essa equação, uma saída PDU de 240v e 10 amperes poderia fornecer 2.400 watts (2.400W = 240V × 10A), e, assim, a cada PDU, poderia alimentar a maioria dos ASICs especificados na Figura 9-2, anteriormente neste capítulo... mas não todos eles. Como você pode perceber na Figura 9-2, alguns que estão no lado esquerdo precisam de ainda mais energia elétrica.

Essa configuração fornece uma proteção individual contra a sobrecarga elétrica às três saídas na PDU e ajudaria a isolar qualquer equipamento de falhas elétricas vindas da rede de qualquer das saídas, enquanto mantem a energia para as outras duas saídas.

As PDUs não são sempre necessárias, dependendo do tamanho e da configuração do equipamento de mineração, mas usá-las pode dar uma proteção adicional e segurança contra falhas elétricas para várias peças do equipamento de mineração. As PDUs têm um preço acessível pela conectividade elétrica, conveniência e tranquilidade oferecidas, e podem ser compradas em vários sites online.

Fontes de alimentação

Há vários tipos e tamanhos de fontes de alimentação em termos de mineração de criptomoedas, saindo das mais comuns, encontradas em um computador desktop, e chegando às peças dedicadas de hardware especialmente projetadas para as aplicações da mineração. Veja um exemplo na Figura 9-10.

FIGURA 9-10: Uma Fonte de Alimentação de Energia (PSU — power supply unit) vendida pela Bitmain, uma das principais fabricantes de ASICs, para sua linha de Antminer ASICs.

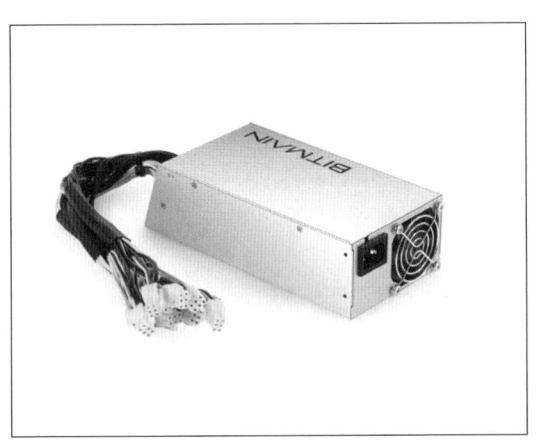

As PSUs são geralmente colocadas juntas com o hardware ASIC de mineração em um pacote comprado diretamente pelo fabricante com o hardware específico para mineração de criptomoedas com os quais são compatíveis. As PSUs também são encontradas em várias lojas online. As Fontes de Alimentação de Energia vêm em variedades de 120v ou 240v, e algumas podem ser bivolt, podendo se conectar a qualquer voltagem, dependendo da saída disponível. Se for comprar uma fonte separadamente, é preciso garantir que os watts dela sejam maiores do que o consumo máximo de energia do equipamento de mineração.

> ## SEGURANÇA EM PRIMEIRO LUGAR!
>
> Por favor, tenha muito cuidado com suas instalações de mineração. Uma operação que foi mal configurada e instalada representa um sério risco de incêndio. Não ache que isso é impossível de acontecer. Já aconteceu inúmeras vezes. Se realmente não sabe o que está fazendo, chame um eletricista profissional para ajudá-lo a configurar sua máquina!

CUIDADO A potência nominal em watts da fonte deve exceder o consumo máximo nominal de energia do hardware de mineração de criptomoedas que está sendo usado. De outro modo, a fonte não aguentará tanta carga elétrica. Isso pode levar a falhas elétricas e constantes falhas na alimentação elétrica ou nas plataformas de mineração. Todos esses resultados são perigosos e custosos, então é realmente necessário usar uma fonte que seja adequada para o hardware — as plataformas de mineração ASIC ou GPU — que precisa alimentar. Consulte o manual do fabricante do equipamento de mineração para obter informações mais específicas.

Infraestruturas elétricas existentes ou novas instalações?

Se planeja usar uma infraestrutura elétrica existente para sua mineração, é importante que as tomadas (saídas), os fios e o disjuntor, a partir dos quais planeja alimentar o equipamento, sejam adequados para a carga elétrica. Também é importante que a fiação e o transformador da companhia elétrica sejam apropriados para o aumento da carga elétrica causado por sua máquina de mineração. Consulte sua companhia elétrica local, assim como um eletricista, para descobrir se a carga de que você precisa requer algum tipo de upgrade elétrico.

CUIDADO A linha elétrica e o disjuntor que protegem o circuito em questão também precisam ter a potência nominal adequada para a carga que pretende alimentar. O disjuntor no painel que alimenta os fios pode lhe dar uma ideia da corrente máxima, ou amperagem, que o circuito pode aguentar. No entanto, se tiver qualquer dúvida quanto à potência do fio, do disjuntor ou da tomada, consulte um eletricista profissional para garantir a segurança e confiabilidade elétricas, evitando falhas em seu hardware de mineração.

Para implementações maiores de máquinas dedicadas a mineração de criptomoedas, especialmente com o consumo elétrico envolvido nos equipamentos de última geração, é quase certo que você precisará de novas instalações e circuitos elétricos. As casas comuns têm uma potência nominal de 100 a 200 amperes, então há um limite de quanto hardware de mineração pode ser instalado lá. A menos que você seja um eletricista qualificado, aconselhamos, novamente, a consultar os especialistas para realizar as melhorias elétricas ou novas instalações. Para implementações médias ou maiores, talvez seja necessário usar um data center comercial, um local de hospedagem de mineração ou em seu próprio e totalmente novo local de mineração em uma sala comercial.

CUIDADO Aqui temos algo que você também deve levar em conta, embora não seja um problema para a maioria das pessoas. Verifique com sua companhia elétrica se é *permitido* rodar os equipamentos de mineração. Em alguns locais, isso é, pura e simplesmente, banido de casas particulares em áreas rurais específicas que têm uma demanda relativamente baixa de eletricidade e que, desta forma, correm o risco de sobrecarga se alguns mineradores montarem acampamento.

Por exemplo, Chelan County, no estado de Washington, EUA, que é basicamente composto de florestas nacionais e tem uma população de um pouco mais de 70 mil pessoas, exige permissões para mineração e já chegou a implementar uma interrupção na mineração de criptomoedas, preocupados que as operações de mineração na cidade apresentassem risco de incêndios e também um problema no suprimento de eletricidade.

Por outro lado, Hydro-Québec, no Canadá, recebe de braços abertos os mineradores de criptomoedas, mas ainda exige que as operações sejam registradas na companhia elétrica.

Centros de dados e outros locais comerciais dedicados

Mineradores de criptomoedas aspirantes que querem crescer e se tornar uma instalação significativa de mineração verão que locais comerciais, como galpões ou centros de dados dedicados, podem ser a melhor opção. Grandes operações de mineração simplesmente não caberão em seu apartamento ou sua casa.

Basicamente, você tem três opções:

» **Construa seu próprio data center.** Encontre um galpão, por exemplo, e monte tudo do zero.

» **Trabalhe com um centro de colocation.** Estão presentes no mundo todo, projetados principalmente para gerenciar servidores web. Eles têm energia elétrica confiável, proteção contra inundação e incêndio, conexões de internet de sobra e assim por diante. Eles cobram pelo espaço que você ocupa em seus racks e pela largura de banda que usa.

» **Trabalhe com uma empresa de serviços de mineração.** Estes serviços cobram taxas acessíveis para hospedar seu equipamento, incluindo o espaço e os custos elétricos nos espaços customizados e a pronta entrega. Basicamente, são serviços de colocation, mas projetados especificamente para a mineração de criptomoedas. Veja alguns desses serviços populares [os sites têm conteúdo em inglês]:

- Blockstream: https://blockstream.com/mining/
- Mining Store: https://miningstore.com/bitcoin-mining-hosting-service/
- Oregon Mines: https://www.oregonmines.com
- Great North Data: https://www.greatnorthdata.com/
- Upstream Data: https://www.upstreamdata.ca/products
- Bitcoin Mined: https://www.bitcoinmined.net/
- TeslaWatt: https://teslawatt.com/
- Mining Sky: https://miningsky.com/miner-hosting/

- Mining Colocation: https://miningcolocation.com
- Light Speed Hosting: https://www.lightspeedhosting.com/

Vantagens

Não importa sua escolha — construir seu local, usar um serviço de colocation ou trabalhar com uma empresa de serviços de mineração —, esses tipos de implementações comerciais em massa permitem que você instale diversos equipamentos de mineração de criptomoedas. As duas últimas opções têm a vantagem de facilitar a instalação rapidamente. Podem já estar equipados com acesso em massa à rede elétrica, com uma infraestrutura elétrica interna adequada para suprir suas necessidades de mineração. No caso dos centros de colocation e das empresas de serviços de mineração, também são oferecidos aparelhos de ar-condicionado poderosos para resfriar seu precioso equipamento de mineração (em alguns galpões também). Eles também têm internet ultrarrápida, diminuindo a latência da mineração e dando-lhe uma leve vantagem. Ou seja, alguns desses locais podem oferecer o pacote completo, tudo que é necessário para começar a minerar com tudo, e rápido. E, no mundo das criptomoedas, *tempo é moeda*.

Desvantagens

As desvantagens desses tipos de instalações podem ser, em alguns casos, significativas. Podem incluir custo, duração do aluguel e falta de controle direto ou acesso ao seu equipamento. Um galpão pode ou não ser mais barato. As empresas de colocation e de serviços de mineração dividem os custos entre todos os clientes, enquanto, se preferir construir do zero, o custo todo fica por sua conta, e será caro.

DICA Em geral, será mais barato construir uma operação de mineração bem grande em um local dedicado, mas, para as operações pequenas, trabalhar com um serviço ou centro de colocation provavelmente será mais barato.

Em unidades de hospedagem, talvez você não tenha controle físico direto de seu equipamento. Em alguns casos, talvez fique à mercê do provedor do serviço.

Se for um espaço comercial ou data center seu, custos extras (acima daqueles necessários para rodar uma plataforma de mineração de criptomoedas em sua residência) podem incluir acesso à internet, aluguel e seguro. Podem não parecer muito, mas, se você não se planejar, podem crescer tanto a ponto de impedir a lucratividade em tempo quando a concorrência pela taxa de hash aumenta ou quando o preço das criptomoedas cai no mercado.

> **NESTE CAPÍTULO**
>
> » Configurando seu equipamento do jeito certo
>
> » Montando seu hardware de mineração
>
> » Entendendo as opções de software
>
> » Criando uma plataforma de mineração com GPU
>
> » Configurando seu hardware

Capítulo **10**

Configurando Seu Hardware de Mineração

Após decidir qual criptomoeda quer minerar, adquirir os suprimentos e o hardware e escolher um local adequado para rodar seu equipamento de mineração, o próximo passo é juntar tudo e configurar sua plataforma. Esteja você planejando usar um Circuito Integrado de Aplicação Específica (ASIC) como hardware de mineração ou uma Unidade de Processamento Gráfico (GPU) customizada como plataforma de mineração, analisaremos como montar o equipamento, conectar todos os cabos necessários, instalar e executar o software correto.

Plataformas ASIC de Mineração

O equipamento ASIC de mineração é fabricado em um pacote pré-montado que resolve muitas das questões de configuração do software técnico e ajustes físicos que fazem da mineração de criptomoedas com GPU um tanto mais complicada. Os ASICs são projetados para basicamente ligar e usar. Afinal, eles são especialmente criados e desenvolvidos para a mineração de criptomoedas, então a ideia é que sejam fáceis de usar exatamente nesta atividade. Seu ASIC deve vir com um manual de instalação, obviamente, com instruções detalhadas. Este capítulo é mais uma geral para que você tenha uma noção do que será necessário.

Racks

Os locais de colocation de computadores são cheios de racks com cerca de 50cm de largura por 1m a 1,30m de altura. Eles abrigam equipamentos instalados de clientes diferentes, um em cima do outro. Cada rack é subdividido em unidades verticais; 1U significa um espaço vertical com 4,445cm [1,75 polegada] de altura. Assim, os equipamentos projetados para caberem nos racks podem ser de 1U, 2U, 3U etc. Um equipamento que seja de 2U caberá em um espaço de 8,89cm [3,5 polegadas] no rack, por exemplo.

Bem, *alguns* ASICs são projetados para ser *empilhados em um rack*. Isso geralmente significa que o ASIC se encaixa em um rack padrão de computador com 48,26cm [19 polegadas] e pode usar várias unidades verticais. No entanto, isso é relativamente raro atualmente. Em geral, os ASICs não são projetados para ser empilhados em rack. Veja um exemplo da configuração básica comum de um ASIC na Figura 10-1.

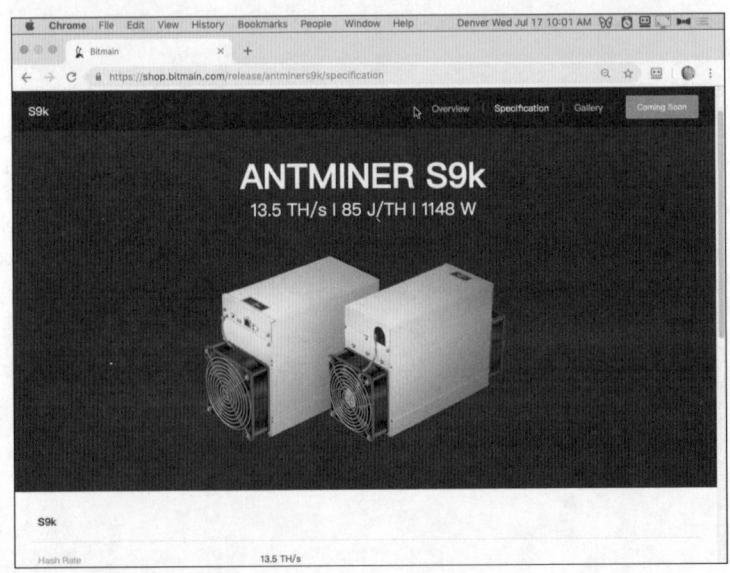

FIGURA 10-1: Tamanho e formato de um ASIC comum; o Antminer S9k.

E como é possível empilhar em um rack um ASIC que não foi projetado para isso? Dá para usar um case. Algumas empresas vendem prateleiras para a montagem nos racks projetadas para alguns ASICs específicos serem empilhados nos racks dos servidores. Por exemplo, na Figura 10-2, podemos ver um exemplo do rack da Gray Matter Industries projetado especificamente para os ASICs Antminer Bitmain S9 e L3 ASICs (veja `www.miningrigs.net`). Esse rack também abriga três ASICs Bitmain e também a PSU (a fonte de alimentação). O case tem 7U de altura.

As prateleiras para os racks não são extremamente caras (por volta de US$90), e se você estiver executando uma grande operação de mineração, com dezenas de ASICs, provavelmente seria bom usar algum tipo de equipamento de rack. No entanto, não precisa exagerar se tiver uma operação pequena. Não há nada de errado em colocar alguns ASICs na mesa, ou talvez em prateleiras ou estantes, que você pode comprar na loja de informática perto de sua casa ou em grandes revendedoras. Os racks de servidores nos data center normalmente são eletricamente aterrados, e, se está usando prateleiras ou racks de metal, também devem estar aterrados, assim você mantém a segurança para si mesmo e para seus equipamentos.

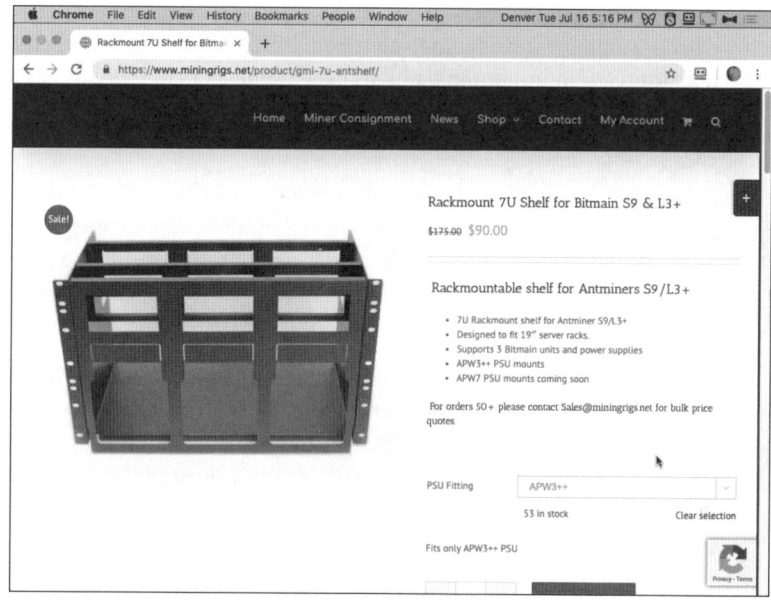

FIGURA 10-2: Uma prateleira da Gray Matter Industries projetada para abrigar e empilhar nos racks três ASICs Bitmain e uma PSU.

Fonte de alimentação

A maioria das plataformas de mineração usa Fontes de Alimentação de Energia (PSUs) externas; veja um exemplo na Figura 10-3. Em geral, ao comprar um ASIC, você provavelmente recebe uma fonte adequada junto — mas nem sempre, então, em caso negativo, precisará escolher cuidadosamente a PSU certa para comprá-la separado.

As fontes convertem a corrente alternada (AC) abastecida pela rede elétrica para corrente direta (DC) elétrica, usada pelo equipamento de computador. Então, você conectará seu ASIC diretamente na fonte apropriada.

FIGURA 10-3: Uma fonte da Bitmain, projetada para ser usada com o ASIC da empresa, o Antminer.

CUIDADO

É essencial ter certeza de que nenhum de seus aparelhos esteja conectado na tomada antes de começar a conectar os componentes. Primeiro, conecte a fonte ao ASIC e depois a fonte na unidade de distribuição (PDU), e só depois conecte a PDU na tomada.

Também é importante que use apenas uma fonte por plataforma de mineração. Tentar conectar um único equipamento ASIC em várias fontes pode ser perigoso e levar a falhas ou problemas elétricos. Outra coisa: saiba que, enquanto algumas fontes têm um botão de liga/desliga, outras não, e ligarão assim que você conectá-las na tomada. (Veja o Capítulo 9 para ter mais informações sobre as exigências elétricas e de equipamento.)

PAPO DE ESPECIALISTA

As fontes são equipadas com cabos de alimentação PCIe (Interconectores de Componentes Periféricos Express), que permitem uma conexão fácil e rápida. Se já trabalhou com hardware de um PC, não terá surpresas. Há muitas variedades de cabos PCIe, mas, para a alimentação de energia em mineração, a versão com seis pinos é a normalmente usada.

Seu ASIC terá múltiplos conectores PCIe. Cada placa de hash tem vários plugs PCIe — provavelmente, pelo menos dois, talvez três ou quatro —, e cada plataforma de mineração tem cerca de três placas de hash (embora algumas possam ter mais) para um total aproximado de seis a doze portas PCIs para as placas de hash por ASIC. Cada plataforma de mineração ASIC também tem uma placa/painel de controle, que também precisa ser alimentada com energia, então você verá uma conexão PCIe para ela. Na Figura 10-4, podemos ver uma página do manual de instalação do ASIC Antminer Z9, na qual as conexões de energia são explicadas.

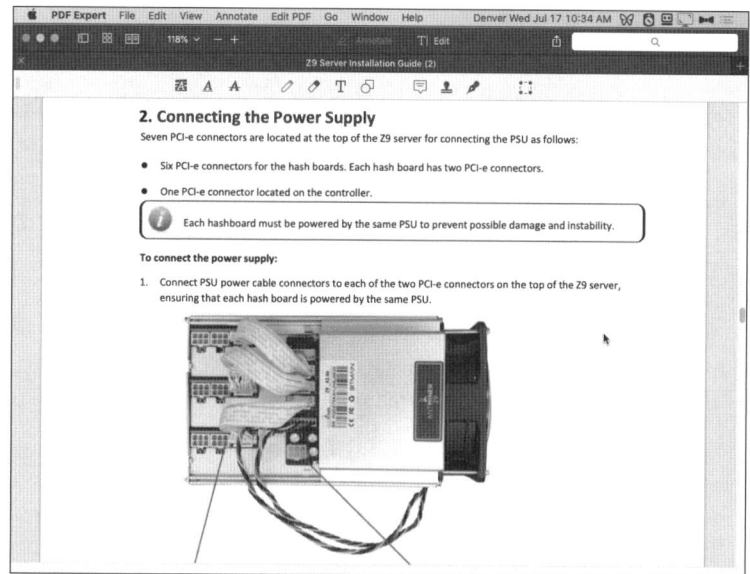

FIGURA 10-4:
A documentação do ASIC Antminer Z9 mostrando as conexões elétricas.

PDUs

As Unidades de Distribuição de Energia (PDUs — Power Delivery Units) não são necessárias para executar um equipamento de mineração de criptomoedas, especialmente nas instalações pequenas. No entanto, são recomendadas, pois facilitam a conexão de várias Fontes de Alimentação de Energia (PSUs — Power Supply Units) e as deixam mais seguras.

Para instalar sua PDUs, elas devem estar conectadas às fontes do equipamento por cabos que geralmente são disponibilizados na compra da fonte. Feito isso, pode conectar a PDU na tomada. Falamos sobre as necessidades de infraestrutura elétrica com mais detalhes no Capítulo 9. Veja uma PDU comum na Figura 10-5.

CUIDADO

O risco de incêndios é real (veja o Capítulo 9). Tenha total certeza de que está usando o equipamento certo e corretamente configurado, e, caso não tenha certeza, você deve obter assistência de um eletricista profissional. Deixe um extintor perto, mas não perto demais, de sua plataforma de mineração.

Conexão de internet e Ethernet

Seu hardware ASIC de mineração precisa de acesso à internet, é claro. Você precisara de algum tipo de equipamento que seu serviço de provedor de internet lhe dá (ou que você compra, para não ter que pagar o aluguel mensal) que conecta sua casa (ou qualquer outro tipo de local que esteja usando para sua mineração) à internet.

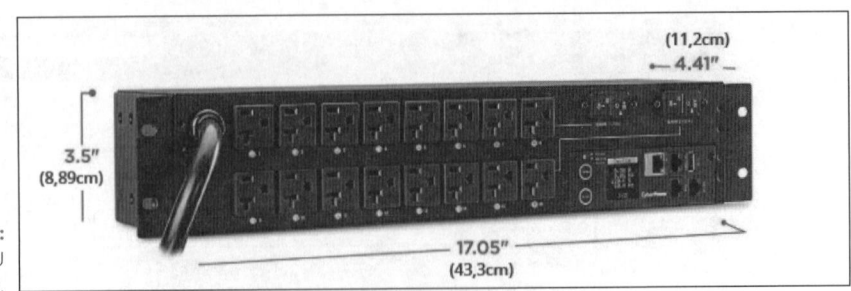

FIGURA 10-5: Uma PDU comum.

Para ser específico, você precisa de um modem e de um roteador, e hoje em dia geralmente recebe um equipamento com as duas funções. De qualquer modo, depende de você e de seu provedor.

Seu modem/roteador, seja seu ou fornecido pelo provedor de internet, tem várias portas Ethernet. Esta é uma conexão-padrão, usada na maioria das aplicações em redes de área local (LAN). Uma porta Ethernet se parece com a da linha de telefone, mas é levemente maior e pode ser encontrada na maioria dos computadores desktop ou notebook.

As placas de controle do ASIC são equipadas com portas Ethernet também e devem estar conectadas ao modem para acessar à internet. As conexões para seu equipamento de mineração e para o modem podem ser feitas diretamente via Ethernet ou por meio de um comutador de rede.

Uma vez que a fonte de alimentação e as conexões Ethernet estão plugadas em seu equipamento, o próximo passo é ligar tudo. Tenha certeza de que está tudo bem conectado — cabos PCIe ASIC conectados na fonte, a fonte conectada na PDU. Depois, e só depois, ligue a PDU na tomada e veja o milagre acontecer.

Um computador para controlar sua plataforma

Para acessar a placa de controle e a GUI instalada nos ASICs especializados em mineração de criptomoedas, será necessário o uso de qualquer computador que esteja conectado à mesma LAN que o equipamento de mineração. Pode ser qualquer notebook ou desktop. Até mesmo um celular pode fazer a conexão, desde que esteja na mesma LAN. O computador que está gerenciando seu ASIC não precisa ser potente. Ele será usado apenas para configurar e colocar a coisa para funcionar; é o ASIC em si que fará todo o trabalho.

Abra um navegador de internet e digite **i**, o endereço IP do ASIC no navegador, para abrir a interface de usuário.

Onde encontrar o endereço IP? Use softwares como o Angry IP Scanner (www.angryip.org), que é gratuito, ou acesse o roteador de sua rede e faça o scan. O fabricante de seu ASIC pode disponibilizar uma ferramenta para isso. Por exemplo, alguns dos ASICs Bitmain Antminer têm um programa do Windows chamado IP Reporter (baixado do site do Bitmain). Execute o software e tecle "IP Report" no ASIC, e ele envia o IP para o software (veja a Figura 10-6). Então, pegue o número IP, digite em um navegador de internet e se conecte ao ASIC. Consulte os manuais de seu ASIC; cada equipamento funciona de forma levemente diferente.

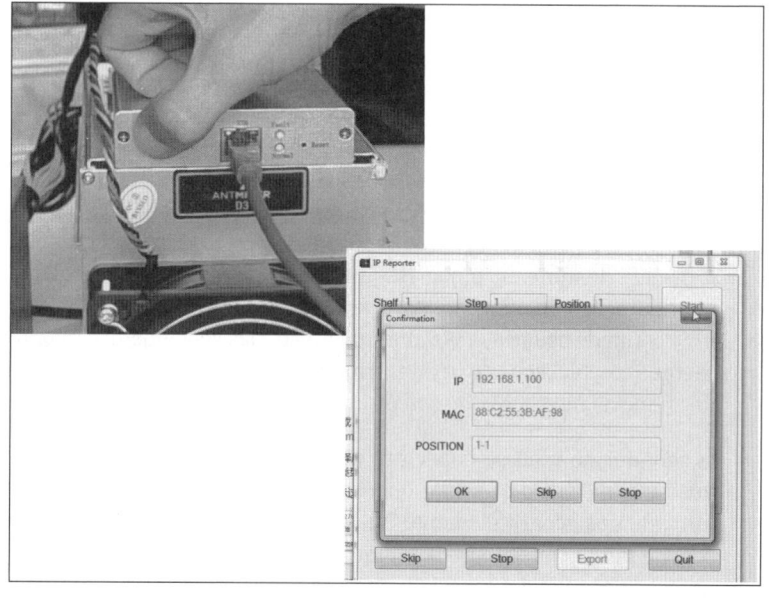

FIGURA 10-6: Botão de IP Report do Bitmain Antminer no ASIC, que envia o número IP do ASIC para o software do IP Reporter.

Então, você usará o software do ASIC, acessado por meio de seu navegador, para direcionar para a piscina com a qual está trabalhando. Veja um exemplo das configurações necessárias em seu equipamento, considerando um ASIC para bitcoin nos EUA, operando na Slush Pool:

```
URL: stratum+tcp://us-east.stratum.slushpool.com:3333
userID: userName.workerName
password: [yourpoolpassword]
```

Na Figura 10-7, você pode observar a interface de usuário do ASIC Bitmain Antminer na tela de configuração da piscina.

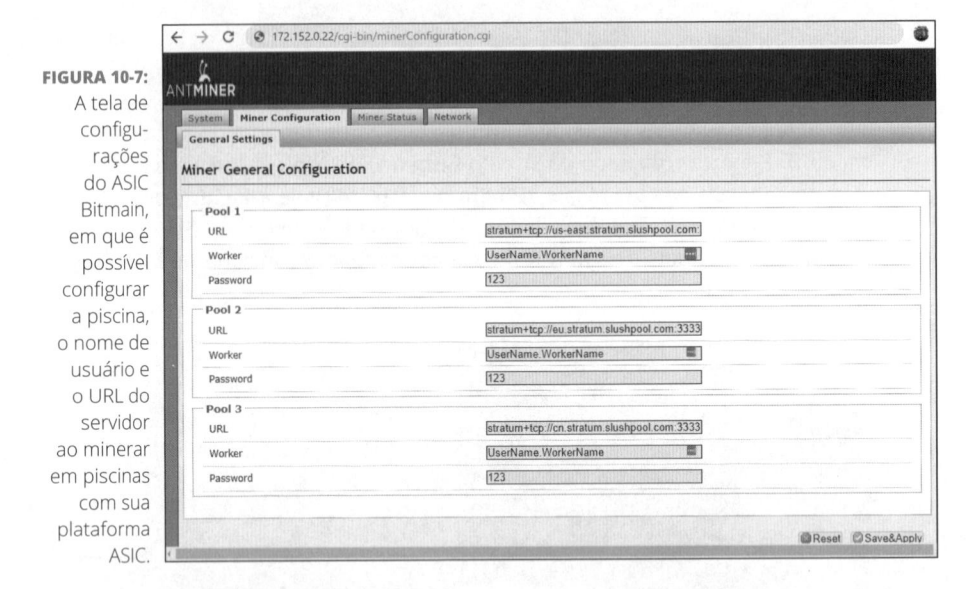

FIGURA 10-7: A tela de configurações do ASIC Bitmain, em que é possível configurar a piscina, o nome de usuário e o URL do servidor ao minerar em piscinas com sua plataforma ASIC.

A piscina de mineração que escolher também disponibilizará detalhes sobre as configurações de conexão. Às vezes, por exemplo, em vez de pedir que insira uma conta de usuário, a piscina solicita apenas seu endereço para receber pagamentos no blockchain para a criptomoeda que está minerando. Novamente, verifique as instruções de sua piscina para ver os detalhes.

O servidor ao qual se conectará depende de qual local está mais próximo de você; sua piscina dará várias opções. Em geral, escolhemos o que está mais próximo de nós geograficamente, mas, se quiser, pode testar alguns para ver qual tem de fato a conexão mais rápida; use o comando *ping*. Por exemplo, digamos que você esteja na Austrália e que não sabe bem ao certo se deve usar o servidor niceHash nos EUA ou um servidor no Japão. Se tiver um computador com Windows, abra a linha de comando e execute estes dois comandos, um seguido do outro:

```
ping -n 50 -l 128 speedtest.usa.nicehash.com
ping -n 50 -l 128 speedtest.jp.nicehash.com
```

No Mac, use a tela do Ping no aplicativo Network Utility. Para cada um, você terá uma resposta parecida com esta:

```
50 packets transmitted, 50 packets received, 0.0% packet loss
round-trip min/avg/max/stddev = 62.156/67.665/83.567/7.214 ms
```

Para equipamentos com Linux (Ubuntu, Debian etc.), é só abrir o terminal e executar as seguintes duas linhas de comando (após cerca de dez a quinze segundos, será necessário pressionar CTRL + C para obter o relatório do teste ping):

```
ping speedtest.usa.nicehash.com
ping speedtest.jp.nicehash.com
```

Assim, será possível comparar o tempo médio do ping para encontrar a conexão mais rápida (quanto menor o número, em ms ou milissegundos, mais rápida a conexão, é claro). É esse seu servidor, porque, na mineração de criptomoedas, cada fração de segundo é importante.

Se precisar inserir um nome de usuário, em vez do endereço no blockchain, será o mesmo que o de sua conta na piscina de mineração. Seja criativo ao decidir seu nome de usuário, ou de sua plataforma, mas não duplique os nomes, caso esteja conectando mais de um equipamento. (É possível ter vários equipamentos — plataformas GPU ou ASICs individuais — trabalhando dentro de uma única conta de mineração. Veja as instruções específicas da piscina para obter informações sobre como fornecer essa informação.)

Plataformas GPU de Mineração

Se comprou uma plataforma GPU de mineração pré-montada, configurá-la será tão simples quanto configurar um ASIC. Porém, caso esteja montando-a por conta, terá bem mais planejamento e trabalho à frente.

Conectando sua plataforma GPU online

Alguns fornecedores de equipamentos de mineração vendem plataformas GPU pré-montadas (veja uma lista de alguns fornecedores populares de fabricantes de GPU pré-montadas no Capítulo 9), mas elas têm um preço mais alto ao compararmos a soma dos custos de cada peça. São mais fáceis de configurar e começar a minerar, é claro, e são similares aos equipamentos ASIC: basicamente, é ligar e usar. A Figura 10-8 mostra uma plataforma de mineração 8-GPU pré-montada (da Shark Mining) com slots para oito GPUs individuais. Basicamente, você lida com ela como se fosse um ASIC, com a exceção de que a plataforma GPU é, em si, um computador, então não precisa de um externo para gerenciá-la. Portanto:

1. **Coloque-a na mesa, no rack ou na prateleira.**
2. **Conecte-a a uma fonte.**
3. **Conecte a fonte à PDU.**
4. **Conecte-a à rede Ethernet.**
5. **Instale um sistema operacional (a menos que tenha vindo com um, como é o caso de algumas).**

6. Conecte o mouse, teclado e monitor (a menos que tenha vindo com um, como é o caso das plataformas Shark GPU).

7. Instale o software de mineração no computador (a menos que já tenha vindo instalado).

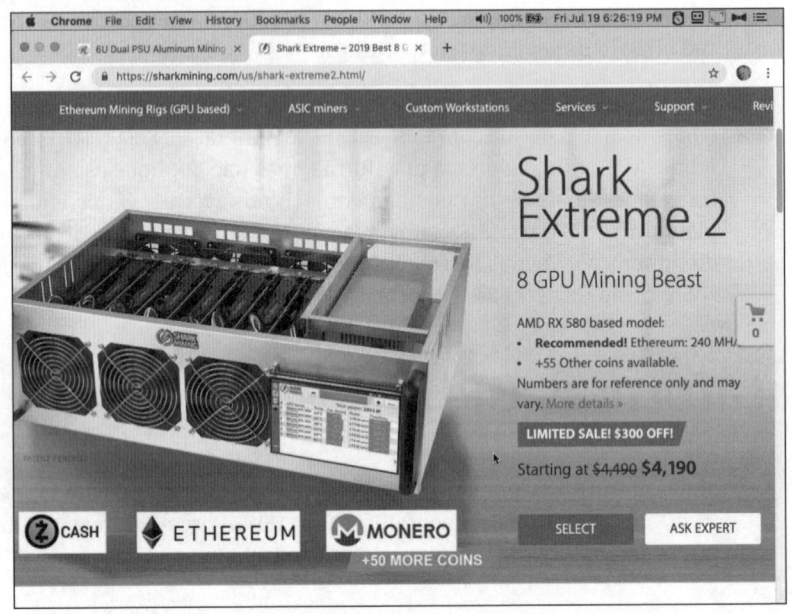

FIGURA 10-8: Uma plataforma de mineração 8-GPU pré-configurada, a Shark Extreme 2 da Shark Mining (veja www.Shark Mining.com).

Montando seu próprio equipamento GPU

As plataformas GPU de mineração pré-montadas podem ser caras, então, alguns mineradores aspirantes compram as partes em sites, como Newegg e Amazon, ou de outras lojas, como Micro Center ou Best Buy, e montam seus próprios equipamentos. Fazer isso pode trazer uma boa economia, em comparação com as opções pré-montadas. No entanto, essa é uma opção que traz mais complexidade, pois exige a montagem de algumas peças e, às vezes, algumas instalações bem complicadas de software.

Um computador desktop comum tem espaço para apenas uma ou duas GPUs. Alguns computadores customizados podem abrigar até três nas torres padrão, mas, em geral, para objetivos de mineração, são necessárias estruturas especiais e hardware customizado para conseguir rodar entre seis a doze GPUs.

É possível comprar tudo separadamente, ou talvez em um pacote, e montar tudo depois. A GPUshack.com, por exemplo, vende pacotes com uma placa-mãe configurada para cinco a treze GPUs (dependendo do pacote), RAM e uma pequena quantidade de armazenamento flash, com o sistema operacional ethOS já instalado. Neste caso, o preço varia de US$189 a US$399, mas ainda faltam as placas riser, vários cabos, um rack e outras coisas mais.

CUIDADO: Há muitas configurações diferentes disponíveis, então nossa explicação aqui é bem simples e apresenta apenas os princípios básicos. Antes de entrar de cabeça na montagem de sua própria plataforma GPU de mineração, é altamente recomendável que você passe um tempo vendo vídeos de pessoas que já fizeram isso, para que tenha uma boa ideia de tudo que isso envolve. É muito fácil encontrar vários exemplos e guias detalhados digitando **montar plataforma de mineração gpu** em seu mecanismo de busca favorito.

Estruturas (frames) da plataforma de mineração

Os gamers geralmente customizam seus próprios computadores desktop de alta potência comprando uma torre e todos os componentes individuais — placa-mãe, CPU, placa de vídeo, fontes e assim por diante —, que colocam na torre. O princípio é o mesmo ao montar uma plataforma GPU de mineração, com a exceção de que não é possível usar uma torre comum por causa das limitações de tamanho das várias GPUs. Em vez disso, é necessário um case ou frame (estrutura) especial.

Os frames mais simples custam praticamente o mesmo que os cases normais de computador ou até menos (dependendo do tipo que escolher), abrigam mais GPUs, é claro, e permitem mais ventilação para remover o calor das GPUs. O frame permite que você conecte uma placa-mãe, uma fonte de alimentação e várias GPUs de forma compacta.

No entanto, há inúmeras opções de frames para GPU para comprar, saindo do basicão (apenas uma estrutura de metal com buracos para você prender os componentes) até as versões mais caras, que vêm com CPU, disco rígido, RAM, ventiladores, todos os conectores necessários e até um sistema operacional (basicamente tudo, com exceção das placas GPUs), chegando à nata do mercado, com racks completíssimos de GPU, com tudo de que precisa para começar. A MiningSky Mining Rig mostrada na Figura 10-9, por exemplo, custa US$899, mas vem com a GPU pronta para receber as placas, facilitando muito o trabalho.

Alguns frames também são projetados para permitir colocar outros em cima, caso queira empregar várias plataformas de mineração em um local pequeno. Outros podem ser empilhados em um rack de servidor, permitindo escalabilidade e implementação mais fácil. Muitos varejistas online vendem esses cases ou frames (Amazon, eBay, Newegg, Walmart, as empresas de materiais de mineração mencionadas no Capítulo 9 e assim vai). As empresas que vendem plataformas GPU pré-montadas de mineração em geral também vendem as peças separadamente, incluindo os frames. (Alguns mineradores constroem seus próprios frames para economizar, embora a dor de cabeça do procedimento possa não valer a pena.)

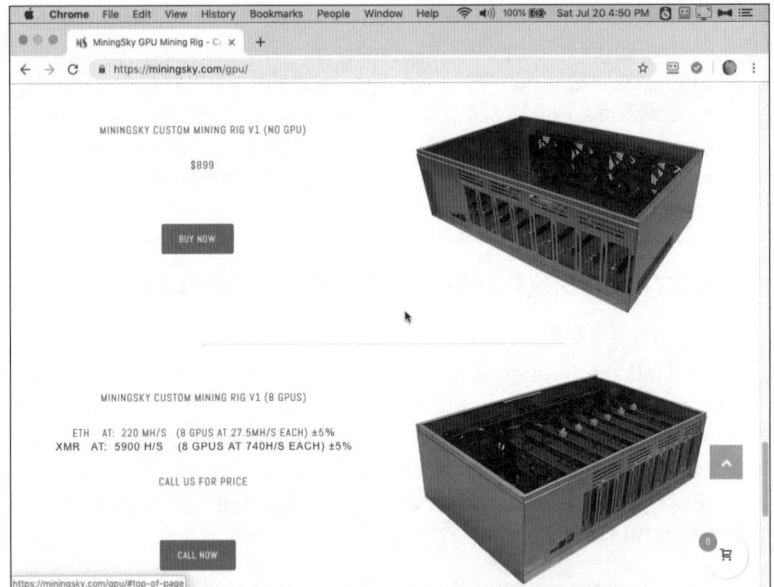

FIGURA 10-9:
A plataforma de mineração MiningSky V1 GPU — tudo que é necessário, com exceção das placas GPU.

A Figura 10-10 mostra um case de mineração Rosewill GPU, ou frame (veja www.Rosewill.com), que aceita até oito placas GPU e também pode ser empilhado em racks (6U de altura). O diagrama mostra onde estão instalados a placa-mãe, as GPUs, as PSUs e os ventiladores. Ela custa por volta de US$100.

Na Figura 10-11, podemos ver um design open air, popular entre vários mineradores, em promoção na Newegg por apenas US$35. Você adquire apenas o frame, com espaço para montar tudo de que precisa, como placas, ventiladores, GPUs etc.

Placa-mãe

A *placa-mãe* é a peça de hardware que junta tudo. Ela tem as conexões na placa para a instalação da CPU, das GPUs, da fonte, bem como da RAM e do disco rígido.

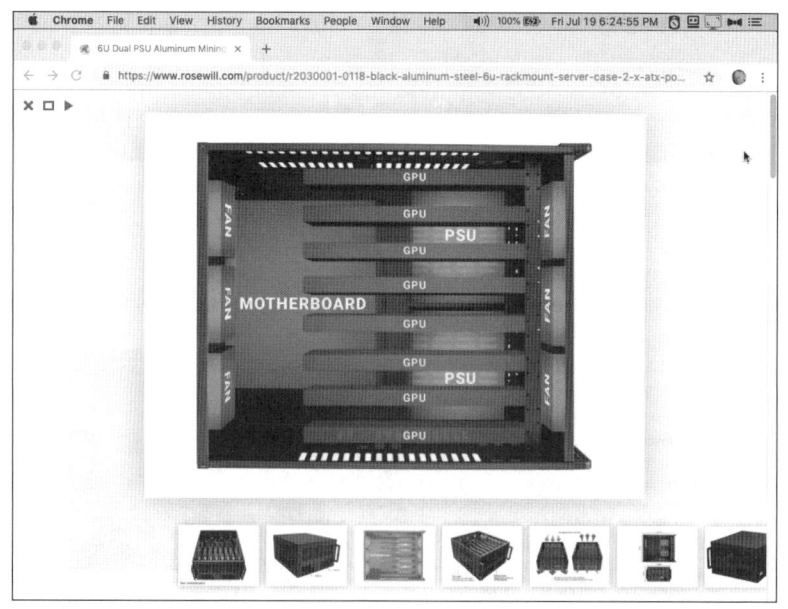

FIGURA 10-10:
Case em alumínio Rosewill 6U Dual PSU.

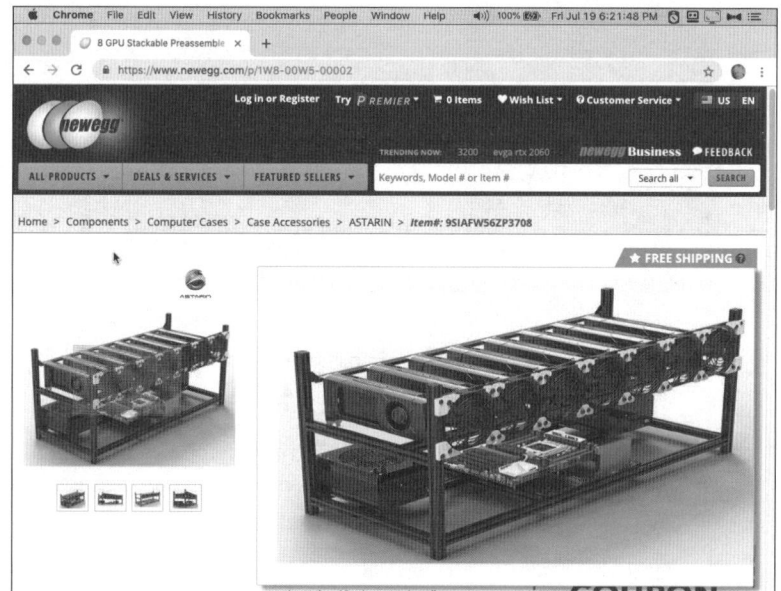

FIGURA 10-11:
Frame de mineração Becovo Open Air GPU, mostrado *após* todas as partes terem sido instaladas (ele vem vazio).

Seria prático se sua placa-mãe tivesse muitos slots para as placas GPU. Porém, poucas são as que têm mais de dois disponíveis. Se estiver usando um dos mais sofisticados frames de plataforma de mineração pré-montados, tudo certo — todos os conectores estão embutidos. É só instalar a placa-mãe e conectá-la ao frame seguindo as instruções do fabricante. Se estiver usando um frame mais simples, então precisará usar uma placa riser para conectar suas GPUs.

Na verdade, talvez você queira comprar uma placa-mãe desenvolvida para a mineração de criptomoedas, que possivelmente já terá todos os conectores necessários. A ASUS, empresa muito conhecida de informática, produz uma miniplaca-mãe, a B250 Mining Expert, mostrada na Figura 10-12. Ela permite que você conecte até dezenove GPUs. (Vimos essa placa sendo vendida por US$25 em uma promoção, embora o preço normal varie entre US$70 e US$100.)

LEMBRE-SE Não deixe de montar de forma segura a placa-mãe em seu case ou frame de mineração, com os parafusos disponibilizados com a placa. Assegure-se de que a placa-mãe que escolheu seja compatível com o modelo de CPU adquirido.

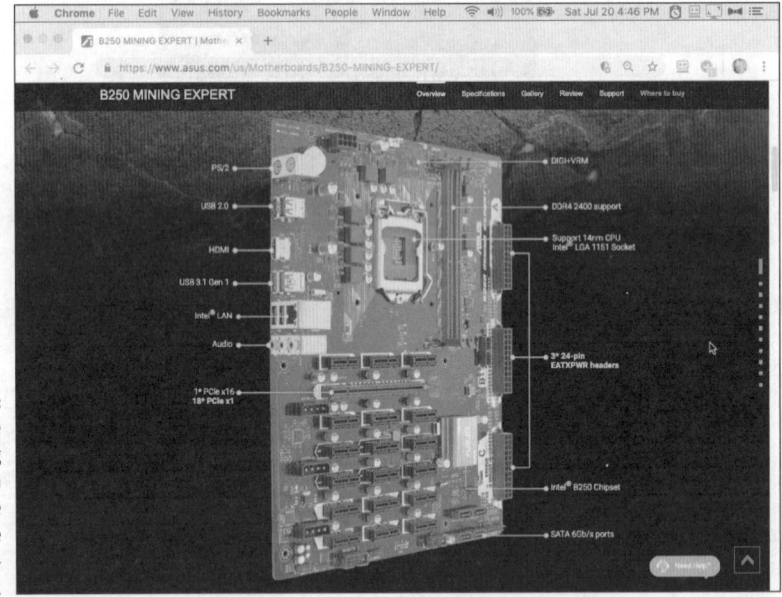

FIGURA 10-12: A placa-mãe B250 Mining Expert da ASUS, que dá conta de até dezenove GPUs.

Unidade Central de Processamento

A *Unidade Central de Processamento* (CPU) é o principal chip, o cérebro de seu computador desktop ou notebook. Ela tem essa mesma função nas plataformas GPU de mineração. As placas individuais de GPU são processadores especializados, e ainda precisam de uma CPU para gerenciá-los.

Em geral, qualquer CPU disponível nas lojas dá conta do recado; não é necessária muita potência para gerenciar as placas GPU. Porém, em alguns casos, talvez você tenha de usar também a CPU para minerar, dependendo do software que esteja usando. Tanto as placas GPU quanto a CPU farão o hash. Neste caso, é bom ter uma CPU mais rápida, pois haverá muitos núcleos diferentes (tanto físicos como virtuais) que permitirão mais recursos de mineração e de taxa de hash da CPU.

Assegure-se de que a CPU que vai adquirir seja compatível com sua placa-mãe. Algumas placas-mãe podem ser usadas com CPUs Intel, enquanto outras, com CPUs AMD. (A diferença é o número de pinos para o soquete de conexão da CPU. Os chips AMD usam 938 soquetes de pino, e os da Intel, 1.366.) O fabricante da placa-mãe informa qual CPU é a melhor para trabalhar. A Figura 10-13 mostra uma CPU AMD bem comum da Micro Center, que conseguiria executar uma plataforma GPU de mineração.

FIGURA 10-13: Uma CPU AMD que seria adequada para rodar uma plataforma GPU de mineração. Esta CPU vem com um ventilador.

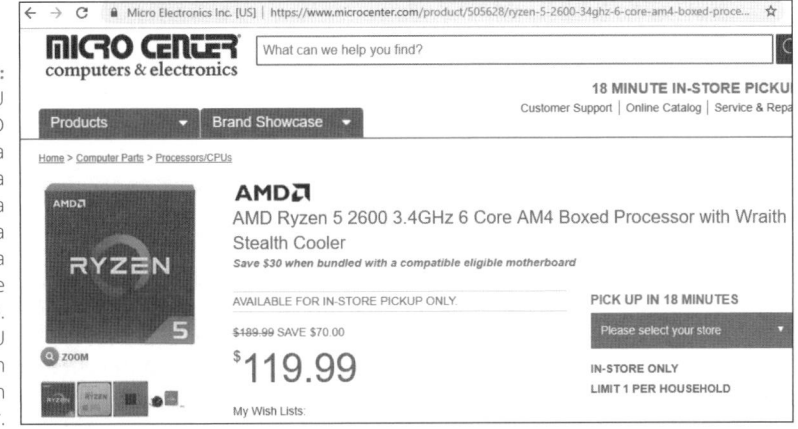

Monte a CPU na placa-mãe seguindo as instruções do fabricante. É melhor também usar um ventilador na CPU e um dissipador para esfriar o chip da CPU. Esses ventiladores são alimentados por uma conexão de quatro pinos na placa-mãe, e o pino do ventilador terá uma identificação de CPU na placa-mãe. O dissipador e o ventilador devem estar conectados à CPU por meio de uma cola ou pasta, conhecida como *graxa térmica*, que possibilita uma conexão apropriada e a dissipação de calor da CPU para os ventiladores e dissipadores. A Figura 10-14 mostra um dissipador projetado para ser acoplado a uma placa-mãe e resfriar a CPU com o ventilador embutido.

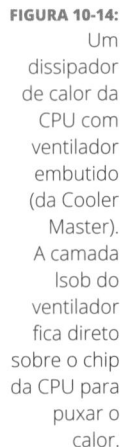

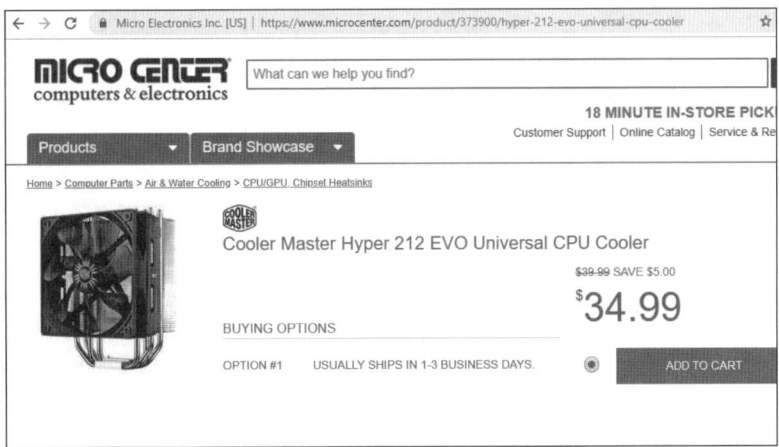

FIGURA 10-14: Um dissipador de calor da CPU com ventilador embutido (da Cooler Master). A camada Isob do ventilador fica direto sobre o chip da CPU para puxar o calor.

Unidades de processamento gráfico

As *unidades de processamento gráfico*, ou GPUs, são a pedra angular do equipamento necessário para as plataformas GPU de mineração.

DICA

Embora outros componentes necessários para uma plataforma GPU de mineração não precisem ser os melhores disponíveis e você possa economizar comprando os mais baratos, a GPU é a peça do equipamento na qual deve gastar mais. Afinal, é ela que faz o hash.

Veja na Figura 10-15 um exemplo de uma placa GPU que é geralmente usada para mineração. Essa placa não é barata — cerca de US$500 —, mas é muito potente. Ela tem ventiladores embutidos e resfriamento por dissipadores. Em geral, os frames para GPU são construídos de modo a receber a espessura da maioria das GPUs, embora, se achar que sua GPU é espessa demais, é bom verificar cuidadosamente as especificações do frame.

As GPUs de primeira linha são mais eficientes, pois precisam de menos energia e entregam mais hashes ao minerar. A Figura 10-16 apresenta uma classificação por preço das GPUs populares na mineração de criptomoedas. Os custos são uma média no momento de escrita deste capítulo, mas fique ciente de que os preços variam muito, com o passar do tempo, entre os varejistas.

CUIDADO

É recomendado não fazer uma mistura de tipos de GPUs na mesma plataforma de mineração, pois podem usar drivers diferentes, causando problemas. Ficar com a mesma marca e o mesmo tipo evitará que isso seja um problema.

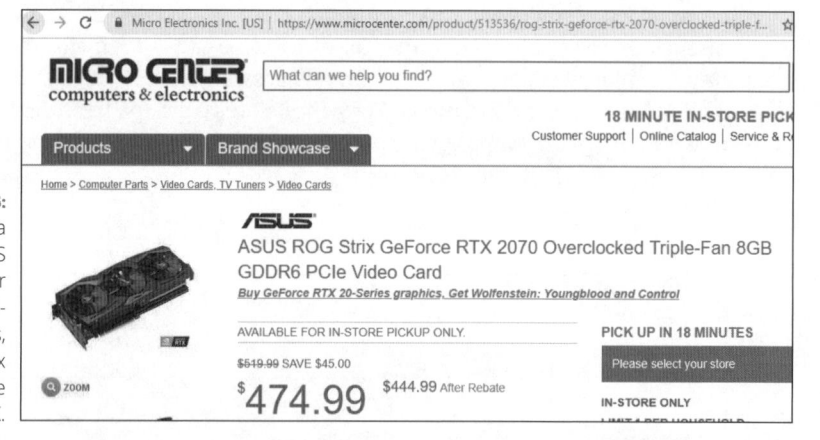

FIGURA 10-15: Uma placa GPU ASUS popular entre os mineradores, a ROG Strix GeForce RTX.

Veja no Capítulo 11 mais figuras e detalhes sobre a entrega de hash das GPUs de mineração, o consumo de energia e a eficiência global. Algumas plataformas conseguem rodar até doze GPUs (veja, por exemplo, as plataformas de mineração pré-montadas no site, em inglês: https://miningstore.com.au). Essas plataformas precisam de frames maiores, diversas fontes de alimentação e, em alguns casos, duas placas-mãe para rodar tantas GPUs. Seis GPUs é o que geralmente se usa, e está beirando o limite que pode ser alimentado de forma fácil e segura por apenas uma fonte.

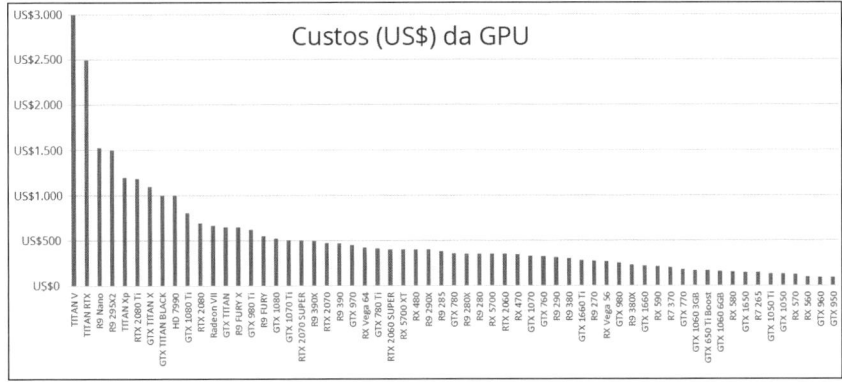

FIGURA 10-16: Preço médio das GPUs populares para mineração de criptomoedas, no momento da escrita deste capítulo.

Placas riser e cabos

Talvez você necessite de placas riser e cabos para GPU para conectar a placa de vídeo na placa-mãe. A maioria das placas-mãe tem apenas algumas conexões PCIe para as GPUs. Dependendo da configuração de seu hardware e da placa-mãe, talvez consiga conectar a GPU diretamente na placa-mãe, mas, se tiver mais placas GPU do que conexões PCIe, não vai rolar.

No entanto, se sua placa-mãe não tiver conexões PCIe suficientes, você pode usar placas riser, uma para cada placa GPU que queira usar. (Custam entre US$10 e US$20, cada.) Elas são instaladas no frame e depois se conectam à placa-mãe por meio de conexões USB, que a maioria das placas-mãe tem sobrando.

Algumas GPUs são alimentadas diretamente pela conexão com a placa-mãe. No entanto, a maioria das GPUs modernas e potentes (as mais adequadas à mineração) precisam que a GPU seja alimentada diretamente da fonte, por um cabo de seis pinos PCIe separado.

Cada GPU é então conectada em uma placa riser por meio da porta PCIe e fisicamente montada no case ou frame. Veja na Figura 10-17 um exemplo de uma placa riser, vendida pelo popular site de eletrônicos Newegg.

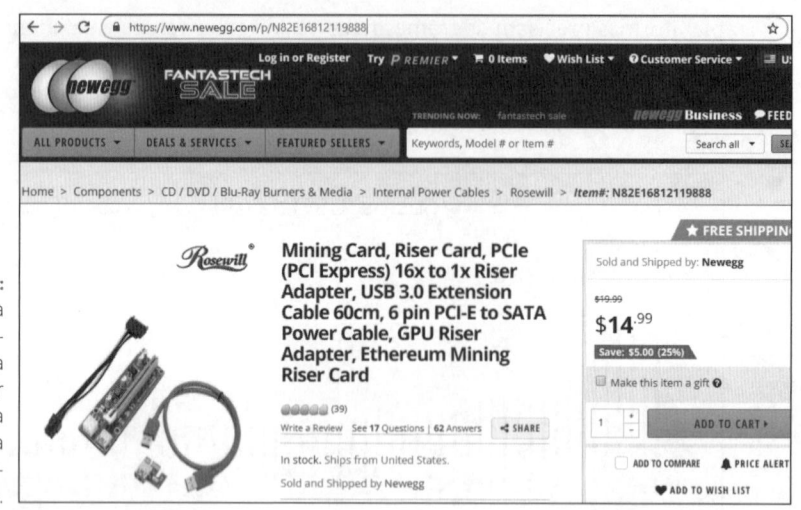

FIGURA 10-17: Uma placa riser projetada para conectar uma única placa GPU a uma placa-mãe.

Memória

Uma Memória de Acesso Aleatório (Random Access Memory — RAM) é necessária para qualquer computador, bem como para uma plataforma de mineração baseada em GPU. A RAM é barata, mas a mineração, na verdade, não precisa de uma grande quantidade de memória (ao contrário das operações com muitos gráficos para as quais as GPUs foram originalmente desenvolvidas), então não precisa exagerar. Mesmo assim, sua plataforma rodará melhor com uma quantidade razoável de RAM, qualquer coisa entre 4 e 16 GB de RAM é o mais adequado.

Pentes ou chips de RAM podem ser plugados diretamente na placa-mãe, mas assegure-se de seguir cuidadosamente as instruções do fabricante da placa. Por exemplo, talvez necessite plugar dois chips nos slots 1 e 2, em algumas placas-mãe, ou slots 1 e 3, em outras. As placas-mãe modernas são equipadas com quatro slots para RAM expansível, mas as plataformas de mineração com GPU não precisam de tanta RAM. Geralmente você não precisará desses quatro slots.

Fonte de alimentação de energia

Você precisará de uma fonte — talvez, de várias. As fontes para plataformas GPU, similares às com ASIC, vêm equipadas com cabos PCIe com seis pinos, o que permite uma conexão fácil e rápida das várias peças necessárias que precisam de energia.

LEMBRE-SE

Assegure-se de calcular corretamente as necessidades de energia de sua plataforma antes de comprar as fontes. Os fabricantes de GPUs listam o consumo nominal máximo de energia de suas placas de gráfico. Multiplique esse número pelo número de GPUs que possui e instale fontes suficientes para alimentar todas. Também calcule o consumo elétrico da CPU, ventiladores e placa-mãe. As necessidades de consumo para esses itens adicionais devem ser disponibilizadas nos manuais dos fabricantes, mas em geral não ultrapassam 200 a 400 watts. Normalmente, as fontes de computador variam entre 600 e 1.600 watts e podem facilmente alimentar entre 3 e 8 GPUs, dependendo do consumo elétrico da GPU. Consulte o Capítulo 11 para ver uma classificação do consumo de energia em watts das GPUs mais populares ao minerar criptomoedas como Ethereum.

Disco rígido

O mecanismo de armazenamento para dados digitais, o disco rígido (hard disk drive — HDD) é necessário em qualquer computador, e uma plataforma GPU de mineração é basicamente um computador especializado. Alguns mineradores solo, com seus nós completos de criptomoedas, usam unidades de estado sólido (solid-state drives — SSD), mas na mineração em piscinas essa tecnologia não é necessária, pois, nela, é a própria piscina que gerencia o blockchain. Tudo que seu equipamento está fazendo é o hash, então não é necessário ter um HD particularmente rápido ou grande. Um HDD pequenininho já dá.

Porém, na mineração solo, o buraco é mais em baixo. Você precisará de uma cópia inteira do blockchain em seu disco rígido. O que isso significa, em termos de escolher HDD ou SSD, depende da criptomoeda que está minerando. No caso de muitas criptomoedas pequenas, a escolha não fará muita diferença. No entanto, em alguns casos, especialmente se estiver minerando o blockchain Ethereum usando um blockchain *arquivado* (uma cópia de um blockchain que inclui todos os dados históricos), a escolha é mais importante. Você precisaria de um SSD multiterabyte, porque o blockchain arquivado é enorme, e um HDD de fato não seria rápido o suficiente para ficar sincronizado. (Por outro lado, é possível fazer mineração solo no blockchain Ethereum usando o que é conhecido como blockchain *podado [pruned]*, que não possui os dados históricos essenciais, sendo, portanto, muito menor.)

Os SSDs são muito mais caros que os HDDs, mas muito mais rápidos, e podem ajudar os equipamentos de mineração solo a ler e escrever rapidamente os dados na armazenagem. Isso não é necessário para a mineração em piscinas, mas, na mineração solo, cada (fração de) segundo conta. Se está tentando baixar, sincronizar e verificar um blockchain, por exemplo, não poderá nem mesmo acompanhar em tempo real os blocos sendo acrescentados à corrente sem usar um SSD, visto que um HDD é lento demais. (Por outro lado, isso não será um problema para a maioria das criptomoedas.)

Os drives são conectados à placa-mãe, geralmente usando um cabo Serial ATA (SATA), e também conectados à fonte por meio de um cabo de energia com seis pinos PCIe.

Ventiladores

O fluxo de ar é essencial para qualquer aplicação de mineração, uma vez que os processos computacionais geram uma boa quantidade de calor. As GPUs mais apropriadas para a mineração de criptomoedas têm ventiladores embutidos, para resfriar grandes dissipações de calor. Também será necessário um ventilador de CPU. O frame da plataforma de mineração em si também pode ser equipado para empilhar alguns ventiladores externos à unidade. Estes podem ser conectados à placa-mãe por meio de conexões de quatro pinos que ajudarão a dissipar o calor da plataforma de mineração e manter seu equipamento operando de maneira ideal.

Assegure-se de que as conexões estejam firmemente instaladas e plugadas em sua plataforma de mineração GPU. Uma vez online, o próximo passo é o software a ser utilizado para sua plataforma, direcionado à piscina que escolheu para o blockchain da criptomoeda.

Sistema operacional, mouse, teclado e monitor

Diferentemente de trabalhar com um ASIC, que precisa de um computador externo para gerenciá-lo, sua GPU será gerenciada pelo sistema operacional armazenado no HDD ou no SSD instalados no frame. A plataforma GPU de mineração em si é um computador. Como seu PC desktop ou notebook, ela tem uma placa-mãe, CPU, RAM em um disco rígido.

Caso tenha comprado uma plataforma GPU pré-montada, é provável que já tenha um sistema operacional incluído. A plataforma Shark Mining, que analisamos anteriormente na seção "Plataformas GPU de Mineração", tem um sistema chamado SharkOS instalado, que é baseado no Linux e com software de mineração incluído, e a plataforma MiningSky V1 GPU Mining Rig vem com Windows pré-instalado no disco (embora não seja registrado). Caso contrário, você terá de instalar um sistema operacional, provavelmente baixado para o disco rígido da plataforma por meio de uma conexão com a internet.

Observe que alguns softwares que analisamos neste capítulo, como o SharkOS, também combinam o sistema operacional e o software de mineração. Você instala o sistema operacional, e ele vem com as funções de mineração prontas para serem usadas.

Você também precisará controlar o computador da plataforma GPU, então serão necessários um mouse, teclado e monitor. (Algumas, como a plataforma Shark Mining, podem ter um touch screen embutido.)

Mineração com CPU

A mineração com CPU foi bastante popular e, de fato, o único método de mineração nos primeiros dias do Bitcoin e de outras criptomoedas, antes do ASIC. Desde então, o hardware especializado em mineração evoluiu, ficando cada vez mais eficiente. No entanto, ainda é viável minerar com CPU em várias criptomoedas menores, ou que desencorajam intencionalmente o desenvolvimento dos ASICs, como Monero. Atualmente, quase ninguém monta "plataformas" CPU; isso acontece mais quando se tem um computador extra parado, ou se, tendo uma plataforma GPU operando, talvez se queira usar a CPU também nela. A CPU está lá, controlando as placas GPU, então por que não usar esse poder computacional adicional, que está ocioso, para minerar também?

A maneira mais fácil de minerar com uma CPU em uma máquina extra é usando software de piscina, como Honeyminer & niceHash. Também é possível usar outros programas, como EasyMiner e Hive OS.

Se quiser fazer mineração solo, geralmente precisará instalar o software principal da criptomoeda no computador com a CPU que planeja utilizar, embora existam alguns outros programas para mineração solo disponíveis. Falaremos mais sobre os softwares de mineração na próxima seção.

LEMBRE-SE Com qualquer forma de mineração, é necessário entender os números e se é possível minerar lucrativamente (veja o Capítulo 11). Isso é ainda mais importante na mineração com CPU, que tem muito menos chances de ser lucrativa.

Software de Mineração

Com o hardware funcionando, será necessário instalar o software apropriado. Qual software você usará depende de algumas coisas, como se está minerando na piscina ou solo, a configuração do hardware (ASIC, GPU ou CPU) e a criptomoeda específica que planeja minerar.

Em alguns casos, o software de mineração substitui todo o sistema operacional (ethOS e Braiins OS, por exemplo), mas, em outros casos, ele é um software de aplicação que funciona dentro de outro sistema operacional, normalmente Microsoft Windows, Linux ou Apple's macOS (como Multiminer, niceHash e Honeyminer).

Mineração em piscina

A mineração em piscina (pool mining) é um sistema de cooperativa de mineração no qual milhares de mineradores individuais trabalham juntos para minerar blocos e dividir as recompensas proporcionalmente a suas contribuições de poder de hash.

Recomendamos a mineração em piscina para obter recompensas estáveis e consistentes, e posteriormente nesta seção analisaremos algumas opções de software para configurar sua plataforma (CPUs, ASICs e GPUs) e começar em uma piscina. Algumas pessoas trabalham com os três sistemas, enquanto outras ficam com dois ou apenas um deles.

LEMBRE-SE Caso tenha comprado uma plataforma ASIC ou uma GPU pré-montada, é muito provável que já tenha um software de mineração instalado nela. As plataformas ASIC de mineração geralmente vêm equipadas com um sistema operacional disponibilizado pelo fabricante (rodando na placa de controle do ASIC), com uma interface gráfica simples de usuário. Você trabalhará com esse sistema operacional a partir de outro computador, conectado a sua rede local; use um navegador para acessar o endereço IP da unidade na LAN.

Leia os manuais do fabricante para configurar corretamente o software de mineração. Consulte a Figura 10-6 para ver o print de uma GUI de mineração comum do fabricante, que mostra a tela de configuração da piscina no software incluído no ASIC Bitmain, e a discussão anteriormente neste capítulo na seção "Um computador para controlar sua plataforma". Caso tenha comprado um frame pré-montado para GPU, muito possivelmente ele tenha vindo com um sistema operacional e com um software de mineração.

Porém, muitos desses sistemas disponibilizados pelos fabricantes não têm código aberto. Algumas implementações têm mostrado tendências de problemas, como backdoors, monitoramento remoto, falta de overclock total ou outras limitações de eficiência, então os mineradores geralmente substituem o software do fabricante. (Se estiver interessado em saber mais sobre as possíveis limitações de eficiência ou os backdoors, pesquise sobre *bitmain asicboost scandal* e *antbleed scandal*.)

Muitos programas disponíveis para download são projetados especificamente para a mineração de criptomoedas. No entanto, vários deles vêm de fontes não confiáveis, e alguns podem incluir malwares ou outros vírus de computador. Compilamos uma lista de alguns softwares de mineração confiáveis, projetados para minerar nas piscinas. [Os links apresentam conteúdo em inglês.]

» **ethOS:** Este sistema operacional baseado no Linux para plataformas GPU de mineração é altamente recomendado para aplicações GPU de mineração em piscinas e é fácil de instalar, configurar e operar (para quem já trabalhou com o Linux!). O ethOS atualmente tem suporte para mineração de Ethereum, ZCash, Monero e outras. É um software gratuito e licenciado pela Licença Pública Geral (GNU), mas é altamente recomendável que você compre uma cópia, para apoiar o desenvolvimento contínuo do software. (Embora seja gratuito, ele não tem código aberto; de acordo com o site, ele é oferecido pela *"Licença do Pequeno Bode com Olhos Vermelhos. Você deveria comprar um ethOS da gpuShack.com para cada plataforma na qual pretenda rodar o programa. Caso não faça isso, um pequeno bode com olhos vermelhos irá visitá-lo enquanto você dorme".*) Você pode fazer o download direto do software ou pode comprar um pen drive ou SSD com o arquivo. Siga as instruções para configurar e fazer hashes em sua plataforma de mineração. http://ethosdistro.com

» **H4SHR8:** O HashrateOS é um sistema operacional tanto para hardwares de mineração GPU quanto para ASIC. É baseado no Linux e foi projetado especificamente para minerar criptomoedas. Ele suporta diversos algoritmos de mineração e implantações de hardware. Ainda não foi lançado ao público, mas pode estar disponível no momento em que está lendo este livro. https://hashr8.com

» **niceHash:** É um software de serviço de mineração em piscina e de configuração de mineração (que também permite a compra e venda da taxa de hash; veja o Capítulo 7) para uma grande variedade de diferentes criptomoedas. É desenvolvido especificamente para minerar por meio de GPUs, ASICs e CPUs e funciona apenas no sistema operacional do Windows. Assim, é possível minerar com GPU ao instalá-lo no Windows de sua plataforma e também minerar com CPU ao executá-lo em seu PC com Windows, para usar a CPU desse computador. Para minerar com ASIC, siga as instruções para direcionar sua plataforma ASIC para seu servidor (veja a Figura 10-18). Leia os manuais para fazer a configuração completa e começar a fazer hashes. www.nicehash.com

» **Honeyminer:** Este é outro serviço de mineração em piscina que disponibiliza seu próprio software para trabalhar (Windows e macOS da Apple). É possível usá-lo em seu desktop (ou plataforma GPU de mineração, se o Windows estiver instalado) para minerar com qualquer CPU e GPU que o software encontrar. Ele fará a mineração de qualquer moeda que seja mais lucrativa, mas paga as recompensas em Satoshi, a menor denominação de bitcoin. Leia os manuais para fazer a configuração completa e começar a fazer hashes. https://honeyminer.com

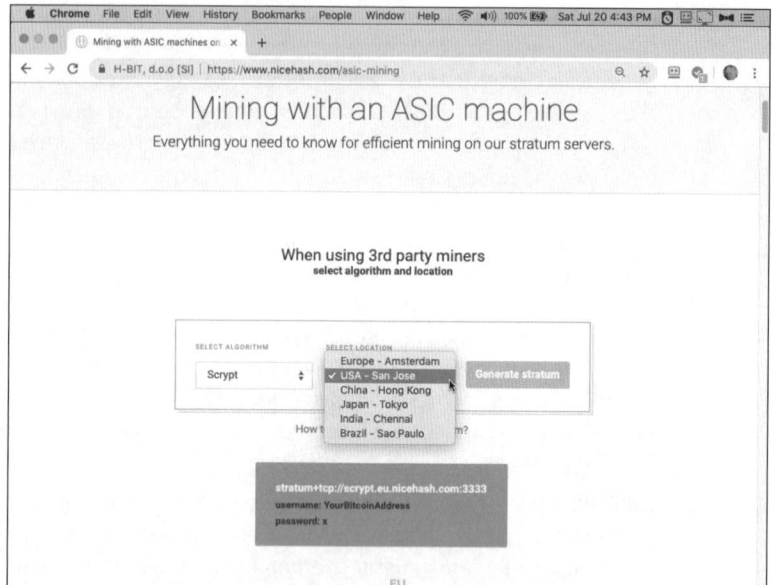

FIGURA 10-18: Para minerar com ASIC no niceHash, escolha um algoritmo e local do servidor, e o niceHash mostrará como configurar seu ASIC.

» **Easyminer:** Esta ferramenta de mineração gratuita e com código aberto permite a mineração de várias moedas, como Bitcoin, Dogecoin, Litecoin e outras. Pode ser configurada para minerar com CPUs, GPUs e ASICs, podendo minerar direcionada para uma piscina, bem como para mineração solo. Funciona apenas no Microsoft Windows. `www.easyminer.net`

» **Hive OS:** É um sistema operacional gratuito para até três plataformas de mineração, mas cobra uma taxa mensal para uso em maior escala. Pode ser configurado para minerar com CPUs e GPUs, bem como com ASICs, e pode minerar uma variedade de algoritmos de hash. `https://hiveos.farm`

» **SimpleMiningOS:** Este sistema operacional baseado no Linux para mineração com GPU cobra uma taxa mensal de US$2 para uma plataforma (o preço diminui quanto mais plataformas tiver). Suporta a mineração de Ethereum, bem como uma grande variedade de outras criptomoedas. `https://simplemining.com`

» **Braiins OS:** É uma ótima alternativa às GUIs online fornecidas pelos fabricantes quando minera bitcoin em plataformas ASIC. Tem código aberto, é completamente auditável e o sistema operacional é desenvolvido para os ASICs Antminer S9 e DragonMint T1 (talvez outros, no momento em que lê este livro). Em alguns casos de hardware, ele permite um aumento de poder de hash com os mesmos gastos elétricos, aumentando sua eficiência e seus retornos. Siga os manuais e o guia de instalação para rodá-lo na placa de controle de sua plataforma, configurar tudo certinho e começar a fazer hashes na piscina de sua escolha. https://braiins-os.org

» **Mother of Dragons:** É um software que roda em Linux (implementações como Debian, Ubuntu ou CentOS) ou em outros computadores baseados em Linux conectados na LAN, como Raspberry Pi (um computador minúsculo, barato e com apenas uma placa; veja www.raspberrypi.org). Você faz as configurações — servidor da piscina, usuário, senha, velocidade de relógio e de ventilador — e o software detecta automaticamente o ASIC (da variedade DragonMint/Innosilicon T1/T2/B29/B52/A9) conectado à sua rede e altera as configurações. Ele tem um sistema de monitoramento embutido e também atualiza o firmware de seu ASIC, bem como faz o reboot dos equipamentos que ficam offline. Ele elimina bastante trabalho, mas é desenvolvido para usuários avançados. Siga as orientações da seguinte página no GitHub para as configurações: https://github.com/brndnmtthws/mother-of-dragons

» **MultiMiner:** É uma ferramenta de mineração com código aberto projetada para Windows, Linux e macOS. Foi desenvolvida para funcionar com GPUs, ASICs e FPGAs (Arranjo de Portas Programáveis em Campo). O MultiMiner na verdade usa o mecanismo de mineração BFGMiner (que analisamos posteriormente neste capítulo na seção "Mineração solo") em combinação com uma interface fácil de usar, com configurações e monitoramento simples. Pode ser configurado para minerar em piscinas e, como o Mother of Dragons, tem sistemas de monitoramento e atualizações automáticas. www.multiminerapp.com/

FPGA?

Falamos sobre os chips FPGA (Arranjo de Portas Programáveis em Campo) no Capítulo 5. São para mineradores realmente avançados e especialistas, e não algo para os iniciantes experimentarem, uma vez que podem ser muito difíceis de se trabalhar. Os FPGAs são chips configuráveis de computador — como uma folha em branco, na verdade. Diferentemente da maioria dos chips, que vêm dos fabricantes já configurados e prontos para uso, os FPGAs são desenvolvidos para serem configurados pelo usuário.

Os chips FPGA às vezes são usados para minerar criptomoedas, como Monero, que desencorajam o usuário de ASICs. A comunidade Monero muda o algoritmo periodicamente para dificultar que os fabricantes desenvolvam, fabriquem e distribuam ASICs para Monero. (No momento em que um ASIC pode ser comercializado, o algoritmo muda novamente.) Mineradores especialistas usam FPGA como uma forma mais eficiente de minerar Monero do que com uma CPU ou GPU. Eles reprogramam os chips quando o algoritmo é alterado. De fato, são ASICs caseiros, embora não sejam tão eficientes como um ASIC verdadeiro. Também podem ser usados para moedas menores e menos populares, que não têm um grande mercado que encoraje os fabricantes a desenvolverem ASICs para elas.

PAPO DE ESPECIALISTA

Embora a configuração de softwares de mineração em piscinas para Windows e macOS em notebooks ou desktops geralmente seja bem simples (como você pode ver no Capítulo 7, por exemplo), trabalhar com alguns desses outros sistemas pode ser muito mais complicado.

Configurar, digamos, ethOS ou Braiins OS pode ser bem simples para usuários avançados de Linux. No entanto, caso nunca tenha se aventurado com outros sistemas operacionais além do Windows ou macOS, ou se pretende deixar seu computador com o "cara da informática" para que resolva o processo complicado de instalação do software, então algumas dessas coisas estarão fora de sua zona de experiência. Será necessário encontrar algum amigo especialista em informática para ajudar, ou compreender que terá de ler as instruções com muito cuidado e, muito provavelmente, gastar bastante tempo de aprendizado para conseguir realizar o trabalho.

CUIDADO

A maioria dos softwares de mineração é desenvolvida para ASICs e GPUs, porque são os sistemas mais eficientes e o tipo de sistema usado pela maioria dos mineradores experientes. As criptomoedas que não usam ASIC, como Monero, são exceção, pois são projetadas para serem mineradas com CPUs e GPUs. (Se você minera com GPU, pode minerar com CPU também, mas as GPUs são muito mais potentes.) Alguns programas de mineração fazem uso das CPUs. No entanto, em muitos casos, mineradores que mineram Monero ou outras criptomoedas menores com CPU apenas usam o *core software* — aquele disponibilizado pela própria criptomoeda, seja no site da criptomoeda ou na página dela no GitHub. Porém, é difícil ter lucratividade com esse tipo de mineração. A maioria dos mineradores de Monero usa GPU, embora usem, com frequência, a CPU adicionalmente, na plataforma GPU.

Em geral, não vale a pena minerar com CPU. Caso esta seja sua intenção, talvez os únicos softwares que faça sentido usar são o niceHash e o Honeyminer.

Mineração solo

A mineração solo não é recomendada, a menos que você tenha feito as contas cuidadosamente (veja o Capítulo 11) e tenha certeza de que vale a pena. É necessário entender completamente e aceitar as chances (que podem ser baixas), ou você precisará de poder de hash da rede significativo o suficiente para garantir a lucratividade. Tendo dito isso, várias implementações de software permitem a configuração da mineração solo.

PAPO DE ESPECIALISTA

A maioria das ferramentas de mineração solo exige que você baixe e sincronize um nó completo da criptomoeda que pretende minerar em um sistema separado de comutador em sua rede, e depois direcione o software rodando em sua plataforma ASIC ou GPU para o nó completo daquele computador. Pesquise bastante sobre o software que planeja usar antes de colocar seu equipamento de mineração para funcionar.

Veja, a seguir, uma lista de softwares para mineração solo [os sites têm conteúdo em inglês]:

- **Core Cryptocurrency Software:** Algumas criptomoedas, como Monero, têm a funcionalidade de mineração incorporada na GUI do core software do nó completo (o Bitcoin tinha também, mas foi removido). É só fazer o download do nó principal, sincronizá-lo com o blockchain (o que pode demorar um pouco) e habilitar a mineração na aba "Mining". Consulte o site da criptomoeda para obter o software para download e os manuais. Veja, por exemplo (para Monero): `https://web.getmonero.org/get-started/mining`

- **CGMiner:** É um software de código aberto criado para a mineração de Bitcoin com ASICs ou FPGAs e funciona em Linux, Windows e macOS. Seu código-base também é aberto. `https://en.bitcoin.it/wiki/CGMiner`

- **BTCMiner:** É um software desenvolvido para a mineração de Bitcoin com FPGA e com código aberto. Funciona em Windows ou Linux. `https://en.bitcoin.it/wiki/BTCMiner`

- **BFGMiner:** Este software gratuito e com código aberto roda em Windows, macOS e Linux, e pode ser configurado para mineração com CPUs, GPUs, FPGAs e ASICs. `https://en.bitcoin.it/wiki/BFGMiner`

4 A Economia da Mineração

NESTA PARTE...

Coletando os dados necessários.

Calculando a lucratividade da mineração em piscinas.

Calculando a lucratividade da mineração solo.

Minerando com eficiência.

Calculando a lucratividade da mineração.

Mantendo-se informado.

Lucrando com forks.

Gerenciando seus lucros e deixando o "leão" feliz.

> **NESTE CAPÍTULO**
> » Entendendo o que dá lucratividade
> » Aprendendo os cálculos de recompensa
> » Estimando os recursos de seu equipamento
> » Criando uma estimativa de retorno sobre o investimento
> » Elaborando uma análise personalizada de custo-benefício

Capítulo **11**

Fazendo as Contas: Vale a Pena?

A melhor maneira de evitar os investimentos ruins no setor de mineração de criptomoedas é fazer seu dever de casa e pesquisar antes de investir qualquer quantia significativa em serviços de mineração na nuvem, hardware pessoal para minerar ou em compra de taxa de hash. É realmente necessário compreender os números para poder ver se tem chances ou não de ganhar dinheiro.

Neste capítulo, passamos por vários aspectos referentes aos equipamentos de mineração de criptomoedas e referenciais de utilização que podem ajudá-lo a descobrir se seus preparativos levarão à lucratividade com a mineração.

Fatores Determinantes da Lucratividade com Mineração

Há diversos fatores a serem considerados quando calculamos a taxa de retorno sobre o investimento (ROI):

- » Custo do equipamento.
- » Taxa de hash do equipamento.
- » Eficiência do equipamento.
- » Custos de manutenção.
- » Custos com instalações (aluguel, refrigeração etc.).
- » Custos de eletricidade para operar seu equipamento.
- » Taxa total de hash da rede da criptomoeda que planeja minerar.
- » Se está minerando em uma piscina (veja o Capítulo 7), a proporção da taxa total de hash da rede disponibilizada pela piscina e as taxas cobradas.
- » Ganhos com o bloco (subsídio do bloco e taxas de transações).
- » Taxa de conversão da criptomoeda para sua moeda fiduciária local.

Nas seções a seguir, analisamos essas coisas uma por uma e, depois, colocamos todas juntas, para calcular seu possível ROI.

Custo do equipamento

Um fator importante e determinante da lucratividade da mineração são os custos iniciais de seu equipamento. Esses custos são, em geral, a maior parte das despesas de capitais (CapEx — Capital Expenditures) para as empreitadas de mineração de criptomoedas. *CapEx* é definido como os custos incorridos pelas empresas ou organizações para garantir equipamentos, ativos ou locais.

Os equipamentos novos de mineração de criptomoedas, tanto as GPUs potentes como os Circuitos Integrados de Aplicação Específica (ASICs), têm os preços de compra variando muito, dependendo da demanda e do sentimento de mercado. No momento da escrita deste capítulo, os preços de mercado para algumas plataformas de mineração top de linha com SHA-256 ASIC variam de US$10 a US$60 por TH/s. (A Figura 11-1 mostra um panorama desses dados por plataforma de mineração, e a Figura 11-2 mostra o custo normalizado por TH/s). Essa variação no preço depende, em maior parte, da idade do equipamento e da eficiência da unidade (a quantidade de eletricidade consumida por TH/s; veja o Capítulo 9), assim como da popularidade e idade da plataforma de mineração. O custo por TH/s é maior para hardwares mais novos e eficientes. Equipamentos mais velhos e menos potentes são geralmente vendidos com preços mais baixos, enquanto os de última geração e com maior eficiência elétrica são vendidos com preços nas alturas. Na verdade, é difícil, às vezes, comprar novos lançamentos de ASICs pelo preço para varejo sugerido pelo fabricante, uma vez que os estoques ainda estão baixos e os especuladores compram tudo e revendem por preços mais altos, às vezes duas ou três vezes o preço original.

FIGURA 11-1: Preço em dólares americanos para compra, no momento de escrita deste capítulo, de alguns ASICs SHA-256 mais recentes e potentes para mineração de bitcoin.

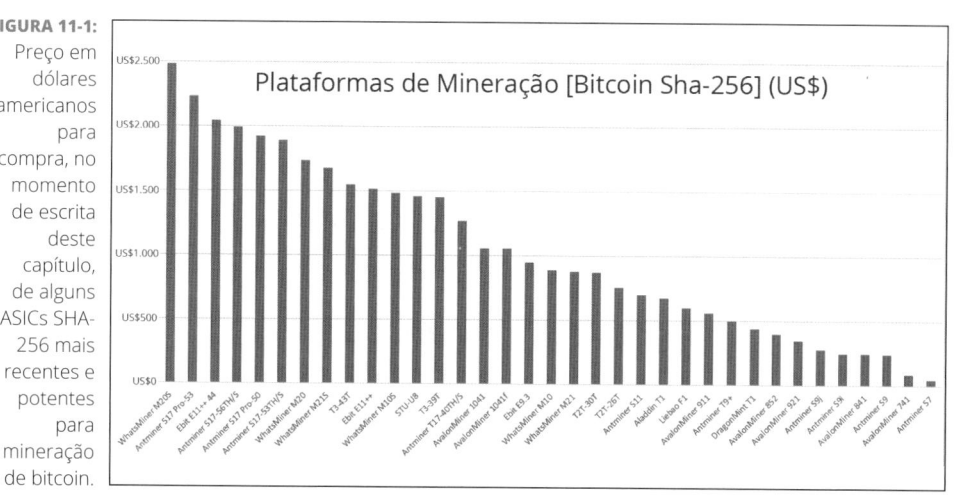

Portanto, há um equilíbrio a ser considerado aqui. Se o ASIC A é mais barato que o ASIC B em termos de TH/s, talvez o seja por ser menos eficiente; quer dizer, pode estar lhe custando mais em eletricidade para cada terahash por segundo (cada trilhão de operações de hash por segundo). Veja no Capítulo 9 uma discriminação da eficiência dos equipamentos de mineração para vários algoritmos de hash.

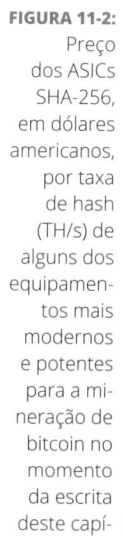

FIGURA 11-2: Preço dos ASICs SHA-256, em dólares americanos, por taxa de hash (TH/s) de alguns dos equipamentos mais modernos e potentes para a mineração de bitcoin no momento da escrita deste capítulo.

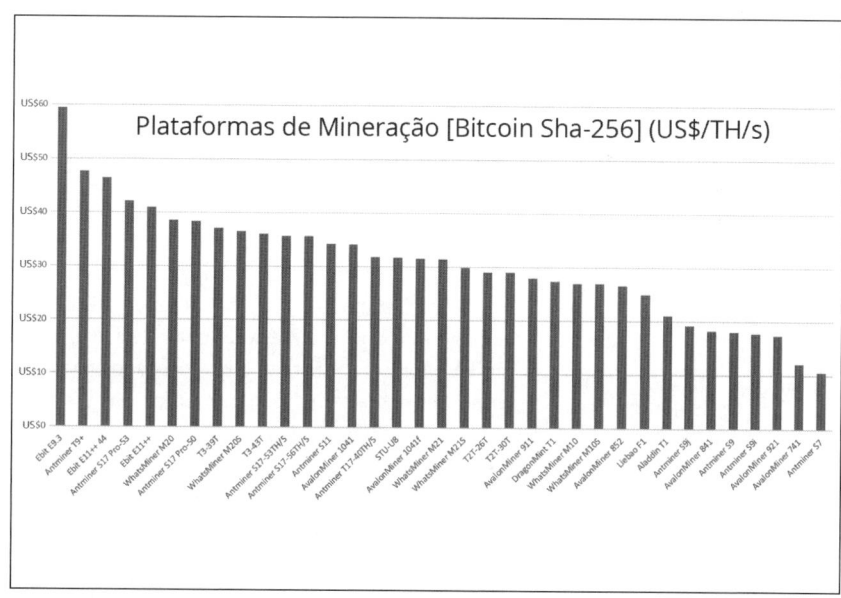

Taxa de hash de seu equipamento

Você precisa saber qual é a taxa de hash de seu equipamento ou do que pretende comprar. Há algumas formas de descobrir isso.

CAPÍTULO 11 **Fazendo as Contas: Vale a Pena?** 207

LEMBRE-SE

Queremos reiterar que seu equipamento não tem uma taxa de hash; ele tem uma taxa de hash especificada para determinado algoritmo de mineração. Os ASICs, é claro, são projetados para um determinado algoritmo, mas as CPUs e GPUs podem ser usadas com diversas criptomoedas e seus algoritmos. Assim, uma GPU, por exemplo, pode ter taxas de hash diferentes, dependendo de quais criptomoedas você está interessado em minerar. Então, antes de descobrir qual é a taxa de hash de sua CPU ou GPU, é necessário saber para *qual* algoritmo está tentando descobrir a taxa de hash de seu hardware.

Classificações do fabricante de ASIC

Caso tenha comprado, ou planeje comprar, um ASIC, o trabalho é fácil; o fabricante deve disponibilizar a classificação de taxa de hash do equipamento. (Consulte o Capítulo 9 para ver uma lista das taxas de hash especificadas pelos fabricantes, em terahash/segundo, para alguns dos ASICs SHA-256 para mineração de Bitcoin disponíveis no mercado atualmente.) Como sempre, no entanto, não deixe de fazer seu dever de casa e ter a diligência devida. Pesquise as documentações do fabricante antes de comprar e estude os fóruns, como BitcoinTalk.org, ou sites de mídia social, como Twitter ou Reddit, para encontrar debates relacionados ao seu equipamento de mineração em potencial.

Na Figura 11-3, você pode ver os ASICs vendidos na Amazon. Observe o texto na descrição do produto informando a taxa de hash: AntMiner L3+ ~504MH/s, AntMiner V9 ~4TH/s, AntMiner S9 ~14.0TH/s, AntMiner V9 ~4TH/s (~ é o símbolo matemático para *aproximadamente*).

> **HASHES VERSUS SOLUÇÕES**
>
> Infelizmente, há muita confusão na comunidade Equihash sobre *soluções* e *hashes*, e como se relacionam. Essa confusão se dá porque os algoritmos das criptomoedas são coisas complicadas, e é possível minerar sem compreendê-los. Os mineradores precisam saber como configurar e operar o software e hardware relevantes, mas não precisam entender o funcionamento do algoritmo subjacente e muito complexo. Poucos mineradores entendem profundamente os algoritmos que estão usando.
>
> Porém, essa falta de compreensão tem causado um certo problema: embora alguns equipamentos possam ser classificados em *soluções por segundo*, algumas calculadoras online de mineração para as criptomoedas Equihash exigem que você informe os *hashes por segundo* de seu equipamento. Enquanto a Minergate (https://minergate.com/calculator/equihash) usa soluções/segundo, por exemplo, a WhatToMine (https://whattomine.com/coins/166-zec-equihash), a CryptoCompare (www.cryptocompare.com/mining/calculator/zec) e a MinerStat (https://minerstat.com/coin/ARRR [conteúdos em inglês]) usam hashes/segundo.

As soluções — ou *sols*, como são conhecidas na comunidade Equihash — dão as soluções para o desafio Equihash Proof of Work. O enigma da Equihash é uma variação do que é conhecido como o Paradoxo do Aniversário (com *x* número de pessoas na sala, qual é a possibilidade de duas pessoas terem a mesma data de aniversário). Assim como o algoritmo SHA-256 do Bitcoin, no qual cada hash é testado contra um alvo (veja o Capítulo 3), com Equihash, cada "solução" é testada contra um alvo. Na verdade, o Equihash não usa os hashes da mesma forma que o SHA-256, e hashes por segundo é realmente uma métrica inadequada; soluções por segundo é mais correta.

Mesmo assim, algumas vezes você verá a métrica hashes/segundo usada em relação ao Equihash e pode geralmente presumir que, na verdade, significa soluções/segundo. Caso planeje minerar uma criptomoeda Equihash, no entanto, é importante estar seguro disso em momentos importantes, como ao fazer cálculos de rentabilidade com base em hashes/segundo expressos.

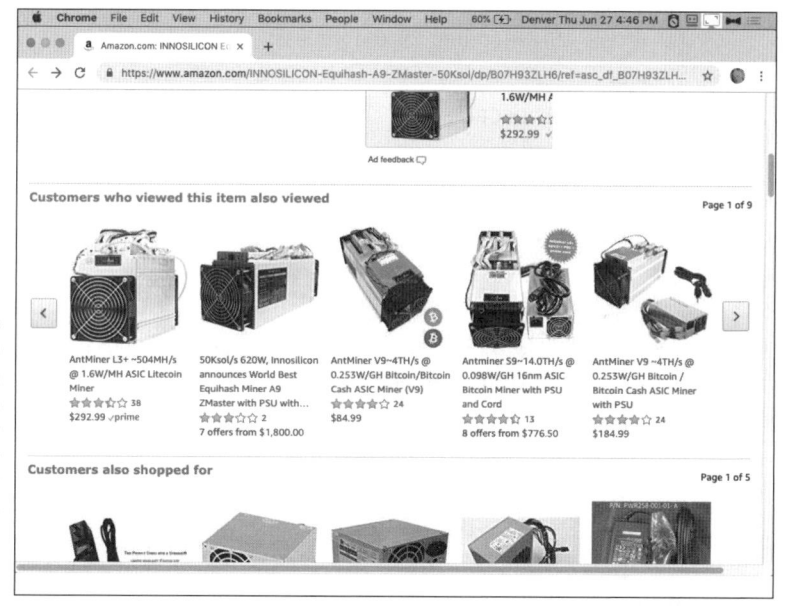

FIGURA 11-3: Print da página da Amazon mostrando as classificações de várias plataformas de mineração ASIC.

PAPO DE ESPECIALISTA

E o dispositivo Innosilicon que produz 50Ksol/s? Isso representa 50 mil *soluções* por segundo, um termo que você talvez ouça de vez em quando, em especial com relação ao algoritmo Equihash, usado pelo ZCash e por outras criptomoedas, como Bitcoin Gold e Komodo. (Veja no Capítulo 8 uma discriminação das criptomoedas por algoritmo.)

Talvez nem sempre consiga encontrar a taxa de hash de um dispositivo que está considerando usar listado no site de uma loja, sendo que, neste caso, é importante acessar o site do fabricante para obter os detalhes. Veja no Capítulo 9 a lista de alguns dos fabricantes de equipamentos ASIC e de GPUs pré-montadas para mineração.

Sites de referência de processadores

Outra maneira de descobrir qual é a taxa de hash de seu equipamento é consultar sites de referência [benchmark] de terceiros que comercializam equipamentos de mineração. Em especial, são úteis se você está planejando minerar com CPUs ou GPUs, pois a taxa de hash não é publicada pelos fabricantes (porque não são desenvolvidos para a mineração de criptomoedas!).

LEMBRE-SE A taxa de hash depende não apenas da potência do equipamento, mas do algoritmo usado pela criptomoeda. Uma GPU terá uma taxa de hash de x na criptomoeda A, mas de y na criptomoeda B.

Esses sites podem ser uma mão na roda. No entanto, não apresentam todos os processadores, então talvez você não tenha a sorte de encontrar os dados de que precisa. (Por outro lado, talvez possa fazer uma estimativa — encontre o equipamento que *está* classificado e que seja similar ao seu, com base em métricas mais gerais de CPU e GPU.)

Confira a lista a seguir com sites de referência para vários dispositivos, incluindo CPUs, GPUs e ASICs [conteúdos em inglês]:

» **Referências de CPU**
  - Monero `https://monerobenchmarks.info`

» **Referências de GPU**
  - Bitcoin Wiki `https://en.bitcoin.it/wiki/Non-specialized_hardware_comparison`
  - Especificações de GPU — What to mine `https://whattomine.com`
  - Listas de GPUs — Mining Champ `https://miningchamp.com`

» **Equipamento ASIC SHA-256**
  - Cryptomining Tools `https://cryptomining.tools/compare-mining-hardware`
  - Bitcoin Wiki `https://en.bitcoin.it/wiki/Mining_hardware_comparison`

Também é possível encontrar ferramentas que combinam informações relacionadas ao desempenho do equipamento com uma calculadora de lucratividade real. Veja, por exemplo, `https://whattomine.com/miners`.

Piscinas de mineração

Outra maneira de descobrir o poder de hash de seu equipamento é usá-lo para minerar. Encontre uma piscina de mineração com boa reputação para a criptomoeda na qual está interessado, crie uma conta, configure sua máquina e deixe-a rodar por um tempo. O software da piscina lhe dirá qual é sua taxa de hash para aquela criptomoeda. Veja o Capítulo 7 para ter mais informações sobre as piscinas de mineração.

Testadores de processador para baixar

Se o equipamento que está tentando usar para a mineração de criptomoedas não tem as especificações de taxa de hash listadas pelo fabricante, em nenhum dos sites de referência anteriores, e você não quer a dor de cabeça de ter de criar uma conta na piscina, pode haver outra opção para descobrir sua taxa de hash.

Faça uma busca online com a frase *qual é minha taxa de hash* ou algo parecido, e provavelmente encontrará sites que disponibilizam programas para executar em seu sistema e informar a taxa. Em geral, eles fazem isso realmente minerando, então o site que fornece o download está usando a potência de seu processador para minerar e ganhar criptomoedas.

CUIDADO

Porém, tenha cuidado com esses sites. Eles podem vir também com adware, malware ou algo pior! Não recomendamos usar esses serviços, a menos que tenha absoluta certeza de que são seguros. (Não nos sentimos seguros o suficiente com nenhum para de fato fazer uma lista aqui, então, faça uma boa pesquisa antes de usá-los e faça o download a seu próprio risco.)

Eficiência da plataforma de mineração

Além dos gastos operacionais e de capital, o próximo fator mais importante em uma análise de custo-benefício para sua operação de mineração é a eficiência de seu equipamento. Esse número é determinado pela taxa de hash de seu equipamento de mineração (hashes por segundo), assim como pelo consumo de energia elétrica da unidade, geralmente medido em watts.

Lembre-se de que, como vimos no Capítulo 9, esses dois dados podem ser combinados para formar uma métrica de eficiência para cada equipamento. Essa eficiência da plataforma é normalmente especificada em joules por terahash por segundo (ou, dependendo do equipamento, joules por gigahash, ou joules por megahash). (Lá no Capítulo 9, vimos que um joule é uma unidade de energia que pode ser considerada equivalente a um watt de consumo de energia por segundo.) Um terahash é 1 trilhão de hashes, um gigahash é 1 bilhão, e um megahash é 1 milhão. Veja no Capítulo 9 os números sobre a eficiência de ASICs populares rodando alguns dos algoritmos de hash mais comuns.

Capacidade funcional da taxa de hash

A eficácia da plataforma de mineração e, portanto, sua rentabilidade dependem da taxa de hash que o equipamento pode entregar em relação ao algoritmo Proof of Work do blockchain para a criptomoeda que escolher minerar — ou seja, quantos hashes o equipamento pode processar por segundo. Quanto mais hashes seu equipamento processa a cada segundo, maior será sua proporção da taxa de hash da rede, e mais criptomoedas mineradas você ganhará. (Lembre-se: como explicamos nos Capítulos 8 e 9, em geral e durante um longo tempo, você ganhará uma proporção das recompensas da mineração da rede, igual à proporção da taxa de hash que fornece à rede.)

Veja no Capítulo 9 um gráfico com as classificações das taxas de hash de ASICs SHA-256 para mineração de Bitcoin populares, assim como de outros algoritmos de hash. Para ver um resumo rápido dos recursos estimados de taxa de hash de GPUs para o algoritmo Ethash do Ethereum, consulte a Figura 11-4. As classificações vão de 5 a 40 megahashs por segundo, não incluem o overclocking da GPU e são apenas estimativas.

PAPO DE ESPECIALISTA

Overclocking é um termo usado para descrever o aumento de produção de um processador de computador, acima da faixa-padrão do fabricante, aumentando o ciclo, ou frequência, do relógio, o que pode ser feito, às vezes, pela BIOS ou pelo software do fabricante. Por exemplo, para fazer o overclock em um hardware, é possível aumentar sua frequência nas configurações de 600MHz para 750MHz. (*MHz* ou *Megahertz* é uma unidade de medida de frequência e equivale a 1 milhão de vezes por segundo.) O overclocking produz mais calor e consome mais eletricidade, mas definitivamente produz mais capacidade de taxa de hash em uma aplicação de mineração de criptomoeda. Essa prática é difícil em unidades de processamento e pode diminuir a vida útil do equipamento, embora os mineradores às vezes façam isso. Por exemplo, talvez um minerador faça o overclocking em um equipamento que, sabidamente, já está nas últimas, porque sua taxa de hash está caindo rapidamente como porcentagem da taxa de hash da rede.

FIGURA 11-4: Taxas de hash para várias GPUs comuns, minerando Ether e usando o algoritmo Ethash do Ethereum Proof of Work.

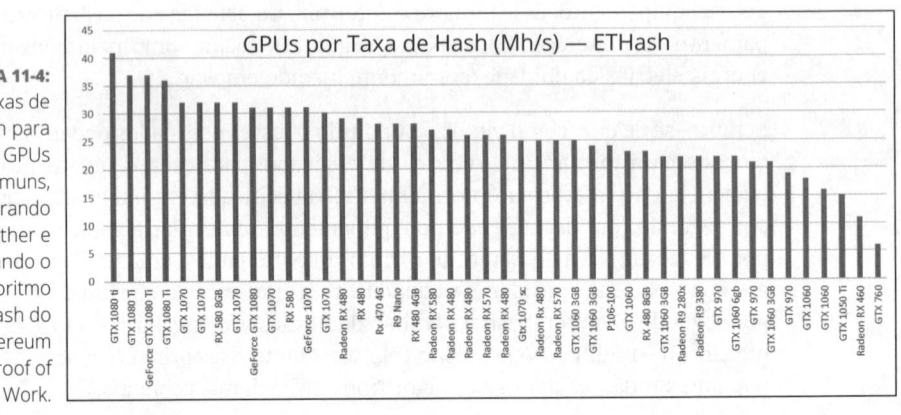

Eficiência

A combinação da taxa de hash do equipamento de mineração com seu consumo de eletricidade fornece uma métrica importante para determinar a eficiência de seu hardware. Quanto mais eficiente for, mais lucrativo será.

Como analisamos no Capítulo 9, a eficiência é normalmente definida como o trabalho útil realizado dividido pela energia gasta para tanto. No entanto, em termos de hardware de mineração, os fabricantes geralmente listam essa métrica ao contrário. A eficiência do equipamento de mineração é frequentemente listada como a energia gasta (joules) dividida pelo trabalho realizado (hashes/segundo).

Veja no Capítulo 9 uma comparação de eficiência de diversos SHA-256 da rede Bitcoin e outros hardwares ASIC de mineração que usam algoritmos comuns. Na Figura 11-5, você pode ver uma comparação de eficiência para uma variedade de placas GPU quando usadas para minerar o algoritmo de hash Ethas, do Ethereum. A unidade comum usada para classificá-las por eficiência é joules por megahash por segundo, ou J/Mh/s.

FIGURA 11-5: Comparação de eficiência (em J/Mh/s) de várias Unidades de Processamento Gráfico minerando o algoritmo Ethash Proof of Work no blockchain do Ethereum.

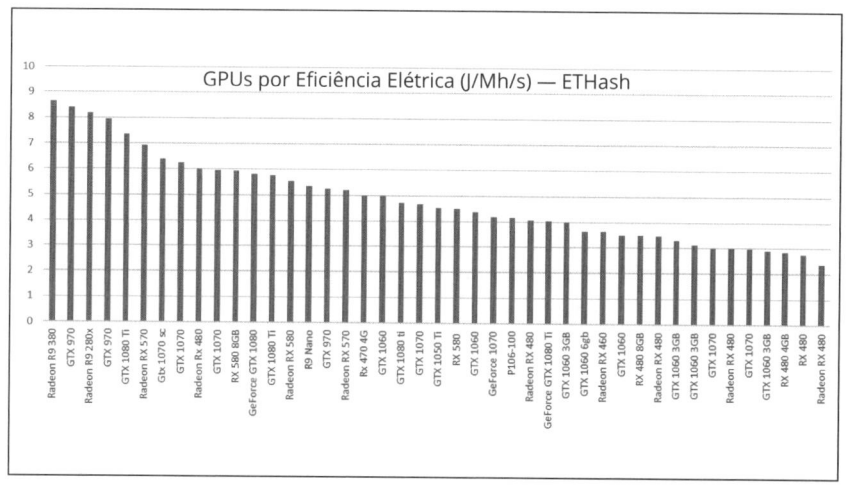

Custo de manutenção

Embora a maioria dos equipamentos de mineração disponíveis no mercado na atualidade seja altamente confiável, falhas ainda ocorrem, então um custo de manutenção está associado a essas avarias. Os componentes com maior possibilidade de quebra em hardwares de mineração de criptomoedas, tanto para usos em ASIC como em GPU, são os ventiladores que distribuem ar para resfriar os dissipadores térmicos. Esses ventiladores giram a milhares de rotações por minuto e, operando 24 horas por dia, 7 dias por semana, estão propensos a quebrar de vez em quando. Por sorte, eles são padronizados, com preços bem acessíveis, variando de US$10 a US$20, e podem ser encontrados no site do fabricante, em qualquer loja de eletrônicos ou em sua loja online favorita.

Hardwares ASIC de mineração têm uma placa de controle que perceberá a falha do ventilador e encerrará a mineração de forma segura, colocando o hardware em estado de alerta de falha, normalmente piscando uma luz LED vermelha.

Isso serve para alertar o operador do equipamento sobre a falha e para proteger o equipamento. Nas GPUs, as placas diminuem o processamento para um nível que o sistema de gerenciamento termal possa aguentar, enquanto o ventilador está quebrado. Infelizmente, os ventiladores de GPUs não são tão padronizados ou fáceis de consertar, e é quase certo que a GPU inteira terá de ser trocada caso ele falhe.

Outros componentes que falham às vezes são geralmente chamados de *placas hash*. Elas contêm muitos chips ASIC em uma única placa. As plataformas ASIC de mineração normalmente têm três ou mais dessas placas hash, que se conectam diretamente com o controlador ASIC. (Em geral, os controladores não quebram com muita frequência, pois não estão executando os processos que esquentam os chips ASIC de mineração e causam falhas.) Porém, quando as placas de controle falham, o preço para substituí-las varia de US$50 a US$100 (e são geralmente vendidas pelo fabricante do equipamento original).

As placas hash podem ser substituídas bem facilmente, e muitos fabricantes ou lojas online as têm disponíveis para venda independentemente das plataformas de mineração. Os ventiladores, as placas de controle e as de hash têm plugs de conexão rápida que permitem substituições fáceis e rápidas, além de terem um terminal de cabo. O total dos custos de manutenção, em média, não deve exceder cerca de 5% a 10% do preço de compra do hardware de mineração durante o período de um ano.

Dependendo do grau de limpeza do local onde está funcionando, o hardware de mineração precisa apenas de poucos cuidados e manutenção, além do conserto de componentes quebrados. Caso esteja funcionando em áreas empoeiradas ou sujas de outra maneira, deverá ser limpo com frequência.

DICA — A melhor maneira de limpar o hardware sujo e com pó é com um compressor de ar, com ar comprimido ou qualquer outro aparelho com emissão rápida de ar. Isso permite que grande parte da sujeira seja limpa, fazendo com que seu equipamento continue fazendo hashes.

Custos com instalações

Se decidir usar hardware de mineração em casa, a maioria dos custos com instalações já estará inclusa em suas despesas normais. No entanto, alguns provedores de serviços de mineração cobram entre US$50 e US$150 por mês para operar seu equipamento nas instalações deles, sem incluir a eletricidade. Veja provedores populares de hospedagem de mineração de criptomoedas no Capítulo 9.

Um data center comercial, no entanto, pode ter um custo muito mais salgado. Em qualquer caso, outro fator que determinará os custos com instalações inclui como você resfria seu equipamento — seja por exaustores, com aparelhos de ar-condicionado ou com aquecedores. Usar um ar-condicionado é a forma mais eficaz, porém mais cara. Se conseguir encontrar alguma maneira de reutilizar o calor exaurido, talvez consiga economizar um bocado.

É difícil dizer exatamente quanto resfriamento será necessário, mas considere o seguinte: você pode presumir que toda a eletricidade que vai para seu equipamento de mineração sai como calor. Portanto, se está operando um ASIC de 1.500W, é o equivalente a usar um aquecedor com a mesma potência (uma especificação muito comum para aquecedores de quarto, e, de fato, se visitar uma loja local de eletrodomésticos, provavelmente verá que a maioria dos aquecedores tem 1.500W ou menos). Assim, é possível ter, pelo menos, uma ideia de quanto calor estará gerando, e talvez isso o ajude a pensar em quanto resfriamento será necessário.

Custo da eletricidade

Um dos custos mais importantes que estarão em seus cálculos de lucratividade com mineração é o da eletricidade. Na verdade, este custo, para equipamentos e operações de mineração de criptomoedas, compõe a maior parte das despesas operacionais.

Estas despesas operacionais, geralmente chamadas de *OpEx (Operational Expenses)*, podem ser descritas como as despesas ou os custos recorrentes para operar uma empresa, um empreendimento ou, neste caso, uma operação de mineração de criptomoeda. De fato, os custos com eletricidade são tão significativos na mineração que alguns mineradores geralmente vão longe — literalmente — em busca de energia mais barata. Um acesso barato à energia permite que a mineração de criptomoedas continue lucrativa mesmo com um hardware abaixo do ideal. É por isso que há vários exemplos de pessoas que estão roubando eletricidade para minerar, como alunos que mineram nos dormitórios das faculdades. Mais barato, impossível — e, portanto, mais economicamente eficiente —, ao obter eletricidade de graça! (Não, esta não é nossa recomendação.)

Uma alternativa é encontrar energia extra ou desperdiçada. Alguns podem até desenvolver suas próprias fontes de energia auxiliar sem custos de combustível para reduzir ainda mais suas contas de energia, como energias renováveis, hidroeletricidade, eólica ou solar. Outras minerações usam recursos que não são comerciáveis e que seriam desperdiçados, como o gás metano queimado, e redirecionam essa energia para a mineração de criptomoedas. Uma empresa de mineração que se destacou ao se especializar nesse tipo de aplicação é a Upstream Data Inc. (`www.upstreamdata.ca`).

Não importa de onde esteja obtendo sua energia, seu custo operacional com eletricidade depende de duas coisas: quanta eletricidade usará e quanto será cobrado por cada unidade dela.

Medindo seu consumo de eletricidade

Da mesma forma que a taxa de hash é especificada pelo fabricante, a maioria dos equipamentos ASIC de mineração terá um valor de classificação de consumo de eletricidade em watts, disponibilizado pelo fabricante. (Consulte o Capítulo 9 para ver uma lista de alguns dos hardwares de mineração de Bitcoin SHA-256 mais populares e suas classificações em watts do consumo elétrico, fornecidas pelos fabricantes.) Esse dado é útil no planejamento da infraestrutura elétrica, bem como para calcular a receita e o retorno sobre o investimento de criptomoeda.

Descobrir essa informação é mais difícil na mineração com CPUs ou GPUs. Na verdade, elas consomem quantidades diferentes de eletricidade quando estão minerando criptomoedas diferentes, pois os algoritmos exigem níveis distintos de poder de processamento.

Uma forma para estimar o consumo elétrico de um hardware com GPU e CPU pode ser utilizar a classificação máxima de consumo dada pelo fabricante, associada a esses processadores. No entanto, isso pode superestimar o consumo de energia em muitos casos, e não será um número preciso, afetando seu cálculo de retorno sobre o investimento. (Na Figura 11-6, você pode ver o consumo elétrico estimado de algumas placas GPU mais populares quando estão minerando algoritmo Ethash do Ethereum.)

A melhor forma de descobrir o consumo de sua máquina é medir isso diretamente. Da forma ideal, é claro, você mediria enquanto o equipamento está de fato fazendo o hash de determinado algoritmo usado pela criptomoeda que pretende minerar... mas, se não começou a minerar ainda, bem... não dá para fazer isso então.

Alguns aparelhos podem medir o consumo elétrico, como o medidor completo Fluke Full Watt, que mede voltagem e amperagem. Porém, podem ser bem caros e difíceis de usar.

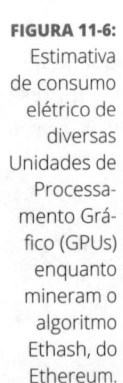

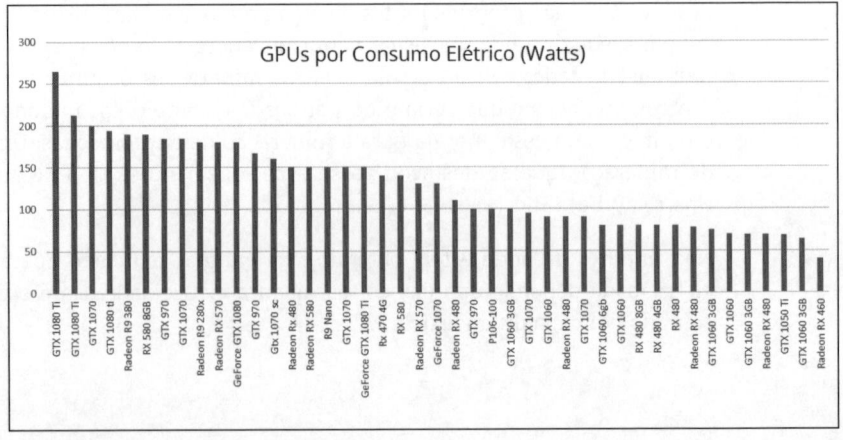

FIGURA 11-6: Estimativa de consumo elétrico de diversas Unidades de Processamento Gráfico (GPUs) enquanto mineram o algoritmo Ethash, do Ethereum.

Recomendamos, no entanto, um aparelho mais simples, um medidor básico de consumo elétrico (geralmente encontrado por cerca de US$20), como o Kill A Watt. Plugue o aparelho em uma tomada de 120v e depois plugue seu computador no aparelho, e ele mostrará o consumo elétrico em tempo real.

Descobrindo o custo da eletricidade

Agora que já sabe quanta eletricidade usará, é preciso descobrir o custo da unidade de energia. As companhias provedoras de eletricidade geralmente cobram o total de energia em kWh consumida durante um mês. Analise uma conta de eletricidade no local onde pretende minerar para saber qual é o custo de energia por kWh, verifique o site da companhia de energia ou entre em contato com ela. (Veja mais informações sobre como descobrir seu custo com eletricidade no Capítulo 9.)

Em média, nos EUA, o preço da eletricidade varia entre US$0,08 e US$0,15 por kWh, sem incluir as taxas de serviço ou de ligação. Para o exemplo de nossos cálculos, presumiremos que seja de US$0,10 por kWh.

Estimando o consumo e o custo mensais de energia

Após ter medido, ou estimado, o consumo elétrico instantâneo de seu equipamento, em watts, converter isso para kilowatt hora (kWh) é uma questão de aritmética.

Um kWh é 1.000 watts de consumo durante uma hora. Há 24 horas por dia, como provavelmente você já saiba, e, em média, 30 dias no mês (30 dias e 10 horas, se quiser ser mais exato). Isso dá 720 horas, em média, por mês (tudo bem, 730). Esse número permite que você multiplique o número do consumo medido ou estimado de seu hardware de mineração em Watts por 730 horas, para ter uma estimativa rápida do consumo elétrico mensal em kWh.

Assim, digamos que seu aparelho esteja usando 1.280W (o nível de consumo do Antminer S9 SE, como exemplo), então, usar o equipamento por uma hora consumirá 1.280Wh (watt horas), ou 1,28kWh. Multiplique por 730, de um mês, em média, e temos 934,4kWh.

Então, agora todas essas informações podem ser combinadas em uma única equação: energia (watts) × tempo (horas) = energia (kWh). Esse valor pode então ser convertido no custo local de eletricidade com a equação: energia (kWh) × preço ($) por energia (kWh) = custo total com energia ($).

Portanto, se seu hardware de mineração de criptomoedas engole uma quantidade de energia instantânea de 1.280 Watts, e o preço por kWh é de US$0,10, é da seguinte maneira que você poderá ter uma estimativa da conta de luz mensal:

1.280 Watts × 730 horas = 934,4kWh

934,4kWh × $0,10 por kWh = $93,44/custos mensais de luz

Algumas companhias de fornecimento elétrico também cobram taxas de demanda, de capacidade ou de consumo máximo (kW), variando de poucos dólares até US$15 por kW. A taxa é geralmente cobrada para categorias específicas de consumidores, como comercial e industrial (se você montar uma operação de mineração grande o suficiente em casa, pode acabar entrando nessas categorias!).

A cobrança é calculada com base nos quinze minutos no mês que tiveram o consumo mais alto. Ou seja, multiplique a cobrança de demanda pelo nível mais alto de kW que tiver durante o mês.

Digamos que sua operação de mineração chega a 5kW no mês, e a conta vem com uma cobrança de US$8 de demanda. O total seria US$40. (Não importa se você chegou a esse pico por apenas 15 minutos ou se consumiu esse tanto de energia o mês todo; a cobrança é a mesma.)

Taxa total de hash da rede

Você também precisará saber qual é a taxa de hash da rede para a criptomoeda que pretende minerar. O site BitInfoCharts, sempre muito útil, disponibiliza taxas de hash (e muito, mas muito mais) para a maioria das redes de criptomoedas populares (veja `https://bitinfocharts.com` [conteúdo em inglês]). Se não achar lá, talvez encontre no próprio site da criptomoeda, em um site de piscina de mineração, ou fazendo uma pesquisa online.

Novamente, suas receitas estarão em proporção à quantidade de taxa de hash da rede que você fornece. Forneça 1% da taxa de hash e, com o passar do tempo, possivelmente ganhará 1% das recompensas de mineração na rede. (Estamos usando 1% como exemplo, é claro; é muito improvável você conseguir fornecer uma proporção tão grande assim de taxa de hash, mesmo para as criptomoedas menores e menos populares.)

Nada dura para sempre, no entanto. Normalmente, durante a vida de uma criptomoeda (presumindo que tenha sucesso e que dure), a taxa de hash da rede aumenta constantemente. Mais mineradores entram no mercado, e o equipamento que está sendo agregado fica mais eficiente.

Foram raras as vezes na última década de existência da rede Bitcoin, por exemplo, que a taxa de hash e a dificuldade do bloco caíram. (Isso aconteceu depois que o valor do Bitcoin caiu significativamente, arrastando junto o sentimento do mercado.) Assim, conforme a taxa de hash aumenta, a proporção da taxa de hash de seu equipamento diminui, é claro (a menos que acrescente mais equipamentos). E, conforme sua proporção de taxa de hash diminui, da mesma forma, diminui a proporção de recompensas que você ganha. Ou seja, uma plataforma de mineração que forneça uma taxa de hash constante para a rede produziria um retorno decrescente no ativo sendo minerado, conforme a taxa de hash da rede e a competição na mineração aumentam.

Em termos de sua moeda fiduciária local, no entanto, a situação ainda pode ficar bem. Se a proporção de criptomoedas que você ganha diminui, enquanto o valor dela, digamos, sobe, você ainda está em vantagem.

Informações sobre sua piscina

Se estiver trabalhando com uma piscina, precisará de informações sobre ela. (Na verdade, talvez seja importante fazer os cálculos tanto para a mineração em piscina como para a mineração solo.)

São várias as coisas que você precisa saber: a taxa total de hash da piscina, a frequência com que ela minera um bloco e quanta recompensa é dada aos mineradores a cada vez que a piscina minera um bloco (quer dizer, os subsídios do bloco e as taxas de transação, menos as taxas cobradas pela piscina). Essas informações podem ser encontradas no site da piscina, é claro. Veja mais informações sobre piscinas, bem como links para várias delas, no Capítulo 7.

Ganhos do bloco

Nossos cálculos precisarão de algumas informações sobre os blocos que está minerando. Precisamos saber de duas coisas: a frequência com que a rede acrescenta um bloco com blockchain e o que o minerador vencedor ganha quando o bloco é acrescentado — o subsídio do bloco, se houver, e as taxas de transação, se o minerador as ganhar. (O Capítulo 7 explica que redes diferentes pagam os mineradores de formas diferentes.)

A frequência com que cada criptomoeda acrescenta um bloco ao blockchain, assim como a quantia de recompensas pagas por cada bloco, varia para cada criptomoeda. Esses dados também cairiam com o tempo, devido às variações das taxas de transação e do poder de hash. As taxas variam de bloco para bloco e de forma mais geral com o passar do tempo, e, se o poder de hash aumentou desde o último ajuste de dificuldade do bloco, eles serão encontrados com mais frequência. Novamente, você pode encontrar essas informações no BitInfoCharts (`https://bitinfocharts.com`) ou em sites similares, no site da própria criptomoeda ou fazendo uma pesquisa online. Para a rede Bitcoin, é possível ver a média de blocos encontrados por cada piscina principal durante uma semana em `https://coin.dance/blocks/thisweek` [sites com conteúdo em inglês].

Taxa de conversão de criptomoedas

Os valores de mercado das criptomoedas em moedas fiduciárias locais variam muito em qualquer dia, e ainda mais em períodos mais longos. Veja os sites a seguir para ter bons recursos para verificar o preço de mercado das criptomoedas que pretende minerar [todos em inglês]:

- **Coin Market Cap:** https://coinmarketcap.com
- **Coin Cap:** https://coincap.io
- **Messari:** https://messari.io/onchainfx
- **Coin Gecko:** www.coingecko.com/en
- **Bit Info Charts:** https://bitinfocharts.com/index_v.html
- **Crypto Compare:** www.cryptocompare.com
- **Coin Lib:** https://coinlib.io

Calculando Seu ROI

Depois de saber todos os fatores que contribuem para a lucratividade e para o ROI de uma operação de mineração, agora você pode fazer as contas e ver o que possivelmente acontecerá com sua operação projetada. Ganhará dinheiro? Ou tem tudo para dar prejuízo?

No fim, ficamos com dois números: seu ganho (ou perda) absoluto, e um número em porcentagem do ROI. O retorno sobre o investimento (ROI) é normalmente calculado pela seguinte fórmula:

Lucro dividido pelo Investimento Total multiplicado por 100 = ROI (%)

Se o resultado for uma porcentagem positiva, o empreendimento foi um benefício líquido para você. Caso a porcentagem for menor que zero, teria sido melhor nem sair da cama.

Para começar, descubra quanta criptomoeda você minerará (o valor dos subsídios do bloco e as taxas de transação que ganhará). Ah, e você precisa calcular por mês: sua entrada (ou perda) e o ROI, mensalmente.

Seus ganhos do bloco

Para estimar seus ganhos, começamos bem no topo, com quanto um minerador ganha cada vez que um bloco é minerado, e com que frequência isso ocorre. Você ganhará apenas uma fração disso, mas é nosso ponto de partida. Começamos calculando com a premissa de que está fazendo mineração solo — operando seu equipamento diretamente conectado à rede da criptomoeda, em vez de por intermédio de uma piscina. Então, analisaremos novamente o cálculo, presumindo que você trabalhará com uma piscina.

Calculando a mineração solo

Usamos a mineração de Monero (XMR) como exemplo. Cada vez que um bloco é acrescentado ao blockchain Monero, no momento da escrita deste capítulo, o minerador vencedor ganha um subsídio de bloco de cerca de 2,6XMR. O minerador também ganha as taxas de transação. Elas sofrem variação, é claro, mas, neste momento, uma boa média é de 0,00277, para um total de 2,60277XMR. Novamente, no momento desta escrita, cada moeda de Monero estava valendo US$104,57, assim, os ganhos totais com o bloco foram de cerca de US$272,17.

Veja, o blockchain do Monero acrescenta um bloco aproximadamente a cada dois minutos (todas essas estatísticas sobre Monero estão disponíveis, em inglês, no site `https://bitinfocharts.com/`). Assim, cerca de 720 novos blocos são acrescentados ao blockchain por dia, dando uma média de 21,9 mil por mês.

Esses 21,9 mil blocos minerados a cada mês, portanto, valem cerca de 57.000XMR (US$5.960.559,33) para os mineradores (21.900 blocos × 2,60277XMR × US$104,57).

Certo, agora você precisa saber quanto dessa recompensa cairá em suas mãos. Primeiro, vamos presumir que você esteja fazendo mineração solo, e não por meio de uma piscina. A primeira coisa que precisa fazer é descobrir qual proporção dos blocos você minerará. Divida sua contribuição de taxa de hash pela taxa total de hash da rede Monero para encontrar a fração da taxa de hash da rede que fornecerá.

A rede Monero tem, no momento desta escrita, uma taxa de hash de cerca de 325MH/s (megahashes por segundo; milhões de hashes por segundo). Presuma que você tenha uma GPU muito boa que produza 1,95 kH/s (quilohashes por segundo; milhares de hashes por segundo) — é o que uma GPU AMD RX VEGA 64 produz, por exemplo.

CONVERSÃO RÁPIDA

Esses números muito longos podem confundir. Se este é o seu caso, talvez seja uma boa ideia procurar um conversor. Há um conversor de taxa de hash (veja, por exemplo, `https://coinguides.org/hashpower-converter-calculator/` e `www.coinstaker.com/bitcoin-calculator/hashpower-converter/`); há também conversores de números gigantes (por exemplo, `www.endmemo.com/sconvert/billiontrillion.php`). Aqui vai uma dica rápida para a conversão descendente: multiplique por 1.000. Digamos, por exemplo, que seu equipamento trabalha com GH/s, e a taxa de hash da rede é em TH/s. Você pode converter a taxa de hash da rede para GH/s multiplicando o valor de TH/s por 1.000. Se a taxa de hash é de 300TH/s, isso representa 300.000GH/s.

Tenha certeza de que está usando as mesmas unidades, é claro. Dependendo da criptomoeda com a qual está trabalhando, seu equipamento pode ser classificado em GH/s (gigahashes por segundo, ou 1 bilhão de hashes por segundo), enquanto a taxa de hash da rede pode ser expressa em, digamos, TH/s (terahashes por segundo) ou mesmo PH/s (petahashes por segundo)... 1 trilhão de hashes por segundo, ou 1 quadrilhão de hases por segundo. Ou até mesmo EH/s (exahashes por segundo; 1 quintilhão de hashes por segundo). Portanto, é claro, você precisará converter um lado para ficar tudo igual antes de fazer esse cálculo.

É preciso dividir a taxa de hash de seu equipamento — 1,95 kH/s — pela taxa de hash da rede — 325 MH/s —, mas não dá para simplesmente dividir 1,95 por 325, pois o primeiro número está expresso em milhares, e o segundo, em milhões. Os números por extenso são:

1.950 hashes por segundo: taxa de hash do equipamento

325.000.000 hashes por segundo: taxa de hash da rede

Portanto, divida 1.950 por 325.000.000, e o resultado é 0,000006. Esta é a fração de taxa de hash da rede com que seu equipamento contribuirá. Para ver o número em porcentagem, é só multiplicar por 100 (0,0006%).

Certo, agora você já sabe que, a cada mês, os mineradores de Monero:

» Mineram cerca de 21,9 mil blocos.
» Ganham aproximadamente 57.000XMR em subsídios de blocos e taxas de transação.
» O que vale, atualmente, a cerca de US$5.960.559,33.

0,0006% de 21.900 é 0,1314 blocos

0,0006% de 57.000XMR é 0,342XMR, ou US$35,76 na taxa de câmbio atual de US$104,57.

Assim, em média, você pode esperar ganhar US$93,08 por mês com esse equipamento em particular. É claro, não dá para minerar uma fração de bloco, então, quando os números mostram que você minera, em média, 0,1314 blocos por mês, o que isso realmente significa é que, em média, você minerará um bloco a cada 7,6 meses.

Dependendo de várias coisas — a popularidade da criptomoeda que deseja minerar, a quantia de dinheiro que está disposto a investir no equipamento e assim por diante —, talvez você descubra que os cálculos estão lhe dizendo que minerará uma fração de um bloco por mês. E o que isso significa? O que quer dizer que minerará 0,01 bloco por mês? Isso significa que, em média, você minerará 1 bloco a cada 100 meses! Talvez minere um bloco bem no primeiro dia, mas talvez tenha de esperar anos até conseguir minerar um.

Em média, com o passar do tempo — 100 anos, por exemplo, considerando que todos os fatores permaneçam estáveis —, você poderia esperar minerar um bloco a cada 100 meses (8,33 anos). O que isso está lhe dizendo é que seus números não estão dando certo! Sua porcentagem da taxa de hash simplesmente não é suficiente para fazer mineração solo, pelo menos não com o equipamento que tem ou que está planejando usar. Seria necessário aumentar sua taxa de hash — comprando mais taxa ou adquirindo um equipamento melhor — ou talvez você possa tentar minerar em piscinas, que disponibilizam um mecanismo eficaz para acumular recompensas constantes de mineração. (Veja o Capítulo 7 para ter mais informações sobre trabalhar com piscinas.) A próxima seção explica como calcular os números da mineração em piscina.

Calculando a mineração em piscinas

Caso esteja minerando por meio de uma piscina, e não fazendo mineração solo, é preciso abordar o cálculo de uma maneira levemente diferente. Você precisa saber a taxa total de hash da piscina, a frequência com que ela minera um bloco em média e quanto os mineradores ganham cada vez que um bloco é minerado. Com isso, poderá calcular seus ganhos.

Vamos usar um exemplo diferente desta vez. Imagine que esteja minerando bitcoin com um Bitmain Antminer S9 com uma taxa de hash de 14TH/s. (O Antminer S9, na verdade, tem algumas versões diferentes, com taxas de hash diferentes, mas usaremos a mais alta no momento, 14TH/s.) Você decide direcionar seu hardware de mineração para a Slush Pool, que tipicamente minera entre 10 e 12 blocos por dia, com uma taxa de hash da piscina de 5,0EH/s (5 milhões de TH/s).

Começamos calculando sua porcentagem de contribuição à piscina. Divida sua taxa de hash pela taxa total de hash da piscina e multiplique por 100.

14 / 5.000.000 = 0,0000028

0,0000027 × 100 = 0,00028%

Portanto, sua taxa de hash, usando o S9, é de aproximadamente 0,00028% da taxa de hash da Slush Poole. Então, agora, para encontrar seus ganhos estimados pela contribuição à piscina, pegue essa porcentagem e multiplique-a pela recompensa média dos blocos (o subsídio do bloco e as taxas de transação).

Acontece que a Slush Pool fica com todos os ganhos do bloco, tanto o subsídio como as taxas de transação, subtrai 2% como taxa de administração e paga os 98% restantes para os mineradores. No momento, o subsídio de bloco para o bitcoin é de 12,5 bitcoins (em algum momento de 2020, provavelmente em maio, esse valor cairá para 6,25)[*]. As taxas de transação variam de bloco para bloco e de dia para dia, mas a média atual está entre 0,1BTC e 0,5BTC. Digamos

---

[*] N. da E.: Esta redução ocorreu, em 11 de maio de 2020, e a recompensa passou a ser de 6,25 BTC por bloco.

que, em média, o bloco garanta à Slush Pool 12,9BTC, dos quais 98% (12,642) são pagos aos mineradores.

Suponhamos que a Slush Pool minere 11 blocos por dia. Isso dá 139,062BTC sendo pagos aos mineradores por dia. Mas, espere aí, você está calculando números mensais, então multiplique esse valor por 30,42 (para obter a verdadeira média do mês!); 139,062 × 30,42 dá 4.230,26604BTC pagos aos mineradores por mês, uma soma considerável.

Como viu há pouco, você está contribuindo com 0,00028% da taxa de hash da Slush Pool; 0,00028% de 4.230,26604BTC é 0,01184474491BTC. Quanto isso representa em dólares? Bem, isso depende, é claro. No momento desta escrita, 1BTC = US$11.220,20. (Quando estiver lendo isso, pode ser outro valor). Portanto, 0,01142172BTC equivale, no momento, a US$132,90.

Portanto, nesse cenário, você ganharia US$132,90 minerando um mês com um S9 na Slush Pool.

PAPO DE ESPECIALISTA

Observe que, em nossos cálculos, presumimos que haja uma distribuição proporcional limpa das recompensas de mineração. Como você pode ver no Capítulo 7, as recompensas das piscinas são um pouco mais complicadas que isso. Piscinas diferentes calculam as recompensas de modos distintos, mas a Slush Pool usa o método de *pontuação de taxa de hash* (veja https://slushpool.com/help/reward-system [em inglês]), que pode aumentar ou diminuir sua proporção com base não apenas no número de hashes com que contribuiu, mas na consistência em que seu equipamento fez os hashes. (A inconsistência pode trazer uma proporção menor. Em teoria, se mantiver seu equipamento rodando 24 horas por dia, 7 dias por semana, talvez ganhe um pouco a mais do que sua porcentagem.)

Desta forma, agora você sabe quanto dinheiro ganhará por mês, em sua moeda fiduciária local (e se compensa fazer mineração solo ou em piscina). Em seguida, você precisa saber quanto custará para operar a mineração.

Seus gastos

Este passo é um pouco mais simples. É necessário saber quanto está gastando por mês para executar sua operação de mineração. Some os seguintes números:

» Custos mensais de manutenção.
» Custos mensais de instalações.
» Custos mensais de eletricidade.

Você também pode amortizar seu equipamento. Considere por quanto tempo provavelmente o usará — e por quanto tempo permanecerá viável, levando em conta o aumento das taxas de hash da rede e as melhorias em eficiência dos novos ASICs. Você pode, por exemplo, dividir o custo de seu equipamento por 36 e aplicar o valor às suas despesas mensais, permitindo 3 anos de uso. Ou, talvez, considere 4 anos e divida por 48.

Calculando o ROI

Estamos quase lá, e o próximo passo é tão simples que talvez você já tenha conseguido o resultado. Você sabe quanto ganhará por mês (*Ganhos*), e sabemos quanto custará para executar a operação (*Despesas*). Agora, vamos calcular o lucro e o ROI da seguinte maneira:

Ganhos - Despesas = Lucro/Prejuízo

Se, por exemplo, estiver minerando blocos o suficiente por mês para ganhar $1.200, após a conversão da criptomoeda para dólar (ou qualquer outra moeda fiduciária que prefira), e está gastando $800 para executar a operação, então

$1.200 - $800 = $400 lucro

Como porcentagem do ROI, calculamos assim:

(Lucro ou Prejuízo/Despesas) × 100 = % ROI

Então, com o exemplo anterior...

($400/$800) × 100 = 50% ROI

Obviamente, se estiver perdendo dinheiro, o cálculo ficará um pouco diferente. Digamos que suas despesas ainda sejam de $800, mas está ganhando apenas $600, assim, perdendo $200 por mês. Vejamos como fica o cálculo:

(-$200/$800) × 100 = -25% ROI

Por exemplo, se investiu $1.000 na mineração de criptomoedas ao longo de determinado período e sua receita total desse empreendimento foi de $1.200, seu lucro seria de $200 a partir do investimento total de $1.000. A fórmula do ROI para esse exercício daria 20%: ($200/$1.000) × 100 = 20%. Se, por exemplo, seu investimento de $1.000 produzisse apenas US$800 em receitas totais, seu lucro líquido seria de -$200. Assim, seu cálculo do ROI acabaria sendo -20%, e você não deveria ter feito esse investimento!

(-$200/$1,000) × 100 = -20%.

Conhecendo o não conhecido

Há muitas variáveis em jogo na mineração de criptomoedas, e apenas algumas estão sob nosso controle. Como Donald Rumsfeld, ex-secretário de defesa dos EUA, declarou: "Há os conhecidos conhecidos... coisas que sabemos que conhecemos. Há os desconhecidos conhecidos... coisas que agora sabemos que não conhecemos. Mas também há os desconhecidos desconhecidos... coisas que não sabemos que não conhecemos."

Neste capítulo, ajudamos você a descobrir quais são os conhecidos conhecidos: o custo do equipamento e eletricidade, sua taxa de hash, a taxa de hash da rede e assim por diante.

Mas você também precisa estar ciente dos desconhecidos conhecidos. Não sabemos quando a taxa geral de hash da rede aumentará ou quanto... ou se talvez caia. Mas sabemos que é uma possibilidade e que isso afeta a lucratividade da operação de mineração. Não sabemos quanto oscilará o valor da criptomoeda que estamos minerando, mas sabemos que é possível e que afetará a lucratividade, tanto para cima como para baixo.

Porém, não há muito que podemos fazer a respeito dos desconhecidos conhecidos. Pelo menos, não podemos ajudá-lo com eles. São as coisas para as quais você terá de usar sua intuição, talvez fazer uma projeção com base no que acredita que possivelmente acontecerá com a criptomoeda que está minerando, e terá de aceitar os riscos que os desconhecidos desconhecidos nos impõem. É a vida de um minerador!

CUIDADO

Nossos cálculos são baseados em métricas estáticas. Com o passar do tempo, sua proporção de taxa de hash da rede cairá — embora possa subir, às vezes.

Projetar os retornos da mineração de criptomoedas ao futuro é um exercício complexo que contém muitas pressuposições e variáveis diferentes que distorcerão os resultados de suas projeções. Algumas dessas variáveis incluem a taxa de hash da rede, que varia muito de dia para dia, embora ela aumente com o passar do tempo (pelo menos nas criptomoedas de sucesso), o que reduziria seus retornos mensurados nessa criptomoeda. E também há o valor de mercado da criptomoeda, que também varia bastante e pode alterar significativamente seus retornos esperados.

Quanto ao desconhecido desconhecido, as coisas que nem conhecemos são possíveis? Bem, não há muitas delas neste âmbito... pelo menos, é o que achamos. Mas, é claro, como poderíamos ter certeza!?

Calculadoras online de lucratividade

A lucratividade da mineração de criptomoedas é um assunto difícil de entender, e até mesmo uma questão mais difícil de ser projetada precisamente. Este capítulo explica como fazer esses cálculos. Por sorte, muitos sites disponibilizam ferramentas fáceis de usar nas quais você insere os dados de seu equipamento de mineração e obtém um valor estimado de suas recompensas da criptomoeda, com base em condições atuais da rede e das diversas variantes flutuantes.

Essas calculadoras também oferecem informações úteis ao pensarmos em qual hardware de mineração de criptomoedas comprar ou usar. No entanto, há fraquezas, porque elas não podem prever o futuro. (Elas não conhecem nem os desconhecidos conhecidos, muito menos os desconhecidos desconhecidos.) Por exemplo, elas podem superestimar a quantia de retorno da mineração ao basear o cálculo na taxa de hash constante da rede, em vez de permitir o aumento da taxa de hash e da dificuldade do bloco. Elas também podem subestimar o valor da criptomoeda minerada em relação à moeda fiduciária, ao não considerar aumentos futuros no valor (ou superestimar ao não considerar as quedas no valor). Mesmo assim, essas ferramentas oferecem uma ótima maneira de fazer os cálculos. Apenas esteja ciente das fraquezas. Veja um exemplo de uma dessas calculadoras na Figura 11-7.

Veja a seguir uma lista dos sites populares de projeção da mineração de criptomoedas [todos com conteúdo em inglês]:

» **CoinWarz:** Este site projeta os retornos de criptomoeda para uma vasta opção de moedas, com base em uma lista abrangente de algoritmos de hash. Ela também tem ferramentas que permitem inserir os dados que analisamos neste capítulo para estimar e projetar como as especificações de seu hardware de mineração se sairá com qualquer criptomoeda.
www.coinwarz.com/calculators

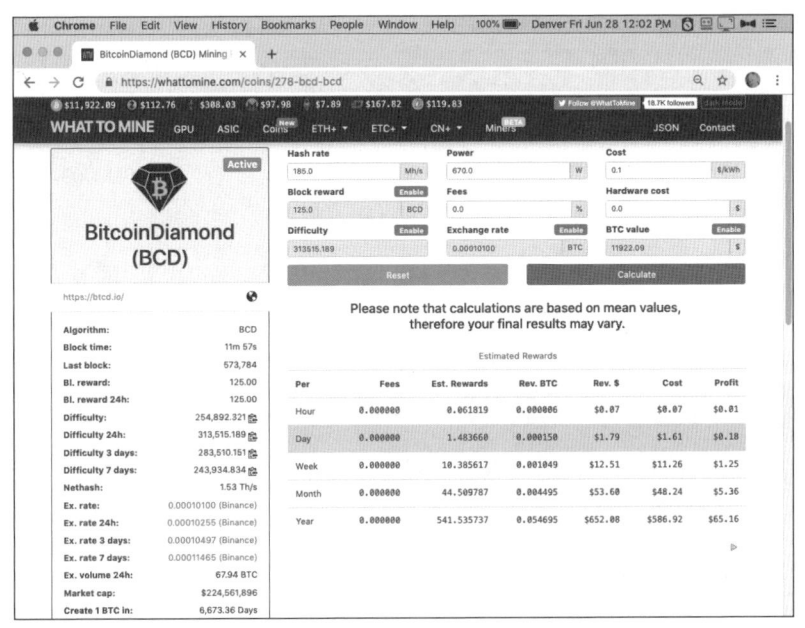

FIGURA 11-7: Uma calculadora de criptomoedas no site WhatToMine.com.

» **What to Mine:** Este site também trabalha com uma vasta gama de criptomoedas, permitindo fazer estimativas de recompensas de mineração para uma grande faixa de hardwares também. É possível escolher categorias de GPU, CPU e ASIC, para testar cenários e configurações de hardware

diferentes para descobrir qual é a melhor para você.
`https://whattomine.com/calculators`

» **Crypto Mining Tools:** Este site tem um estimador de mineração muito útil, especializado no algoritmo de hash SHA-256, específico da rede Bitcoin, e alguns outros blockchains. Ele também permite inserir estimativas de alguns dos desconhecidos conhecidos.
`https://cryptomining.tools/bitcoin-mining-calculator`

Estimativas históricas

Pode ser muito válido executar um modelo do mundo real para ver como seu equipamento de mineração teria se saído historicamente. Quer dizer, usamos dados históricos para a criptomoeda que deseja minerar combinados com o desempenho e custos de seu equipamento, para ver quanto você teria ganhado ou perdido durante um período específico.

Isso pode ser feito de modo muito fácil usando a taxa de hash média da rede de sua criptomoeda selecionada, com base histórica. Você pode inserir a taxa de hash de seu equipamento, e as taxas de hash variantes da rede da criptomoeda ao longo do tempo, em uma planilha assim:

Data	TH/s da Rede	Minha TH/s	Meu Hash %
4/7/18	35728406,4	14	0,0000391845%
5/7/18	36528296,65	14	0,0000383265%
6/7/18	42660784,4	14	0,0000328170%
7/7/18	41594264,79	14	0,0000336585%
8/7/18	42127524,6	14	0,0000332324%
9/7/18	36261666,74	14	0,0000386083%
10/7/18	39727855,48	14	0,0000352398%
11/7/18	35995036,84	14	0,0000388943%
12/7/18	37594816,26	14	0,0000372392%
13/7/18	38128076,06	14	0,0000367183%
14/7/18	35461777,04	14	0,0000394791%
15/7/18	35461777,04	14	0,0000394791%

Idealmente, é bom encontrar dados que podem ser baixados, é claro. Para Bitcoin, essas informações estão disponíveis [em inglês] no site `www.blockchain.com/charts/hash-rate`. (Procure o botãozinho CSV que permite fazer o download para o período selecionado no gráfico.) É possível encontrar os dados para muitas outras criptomoedas populares no site https://bitinfocharts.com [em inglês], embora esse serviço não disponibilize downloads no momento. Talvez ele esteja disponível quando você estiver lendo este livro, mas, caso não esteja, não deve levar muito tempo para digitar os valores em sua planilha para, digamos, cada cinco ou dez dias durante um ano. Ou talvez você encontre em algum outro site os dados disponíveis para download da criptomoeda específica que queira minerar.

Assim, essa planilha pega a taxa média de hash de seu equipamento de mineração para aquele hash de algoritmo da rede (na coluna *Minha TH/s*) e divide pela taxa de hash da rede do dia (ou da semana, ou de qualquer período de sua escolha) (*TH/s da Rede*) para mostrar a porcentagem atualizada da taxa de hash da rede que seu equipamento teria minerado. (Na Figura 11-8, podemos ver um exemplo da porcentagem estimada da taxa de hash da rede para um Bitmain Antminer S9.)

Agora, pode multiplicar a porcentagem ao longo do tempo pelas recompensas de mineração da rede durante o mesmo período para ter uma estimativa do valor que ganharia de recompensa com seu equipamento. (Novamente, essas informações estão disponíveis para várias criptomoedas em https://bitinfocharts.com.) Para a rede Bitcoin, o subsídio do bloco é de 12,5BTC por bloco, com cerca de 0,4BTC de ganhos adicionais com as taxas de transação (o valor varia, mas usaremos esse como uma média aproximada), para um total de 12,9BTC. Em média, são minerados 144 blocos por dia, resultando em cerca de 1.858 BTC que os mineradores ganham diariamente.

FIGURA 11-8: Exemplo de um cálculo da porcentagem da taxa de hash da rede Bitcoin de um Antminer S9 14 TH/s durante um ano.

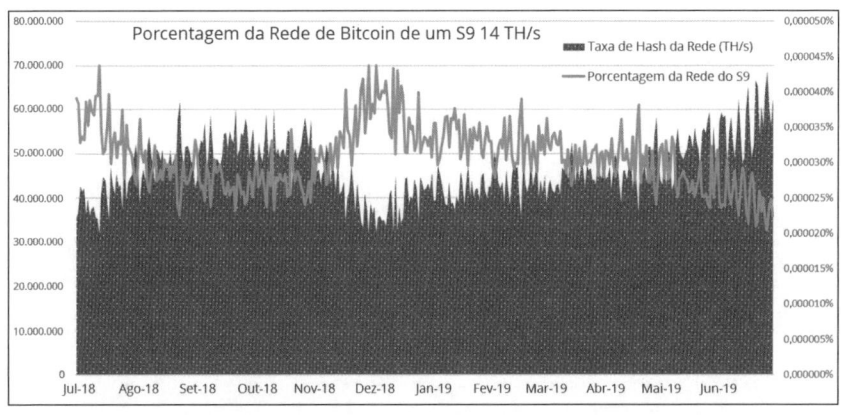

Por exemplo, digamos que você calcula em um dia qualquer que seu hardware de mineração SHA-256 teria tido 1% da taxa total de hash da rede Bitcoin naquele dia. (Novamente, só para exemplificar; essa porcentagem é uma quantidade monstruosa!) Pegue as recompensas de mineração daquele dia, que, para a rede Bitcoin, seriam por volta de 1.858 bitcoins, e multiplique sua porcentagem de 1% pela recompensa diária da rede, chegando à estimativa de seus ganhos para o dia, cerca de 18,58BTC.

CUIDADO

As projeções de recompensas da mineração de criptomoedas e esse valor convertido para sua moeda fiduciária local, mesmo com as ferramentas muito úteis online, são muito voláteis e podem variar extremamente, tanto de forma positiva quanto negativa. Se a criptomoeda que deseja fica mais difícil de minerar, suas projeções serão imprecisamente altas. Se o valor da criptomoeda na sua moeda local subir, suas projeções estarão imprecisamente baixas.

Nas palavras do ganhador do prêmio Nobel, Niels Bohr, "É muito difícil fazer previsões, especialmente sobre o futuro". Não há como prever precisamente o futuro de sua mineração, e essas calculadoras de recompensas dependem de variáveis que inevitavelmente mudarão. Não invista na mineração de criptomoedas mais do que está disposto a perder! A mineração é, em geral, uma das melhores formas de adquirir criptomoedas de forma constante em longos períodos de tempo, mas também pode ser uma empreitada de prejuízos às vezes. Vá com calma e, como sempre, faça seu dever de casa.

NESTE CAPÍTULO

» Maximizando seus recursos

» Mantendo sua vantagem

» Reduzindo custos de aquecimento

» Entendendo as opções alternativas de energia elétrica

» Encontrando fóruns e recursos online para ficar atualizado

» Interpretando seus recursos de mineração em longo prazo

Capítulo 12
Minimizando as Perdas e Ganhando Vantagem

O negócio de criptomoedas apresenta várias oportunidades para recompensas e benefícios. No entanto, há alguns obstáculos e aspectos negativos envolvidos com a atividade, assim como uma grande probabilidade de erros, mas algumas dessas dificuldades podem ser superadas e até usadas em seu favor para maximizar seus benefícios com a mineração.

Os impedimentos de uma mineração lucrativa de criptomoedas incluem os custos com energia elétrica, descarga termal de aquecimento, um cenário que muda constantemente, aumentos na dificuldade do bloco e uma competição feroz. Neste capítulo, analisamos estratégias para enfrentar e mitigar esses obstáculos, para que você mantenha uma vantagem competitiva no setor de mineração de criptomoedas.

O espaço da mineração de criptomoedas é altamente competitivo, e o ambiente, que muda constantemente, força os mineradores a criar estratégias criativas para maximizar os retornos e minimizar custos e prejuízos. Você pode seguir por alguns caminhos para ajudá-lo a melhorar — ou manter — sua mineração, como fazer upgrade do seu hardware, adquirir o equipamento mais moderno e eficaz, reduzir os custos com eletricidade, usar aquecimento que seria de outro modo desperdiçado, assim como se manter atualizado com eventos atuais. Estratégias como essas podem ajudar a capitalizar ao máximo sua empreitada, assim como a maximizar seus ganhos com a mineração de criptomoedas.

Lucratividade por Meio da Eficiência

Na área de mineração de criptomoedas, cada moeda conta (trocadilho intencional). As margens de lucro são geralmente pequenas, especialmente durante as baixas do mercado da taxa de câmbio entre a criptomoeda e sua moeda fiduciária (por exemplo, quando o valor da criptomoeda cai). Isso faz com que seja extremamente importante espremer até a última gota de benefícios dos recursos caros e escassos que você está dedicando à mineração.

Upgrade de equipamentos velhos

Com o aumento constante da dificuldade do bloco e da taxa de hash da rede com o passar do tempo, sua proporção das recompensas da mineração diminuirá, o que (dependendo do valor da criptomoeda em valores de sua moeda fiduciária) também pode significar que sua lucratividade geral também cairá. Quer dizer, seu equipamento se tornará não lucrativo em algum momento.

Há algumas maneiras de evitar isso. Uma forma de mitigar o fator de equipamentos velhos é fazer upgrade dele, conforme chega ao fim de sua vida útil. O tempo médio de vida de hardwares ASICs modernos e específicos para criptomoedas varia de quatro a cinco anos. Ao adquirir máquinas novas e mais eficientes, é possível manter sua vantagem competitiva.

Minerando outras criptomoedas

O upgrade pode ser caro e um desperdício, então, outro caminho é encontrar criptomoedas alternativas que você possa minerar com seu ASIC ou sua GPU.

No Capítulo 8, falamos sobre os diversos tipos de algoritmos de hash e as diferentes criptomoedas que os utilizam. Mesmo que você esteja minerando com um ASIC, ele funcionará com outras moedas que usem o mesmo algoritmo.

Caso seu equipamento se torne não lucrativo ao minerar a criptomoeda que escolheu inicialmente, talvez você venha a perceber que ainda pode gerar recompensas com outros blockchains que usem o mesmo algoritmo de Proof of Work. Talvez tenha surgido uma nova criptomoeda desde que você iniciou, ou talvez aquelas que descartou no começo tenham se tornado mais lucrativas. Então, abra seus olhos e ouvidos e não ache que está preso para sempre à sua escolha de criptomoeda.

Usando o calor de escape

O intenso processo computacional envolvido na mineração de criptomoedas que usam PoW produz uma boa quantidade de calor de escape, normalmente desperdiçado. É o caso específico dos ASICs — processadores específicos de algoritmos — e de plataformas GPU de grande escala, uma vez que são, basicamente, aquecedores elétricos que convertem eletricidade em calor enquanto mineram constantemente a criptomoeda.

Uma maneira de acumular valor e aumentar as margens com a mineração é não desperdiçar esse calor de escape, mas utilizá-lo em seu próprio benefício. De acordo com a Associação de Informações de Energia dos EUA (EIA), as contas de luz durante o inverno em uma casa comum variam entre US$600 e US$1,6 mil, dependendo do tamanho da casa, da fonte de combustível e do clima local. A Figura 12-1 mostra os dados dos últimos invernos dos EUA classificados por tipo de combustível, bem como o valor médio de todas as fontes.

Se você mora em um local com clima mais frio e está operando sua mineração em casa, o equipamento produzirá calor, reduzindo o nível de aquecimento necessário para sua casa, assim, de fato, reduzindo o custo de sua operação. (Considere isso ao fazer seus cálculos de mineração; veja o Capítulo 10.)

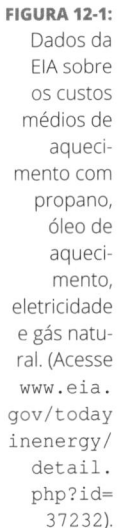

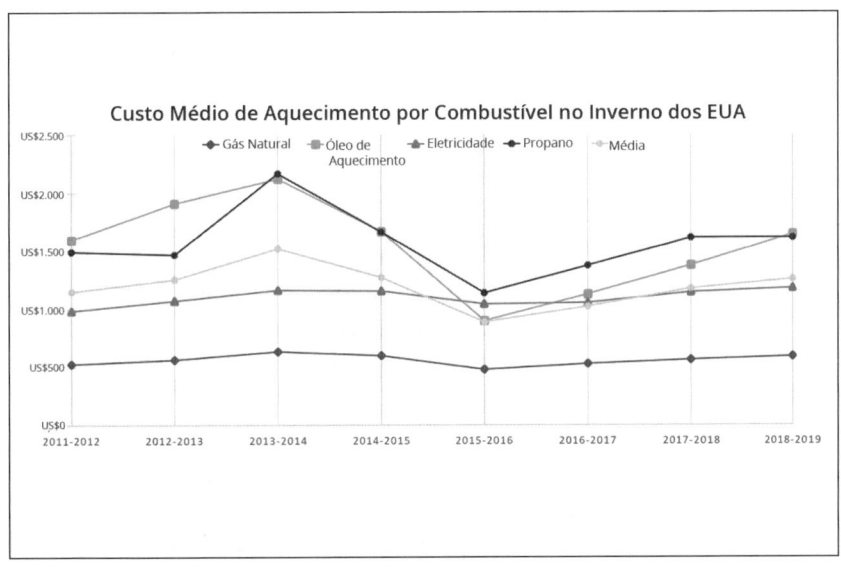

FIGURA 12-1: Dados da EIA sobre os custos médios de aquecimento com propano, óleo de aquecimento, eletricidade e gás natural. (Acesse www.eia.gov/today inenergy/ detail.php?id= 37232).

Mineradores de criptomoedas astutos direcionam a descarga de calor do equipamento de mineração para ser usada de outras boas maneiras. Alguns a usam para aquecer estufas ou outras instalações com plantas durante o inverno. Outros mineradores empreendedores também criaram permutadores de calor para usá-los no aquecimento de piscinas ou banheiras. Outros, ainda, submergiram o equipamento de mineração em óleo mineral e outros fluidos concebidos, que agem como líquidos dielétricos isolantes de eletricidade, para ajudar a dissipar o calor para ser reutilizado e para atenuar o ruído causado pelos equipamentos. Sem dúvidas, alguns desses métodos mais intricados de gestão de calor demandam uma certa habilidade e planejamento para serem empregados apropriadamente, porém, são possíveis e permitiram que mineradores criativos reutilizassem o excesso de calor desperdiçado.

Reduzindo a conta de luz

Como vimos no Capítulo 10, as despesas com eletricidade para equipamentos de mineração com PoW compõem a maior parte das despesas operacionais. Assim, reduzir sua conta de luz obviamente é uma boa! Pode ser o necessário para lhe dar — ou manter — lucratividade. As seções a seguir analisam algumas formas de economizar.

Categorias de cobrança de luz

Uma forma de reduzir sua conta de luz que pode estar a sua disposição é mudar de categoria em sua companhia provedora de eletricidade. Muitas delas oferecem taxas diferenciadas por faixas de horário, demandas de pico ou outras opções (às vezes, oferecendo bons descontos). Por exemplo, caso mude para a categoria de faixa de horário, perceba que, mesmo rodando seu equipamento 24 horas por dia, ainda assim acaba pagando menos. É possível pagar até 50% a menos durante horas que não são de pico, o que pode ser a maior parte do dia, então, mesmo pagando o dobro durante as horas de pico, ainda estará economizando.

Pesquise sobre as taxas (ou tarifas) de sua companhia provedora de eletricidade para ver se há a possibilidade de que alguma categoria o ajude a reduzir os custos. (Essas informações podem ser encontradas no site da companhia.) As categorias de tarifação comercial normalmente fornecem taxas menores em grande escala, mas não estão disponíveis para casas, um fator a ser considerado ao decidir se precisa de uma instalação doméstica ou industrial.

Se possível, faça também uma pesquisa em outros locais. Algumas áreas dos EUA, como o Texas, têm mercados desregulados de eletricidade, permitindo que os consumidores escolham várias fornecedoras de energia de varejo (REPs). Se estiver nessa área, é necessário verificar qual é a melhor opção; é importante saber quanta eletricidade usará antes de começar sua pesquisa, obviamente.

Outra opção é realocar seus equipamentos de mineração para um território onde o serviço da companhia elétrica oferece preços melhores ou mais variedades de categorias que podem beneficiá-lo. Talvez você se surpreenda com a variedade dos custos elétricos em regiões diferentes. A Figura 12-2 mostra os preços médios de luz por kWh nos EUA. Como se pode ver, a lucratividade de mineração no Havaí será provavelmente bem difícil (é quente lá, então terá custos adicionais com refrigeração). Porém, estados como Wyoming podem ser uma boa opção. Os custos não apenas são os menores, mas é um dos estados mais frios também; um dos estados mais frios no verão, e um dos dez mais frios no inverno.

FIGURA 12-2: Custo médio de eletricidade por kWh por estado compilado dos dados da EIA, em março de 2019. (Acesse www.eia.gov/electricity/monthly).

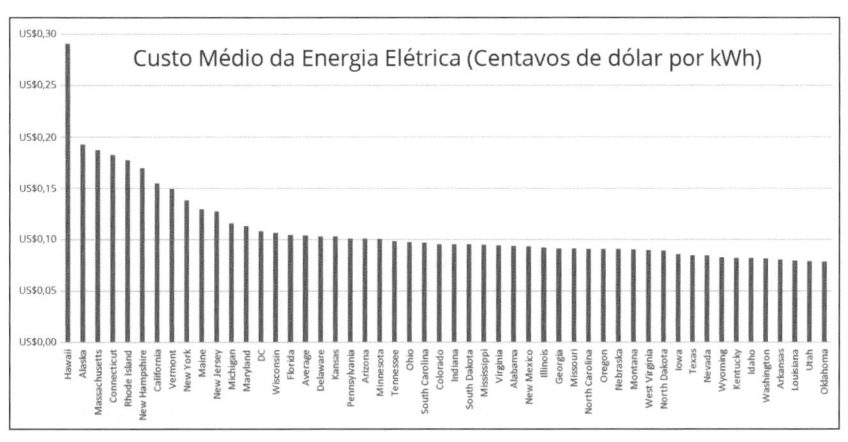

Fontes alternativas de energia

Além das categorias alternativas ou de se mudar para uma fornecedora diferente de eletricidade, há outras opções para garantir uma eletricidade mais acessível para seu equipamento de mineração. Os mineradores buscaram fontes de energia elétrica em excesso que, de outro modo, seriam desperdiçadas, como áreas com excesso de hidroeletricidade ou com queima de gás natural (veja o Capítulo 6).

Talvez essas opções não sejam viáveis para você. No entanto, outra opção seria explorar as fontes alternativas de energia (renovável), idealmente aquelas com custo zero de combustível. A tecnologia de energia renovável está se desenvolvendo com rapidez, e os custos estão caindo drasticamente, ao ponto de, em muitos contextos, a energia renovável estar mais barata do que a gerada com combustíveis fósseis.

De acordo com uma equipe de pesquisadores do MIT, os painéis solares custam atualmente apenas 1% do preço que tinham em 1980. ("A energia solar tem preços competitivos com a energia com gás natural e carvão na maioria dos EUA", afirma a equipe. "Já chegamos a esse patamar.") Os pesquisadores também têm expectativas de que o preço continue caindo, talvez 40% nos próximos cinco anos.

A energia solar e a eólica são fontes auxiliares excelentes para reduzir o consumo da rede elétrica e aumentariam as margens da mineração de criptomoedas (embora, é claro, seja preciso incluir os custos de capital; a energia gratuita é ótima, mas terá os custos de equipamento de ponta e de instalações).

Talvez não seja viável instalar uma torre eólica em instalações domésticas ou comerciais, mas os painéis solares são mais acessíveis e muito mais fáceis de serem instalados, podendo ser usados em muitas situações, especialmente em residências. Algumas companhias elétricas e a maioria das empresas de instalação de painéis solares oferecem soluções prontas para uso que demandam pouco esforço por parte do consumidor, e talvez nem exijam investimentos antecipados. Caso siga por esse caminho, também teria o benefício de ter profissionais treinados e habilitados para especificar seu sistema e instalá-lo. Soluções assim permitem aumentos nos retornos com a mineração e menos consumo elétrico da rede, para ajudar a reduzir sua conta de luz e, dessa forma, aumentar suar margens. E, mesmo que pare de minerar, ainda estaria obtendo energia gratuita para usar ou para vender de volta para a rede.

Conhecimento É Poder

O melhor método para verificar o ritmo crescente do setor de mineração de criptomoedas é ficar atualizado por meio de recursos online, como mídias sociais e fóruns específicos que falam sobre o tema. Devido ao pouco tempo de existência desse espaço, muitas novas fontes podem ser enganosas, totalmente imprecisas ou propagadoras de conteúdos sem um patrocínio oficial e apenas com interesses de lucrarem com isso. Um estudo recente mostrou que muitos dos principais novos sites de notícias de criptomoedas estavam publicando conteúdo patrocinado — basicamente propagandas — sob o pretexto de serem notícias.

Esse tipo de desinformação ressalta a importância de estar conectado com a comunidade e com vários outros recursos baseados em peers: não confie, verifique. Veja a lista a seguir com recursos que gostamos de usar para ficar atualizados com os eventos [os sites têm conteúdo em inglês]:

» **Bitcoin Talk:** Pesquise aqui sobre praticamente qualquer tópico sobre criptomoedas, incluindo (mas certamente não limitado à) mineração. Apesar do nome, não é mais apenas sobre Bitcoin. Você encontrará a análise sobre muitas criptomoedas diferentes. Por exemplo, é aqui que a maioria das criptomoedas alternativas populares foi anunciada antes de ser lançada. https://bitcointalk.org

» **Bitcoin subreddit:** Disponibiliza um fórum excelente para várias notícias de última hora e eventos atuais, dando uma visão sobre o sentimento atual da comunidade. Porém, não tem só conversa séria; você verá vários memes, piadas e conteúdos sobre outros assuntos, então vá com calma. `www.reddit.com/r/Bitcoin`

» **Bitcoin Beginners subreddit:** É um recurso ainda melhor para iniciantes nesse ecossistema, disponibilizando várias informações excelentes para os recém-iniciados. `www.reddit.com/r/BitcoinBeginners`

» **CoinDesk:** É uma fonte boa de notícias em um setor repleto de canais obscuros de informações sobre criptomoedas. Também disponibiliza dados de taxa de câmbio para diversas criptomoedas. `www.coindesk.com`

» **CoinJournal:** Também é uma boa fonte de informações relacionadas às criptomoedas, mas faz uma distinção clara entre boletins de imprensa e artigos, de modo que o usuário saiba quando é jornalismo ou assuntos de relações públicas. `https://coinjournal.net`

» **Bitcoin Magazine:** A *Bitcoin Magazine* tem sido um canal confiável de notícias no espaço das criptomoedas. Embora a versão impressa não exista há alguns anos, ela ainda fornece uma cobertura boa e consistente das notícias em seu site. `https://bitcoinmagazine.com`

» **Merkle Report:** Faz uma curadoria de diversos conteúdos relevantes a partir de várias fontes de notícias no setor de criptomoedas. O canal é uma boa opção com as notícias de todo o setor em um único lugar. `www.merklereport.com`

» **Messari:** Oferece uma infinidade de dados sobre criptomoedas, pesquisas e notícias de todo o setor. Também disponibiliza uma newsletter diária para você ficar atualizado com as tendências atuais. `https://messari.io`

» **Block Digest:** É uma fonte excelente de notícias no formato de podcast semanal que destaca cometários e análises de vários membros da comunidade, além de manchetes sobre Bitcoin. `www.youtube.com/c/blockdigest`

» **Stack Exchange:** Você encontra uma coleção valiosa de perguntas respondidas por outros entusiastas das criptomoedas. Qualquer um pode enviar uma pergunta ou resposta. Se você está procurando uma análise específica, provavelmente alguém já falou sobre o assunto aqui. `https://bitcoin.stackexchange.com`

Algumas sugestões da edição deste livro com conteúdo em português:

» **Cointelegraph Brasil:** Boa fonte de informações sobre criptomoedas, com notícias sobre o ecossistema brasileiro que não necessariamente são divulgadas nos portais internacionais. `https://cointelegraph.com.br/`

» **Portal do Bitcoin:** Portal de notícias de criptomoedas em português, com notícias do Brasil. `https://portaldobitcoin.com/`

» **Criptofácil:** Outro portal de notícias de criptomoedas em português, que divulga notícias brasileiras. `https://www.criptofacil.com/`

Por que eventos atuais são importantes

As criptomoedas e os blockchains atuam como um registro imutável de dados e de informações irrefutáveis que estão acessíveis a qualquer pessoa que tenha as ferramentas e o conhecimento para buscá-las. Não é o caso com os dados fora dos "chains", como eventos e notícias atuais sobre o setor, sobre os quais é muito importante ficar atualizado com informações precisas de fontes confiáveis, caso pretenda minerar criptomoedas.

LEMBRE-SE

Os eventos atuais afetam o que acontece no espaço das criptomoedas. Podem afetar seu valor e, assim, a resposta à flutuação nos preços, a taxa de hash da rede, sua porcentagem dessa taxa, a quantidade de blocos que minerará e, definitivamente, seu lucro ou prejuízo.

Há uma infinidade de fontes de notícias no setor de mineração de criptomoedas, mas nem todas são confiáveis. Alguns difundem falsas informações com o intuito de enganá-lo. Estar atualizado com o que há de melhor e mais recente no setor de mineração é crucial para seu sucesso continuado nesse espaço. Conteúdo confiável de fontes como as listadas na seção anterior é a melhor defesa contra distorções e enviesamentos daqueles que querem fazê-lo se perder. Sem informações, talvez você acabe minerando uma criptomoeda sem muito valor futuro, ou fique com o lado nada econômico de um fork do blockchain.

As "guerras de fork"

Talvez você já tenha ouvido sobre o conceito de *fork* [bifurcação] em uma criptomoeda. É crucial entendê-lo no âmbito do blockchain para manter a vantagem competitiva de sua mineração. Os forks fornecem ótimos bônus: dinheiro de graça! Mas uma decisão errada e você pode acabar perdendo dinheiro. Se não prestar atenção e escolher o lado errado da bifurcação, poderá se ver em um lado da criptomoeda que não é lucrativo.

Outra coisa: alguns forks são introduzidos como atualizações pelos participantes. Mas vá com calma, ou pode acabar sendo enganado por maus atores e por imitações baratas que simplesmente copiaram o código e a marca do blockchain original da criptomoeda. Esse é outro motivo pelo qual estar atualizado com as informações e notícias do âmbito da mineração de criptomoedas é tão vital na viabilidade em longo prazo de sua empreitada.

PAPO DE ESPECIALISTA

O termo *fork* é usado nos negócios de desenvolvimento de software para descrever uma situação na qual uma linha de desenvolvimento se divide em duas, e cada uma segue seu caminho independente. Pense nisso como se fosse uma bifurcação na estrada. Você está dirigindo e se depara com uma: pode ir para a esquerda ou para a direita, mas, independentemente de sua escolha, agora estará em uma nova estrada.

Os forks de software são especialmente comuns na comunidade de código aberto. Veja um exemplo de uma bifurcação bem-sucedida de código aberto (a propósito, a maioria não tem êxito): OpenBSD, um sistema operacional com código aberto, é um fork do NetBSD. O OpenBSD se bifurcou do desenvolvimento do NetBSD em 1995. O NetBSD já estava em desenvolvimento vários anos antes disso. Após a divisão, o OpenBSD e o NetBSD se tornaram dois sistemas de software separados, com recursos diferentes e com desenvolvedores distintos trabalhando em cada um.

Agora, no mundo das criptomoedas, o termo *fork* tem um sentido adicional. Certamente, o software em si pode ser bifurcado; um desenvolvedor pega uma cópia de um software existente de uma criptomoeda e começa a modificá-lo e executá-lo em uma nova criptomoeda. Por exemplo, Ixcoin foi uma cópia exata do código do Bitcoin, no início deste (que foi lançado em 2011). O fundador pegou uma cópia do código do Bitcoin, fez a configuração e criou um blockchain novinho em folha (que executava exatamente da mesma forma que o Bitcoin). Ainda está funcionando, embora não ocorra muita atividade nos mercados do Ixcoin. Em outros casos, cópias do Bitcoin foram baixadas, modificadas e, depois, configuradas como novas redes de criptomoedas com novos recursos, até mesmo usando algoritmos diferentes. De fato, isso aconteceu dezenas de vezes.

DICA

No entanto, o *fork* pode representar algo a mais, algo que, em nossa perspectiva, é muito mais importante. No âmbito das criptomoedas, fork é o que ocorre quando um nó ou um grupo de nós em um sistema de criptomoedas separa-se do consenso do blockchain original. O *consenso* é o conjunto de regras às quais os nós da rede obedecem, garantindo que todas as cópias do blockchain permaneçam sincronizadas e que todos concordem com as transações acrescentadas ao blockchain. Quando os nós sofrem fork e saem do consenso do blockchain, uma cadeia totalmente nova de blocos é criada. Desta forma, dois blockchains diferentes, duas redes diferentes, passam a seguir partindo do ponto de bifurcação. Ambas têm o mesmo histórico de transações e os mesmos blocos até o ponto de fork. Mas, após ele, não há mais apenas um blockchain, uma criptomoeda e uma rede, mas dois de cada um.

Algumas pessoas no campo das criptomoedas se referem a essa situação — a bifurcação tanto do código quanto do blockchain — como fork, e ao outro tipo de fork — pegar o código e começar um blockchain novo — como *clone*. Muitos dos blockchains existentes hoje são códigos do código do Bitcoin, alguns com apenas pequenas modificações. No caso do Ixcoin, ele começou como um clone do blockchain do Bitcoin, mas posteriormente seu código e blockchain foram bifurcados, produzindo outra criptomoeda, chamada IOCoin. (A certa altura, um IOCoin valia US$7,26; hoje, vale cerca de US$0,17. Às vezes, há indicações de que a falta de sucesso do IOCoin se deve em parte ao fato de que ninguém sabe escrevê-lo ou pronunciá-lo!) Há um ótimo gráfico, a propósito, mostrando quantas criptomoedas evoluíram — por meio de forks e clones — do Bitcoin [conteúdo em inglês]: https://mapofcoins.com/bitcoin/.

De qualquer modo, a partir de agora, quando usarmos o termo *fork*, estaremos nos referindo à bifurcação do blockchain, normalmente em conjunto com as modificações no software. Você precisa entender isso se for minerar.

O que acontece é o seguinte: há uma cisão na comunidade de desenvolvedores de determinada criptomoeda. Um grupo quer fazer algo com o código, e o outro grupo não aprova. A certa altura, a discordância alcança um ponto em que alguns desenvolvedores ficam tão insatisfeitos que se separam dos outros. (O termo *guerra civil* é às vezes usado para descrever o nível de conflito na comunidade que leva a um fork!)

Por exemplo, o código da criptomoeda pode ser modificado de alguma forma, e alguns dos desenvolvedores dizem, basicamente: "Não, queremos que o código permaneça como sempre foi!" É a situação com o Ethereum Classic, a propósito. O Ethereum teve um fork em julho de 2016 (em resposta ao roubo de ether correspondente a cerca de US$50 milhões, o blockchain foi bifurcado para restaurar o dinheiro perdido). Alguns na comunidade achavam que o fork não deveria ter sido feito e, assim, continuaram usando o código e o blockchain originais do Ethereum. Então, havia duas redes, dois blockchains, e, portanto, duas criptomoedas diferentes.

Na maioria dos forks de criptomoedas, a rede bifurcada recebe um novo nome e um novo símbolo de token. O fork do Ethereum foi uma situação muito incomum, no entanto. A rede que foi bifurcada da rede original *manteve o nome e o símbolo de token originais* (ETH)! Aqueles que quiseram continuar com o software e blockchain originais, a minoria, foram forçados a criar um novo nome (Ethereum Classic) e um novo símbolo de token (ETC).

Assim, o Ethereum é um fork do que costumava ser conhecido como Ethereum, mas que agora é chamado de Ethereum Classic. O fork do Ethereum também é incomum, pois geralmente é uma minoria que se separa — que faz o fork — da criptomoeda original. No caso do Ethereum, foi a *maioria* que fez o fork do código e blockchain originais, enquanto uma minoria continuou usando o software, a rede e a criptomoeda originais.

Vejamos outro exemplo, mas de uma situação oposta: Bitcoin e Bitcoin Cash. Em agosto de 2017, um pequeno grupo de desenvolvedores do Bitcoin fez fork no código para aumentar o limite de tamanho do bloco no blockchain. A maioria continuou desenvolvendo e operando os nós com o código original, e a minoria desenvolveu o novo código, bifurcado, e gerenciou a nova rede e blockchain. O código bifurcado também foi renomeado para Bitcoin Cash (BCH).

PROTEÇÃO DE REPETIÇÃO

Proteção de repetição [replay protection] é uma proteção técnica que os desenvolvedores podem implementar antes ou durante os forks no blockchain. Ela invalida a transação do novo blockchain bifurcado no primeiro, prevenindo transações duplicadas em ambos os lados do fork e, assim, prevenindo que nós e usuários gastem ou gastem mal seus fundos após a bifurcação. Esta proteção ajuda a prevenir o que é chamado de ataque repetitivo [replay attack]. Um *ataque repetitivo* é um nó imitando a mensagem de transação válida em um lado do blockchain bifurcado e repetindo-a na segunda cadeia. Este tipo de ataque poderia potencialmente levar a roubos ou perdas acidentais de fundos em um lado ou outro do fork. Sem a proteção de repetição, também seria muito fácil para que usuários da criptomoeda, sem suspeitar, perdessem fundos ou sofressem o furto deles de alguma outra maneira.

Tecnicamente, fazer um fork é muito fácil e barato. Lembre-se: a maioria das criptomoedas tem código aberto. O Libra do Facebook é um exemplo de criptomoeda que, de fato, *não* terá código aberto, pelo menos inicialmente (está programado para ser lançado em 2020), então é possível ter criptomoedas que não têm código aberto — embora muitos puristas argumentariam que o Libra não é realmente uma criptomoeda.

De qualquer modo, a maioria das criptomoedas tem código aberto, o que significa que qualquer um pode acessar o repositório do código (geralmente no GitHub; veja o repositório do Bitcoin, por exemplo [em inglês]: `https://github.com/bitcoin/bitcoin`), baixe o código, mexa nele (altere as regras de consenso, por exemplo) e lance-o como uma nova criptomoeda. Como é muito barato e fácil fazer isso, centenas, se não milhares, de novas criptomoedas foram criadas a partir de forks nas criptomoedas existentes e de forks criados a partir de outros forks.

A maioria das redes populares de criptomoedas, nos últimos dois anos, teve pequenos grupos de usuários mudando as regras de consenso e fazendo forks, levando porções minoritárias de suas redes (nós e mineradores) com eles. No momento de escrita deste capítulo, cerca de quarenta ou mais forks do Bitcoin — incluindo o Bitcoin Cash (BCH) e Bitcoin SV (BSV) — existem como suas próprias moedas, com sistemas de criptomoedas separados, ativos, embora menos seguros.

Outros blockchains populares tiveram vários forks, incluindo o Ethereum (Ethereum Classic, Ether Gold, Ethereum Zero), o Litecoin (Litecoin Cash, Super Litecoin) e o Monero (Monero Original, Monero Classic, MoneroV). É relativamente barato, para os desenvolvedores, fazer um fork em um sistema de criptomoedas, e fácil imitar um blockchain com mudanças mínimas no código de base e marca, então é provável que continuaremos a ver os forks no futuro... e você precisa estar ciente disso. (O Litecoin, a propósito, foi um clone do código do Bitcoin, com modificações significativas, embora não tenha sido um fork no blockchain do Bitcoin.)

CUIDADO

Cada uma das minorias dos novos blockchains bifurcados recentemente criados tem algumas coisas em comum: um número reduzido de nós, menos desenvolvedores, taxa de hash menor e menos segurança no blockchain. Recomendamos ir com calma ao lidar com blockchains bifurcados, e, na maioria dos casos, evitá-los completamente. Alguns forks podem não ter a *proteção repetitiva habilitada*, o que pode levar à perda de fundos, e outros forks perdem a taxa de câmbio de forma drástica com o tempo, tanto em comparação com a moeda fiduciária local como com o blockchain original da criptomoeda.

Suas decisões de fork

Se estiver minerando uma criptomoeda e ela sofrer um fork, há duas decisões principais a tomar:

» Em qual fork deseja continuar minerando?
» O que fazer com a nova moeda?

Imagine que esteja minerando uma moeda chamada LeigosCoin e presuma que, em vez de vender as moedas mineradas assim que as recebe, você as tem guardado, então tem um endereço (quem sabe vários) no blockchain do LeigosCoin que estão armazenando suas receitas de mineração.

Você percebe que uma guerra de forks está rolando na comunidade de desenvolvedores (porque está prestando atenção às notícias e conversas da comunidade), e, certo dia, de fato, a criptomoeda se divide. Agora, há duas redes, dois blockchains e duas criptomoedas (LeigosCoin e MaisLeigosCoin).

O bom é que agora você tem moedas no blockchain do LeigosCoin, mas também tem o mesmo número de moedas MaisLeigos no blockchain desta. Lembre-se: ambas as criptomoedas usam o mesmo blockchain até o ponto de bifurcação. Portanto, os fundadores do MaisLeigosCoin pegaram uma cópia do blockchain do LeigosCoin e começaram a criar em cima dela, então todas as transações originais do LeigosCoin estão também no blockchain do MaisLeigosCoin. As transações — e suas moedas — estão em *ambos os* blockchains!

Isso é demais! Você acaba de dobrar seu dinheiro, certo? Bem, não é bem assim. Primeiro, há situações nas quais a criptomoeda bifurcada falha rápida e profundamente, e talvez você nem consiga pegar suas moedas de MaisLeigosCoin. Mas digamos que, neste caso, o MaisLeigosCoins tem um sucesso modesto e que você consegue gerenciar com segurança suas moedas MaisLeigos no novo blockchain.

OUTRO PROBLEMA COM AS CARTEIRAS CUSTODIADAS

Muitas pessoas no setor de criptomoedas desaprovam as carteiras custodiadas (aquelas que são gerenciadas por outra parte). A crença é a de que você precisa controlar suas próprias chaves privadas. Serviços de exchange, por exemplo, são hackeados, e o dinheiro é roubado, e, em alguns casos, os custodiantes passaram a mão na carteira de seus clientes. Bem, há outro motivo. Houve ocasiões nas quais esses serviços decidiram não apoiar os forks de uma criptomoeda que possuem em sua plataforma. Assim, você tem uma carteira em um serviço de exchange gerenciando LeigosCoin. A criptomoeda se bifurca, logo, você passa a ter tanto LeigosCoin como MaisLeigosCoin. Mas o serviço não configura uma carteira que permita a você gerenciar o MaisLeigosCoin, então, mesmo que possua essa moeda, não pode usá-la! (Houve processos judiciais em relação a isso). Não tem chave, não tem LeigosCoin nem MaisLeigosCoin.

O que minerar?

Você tem duas decisões a fazer. A primeira é: o que minerar? LeigosCoin ou MaisLeigosCoin? A criptomoeda original ou a bifurcada? Na maioria dos casos, as bifurcadas não se saem tão bem quanto as originais, sob a perspectiva do valor de mercado da moeda. Mas decidir qual minerar é um assunto mais complicado que isso.

Talvez você descubra que a nova criptomoeda tem um valor mais baixo, mas ainda vale a pena minerá-la, porque a taxa de hash de seu equipamento representa uma porcentagem maior da taxa de hash da nova rede do que a anterior. Em outras palavras, você conseguirá vencer mais blocos na rede nova do que na antiga. Por outro lado, e se o valor da nova criptomoeda cair vertiginosamente? Talvez você decida minerar a nova criptomoeda e vender as moedas assim que recebê-las. Mas, independentemente do que decida — ficar com a rede original ou partir para a nova —, é uma decisão complicada e depende, em grande parte, de seus valores e de sua avaliação do que possivelmente acontecerá com a criptomoeda bifurcada. E é por isso que você precisa estar ligado na comunidade da criptomoeda, para ter uma percepção do sentimento da comunidade.

DICA Uma regra geral é: o lado do fork que tem o maior apoio da comunidade, mais nós e poder de hash dando suporte é o lado que tem mais chances de sobreviver, permanecer estável e prosperar. Mas essas coisas também podem trocar de lados. Conforme os mineradores veem uma oportunidade — uma taxa geral menor de hash da rede em um lado do fork —, talvez alterem seu poder de hash (muitos mineradores, talvez a maioria, são motivados principalmente pelos lucros, afinal). Conforme os mineradores fizerem suas alterações de hash, a taxa de hash sobe, os retornos diminuem, e alguns mineradores podem sair, entre outras coisas. Geramos um gráfico no maravilhoso site BitInfoCharts que mostra isso (veja `https://bitinfocharts.com/comparison/hashrate-btc-bch.html` [conteúdo em inglês]). Na Figura 12-3, você pode ver a taxa de hash do Bitcoin (linha de cima) em comparação com a taxa de hash da rede do Bitcoin Cash, quando houve o primeiro fork. Veja que, à medida que a taxa do Bitcoin Cash subiu, a taxa de hash do Bitcoin caiu; os mineradores estavam trocando de lado. Em algumas ocasiões, a taxa de hash do fork estava, de fato, maior do que a original.

Os mineradores de criptomoedas são oportunistas e motivados por lucros (é óbvio!). Assim, quando o Bitcoin Cash estava levemente mais lucrativo para ser minerado do que o Bitcoin, partes da taxa de hash do SHA-256 foram para a rede do Bitcoin Cash e vice-versa. No entanto, a lucratividade do Bitcoin Cash não durou, e hoje ele tem cerca de 3% da taxa de hash, em comparação com o Bitcoin. Acesse `https://fork.lol` e veja comparações em tempo real das taxas de hash, valor e recompensas de mineração desses dois forks [conteúdo em inglês].

Há uma outra reviravolta na história do Bitcoin Cash. Originalmente, ele tinha mais promessas de apoio, em termos de taxa de hash, do que o Bitcoin. Grandes empresas que forneciam uma parte muito significativa da taxa de hash apoiavam a ideia de um fork, mas muitas pessoas não. A maioria dos nós da rede não passou para a rede bifurcada, e a maioria dos hashes dos mineradores acabou não mudando também, como se pode ver na Figura 12-3.

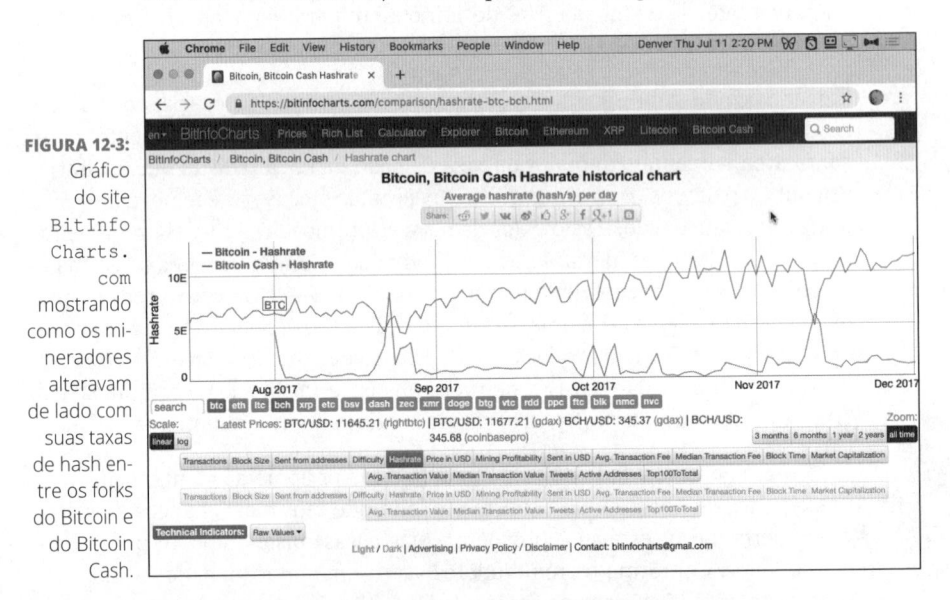

FIGURA 12-3: Gráfico do site BitInfoCharts.com mostrando como os mineradores alteravam de lado com suas taxas de hash entre os forks do Bitcoin e do Bitcoin Cash.

O que fazer com a nova criptomoeda?

Presumindo que você possa usar suas moedas MaisLeigosCoin, a criptomoeda no novo blockchain, o que fazer com ela? Primeiro, considere se (e como) ela tem valor. Como pode haver uma criptomoeda com um valor no mundo real, uma moeda que possa ser convertida em bens ou em moeda fiduciária... e, de repente, há duas, e as duas com valor?

Bem, isso tudo depende de se as pessoas querem comprar a nova criptomoeda. Pode muito bem haver um mercado de futuros antes que o fork de fato ocorra, onde o mercado estabelecerá um valor para a nova moeda. Tais mercados geralmente darão valor para ambos os lados no fork por vir, lançando luz sobre o pensamento do mercado e, talvez, ajudando-o a decidir qual moeda tem mais chances de sobreviver e prosperar. A moeda com maior valor futuro está sendo eleita, em efeito, pelos investidores e pela comunidade da criptomoeda. Mas, independentemente disso, uma vez que ocorra o fork, você agora possui duas moedas que podem ser vendidas... se houver alguém disposto a comprar. E às vezes há (mas às vezes, não).

Não há motivos para acreditar, no entanto, que ambas as moedas terão o mesmo valor. Um lado do fork normalmente terá mais sucesso que o outro, e o valor pode pular de um lado para o outro conforme o mercado (a multidão de investidores) toma suas decisões. Se as pessoas realmente gostam do MaisLeigosCoin, então essa moeda pode subir em valor, enquanto o LeigosCoin cai um pouco.

No caso do Ethereum, por exemplo, o lado bifurcado ficou muito mais valioso que o lado original. (Lembre-se: o Ethereum Classic era o software, a rede e o blockchain originais, enquanto o Ethereum era o fork.) No momento da escrita deste capítulo, o Etehreum Classic vale apenas 1/40 do Ethereum, portanto, o fork vale mais. Por outro lado, o Bitcoin Cash, um fork do Bitcoin, vale atualmente meros 1/37 do preço do Bitcoin; quer dizer, o fork vale muito menos.

Se um lado do fork é claramente apoiado por uma maioria, ou considerado de alguma forma tecnicamente inferior pela comunidade, então é possível que muitos proprietários venderão, seja trocando a moeda antiga pela nova criptomoeda bifurcada, ou vice-versa. Uma moeda cairá, enquanto a outra disparará.

Assim, não há uma resposta clara. Em geral, parece, sim, possível que a nova criptomoeda seja mais valiosa que a primeira em seus primeiros dias de vida, e cairá conforme os entusiastas desapareçam. Parece que isso aconteceu com frequência, mas não há uma regra definitiva que declare que isso sempre acontecerá.

Em geral, os forks morrem

O fork de uma criptomoeda é um negócio arriscado. É provável que a maioria dos forks morra, ou, pelo menos, torne-se insignificante. Claramente, alguns não passam por isso, no entanto, o Ethereum ainda está por aí, maior que o blockchain original. O Bitcoin Cash pode não valer nem de longe o mesmo que o Bitcoin, ou quanto valia nos primeiros dias, mas ainda está vivo (de fato, ele também sofreu fork), e, enquanto escrevo estas palavras, mais de US$2 bilhões em valor de Bitcoin Cash foram negociados. É muito difícil prever essas coisas, e é por isso que acompanhar o sentimento da comunidade é tão importante.

E o Vento Levou...

É preciso ficar de olho nas tendências, tanto no âmbito da criptomoeda que está minerando como no das alternativas. É fato que as criptomoedas são muito voláteis. O que pode ser uma criptomoeda enormemente produtiva hoje pode não valer nada amanhã.

O ZCash (ZEC) é um ótimo exemplo disso. Quando foi lançado, em 2016, era muito popular, muito exaltado pela comunidade, e as primeiras horas de negociação foram insanas. Com a mineração de blocos e as recompensas obtidas pelos mineradores em moedas ZCash, e conforme essas moedas entraram no mercado, elas foram engolidas pelos compradores. Na Figura 12-4, você pode observar um gráfico que criamos no site CoinMarketCap.com (veja `https://coinmarketcap.com/currencies/zcash/` [em inglês], mostrando os primeiros dias de vida do ZCash, com preços tanto em dólares americanos como em Bitcoin.

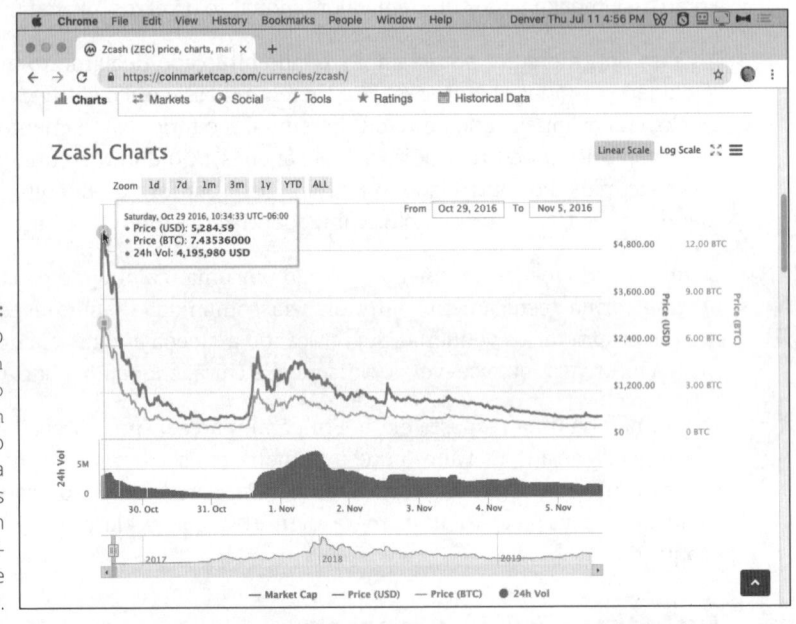

FIGURA 12-4: Gráfico do site `CoinMarketCap.com` mostrando a corrida maluca dos preços em seus primeiros dias de vida.

Após poucas horas de seu lançamento, estava sendo negociado por cerca de US$5.200 por moeda e valia mais de 7 bitcoins. Seis dias depois, valia menos de US$600 e cerca de três quartos de um bitcoin. (Hoje? Vale cerca de 0,008BTC!)

Outro exemplo clássico é o Auroracoin (AUR). Houve uma grande algazarra em torno dessa moeda. Era para ser, em teoria, um Bitcoin da Islândia, e até funcionar como uma alternativa à króna do país. Cada cidadão islandês deveria receber um pouco (no fim, cerca de 11% ou 12% da população acabou recebendo

Auroracoin.) O AUR foi lançado nos mercados com um valor médio de US$3, chegou a quase US$100 em uma semana e depois começou a cair. Hoje, vale cerca de US$0,03 (cerca de US$140 em Auroracoin são negociados nos mercados mundiais atualmente!).

As criptomoedas vêm e vão. O que vale a pena minerar hoje pode ser um total desperdício de tempo amanhã. Portanto, fique informado, monitore a comunidade e fique de olhos abertos para as oportunidades.

Avaliando Seus Recursos de Mineração

É importante saber o valor do equipamento, dos recursos e do tempo que você planeja dedicar à mineração de criptomoedas. Ter um bom conhecimento dessas informações o deixará mais preparado para ganhar e manter uma vantagem enquanto minera. No Capítulo 11, analisamos as diversas ferramentas online de lucratividade da mineração, que são recursos ótimos para usar quando for estimar a renda da mineração.

No entanto, alguns aspectos dos sistemas de mineração podem tornar essas previsões levemente imprecisas conforme você projeta cada vez mais ao futuro. Esses aspectos incluem níveis de dificuldade do bloco, concorrência e, definitivamente, o retorno das recompensas da criptomoeda.

Aumentando a concorrência

Conforme os blockchains ficam cada vez mais populares e os equipamentos de mineração mais potentes, a mineração de criptomoedas tende a caminhar rumo a um ambiente mais difícil e competitivo. Com mais mineradores rodando seus equipamentos direcionados ao algoritmo PoW da criptomoeda que você escolheu, isso leva à mesma quantia de emissão programada e predeterminada de moedas sendo dividida entre mineradores e taxa de hash.

Aumentando a dificuldade de bloco

Com o passar do tempo, conforme mais mineradores e equipamentos mais eficazes se conectam a um blockchain, a dificuldade do bloco aumentará automaticamente para garantir a estabilidade do intervalo de emissão de blocos. Quer dizer, a mesma quantia de criptomoedas é emitida, no cronograma correto, não importa quanto poder computacional está sendo usado para minerá-la. (Esse tópico é tratado no Capítulo 6.)

Ao longo da história da rede do Bitcoin, a dificuldade tendeu para cima. Houve apenas nove meses nos dez anos de vida da rede do Bitcoin em que a dificuldade do bloco terminou em um valor menor do que começou. Dito de outro modo, a redução da dificuldade do bloco é um acontecimento muito raro na rede Bitcoin, assim como em outras redes de criptomoedas de sucesso. O aumento da concorrência levará a uma situação em que os blocos serão mais difíceis de encontrar. Assim, seu equipamento de mineração, com uma taxa constante de hash, será menos eficaz para encontrá-los ou para contribuir para uma piscina.

Diminuindo os retornos com os cortes pela metade

Com o aumento da concorrência, da taxa de hash e da dificuldade de bloco, as recompensas da criptomoeda que está minerando, quando mensuradas nessa própria moeda, serão reduzidas.

É preciso estar ciente, ainda, de que o ciclo do subsídio do bloco é cortado pela metade (veja o Capítulo 3). Na rede Bitcoin, a cada 210 mil blocos (ou aproximadamente quatro anos), a quantia de bitcoin emitida para os mineradores é cortada pela metade. Em algum momento no meio de 2020, o subsídio do bloco do bitcoin será cortado, dos atuais 12,5 bitcoins por bloco angariados para o minerador vencedor, para 6,25.* (Lembre-se de que a recompensa do minerador inclui o subsídio do bloco — as novas moedas emitidas — e as taxas de transação.)

Esses eventos de corte pela metade afetarão ainda mais a quantia de criptomoedas que seu equipamento ganhará. Essa tendência de diminuição dos retornos da criptomoeda minerada é algo com que você precisa tomar cuidado ao considerar se a mineração é o que deve fazer. Obviamente, se o valor da criptomoeda sobe (quando mensurada em dólares ou qualquer outra moeda fiduciária com a qual trabalhe), ainda há potencial de lucrar. Se, por exemplo, o valor do Bitcoin triplicar antes do corte pela metade, bem, você ainda estará em vantagem. No entanto, se o valor da criptomoeda cair *e* o subsídio do bloco for cortado pela metade... bem, você terá uma batata quente nas mãos.

Os eventos de corte não são exclusivos da rede Bitcoin. Muitas outras criptomoedas reduzem periodicamente os subsídios de bloco, então esse conceito afeta uma vasta gama de criptomoedas

O site BitInfoCharts.com disponibiliza uma perspectiva histórica de quanta recompensa um minerador teria ganhado com um terahash por segundo (TH/s) com recursos para minerar com SHA-256 por dia, avaliados no valor atual do dólar americano, usando o preço do bitcoin do dia. O gráfico dá uma boa perspectiva sobre a diminuição das recompensas de mineração com o

---

* N. da E.: Esta redução aconteceu em maio de 2020. Hoje, a recompensa é de 6,25 bitcoins por bloco.

passar do tempo (veja a Figura 12-5). Ele considera os subsídios do bloco e os episódios de corte (os ícones BTC no gráfico mostram uma descrição de eventos importante quando você passa o mouse sobre eles, incluindo os eventos de corte em 2012 e 2016).

Obviamente, não era possível obter um TH/s em nenhuma plataforma de mineração até 2013-2014. Porém, o gráfico ainda dá uma boa ideia de como o poder computacional de fato caiu com o tempo. Ou seja, é necessário muito mais poder computacional para obter o mesmo resultado. Lá no início de 2011, a mineração de um TH/s na rede Bitcoin teria rendido mais de US$21 mil por dia. Hoje... menos de US$1.

Observe, a propósito, que esse gráfico é *logarítmico*, então a redução drástica parece ser ainda menor do que realmente foi. O efeito é ainda mais marcante quando se vê o gráfico linear (veja a Figura 12-6).

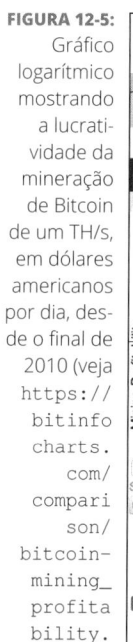

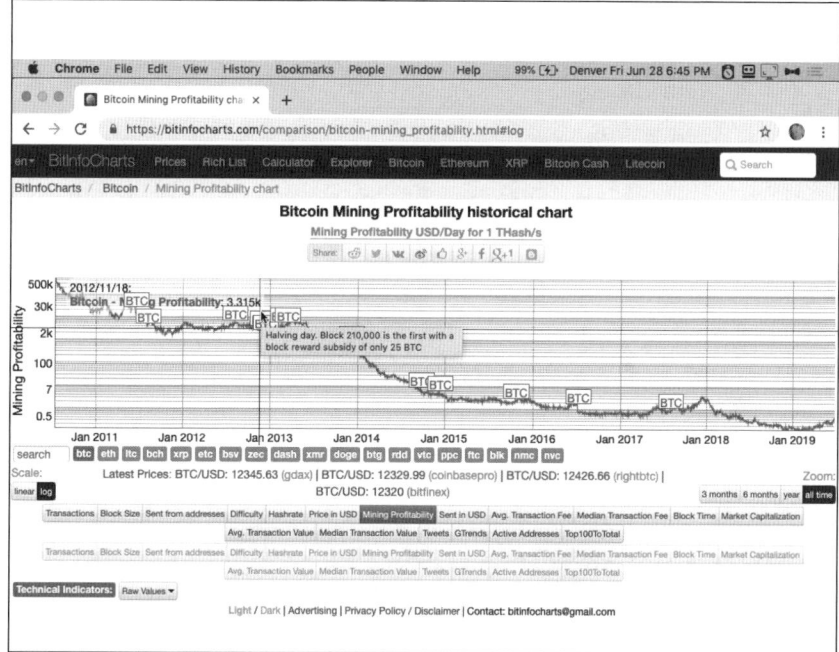

FIGURA 12-5: Gráfico logarítmico mostrando a lucratividade da mineração de Bitcoin de um TH/s, em dólares americanos por dia, desde o final de 2010 (veja https://bitinfocharts.com/comparison/bitcoin-mining_profitability.html#log).

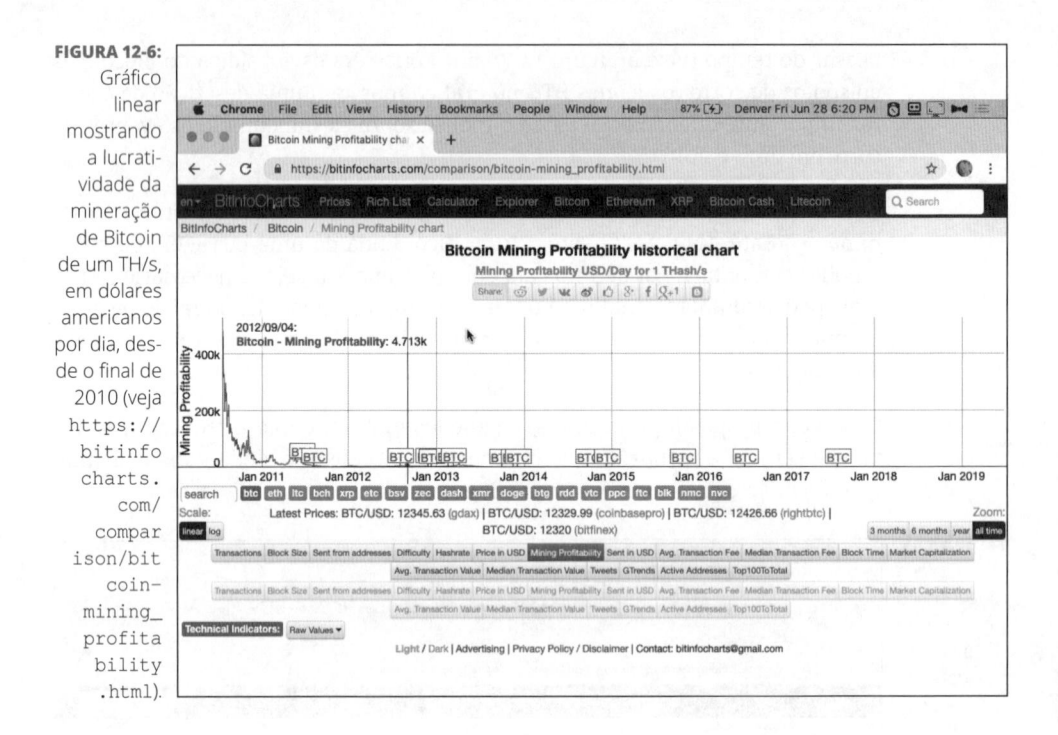

FIGURA 12-6: Gráfico linear mostrando a lucratividade da mineração de Bitcoin de um TH/s, em dólares americanos por dia, desde o final de 2010 (veja https://bitinfocharts.com/comparison/bitcoin-mining_profitability.html).

> **NESTE CAPÍTULO**
>
> » Aprendendo o que fazer com sua criptomoeda
>
> » Entendendo os impostos da mineração de criptomoedas
>
> » Decidindo quando entrar
>
> » Compreendendo a teoria dos custos médios do dólar
>
> » Decidindo quando sair
>
> » Determinando quando ampliar ou fazer upgrade de seu equipamento

Capítulo **13**

Tocando Seu Negócio de Criptomoedas

Uma vez que estiver no negócio — decidiu qual criptomoeda minerar, empregou seu equipamento de mineração e recebeu as recompensas em sua carteira de criptomoedas —, o próximo passo é decidir o que fará com seus ganhos.

Na verdade, há muitas coisas a serem consideradas. É preciso observar as condições de mercado para a criptomoeda que está minerando e para outras com as quais talvez comece a trabalhar. Também é preciso entender os impostos relacionados à sua aventura de mineração, pois tanto ficar com sua criptomoeda quanto vender seus lucros terá implicações. (Como disse Benjamin Franklin, nada é mais certo do que a morte e os impostos!) Também analisamos a ampliação de suas instalações de mineração e o upgrade de seu equipamento quando se tornar obsoleto ou não lucrativo.

O que Fazer com Sua Criptomoeda Minerada

Há várias opções. Como a criptomoeda é um ativo digital escasso, eletrônico, descentralizado, sem fronteiras, soberano, resistente à censura e portátil, há muitas formas de utilizá-lo.

Convertendo suas criptomoedas

O mais óbvio a se fazer, é claro, é vender suas criptomoedas minerada, mais provavelmente por meio de um serviço de exchange, para receber em sua moeda fiduciária local. Afinal, seu negócio tem despesas, mais destacadamente o equipamento e a eletricidade, e essas contas têm de ser pagas de algum jeito. Talvez também seja uma boa ideia recuperar os gastos iniciais de instalação de sua operação, e, na maioria dos casos, não dá para pagar as contas usando as criptomoedas. Geralmente é possível comprar equipamentos de mineração com criptomoedas — quase sempre com bitcoin —, como falaremos mais adiante neste capítulo, mas são poucas as companhias elétricas que aceitam criptomoedas, e, se acabou de iniciar sua mineração, provavelmente pagou seu equipamento com sua moeda local. Falamos sobre como pagar as contas com criptomoedas na próxima seção, "Comprando equipamentos e pagando as contas".

Há várias coisas a serem consideradas quanto à conversão de suas criptomoedas:

» **Seria melhor mantê-las?** Falaremos sobre este assunto posteriormente neste capítulo, na seção "Mantendo suas criptomoedas".

» **Está minerando uma criptomoeda muito volátil?** Caso esteja, talvez seja melhor se livrar dela assim que a minerar, fazendo a conversão para sua moeda fiduciária ou para outra criptomoeda, uma que você sinta ter mais chances de aumentar em valor ou, pelo menos, mantê-lo.

» **Quais são os impostos para converter suas criptomoedas para uma moeda fiduciária?** (Na verdade, também há impostos se você não convertê-la!) Falaremos sobre este assunto posteriormente neste capítulo, na seção "Impostos e Seu Negócio de Mineração".

Comprando equipamentos e pagando as contas

É provável que você queria pagar as contas e fazer compras diretamente usando sua criptomoeda. *É possível* comprar equipamento de mineração com elas. A Newegg, por exemplo, uma das maiores varejistas de eletrônicos da América do Norte, aceita bitcoins, e as empresas que fabricam os equipamentos de mineração ou que, de alguma forma, atendem os mercados de mineração de criptomoedas, normalmente aceitam criptomoedas também.

No entanto, são normalmente aceitas apenas algumas criptomoedas — geralmente bitcoin, apesar de algumas outras menos populares também sejam aceitas. Embora haja portais, como CoinGate (www.coingate.com), que ajudam as lojas online a integrar bem mais criptomoedas (o CoinGate aceita cerca de cinquenta), em geral, a maioria aceita apenas bitcoin e uma ou duas outras.

Veja uma pequena lista de lugares onde você pode gastar seus bitcoins (e alguns aceitam outras criptomoedas também). Há muitos outros lugares.

- **Overstock:** www.overstock.com
- **Newegg:** www.newegg.com
- **Dish Network:** www.mydish.com
- **Microsoft:** www.microsoft.com
- **AT&T:** www.att.com
- **Virgin Galactic:** www.virgin.com
- **Outros negócios locais:** https://coinmap.org

Pagando com criptomoedas mesmo quando não as aceitam

Observe, a propósito, que vários serviços permitem que você use criptomoedas com varejistas e provedores de serviço que não aceitam criptomoedas. Por exemplo, a Amazon não as aceita. No entanto, serviços como Moon (https://paywithmoon.com/) e Purse (www.purse.io) permitem que você compre na Amazon usando criptomoeda.

Por exemplo, o Moon permite que você use Bitcoin, Bitcoin Cash, Ether e Litecoin para comprar na Amazon. Mas, é claro, isso não passa de uma conversão de criptomoedas para fazer uma compra. O Moon é um serviço de exchange e de pagamentos, pegando suas criptomoedas, fazendo a conversão para dólares e pagando a Amazon para você.

Essas duas empresas trabalham especificamente com a Amazon, mas várias outras têm surgido recentemente e permitem o pagamento de contas com Bitcoin ou outras criptomoedas por meio de aplicativos fáceis de usar. O conceito é muito simples: faça uma compra, a empresa pagará o varejista usando a moeda local, e você pagará a empresa em criptomoedas. Algumas dessas empresas até oferecem cartões de crédito. A Coinbase, por exemplo, talvez o maior serviço de exchange de criptomoedas nos EUA, oferece um cartão Visa (veja a Figura 13-1). Você pode usá-lo em qualquer lugar que aceite Visa, e a Coinbase paga a conta, deduzindo o valor equivalente de sua conta de criptomoedas na Coinbase.

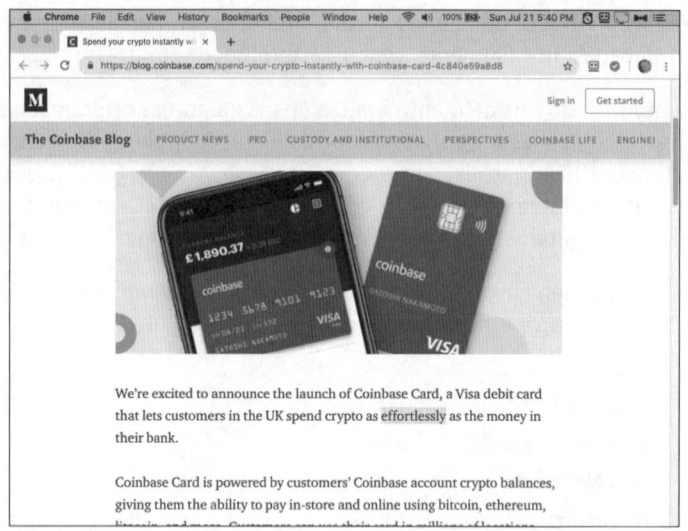

FIGURA 13-1: Coinbase, um grande serviço de exchange, permite que você gaste suas criptomoedas usando um cartão de crédito; veja www.coinbase.com/card.

Aqui estão algumas outras empresas que prestam o mesmo serviço [sites com conteúdo em inglês]:

- **Spend:** Fornece um cartão Visa, com fundos em criptomoedas. `www.spend.com`
- **Coin Bills:** Empresa que permite aos usuários pagar "qualquer conta de qualquer empresa nos EUA". `http://coinbills.com`
- **Gyft:** Compre vales-presente com Bitcoin. `www.gyft.com`
- **Bitrefill:** Vales-presente e recargas de celular para 1.650 empresas em 170 países. `www.bitrefill.com`
- **Bylls:** Empresa para pagamentos de conta com bitcoins no Canadá. `https://bylls.com`
- **Piixpay:** Empresa estoniana para pagamento de contas, operando em 120 países. `www.piixpay.com`
- **Living Room of Satoshi:** Empresa australiana que permite que os usuários paguem contas de cartão de crédito e outras online com Bitcoin. `www.livingroomofsatoshi.com`
- **Paid by Coins:** Outra empresa australiana para pagamentos online, mas também com a opção de compras de vales-presente. `https://paidbycoins.com`

Algumas sugestões da edição deste livro com conteúdo em português:

- **Kamoney:** Permite que pagamentos, cartões pré-pagos e TEDs sejam feitos usando Bitcoin e outras criptomoedas. `https://www.kamoney.com.br/`
- **Pague com Bitcoin:** Pagamento de boletos e contas, além de oferecer cartão pré-pago em Bitcoin. `https://paguecombitcoin.com/`

Upgrade ou expansão de sua operação

Posteriormente neste capítulo (veja a seção "Expandir?"), falaremos sobre a expansão e o upgrade de seu negócio. O hardware de mineração de criptomoedas é geralmente vendido diretamente pelos fabricantes a preços estabelecidos em uma moeda fiduciária local, mas talvez aceitem apenas bitcoins ou outras criptomoedas. Algumas também aceitam transferências bancárias, e, se você já teve de fazer esse processo chato, entenderá por que o Bitcoin e outras criptomoedas são uma bela inovação. Assim, é claro, talvez você também possa comprar os equipamentos para expansão ou upgrade usando diretamente uma criptomoeda. Mais uma vez, algumas compras são despesas empresariais; você não pagará impostos sobre a renda de criptomoedas que usa para comprar mais equipamentos.

Mas não se esqueça dos impostos

Sua mineração é um negócio! Você gasta dinheiro com a intenção de ganhar dinheiro — quer dizer, ganhar mais do que gasta. O lucro é isso, e é tributável!

Considere que suas compras sejam parte de seu quadro tributável. Caso use sua criptomoeda para fazer compras empresariais — pagar contas de luz, água, comprar novos equipamentos de mineração, pagar o aluguel de uma instalação e assim por diante —, elas são dedutíveis do imposto. (Exatamente *como* você pode deduzi-las é complicado, mas chegaremos lá posteriormente neste capítulo — veja "Impostos e Seu Negócio de Mineração".)

No entanto, se usa suas criptomoedas para fazer compras pessoais — supermercado, aluguel ou financiamento da casa, lazer etc. —, essas despesas *não* são dedutíveis. Quer dizer, elas são tributáveis para você, pessoalmente. São consideradas como pagamentos que recebeu em sua empresa.

PAGADOR DE IMPOSTOS OU ANARQUISTA?

Há um assunto de grande influência percorrendo a comunidade de criptomoedas. "O que é um *criptoanarquista?*", você talvez pergunte. O termo foi cunhado (perdão pelo trocadilho) por Tim May, em seu *Manifesto Criptoanarquista*, de 1988. Ele explicou que a criptografia estava "prestes a possibilitar que pessoas e grupos se comunicassem e interagissem entre si de uma forma totalmente anônima... As interações nas redes não serão rastreáveis... Esses desenvolvimentos alterarão completamente a natureza das regulações governamentais, a habilidade de cobrar impostos e controlar as interações econômicas..."

Os criptoanarquistas acreditam no uso da criptografia para proteger as liberdades pessoais, econômicas e políticas. Essas liberdades precisar ser protegidas pelo Estado, acreditam eles. E, francamente, muitos não acreditam no pagamento de impostos. Presumiremos neste capítulo que você não é assim, mas que quer ficar no lado certo do Estado, pelo menos em termos de pagamento de impostos.

Mantendo suas criptomoedas

Uma das opções é não fazer nada, mas manter a posse das recompensas das criptomoedas mineradas como investimento, com a expectativa de que o valor subirá no futuro. Na comunidade das criptomoedas, isso é conhecido como *hodling* [e não holding, como seria a grafia correta em inglês]. Por quê? Porque, tempos atrás, em um distante passado das criptomoedas (quer dizer, em 2013), alguém em um fórum de Bitcoin digitou uma palavra errada. Querendo dizer que pretendia manter [hold] seu Bitcoin, com a forte crença de que o preço subiria, ele escreveu: "I AM HODLING!" ["EU ESTOU HODLING"]. O autor do post estava bebendo uísque no momento em que escreveu, afirmou ele. (Você pode ver a mensagem neste link [em inglês]: `https://bitcointalk.org/index.php?topic=375643.0`. É divertido e, olha só, você está vendo um pouco da história do Bitcoin ao vivo.)

De qualquer modo, os termos *hodl* e *hodling* agora fazem parte da cultura das criptomoedas. O princípio é simples. Se está convencido de que a moeda subirá em valor, por que vender? Se tem tanta certeza que subirá, então hodl!

De fato, essa escolha é muito popular, e a escassez de longo prazo de muitas criptomoedas, combinada com a expectativa da comunidade de que o valor subirá, faz disso uma profecia autorrealizada. (Mas nem sempre. Muitas das criptomoedas menores já caíram a zero.)

Não lhe diremos se deve manter [hodl] ou vender [sell]. As duas escolhas têm seus riscos. Muitos já perderam rios de dinheiro investindo em criptomoedas. Mas muitos já ficaram multimilionários também.

De fato, com a exceção de um *crash* catastrófico que durou um ano, de meados de dezembro de 2017 até o final de dezembro de 2018, o Bitcoin tem sido um investimento incrível. Caso tivesse comprado em agosto ou setembro de 2017 e mantido até julho de 2019 (momento da escrita deste capítulo), teria mais que dobrado seu dinheiro. Investidores que mantiveram seus investimentos desde maio ou junho de 2016 viram seus valores aumentarem em aproximadamente vinte vezes. (Veja a Figura 13-2.) Mesmo assim, o desempenho passado não é garantia de resultados futuros, como dizem os investidores! E o Bitcoin é a principal criptomoeda do mundo; outras são geralmente muito menos exitosas em ter seu valor reconhecido. Sempre pesquise sobre a viabilidade e o histórico de sua criptomoeda antes de decidir hodl por um período significativo de tempo.

Então, vender ou manter? Fique de olho no mercado e tome sua própria decisão!

FIGURA 13-2: Gráfico de várias estimativas de valor da rede para o Bitcoin nos últimos nove anos, disponível em `https://charts.woobull.com/bitcoin-valuations`.

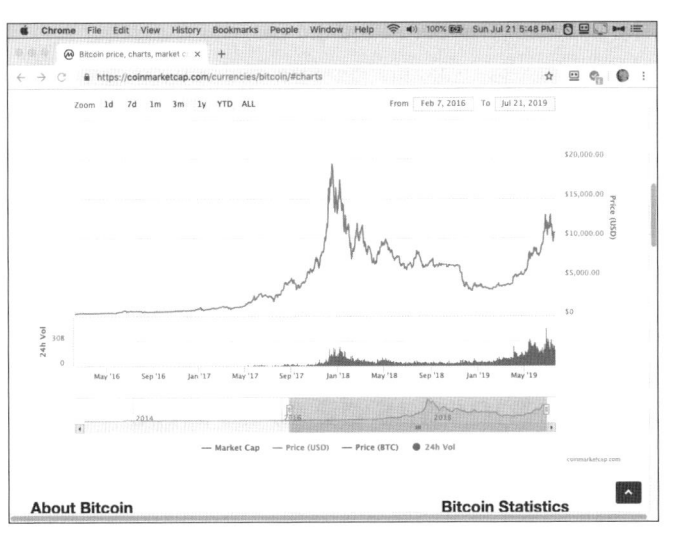

Invista sua criptomoeda

É possível investir capital de risco por meio de Bitcoin ou de outras criptomoedas. Muitos dos primeiros mineradores de Bitcoin investiram seus lucros com a mineração em negócios relacionados às criptomoedas. Por exemplo, Kraken, um dos maiores serviços de exchange de criptomoedas, foi iniciado praticamente apenas pelos primeiros investidores de Bitcoin.

Faz sentido? Talvez. Mas também pense nisso quando investir sua criptomoeda em ações, imóveis ou em outras oportunidades de negócio nas quais está apostando que o retorno sobre o investimento será maior que o retorno de apenas manter a criptomoeda. Nem sempre é assim.

Por outro lado, você pode considerar investir os lucros da mineração em outros negócios como uma forma de diversificação de investimentos, espalhando seu risco financeiro geral ao manter tipos diferentes de investimentos, com riscos e benefícios distintos.

Faça doações

Muitas organizações aceitam doações em criptomoedas para ajudar em seus projetos de caridade. Também pode haver benefícios fiscais associados com a doação de ativos, como criptomoedas, para caridade. A seguir, algumas opções muito válidas para as quais você pode fazer doações, em criptomoedas [sites em inglês]:

- **The Internet Archive:** `https://archive.org`
- **The Tor Project:** `www.torproject.org`

- **The Electronic Frontier Foundation:** www.eff.org
- **WikiLeaks:** https://wikileaks.org
- **Wikipedia:** https://wikipedia.org
- **The Free Software Foundation:** www.fsf.org
- **The Red Cross:** www.redcross.org
- **United Way:** www.unitedway.org
- **Bit Give:** www.bitgivefoundation.org
- **The Water Project:** https://thewaterproject.org

Dê criptomoedas de presente

Um dos usos para sua criptomoeda recém-minerada, que certamente despertará o interesse de amigos, familiares e outras pessoas para aprender mais sobre blockchains e criptomoedas, é permitir que eles mesmos tentem minerar. Dar um pouco de suas criptomoedas para eles é uma ótima ferramenta educacional que os fará configurar uma carteira e testemunhar uma transação. Não há benefícios fiscais diretos para você, a pessoa que está doando a criptomoeda (exceto quando não pagar impostos sobre os ganhos obtidos pelo hodling).

Por outro lado, porém, a pessoa que está recebendo o presente não precisa declarar no imposto de renda nem pagar impostos sobre ele, então muitos usam os presentes para transferir suas riquezas para os filhos. Há algo chamado de imposto presente — acima de determinado nível (muito alto), o doador precisa pagar impostos sobre o dinheiro doado. Mas, nos EUA, em 2019, isso é acima de US$15 mil por ano. Ou seja, abaixo disso não há impostos. E, de fato, há uma exceção de US$11,4 milhões para a vida toda, além dos US$15 mil por ano.*

Converse com seu contador, caso esteja ganhando um bom dinheiro com a mineração. (Mas antes disso, leia *O Milionário Mora ao Lado*. O autor William Danko provavelmente o convencerá a *não* dar dinheiro para seus filhos; faz muito mal para eles. Sinto muito, crianças!)

Decidindo Quando Vender

Os mineradores de criptomoedas podem acreditar na longevidade do sistema de blockchain que decidem minerar e escolhem abandonar suas moedas apenas

---

* N. da E.: No Brasil, o imposto que incide sobre doações é de competência estadual. Ou seja, isenções, alíquotas, bases de cálculo e outros componentes do imposto variam entre os estados. Por isso, sugere--se consultar um advogado para entender melhor quais são os impostos aplicáveis à operação com criptomoedas que deseje realizar. Caso queira pesquisar por conta própria e saber mais, o site Portal Tributário (www.portaltributario.com.br) é uma boa fonte de informações em português.

quando estritamente necessário, para pagar despesas ou devido às condições do mercado, como quedas no preço das criptomoedas.

Por outro lado, às vezes eles adotam uma abordagem diferente, vendendo com bastante frequência para ganhar qualquer lucro rapidamente com sua mineração. A ideia é a de que, enquanto houver lucro a ser obtido, ele deve ser obtido, porque o preço da criptomoeda poderia cair a qualquer momento.

Não há uma resposta certa ou errada (bem, até olhar para trás e ver o retrospecto, é claro!), e os mineradores individuais devem tomar essas decisões por si sós. Se, ou quando, decidir vender, no entanto, há alguns recursos úteis que podem ajudá-lo a escolher o momento e a quantia certos. Há ramificações importantes com a venda também, como impostos, taxas de exchange de custódia e taxas associadas, as quais analisaremos posteriormente neste capítulo (veja "Impostos e Seu Negócio de Mineração").

Indicadores do mercado de criptomoedas

Os indicadores de mercado podem ajudá-lo a ter uma ideia sobre aonde o mercado de sua criptomoeda está indo. Nenhuma métrica é 100% certeira, mas ainda são bons recursos a serem utilizados para tentar entender o que está acontecendo no ciclo do mercado. Veja alguns exemplos de métricas relacionadas ao Bitcoin [sites com conteúdo em inglês]:

» **Múltiplo de Mayer:** Criado por Trace Mayer, este indicador acompanha o preço atual do Bitcoin em dólares americanos, dividido pela média móvel do preço dos últimos 200 dias (a *média móvel* deixa de fora as flutuações de curto prazo). Por exemplo, se o preço hoje é de US$12 mil, e o preço nos últimos 200 dias foi de US$6 mil em média, então o Múltiplo de Mayer é 2. Este indicador dá um bom sinal relativo sobre quando o mercado teve um salto de preços, ou de que teve um *crash*. Múltiplos mais altos são indicadores de cuidado; os mais baixos são sugestões de que pode ser um bom momento para comprar. `https://mayermultiple.info`

» **Proporção NVT:** A proporção entre valor de rede para transações (*network value to transactions ratio* — NVTr) acompanha o valor do dólar das transações de criptomoedas nos "chains" em relação ao valor total da rede. É calculado pela divisão da média da capitalização diária do mercado ou (valor total do mercado) em dólares pela quantia de transações diárias no "chain" em dólares. Ou seja, é uma avaliação do nível de atividade de transações que está acontecendo na criptomoeda. Veja a Figura 13-3. `https://charts.woobull.com/bitcoin-nvt-ratio`

» **Sinal NVT:** Muito semelhante à proporção NVT. No entanto, em vez de pegar o valor de mercado e dividi-lo pelo total das transações diárias nos chains, usa-se cortar o valor médio do mercado nos últimos noventa dias, dividido pelo valor diário das transações no chain. `https://charts.woobull.com/bitcoin-nvt-signal`

» **Capitalização de mercado realizada:** Uma métrica popular no espaço das criptomoedas, é calculada pela multiplicação do preço atual de mercado de uma criptomoeda pela quantia total que está em circulação dessa criptomoeda. No entanto, o cálculo adiciona o valor de mercado de cada moeda ao valor de quando foi gasta pela última vez como transação no blockchain. O site a seguir tem uma ótima explicação sobre como a métrica funciona: `https://coinmetrics.io/realized-capitalization`

» **Proporção MVRV:** A proporção entre Valor de Mercado e Valor Realizado (*Market Value Realized Value ratio* — MVRV) é calculada ao pegar o valor do mercado ou capitalização e dividi-lo pelo valor realizado de mercado ou capitalização. Este indicador pode auxiliar a colocar o valor de mercado em perspectiva para detectar supervalorizações ou desvalorizações. `https://charts.woobull.com/bitcoin-mvrv-ratio`

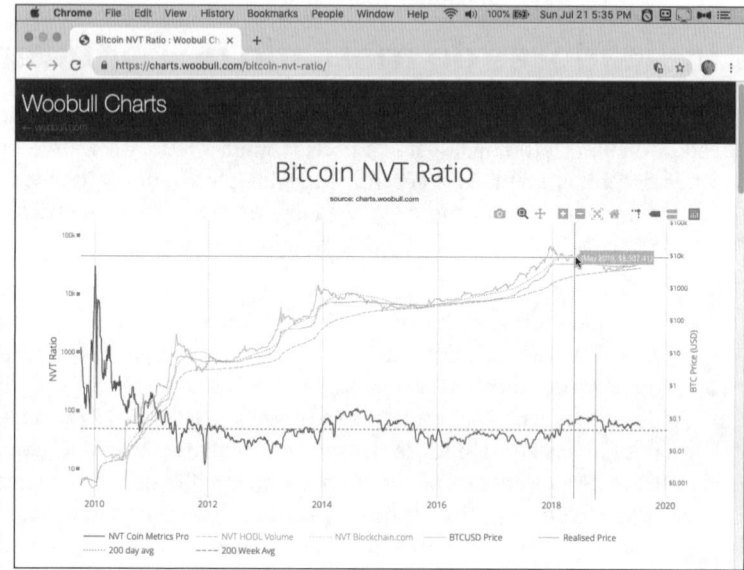

FIGURA 13-3: Gráfico com a Proporção NVT do site Woobull, uma indicação da atividade no mercado de Bitcoin.

DICA Dois dos sites mencionados na lista anterior — charts.woobull.com e coinmetrics.io — têm métricas realmente interessantes e úteis. Dê uma explorada neles para ver o que acha!

Os gráficos que mencionamos são todos sobre o Bitcoin. E as outras criptomoedas? Também é possível encontrar essas métricas para elas. O site Coinmetrics, por exemplo, as disponibiliza para, literalmente, dezenas de criptomoedas. O gráfico mostrado na Figura 13-4 mostra um indicador NVT tanto para BTC (Bitcoin) como para VTC (Vertcoin), por exemplo. Percebe as caixinhas com botões de opções na parte de baixo da tela? As criptomoedas podem ser adicionadas ou removidas do gráfico ao clicar nas caixas, e há mais opções na caixa More, no topo esquerdo dessas três colunas. (Não é possível obter todas as métricas para todas as criptomoedas.) Vários dados sobre criptomoedas e sites com estatísticas podem ser muito úteis, ajudando-o a colocar cada criptomoeda em perspectiva. Veja alguns [em inglês]:

» **Coin Metrics:** https://coinmetrics.io/charts
» **BitInfoCharts:** https://bitinfocharts.com/cryptocurrency-charts.html
» **Bitcoinity:** https://data.bitcoinity.org/markets/volume
» **Coin Desk:** www.coindesk.com/data

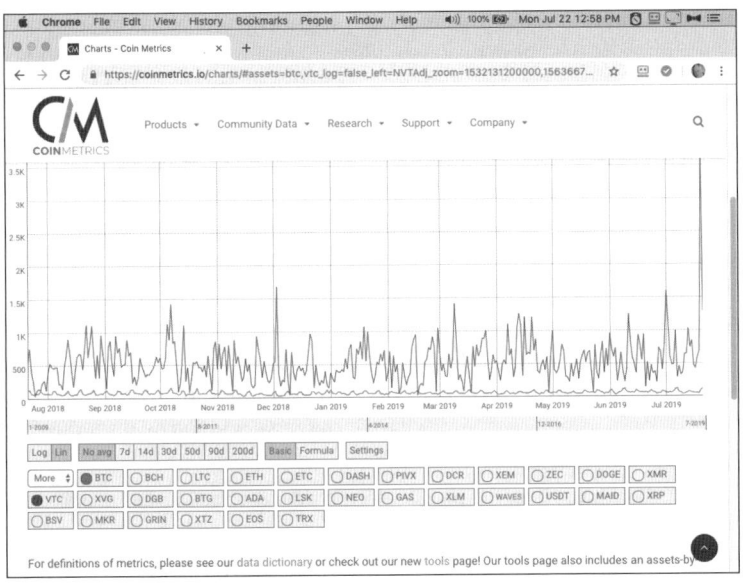

FIGURA 13-4: Gráfico de NVT do Coinmetrics NVT, mostrando dados sobre duas criptomoedas.

» **How Many Confirmations:** https://howmanyconfs.com
» **51% Attack Cost Comparisons:** www.crypto51.app
» **Bitcoin Visuals:** https://bitcoinvisuals.com
» **Coin.Dance:** https://coin.dance

Infelizmente, muitas das criptomoedas menores simplesmente não são populares o suficiente para que essas análises com gráficos em tempo real ou estudos em profundidade sejam feitos. Mesmo assim, observar as métricas para outras criptomoedas pode, pelo menos, dar-lhe uma ideia do sentimento geral do mercado para as criptomoedas como um todo, e, geralmente, elas sobem e descem juntas.

Onde vender

Outra coisa a ser considerada se pretende sacar — trocar seus ganhos em criptomoedas por sua moeda fiduciária — são as plataformas de negociação de ativos e os serviços de exchange. Alguns têm um bom histórico, outros são arriscados, enquanto outros, ainda, são golpistas totais. Outros serviços proíbem pessoas de certas jurisdições, para evitar ter de obedecer a leis associadas aos cidadãos de certos países.

Compilamos uma pequena lista de serviços de exchange respeitáveis de criptomoedas, que estão classificados entre os que têm maior volume diário, assim como maior confiança, em termos de segurança de fundos e risco da contraparte. No entanto, há muitos exemplos de usuários desses serviços que foram alvos de hackers, e alguns tiveram suas contas invadidas, perdendo todos os seus fundos. É melhor usar senhas seguras e únicas, assim como autenticações em duas etapas, para proteger adequadamente sua conta, não importa o serviço de exchange, para evitar a perda de fundos [sites com conteúdo em inglês]:

» **Kraken:** Serviço de exchange popular, com base nos EUA, que oferece a negociação de pares de diversas criptomoedas. Segue totalmente as leis, tem acesso a bancos para transferência em moeda fiduciária e possui um dos melhores sistemas de segurança no setor de criptomoedas. www.kraken.com

» **Coinbase:** Também é um serviço de exchange bem popular e com base nos EUA, com a opção de compra, venda e negociação de diversas criptomoedas. Oferece uma plataforma muito fácil de usar, é até possível configurar transações recorrentes. O serviço está integrado com a maioria dos bancos para fazer e receber transferências, e se orgulha de dizer que nunca foi hackeado. www.coinbase.com

» **Coinbase Pro:** É uma plataforma de negociação mais avançada do que o Coinbase. https://pro.coinbase.com

» **Poloniex:** Outro serviço de exchange com base nos EUA, com suporte para cerca de sessenta criptomoedas e fácil acesso a sua conta bancária para fazer e receber transferências. https://poloniex.com

» **Gemini:** Localizado nos EUA, este serviço de exchange também é seguro e muito utilizado. Foi fundado pelos gêmeos Winklevoss, famosos por processarem Mark Zuckerberg, do Facebook, por ter roubado a ideia deles sobre uma rede social. (Talvez você já tenha assistido ao filme *A Rede Social*.) Eles pegaram o dinheiro que ganharam com o processo, compraram Bitcoin e se tornaram bilionários! O serviço tem suporte para a configuração de compra programada de criptomoedas a partir de contas em banco. Atualmente trabalham com Gemini dollar, Bitcoin, Litecoin, Ether, Bitcoin Cash e ZCash. https://gemini.com

» **LocalBitcoins.com:** Localizado na Finlândia, é um serviço de exchange em que os usuários podem vender Bitcoin (especificamente Bitcoin, e nenhuma outra) para outros usuários, em troca de diferentes moedas fiduciárias. (O serviço afirma ter usuários em 7.699 cidades em praticamente todos os países.) A empresa atua como serviço de depósito de garantia, mantendo os bitcoins do vendedor em uma carteira do serviço, até que o vendedor receba o pagamento (há várias opções de pagamento), momento em que os bitcoins são automaticamente transferidos para sua carteira. Perceba que, apesar do nome, não é mais um sistema local. Quando teve início, em 2012, o serviço ajudava as pessoas e se conectar com outras na cidade para negociarem Bitcoin pessoalmente. O serviço de depósito de garantia foi introduzido logo após o lançamento, mas apenas em 2019 foi desativada a seção do site que ajudava as pessoas a se encontrar e negociar Bitcoin. Por quê? Pois é uma ideia terrível e perigosa! Há inúmeras maneiras de uma transação pessoal de criptomoedas dar errado, e o LocalBitcoins não quer mais estar envolvido nesse tipo de transação. `https://localbitcoins.com`

» **Cash App:** É uma plataforma com base nos EUA, totalmente regulada, para transações de Bitcoin com sua moeda fiduciária, facilmente conectável à sua conta bancária, oferecendo um cartão de débito com descontos para várias empresas, e tem uma interface de interação entre usuários semelhante ao PayPal. `https://cash.app`

» **BitMex:** O Bitcoin Mercantile Exchange (não, não é Bitcoin México) é um serviço de exchange muito popular que disponibiliza vários pares de criptomoedas para negociação, assim como várias posições alavancadas que podem ser perigosas se usadas com imprudência. Porém, apesar de ter bases em São Francisco e em Hong Kong, o serviço não permite usuários dos Estados Unidos, de Quebec (Canadá) e de alguns outros locais, pelo menos em teoria. Isso é para evitar as regulações financeiras dos EUA. Alguns investidores e mineradores nos EUA usam o serviço, por meio de VPN ou TOR, para mudar seus números de IP e esconder sua localização. No entanto, há o risco de perderem seus fundos, caso sejam descobertos. `www.bitmex.com`

» **Bitstamp:** O serviço foi fundado em 2011 e tem um longo histórico no setor de exchange de criptomoedas. (Eles afirmam ser os mais antigos.) O serviço tem mais de quatorze pares de negociação e permite a negociação de criptomoedas para dólares americanos ou euros. `www.bitstamp.net`

» **Binance:** É um serviço de exchange de criptomoedas muito usado, tendo um dos volumes mais altos de negociações, com suporte para mais de cem criptomoedas. Não permitem usuários dos EUA e têm bases em Malta, Japão e China. Foram hackeados em maio de 2019 e perderam 7 mil bitcoins, na época valendo mais de US$39 milhões. `www.binance.com`

» **ShapeShift:** É uma plataforma única de negociação de criptomoedas com suporte para o câmbio de mais de 28 criptomoedas. É uma plataforma não custodial que se orgulha em dizer que nunca fica com suas chaves; você envia uma quantia na criptomoeda que está vendendo, e o serviço envia o que você está comprando para seu endereço para aquela criptomoeda (menos as taxas, é claro). Também é possível comprar criptomoedas usando dólares americanos (a criptomoeda é enviada para um endereço gerenciado por sua carteira de hardware Trezor, KeepKey ou Ledger), embora não seja possível trocar criptomoedas por moedas fiduciárias. `www.shapeshift.com`

A seguir, uma sugestão da edição deste livro com conteúdo em português:

> **Mercado Bitcoin:** Maior exchange de criptoativos da América Latina, com mais de 1,8 milhão de clientes e o maior volume em BRL (reais). `https://www.mercadobitcoin.com.br/`

Esses serviços também cobram taxas, que variam conforme o serviço e a negociação realizados, havendo taxas diferentes no mercado. Ou seja, vender sua criptomoeda em alguns serviços de exchange será mais lucrativo do que em outros. E como saber qual é o melhor? Veja alguns recursos que podem ajudar [sites em inglês]:

> `https://data.bitcoinity.org/markets/books/USD` disponibiliza gráficos legais comparando os diferentes serviços de exchange.
>
> `https://en.bitcoin.it/wiki/Comparison_of_exchanges` oferece uma comparação entre cerca de vinte serviços de exchange.
>
> `https://medium.com/cointracker/2019-cryptocurrency-exchange-fee-survey-49db9b38cb5b` contém uma comparação (e análise) das taxas de transação do serviço.

A seguir, uma sugestão da edição deste livro com conteúdo em português:

> `https://cointradermonitor.com/taxas-aplicadas-por-exchanges-brasileiras` oferece um comparativo dos custos nas principais exchanges brasileiras.

Dollar Cost Averaging

O *Dollar Cost Averaging*, ou DCA, é uma estratégia bastante comum de investimento que pretende reduzir a exposição à volatilidade provinda de compras grandes e com alto custo de um ativo. A ideia é que você evita os danos causados por um declínio súbito no valor do ativo imediatamente após fazer uma grande compra. Pelo contrário, você estende sua compra em um longo período de tempo. (Aprenda mais sobre o DCA aqui [em inglês]: `https://en.wikipedia.org/wiki/Dollar_cost_averaging`.)

Muitos mineradores gostam do conceito do DCA, pois, de fato, é o que a mineração faz: comprar um pouco da criptomoeda a cada mês, em vez de um monte de uma só vez. Por exemplo, alguém pode investir $10 mil em equipamentos de mineração e minerar mês a mês, em vez de pegar o mesmo valor e comprar sua criptomoeda favorita, tudo de uma vez.

Devagar e sempre

Imagine que pretenda investir $1,2 mil em um ativo como Bitcoin neste ano (ou em ações, títulos, tanto faz). Você poderia fazer a compra toda de uma vez, na tentativa de comprar por um preço baixo, para obter um desconto relativo em sua negociação. No entanto, se fosse aplicar a compra periódica com um valor mais baixo — DCA — durante um ano, aplicando mensalmente, em vez de gastar $1,2 mil agora, gastaria $100 por mês, ao longo do ano todo.

Nos mercados de baixa, essa estratégia é eficaz, pois não expõe seu investimento para todas as reduções no preço. De fato, a cada compra, você está obtendo o ativo por um preço menor. No entanto, nos mercados de alta, o método DCA resultaria em quantidades menores do ativo sendo adquirido, a preços mais altos no geral.

A melhor coisa a se fazer, é claro, é investir tudo de uma vez no ativo, quando estiver com o preço mais baixo. Mas como fazer isso? É o que chamamos de timing de mercado, e é basicamente impossível. Talvez você tenha sorte e acerte uma vez, mas não conseguirá fazer isso de forma constante.

Assim, o DCA é uma maneira de diversificar o risco. Também é uma forma de evitar o investimento sob a síndrome FOMO (Fear Of Missing Out — medo de deixar uma oportunidade passar, de ficar de fora). Em vez de entrar com tudo no mercado e abocanhar um pedaço enorme, pois viu o preço subir recentemente — e porque está com medo de perder uma grande oportunidade —, o DCA fornece um jeito mais disciplinado de investir, quase automático. Bem, é preciso se lembrar de fazer as compras mensais. Por outro lado, alguns serviços de exchange, como o Coinbase, permitem a configuração de compras programadas.

De fato, pode-se argumentar que isso que estamos analisando aqui seja o *investimento automático*, semelhante ao DCA, com sutis diferenças. Usamos o termo *DCA*, porque é o termo usado pela comunidade das criptomoedas (e, de fato, por outras áreas de investimento também).

O DCA funciona muito bem em mercados que estão tendendo para baixo por períodos longos e depois sobem, pois o método reduz suas perdas conforme o mercado cai (cada vez que você compra um ativo, ele custa menos que a última vez) e aumenta seus lucros quando o mercado se recupera (porque você terá comprado muito do ativo com um preço mais baixo do que em uma compra inicial de tudo de uma vez).

Vejamos um exemplo. Imagine ter comprado um único bitcoin no dia 9 de dezembro de 2017. Você teria gastado US$13.680 (dependendo da hora do dia, é claro). No momento da escrita deste capítulo, seu bitcoin estaria valendo US$10.011. Você perdeu. Mas digamos que fez DCA. Em vez de gastar US$13.680 de uma vez, você investiu US$684 naquela data, e nos dez meses seguintes. Hoje, seu bitcoin valeria US$18.072.

Obviamente, o contrário também é verdadeiro durante um longo período de apreciação de preços. Cada vez que você compra, obtém menos bitcoins do que da última vez. Caso tivesse investido tudo de uma vez, teria se saído melhor. Mas, novamente, como saber o tempo do mercado? É impossível!

O site Dollar Cost Averaging Into Bitcoin (`https://dcabtc.com` [em inglês]) mostra os efeitos do DCA no mercado de Bitcoin. Insira a quantia de um investimento periódico, um intervalo (diário, semanal, bissemanal ou mensal) e quantos anos quer voltar no tempo a partir do ponto de partida, e o sistema calcula quanto você teria investido, quanto seu Bitcoin vale agora e os lucros obtidos.

O que isso tem a ver com a mineração de criptomoedas? O livro é sobre mineração, não compra de criptomoedas!

Bem, de fato, a mineração de criptomoedas é uma forma de DCA em ativos de criptomoedas (ou, como Tyler gosta de chamar, a *média do custo da eletricidade*). Se está minerando em uma piscina, as recompensas são estáveis e previsíveis. Você gasta dinheiro — com equipamentos, manutenção e eletricidade — e, a cada dia ou semana, ganha mais criptomoedas. Seu investimento cresce lentamente com o passar do tempo, assim como uma estratégia DCA.

DCA para suas saídas

Tanto para mineradores como para hodlers que queiram vender seus ganhos com as criptomoedas, o método DCA também pode ser usado para definir metodicamente suas saídas. A mesma teoria se aplica: se pretende vender $1.200 em Bitcoin ou em outra criptomoeda durante um ano, em vez de fazê-lo tudo de uma vez, é possível planejar vender $100 da criptomoeda por mês, para reduzir sua exposição à volatilidade.

Porém, o inverso também é verdadeiro para as vendas versus compras DCA: se o mercado está tendendo para baixo, sua estratégia DCA resultará em menos moeda fiduciária local adquirida, mas se o mercado da criptomoeda está tendendo para cima, o método DCA renderá mais ganhos na moeda fiduciária. Esse método de timing é muito eficaz para pagar os custos com o empreendimento de mineração.

Riscos do serviço de custódia

Ao longo da história do Bitcoin e de outras criptomoedas, há muitos exemplos de serviços de exchange que foram hackeados, perderam fundos ou fecharam por falência, roubo feito pela gerência ou outros problemas de mau gerenciamento. Por causa disso, é melhor ter uma precaução extrema e a devida diligência ao selecionar qual serviço utilizar.

É importante não deixar os fundos nos serviços de exchange nem um segundo a mais do que o absolutamente necessário, para evitar os riscos. Como o criptógrafo (e possivelmente Satoshi Nakamoto) Nick Szabo disse certa vez:

"Terceiras partes em que se deve confiar são furos na segurança." Lembre-se de que há uma história repleta de usuários de serviços de exchange perdendo acesso aos seus fundos de criptomoedas. O mantra no âmbito das criptomoedas é: "Não tem chave, não tem moeda." Permita que outra pessoa gerencie suas chaves privadas e estará possibilitando que o gestor (o custodiante) o roube ou que não proteja as chaves apropriadamente.

Impostos e Seu Negócio de Mineração

A tributação das criptomoedas é um assunto delicado. No momento da escrita deste capítulo, nos EUA, não está totalmente claro como as criptomoedas serão tributadas, uma vez que a Receita Federal (IRS) e o Congresso daquele país ainda não chegaram a uma conclusão. (Estamos analisando essa questão sob a perspectiva da tributação nos EUA. Porém, alguns dos princípios básicos podem ser válidos em outros países também.)*

Portanto, o que se segue são informações bem gerais. Recomendamos que fale com um contador que tenha experiência com criptomoedas.

Primeiro, a situação de tributação para investimentos ou para mineração de criptomoedas provavelmente terá distinções. Se está investindo em criptomoedas, está investindo em um ativo, e provavelmente será considerado um ativo pela Receita Federal. (Atualmente é, e provavelmente continuará assim.) Digamos que você compre um pouco de LeigosCoin por $1 mil e há um ganho de valor, para $2 mil. Se você segurá-la, não será preciso pagar impostos, da mesma forma que se comprar ouro e ele subir em valor não será necessário pagar impostos.

Porém, caso venda seu ativo e ganhe dinheiro, então há um *evento tributável*. Venda LeigosCoin por $2 mil e terá acabado de lucrar $1 mil, e a Receita Federal quer sua parte deste lucro. (E se vender e perder dinheiro? Então terá uma dedução de impostos, uma perda com investimento que você pode aplicar na redução da renda tributável de outras fontes.)

E se não vender a criptomoeda, mas decidir comprar algo e pagar com ela? Digamos que você compre LeigosCoin por $1 mil. A moeda dobra em valor (agora vale $2 mil), e você usa um quarto do dinheiro para comprar uma TV nova (por $500). Você acabou de ter um evento tributável. Esses $500 para a TV foram pagos usando LeigosCoin que lhe custaram $250; lembre-se: a moeda dobrou em valor. Assim, você teve um lucro de $250, e a Receita Federal quer sua parte.

E se você vende LeigosCoin para comprar Bitcoin e mantém o Bitcoin? É um evento tributável? Bem, isso não está claro na lei atual, mas a legislação está

---
* N. da E.: No Brasil, a tributação com ganhos de criptomoedas é regulada pela Instrução Normativa nº 1.888, da Receita Federal (IN RFB nº 1.888). Sua leitura é recomendada a qualquer pessoa que queira trabalhar com criptomoedas no dia a dia.

sendo desenvolvida de modo a tratar as criptomoedas como os outros ativos. Digamos que você invista em imóveis. Você compra uma casa, a mantém por alguns anos, faz a venda, pega o dinheiro da venda e compra outra casa, talvez maior. Qualquer lucro com a casa vendida não é tributável neste ponto, porque você reinvestiu em seu negócio (imóveis).

Então, se a legislação for aprovada, você poderá vender LeigosCoin em troca de Bitcoin, e não precisará pagar impostos... até que venda o Bitcoin e pegue dólares. Neste momento? Não se sabe ao certo, e as documentações disponíveis são ambíguas quanto ao assunto. Pode-se interpretar que o documento do IRS *Notice 2014-21* (veja Q-6 no site `www.irs.gov/pub/irs-drop/n-14-21.pdf` [em inglês]) está dizendo que, realmente, trocar criptomoedas por *qualquer outra* propriedade — incluindo outra criptomoeda — cria um evento de lucro ou prejuízo, e certamente alguns o interpretarão assim. Mas, se for o caso, por que o IRS não disse isso, pura e simplesmente?

O IRS meramente afirmou que "Se o valor justo de mercado da propriedade recebida na troca por moedas virtuais exceder a base do contribuinte da moeda virtual, ele terá ganhos tributários", o que claramente significa que, se você comprar um computador, uma TV ou um sorvete com a criptomoeda que teve seu valor apreciado, há ganho tributário. Mas como o IRS não afirmou *explicitamente* que trocar uma *forma* de criptomoedas por *outra* forma de criptomoeda, tal efeito é disparado... e agora?

Afinal, trocar uma casa por outra, caso seja investidor em imóveis, não dispara um evento tributável, mesmo se vender a Casa A e receber em dinheiro, que você então usa para comprar a Casa B (conhecidos como *trocas do mesmo tipo 1031*).

Mas em novembro de 2018, o IRS emitiu um boletim de imprensa afirmando que apenas "propriedades reais" podem ser tratadas como trocas do mesmo tipo 1031. (Veja, em inglês, `www.irs.gov/newsroom/like-kind-exchanges-now-limited-to-real-property`.) Por "propriedade real", eles querem dizer imóveis — construções e terra, e não "maquinaria, equipamentos, veículos, artesanato, colecionáveis, patentes e outras propriedades intelectuais"... ou, obviamente, criptomoedas.

Assim, parece que, por enquanto, pelo menos, cada vez que trocar uma criptomoeda por outra, um evento tributável é disparado. Ganhe LeigosCoin e troque por Bitcoin (pois a primeira é muito volátil), e provavelmente terá de pagar impostos. Veja atualizações, em inglês, em `www.irs.gov/businesses/small-businesses-self-employed/virtual-currencies`.*

---

* N. da E.: No Brasil, a legislação tributária funciona da mesma forma. A Receita Federal provavelmente considerará trocas de criptomoedas por bens ou por outras criptomoedas como eventos tributáveis. Por exemplo, se comprar uma televisão com Bitcoins que se apreciaram, a princípio, existe imposto devido. De qualquer forma, é essencial consultar um advogado sempre que for realizar operações de grande porte com criptoativos.

Mas você está minerando, não investindo

A mineração é muito diferente dos investimentos. Veja nosso entendimento a seguir (mas lembre-se: não confie em nós! Você precisa conversar com um contador que entenda de criptomoedas e das leis tributárias atuais em sua região!).

Sua operação de mineração é um negócio. Você investe dinheiro nele, e ele dá como frutos as criptomoedas (espera-se). O lucro obtido é imediatamente tributável. Você fará a declaração convertendo para reais. (A Receita Federal não têm formulários ou tabelas que fazem cálculos em criptomoedas!)

Como qualquer outro negócio, é necessário registrar os gastos: quanto gastou para comprar o equipamento, conta de luz, aluguel (caso sua operação seja em casa, deduza parte do custo de sua casa em proporção ao espaço ocupado pelo equipamento) e assim por diante. Qualquer gasto para tocar seu negócio é uma despesa dedutível. Algumas de suas despesas — quantias gastas em equipamentos com vários anos de vida útil — podem ser depreciáveis. Ou seja, em vez de deduzir o preço completo do equipamento no ano em que gastou o dinheiro, você pode ter de deduzir uma porção durante vários anos. Novamente... uma questão para seu contador. (As regras são complicadas.)

Também é necessário registrar sua renda. Quer dizer, o dinheiro, em reais, que você recebe em suas recompensas da criptomoeda. Ou seja, para finalidades de relatórios e de cálculos tributários, é necessário converter o valor da criptomoeda, no momento em que a recebem em seu endereço no blockchain, em reais.

Mesmo que você hodl a criptomoeda, terá de pagar impostos. Considere o caso da seguinte maneira. O ouro é um ativo, e, se comprá-lo e mantê-lo, enquanto ele estiver em sua posse, não será necessário pagar impostos sobre qualquer apreciação de valor. Mas preste serviços a alguém e receba uma moeda de ouro, e acabou de ganhar de brinde uma renda tributável. É o mesmo com as criptomoedas. Se ganhar criptomoedas a partir de uma operação de mineração, é necessário pagar impostos sobre o ganho, após deduzir as despesas da mineração. Realmente o IRS determinou que os ganhos com mineração são considerados "renda bruta" (veja, em inglês, Q-8 em `www.irs.gov/pub/irs-drop/n-14-21.pdf`).

Como descobrir o ganho? Pegue o total da renda em criptomoeda no ano, converta em reais com a taxa do dia que você as ganhou e depois deduza o resultado de suas despesas empresariais. O que sobra é seu lucro, e seu negócio deve pagar impostos sobre esse lucro.

Como está pagando as contas? Está pegando parte dos ganhos com suas criptomoedas e convertendo-os em reais para que possa pagar o aluguel e fazer as compras no supermercado? Ou até mesmo usando a criptomoeda para pagar diretamente despesas pessoais (não empresariais)?

Bem, dependendo do tipo de negócio (firma individual, limitada, S.A. etc.), o dinheiro que pega para si mesmo ou gasta consigo mesmo será considerado como folha de pagamento ou distribuição. Será uma dedução para sua empresa, mas tributável para você.

Certo, a coisa pode ficar complicada, e nosso objetivo não é ensinar Tributação Básica. Algumas formas de estruturas de negócios — como a de firma única ou limitada — consideram você e sua empresa como uma única entidade, para fins tributários. Então, se pegar algum dinheiro ou se gastar em algo para si mesmo, não será uma dedução para sua empresa... porque sua empresa é você. Esses gastos apenas não são usados ao calcular suas deduções.

Fica complicado

Já falamos que fica complicado? Dissemos que muito disso está indefinido no momento? Talvez tenhamos mencionado que você deve conversar com um contador com bons conhecimentos de criptomoedas.

O que acontece se você hodl? Imagine que minera LeigosCoin e ela vale, digamos, $1 mil no momento da mineração. Mas você não a vende, você hodl, e no final do ano ela vale $2 mil. Você considera os $1 mil como renda tributável ou os $2 mil?

Bem (muito provavelmente... confirme com seu contador!), você fará a declaração usando os $1 mil como a renda daquele bloco que minerou. Mas agora terá um ativo registrado com uma base de $1 mil. De fato, você comprou LeigosCoin pelo preço original de $1 mil (sobre o qual pagou impostos). Imagine que, um ano depois, vende a moeda por $3 mil; teria que pagar impostos sobre a diferença entre os $1 mil que "pagou" por ela, e sobrem os $3 mil, que foi o preço de venda. Assim, você teria de pagar imposto sobre $2 mil.

É realmente importante acompanhar a *base* da criptomoeda — quer dizer, o custo original para você, caso a tenha comprado ou se a minerou, o valor em reais no momento da mineração. Também é preciso acompanhar o valor quando se desfez da criptomoeda; a quantia que recebeu em reais ao convertê-la, ou o valor em reais do produto ou serviço adquirido com criptomoedas. Tudo isso pode ficar... bem, complicado. Você precisa de ajuda, e podemos ajudá-lo um pouquinho, disponibilizando o recurso a seguir, que é uma seleção de sistemas para acompanhar os números e os escritórios de contabilidade que se especializam na tributação de criptomoedas [conteúdo em inglês]:

» **Cryptofolio Tax:** https://cryptfolio.com/tax
» **Crypto Trader Tax:** www.cryptotrader.tax
» **Zen Ledger:** https://zenledger.io
» **Token Tax:** https://tokentax.co
» **Crypto Tax Girl:** https://cryptotaxgirl.com
» **Bitcoin Tax:** https://bitcoin.tax

A seguir, uma sugestão da edição deste livro com conteúdo em português:

> » A tributação de criptoativos ainda é uma questão delicada no Brasil, sendo assim, recomendamos o vídeo do **Mercado Bitcoin**, https://www.youtube.com/watch?v=Q4rBP5AeN3s.
> Porém, sempre consulte um advogado ou contador para obter uma opinião precisa. Caso tenha dúvidas, pergunte ao serviço de atendimento da exchange da qual é cliente.

Expandir?

Se estiver ganhando dinheiro com a mineração de criptomoedas, se as recompensas e os lucros atuais são significativos, é muito tentador expandir sua operação de mineração. Mas pense muito e profundamente antes de dar esse passo. É um negócio muito volátil, com uma natureza de *booms* econômicos e recessões. O que parece boas condições de mercado mostrando uma oportunidade para expandir pode virar rapidamente, resultando em perdas críticas de fundos que poderiam ter ajudado a cobrir os custos de sua operação quando o mercado estava em baixa. Ou seja, às vezes é bom ter uma reserva financeira para ajudá-lo nessas turbulências, em vez de investir até o último centavo sempre.

Analisamos, a seguir, algumas coisas a serem contempladas quando considerar se deve ou não expandir sua operação.

Não extrapole

⚠️ CUIDADO

É importante não extrapolar caso esteja planejando expandir. Caso faça a expansão rápido demais, pode acabar com suas economias que possa ter em sua moeda fiduciária, o que o forçaria a liquidar os retornos com a mineração para cobrir os custos.

No Capítulo 6, falamos sobre o espiral da morte da mineração. Analisamos como os próprios sistemas de criptomoedas são imunes à espiral da morte da mineração por causa dos ajustes regularmente programados de dificuldade de bloco, o que garante que a taxa de produção de blocos permaneça estável em longo prazo. No entanto, mineradores individuais ainda ficam expostos à espiral da morte. Caso os preços de mercado de câmbio das criptomoedas caiam significativamente em curto prazo, sua mineração pode muito bem perder lucratividade, forçando-o a fechá-la, se não puder arcar com as despesas. Extrapole em sua operação de mineração, e não poderá continuar com hodl de sua recompensa de criptomoedas.

Se pretende expandir sua mineração, tenha certeza de que possui fundos suficientes para cobrir as despesas básicas no caso de baixa no mercado de criptomoedas. Os melhores especialistas financeiros recomendam que as pequenas empresas mantenham o equivalente entre três a seis meses de despesas operacionais disponíveis para cobrir as despesas em caso de condições imprevistas no mercado.

No entanto, nos mercados de Bitcoin e das criptomoedas, as maiores baixas duraram até 36 meses! Em casos extremos assim, até mesmo as operações de mineração mais lucrativas são forçadas a repensar sua operação, e possivelmente fazer mudanças radicais.

Marcos a serem alcançados antes de reinvestir

Empresas bem-sucedidas, incluindo os empreendimentos de mineração de criptomoedas, estabeleceram objetivos financeiros e planos de longo prazo para garantir que sobreviverão às constantes condições do mercado. Alguns mineradores avaliam seus retornos na criptomoeda em que estão minerando, enquanto outros, em sua moeda fiduciária local. Há uma certa confusão entre os mineradores quanto a isso. Muitos não gostam de pensar em termos de moeda fiduciária. Isso remonta às raízes anarquistas da criptomoeda, a ideia de que a moeda fiduciária é ruim porque ela vem do Estado, e que será finalmente substituída pela criptomoeda criada e gerenciada pelas massas. É um grande engano!

Qualquer ativo apenas tem valor *em comparação com alguma outra coisa!* Talvez você diga "Tenho dez LeigosCoin", e nós questionamos "Certo, o que isso vale?" O que você responderia? "Valem dez LeigosCoin"? Simplesmente não faz sentido, assim como perguntar a alguém quanto vale uma laranja e obter a resposta de que vale uma laranja!

"O que vale?" significa "O que pode obter com isso?". Quantas pizzas ou quantas laranjas se pode comprar? Ou, dá para comprar um carro com isso? Ou, para simplificar um bocado: vale quanto em dinheiro?

Assim, nada tem um valor isoladamente. Pode comparar com maçãs, laranjas ou ouro... ou moeda fiduciária. Mas, de qualquer jeito, a criptomoeda tem um tipo de valor, que pode ser mensurado em unidades de alguma outra coisa, e não em termos da própria criptomoeda.

Claro, é possível converter suas recompensas de mineração pelo número de laranjas equivalentes, mas qual é o ponto? Por que não apenas usar o meio mais comum de câmbio em seu país? A moeda fiduciária local!

Se você avalia seus resultados puramente em quantas moedas minera, não dá para ter uma ideia real de se sua operação de mineração faz sentido. Mesmo que seu objetivo seja acumular determinada criptomoeda que você simplesmente *sabe* que valerá, algum dia, dez vezes o custo para minerá-la, ainda é necessário entender os números em termos de moeda fiduciária. Afinal, caso isso não ocorra, não será possível saber se está gastando mais dinheiro para minerar a criptomoeda do que gastaria para comprá-la.

Portanto, a métrica mais importante a se observar deve ser lucro ou prejuízo, com base na moeda fiduciária. Sem saber se está ou não ganhando dinheiro, é difícil tomar qualquer decisão racional sobre expansão.

Por outro lado, talvez isso seja apenas um hobby ou um experimento legal para você, e seu objetivo seja aprender e se tornar proficiente na mineração de criptomoedas e na arena das criptomoedas em geral. Ou, talvez, seja uma afirmação ideológica; você *é* criptoanarquista ou criptolibertário e quer ver a criptomoeda ter êxito e, portanto, quer se envolver. Tudo bem. Seus objetivos podem ser diferentes neste caso.

Ou talvez você não seja tão ideológico, mas ainda acredita no futuro da criptomoeda que minera e nas criptomoedas como um todo e quer ajudar a apoiar e proteger o blockchain (nem que seja porque ele possui um pouco de sua riqueza!).

Alguns mineradores acreditam no que a comunidade das criptomoedas está tentando realizar e, assim, estão dispostos a minerar com perda de moeda fiduciária por um curto período, sabendo que estão apoiando o blockchain e acumulando criptomoedas (as quais, acreditam, terá seu valor aumentado).

E, sejamos honestos: também há mineradores que operam para que a criptomoeda que ganham seja anônima. Se comprar criptomoedas de um serviço de exchange nos EUA, o serviço tem um registro da transação e de quem você é. Se fizer mineração solo, ninguém, além de você, terá um registro de quem é. (Isso não vale para a mineração em piscinas.)

Assim, pode haver outros motivos para continuar minerando, outras métricas a serem consideradas. Mas, sob uma perspectiva de *negócios*, você deve saber se está ganhando ou perdendo dinheiro e quanto. Se não fizer isso, não há como tomar uma decisão racional quanto à expansão. (E mesmo que esteja minerando por algum outro motivo, não dá para entender completamente sua operação até que analise os números em termos de moeda fiduciária. Ou laranjas, se preferir, mas será muito mais fácil em moeda fiduciária.)

Defina seus objetivos antes de iniciar sua aventura com mineração e volte a eles periodicamente. *Quanto* lucro é o suficiente em relação ao investimento que está fazendo de tempo e dinheiro, por exemplo?

E qual seria o efeito de uma expansão? Considere, por exemplo, que dobrar uma criptomoeda pequena custará dinheiro para que se obtenha o equipamento, mas não consumirá muito mais tempo. Você terá de gastar tempo para configurar o equipamento, é claro (embora deva ser bem mais rápido na segunda vez), mas não tomará muito mais tempo para cuidar do equipamento adicional e mantê-lo funcionando. Então, em termos de dedicação de tempo, há uma grande economia de escala na mineração de criptomoedas. Quer dizer, conforme sua mineração aumenta, a quantidade de tempo contribuída para ganhar cada dólar reduz drasticamente.

Planejando sua expansão

Os equipamentos de mineração melhoraram radicalmente na última década (veja uma discussão sobre o assunto no Capítulo 5). A produção de hash rate por plataforma foi às alturas, chegando a muitos trilhões de hashes por segundo, e a eficiência dos hashes também aumentou, reduzindo drasticamente o consumo elétrico e fazendo mais Proof of Work consumindo menos energia.

Isso se traduz em uma mobilização de quantidades surpreendentes de poder computacional. Se está planejando expandir sua operação de mineração de criptomoedas, é possível fazer isso com muito menos equipamento e custos fixos, quando comparado mesmo a dois anos atrás. Outra coisa: se seu equipamento está no time da terceira idade — digamos, entre dois a cinco anos de idade (o tempo de vida médio de uma plataforma ASIC de mineração) —, talvez você consiga apenas substituir sua plataforma velhinha com equipamentos de ponta e aumentar radicalmente seus recursos gerais de hash.

Porém, todos esses equipamentos são caros. "Vale a pena expandir?" é uma pergunta que só pode ser respondida com cálculos muito cuidadosos. A mineração de criptomoedas é, afinal, o jogo perfeito dos números; ela diz respeito aos dólares para comprar o equipamento, ao custo da eletricidade para fazê-los funcionar, ao número de hash que produzem, ao número de hashes que a rede inteira produz, ao tempo do bloco e assim por diante. Minerar por algum tempo lhe dará uma linha de base com a qual trabalhar, mas gastar horas em uma planilha (ou em cálculos online, como vistos no Capítulo 11) é a única forma de prever o que a expansão poderá resultar para você, e, ainda assim, será apenas uma *previsão*.

Mas lembre-se: se gostaria de aumentar sua operação, partindo de sua implementação atual como hobby, há vários caminhos que podem ser seguidos (que analisamos no Capítulo 9), como instalações de hospedagem de colocation, marketplaces de taxa de hash (nos quais milhares de pessoas vendem seu poder de hash para outros milhares de pessoas que querem minerar sem ter a dor de cabeça de montar um equipamento), ou até as empresas de mineração na nuvem, na qual é possível comprar poder hash da própria companhia.

LEMBRE-SE
Ao fazer a expansão, tenha cuidado para não extrapolar, planejando objetivos e metas muito bem considerados, e mantendo reservas adequadas de dinheiro para bancar vários meses de gastos de mineração no caso de baixas no mercado ou em tempos de alta volatilidade.

5
A Parte dos Dez

NESTA PARTE...

Planejando-se para a volatilidade do mercado.

Ganhando lucros inesperados com novas criptomoedas.

Identificando criptomoedas alternativas.

Encontrando maneiras de potencializar a lucratividade.

Cortando o custo da eletricidade.

Economizando com resfriamento barato.

Encontrando mais informações e mantendo-se atualizado.

Entendendo os contras da mineração de criptomoedas.

> **NESTE CAPÍTULO**
>
> » Preparando-se para as baixas
>
> » Criando planos para sobreviver às baixas
>
> » Entendendo a volatilidade relativa do mercado de criptomoedas
>
> » Calculando burn rate e runway
>
> » Compreendendo quando é melhor parar
>
> » Considerando a compra com o mercado em baixa

Capítulo **14**

(Mais de) Dez Dicas para as Baixas do Mercado

Como o setor das criptomoedas é ainda muito imaturo, uma volatilidade incrível tem ocorrido na taxa de câmbio do Bitcoin e outras criptomoedas, junto de rápidas valorizações em preços de ativos e *crashes* enormes.

Há dois argumentos básicos para explicar essa volatilidade. Os céticos dirão que as criptomoedas não possuem valor inerente, da mesma forma que as tulipas possuem um valor inerente que justificou a Mania das Tulipas no século XVII na Holanda, durante as quais os bulbos da flor chegaram a preços astronômicos. (Os bulbos eram vendidos pelo equivalente a 450kg de queijo ou 12 ovelhas gordas.) Não, espere, os céticos diriam que os bulbos de tulipas tinham um valor inerente maior do que as criptomoedas, porque é possível produzir flores a partir deles. É por isso que o mercado é volátil, dizem os céticos; porque é um mercado construído na areia.

Os crédulos, por sua vez, desconsiderarão isso — e indicarão que o ouro possui muito pouco valor inerente também e, contudo, tem sido usado como reserva de valor há milhares de anos. Eles argumentarão que essa volatilidade é um processo normal para novos ativos, durante o qual ocorre a descoberta inicial do preço. O mundo está trabalhando com esse ativo há apenas cerca de uma década. Na verdade, a maior parte do mundo nunca ouviu falar disso, e mesmo as pessoas instruídas nas nações avançadas souberam das criptomoedas há cerca de dois anos, e a maioria não as entende. Assim, não é de se surpreender que os preços oscilarão à medida que o mundo vai compreendendo essa nova classe de ativos.

De qualquer maneira, os mercados de criptomoedas são voláteis. Na última década, a tendência geral, pelo menos para as principais criptomoedas, tem sido para cima, com quedas radicais intermitentes. Então, é preciso presumir que essa volatilidade continuará por algum tempo. Neste capítulo, analisamos várias coisas a serem consideradas sobre as movimentações e quedas no mercado e como se preparar da melhor forma.

Tenha um Plano

DICA

Sempre tenha um plano para as baixas no mercado. Enquanto as coisas estão indo bem, considere o que você faria no evento de uma queda mediana, uma dolorosa ou uma seriamente catastrófica.

Há algumas opções:

» Concentre seus esforços e continue indo em frente. Quer dizer, apenas continue movendo-se e espere que o mercado se recupere (caso tenha fundos para tanto).
» Venda seus hashes. Use um marketplace de hash para vender seu poder de mineração para outra parte. Quer dizer, deixe que outra pessoa assuma o risco. (É claro, se conseguir encontrar um mercado viável. Será necessário fazer as contas, assim como em qualquer operação de mineração.)
» Mude para outra criptomoeda atualmente mais lucrativa.
» Pare de minerar por um tempo e observe o mercado.
» Interrompa seu prejuízo e saia totalmente do mercado. Venda seu equipamento para recuperar partes dos custos de capital, mas entenda que, em uma baixa do mercado, o equipamento valerá menos (e também por estar usado e, talvez, ser de uma geração mais velha).

Se tiver uma reserva suficiente de capital extra para cobrir as despesas operacionais durante a baixa, seguir em frente pode ser uma estratégia válida, dependendo de quanto está perdendo. Outra seria planejar a desativação de seus equipamentos durante tais períodos, um assunto que analisamos mais profundamente na seção "Pare de Minerar!", adiante neste capítulo.

Quanto Tempo Você Aguenta?

Ao minerar criptomoedas, você precisará de muito capital com liquidez, como reservas de moeda fiduciária local para cobrir as despesas de mineração durante as baixas do mercado (isto é, se decidir continuar minerando). Pequenos negócios são geralmente orientados a manter uma reserva disponível no valor equivalente a algo entre três e seis meses de despesas de operação para casos de mudanças inesperadas no mercado, o que — ou mais — pode ser aplicado à mineração de criptomoedas.

No espaço das criptomoedas, as baixas no mercado de câmbio podem durar muito tempo. Se o mercado mergulha para taxas ainda mais baixas do que antes durante períodos muito longos, ao ponto de você deixar de ganhar dinheiro, é importante estar preparado com reservas operacionais suficientes para cobrir as despesas durante o período de baixa. Se está de fato perdendo dinheiro, pode ser uma boa ideia parar de minerar ou, talvez, mudar para outra criptomoeda (se puder comprá-la por menos do que está gastando com custos operacionais, qual será então o propósito da mineração?). Mas muitos mineradores estão nessa pela criptomoeda; seu objetivo é aumentar suas reservas de moedas. Talvez vendam um pouco para cobrir os custos, mas, no geral, consideram a posse delas como um investimento valioso para o futuro.

E se sua operação atingiu o ponto de equilíbrio (breakeven) e você está ganhando dinheiro o suficiente em moeda fiduciária local para pagar os custos, mas nada além disso? Pode continuar a minerar, mas não está ganhando moeda fiduciária, nem acumulando criptomoedas. É uma situação na qual será importante ter reservas para possibilitar pagar os custos operacionais, enquanto continua acumulando os criptoativos.

De fato, essas baixas podem acabar sendo muito lucrativas no longo prazo. O custo da criptomoeda cai conforme os mineradores pulam fora. Com a queda no valor e a saída dos mineradores da rede, a taxa de hash total da rede também caiu, e sua proporção de taxa de hash aumenta, significando que estará minerando mais da criptomoeda pelo mesmo custo operacional. Assim, você ganhará mais criptoativos com menos custo. Talvez não esteja ganhando dinheiro agora, mas, quando o mercado subir novamente, não vai se arrepender de ter continuado!

O quanto aguentará durante uma baixa no mercado será determinado pela quantia de capital de reserva. Presumo que você pagou pelo equipamento à vista, mas há despesas diárias (principalmente a eletricidade). Talvez esteja pagando parcelas do equipamento também — caso o tenha comprado com cartão de crédito ou crediário. São despesas mensais, mas não diretamente associadas com o custo da mineração; você deve esse dinheiro, quer minere ou não.

Assim, esses cálculos podem ficar complicados muito rapidamente por causa das diversas variáveis em jogo. Na verdade, você está comparando seus cenários financeiros: continuar a minerar, parar temporariamente, parar totalmente (e vender seu equipamento) ou mudar para outra criptomoeda.

LEMBRE-SE

A questão não envolve só custos. Se continuar a minerar, ainda terá alguma entrada, ela apenas não será tão alta como antes da baixa. O que estamos tentando fazer é calcular o *burn rate* [taxa de queima, literalmente], ou seja, quanto de suas reservas está gastando ("queimando") por mês, e o *runway* [pista de pouso, literalmente], que representa quantos meses serão necessários para queimar todas as reservas (ou permanecer na "pista"). Calcule seu burn rate da seguinte maneira:

Suas Reservas / [Despesas Mensais Totais − Receitas com Mineração] = tempo de runway

Digamos que tenha $5 mil de reservas. Suas despesas são de $1 mil por mês, mas, atualmente, mesmo com a queda do mercado, você ainda está ganhando $300 por mês com recompensas de mineração. Assim,

$5.000 / [$1.000 − $300] = $5.000 / $700 = 7,14 meses

Dá para complicar um pouquinho... e é o que faremos. Primeiro, embora consiga estimar suas despesas muito bem (provavelmente está consumindo a mesma quantidade de luz por mês, por exemplo), não é possível saber qual será, de fato, a renda com a mineração desta vez. Ela flutuará; poderia diminuir ou aumentar um pouco... é um palpite.

Se você tem despesas recorrentes de capital (caso esteja pagando um empréstimo para pagar o equipamento), essa conta vence todo mês, esteja você minerando ou não. Ou talvez tenha comprado o equipamento à vista, mas está calculando a lucratividade com a amortização do custo ao longo de vários anos. Bem, o equipamento já está pago; é, sob um ponto de vista de fluxo de caixa, um custo irrecuperável. Não seria apropriado incluir esses custos em um cálculo de burn rate ou de runway. São cálculos de fluxo de caixa; quanto dinheiro está saindo e quanto está entrando por mês são as únicas coisas que contam.

Além de todos os cálculos, no entanto, há uma grande pergunta: por que, se está perdendo dinheiro, você continuaria a minerar? É uma pergunta que analisamos nas seções posteriores "Mude para Outra Criptomoeda" e "Pare de Minerar!".

CUIDADO

Essas projeções são exatamente isto — projeções. Podem não estar certas, e provavelmente não estarão. No entanto, fazer essas estimativas é melhor do que não ter um plano ou ideia nenhuma. A volatilidade do mercado pode causar a flutuação das receitas mensais e alterar radicalmente suas expectativas e conclusões de cálculos. Isso é algo que você deve acompanhar de perto.

Aprenda com o Histórico do Mercado

Mas o mercado se recuperará? Como disse um consultor financeiro: "O desempenho passado não é garantia de resultados futuros." E, de fato, é o caso para muitas criptomoedas alternativas, para as quais o mercado caiu e nunca se recuperou!

Porém, estamos em um novo mundo financeiro, e, se você acredita que as criptomoedas vieram para ficar, então precisa acreditar que algumas continuarão a aumentar de valor no longo prazo. É claro, o mundo provavelmente não precisa das mais de 2 mil criptomoedas existentes hoje, mas algumas aumentarão em valor no curto prazo, mesmo que morram depois, e outras permanecerão para a longa viagem.

Portanto, é interessante ter uma ideia geral do mercado e do que aconteceu com as criptomoedas até aqui, nessa década de vida, mesmo que apenas para ter uma certa paz de espírito quando o mercado cair.

O Bitcoin, a criptomoeda mais popular, mais comentada e valiosa, tem um histórico de aumentos lentos em seu valor, seguidos por períodos de exuberância nos quais o valor subiu rapidamente, seguindo por uma queda repentina, com meses subsequentes de um lento declínio... e depois, o valor começa a subir novamente, e o ciclo se repete. Mas no todo o valor continua subindo. Dê uma olhada na Figura 14-1, um gráfico do site CoinMarketCap.com mostrando de abril de 2013 até o final de 2016. Depois, veja os dados de abril de 2013 até atualmente na Figura 14-2. O período até 2016 mal aparece no quadro, mas, de qualquer forma, podemos ver o mesmo padrão. Tivemos uma grande queda no final de 2017, um declínio longo e vagaroso durante 2018, e agora, parece estar em uma tendência de alta. Visite o site CoinMarketCap.com [em inglês] e brinque com o gráfico. É interessante dar zoom nos primeiros dias para ver o mesmo padrão, ainda que com os preços bem baixos do Bitcoin na época.

Outra forma interessante de analisar os dados é considerar as maiores altas de todos os tempos, e quanto tempo o mercado esteve nelas. O site BuyBitcoinWorldwide.com disponibiliza um gráfico mostrando isso (veja a Figura 14-3). Ele ilustra, ao longo da história do Bitcoin, o número de dias desde as *Maiores Altas de Todos os Tempos* (o preço mais alto da criptomoeda registrado no mercado de câmbio, também conhecido como *All Time High — ATH*). Quer dizer, ele mostra a extensão de tempo entre as altas históricas no mercado. No momento da escrita deste capítulo, já foram mais de seiscentos dias desde a ATH de US$19.891 em 18 de dezembro de 2017.

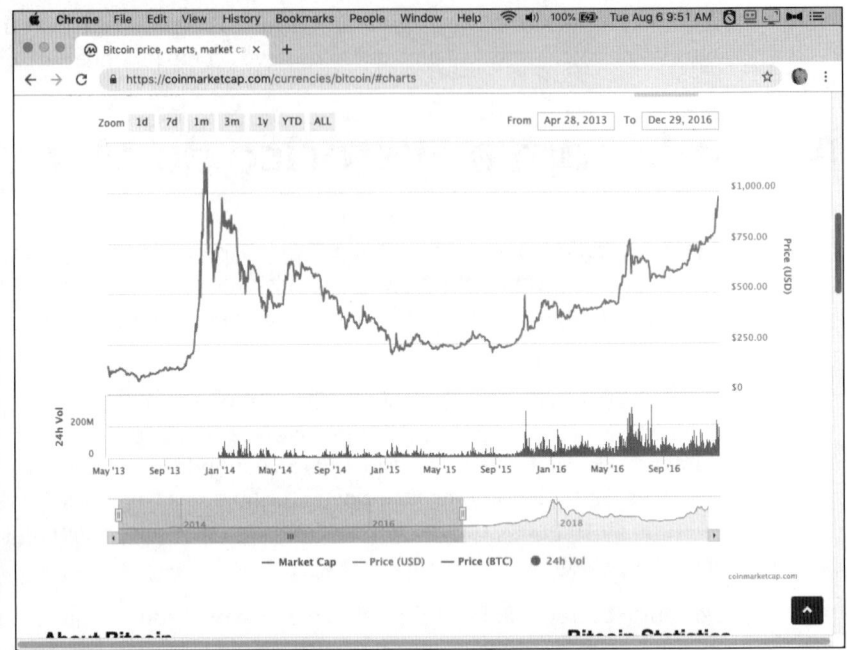

FIGURA 14-1: Gráfico do site Coin Market-Cap.com mostrando o preço do Bitcoin de abril de 2013 até o final de 2016.

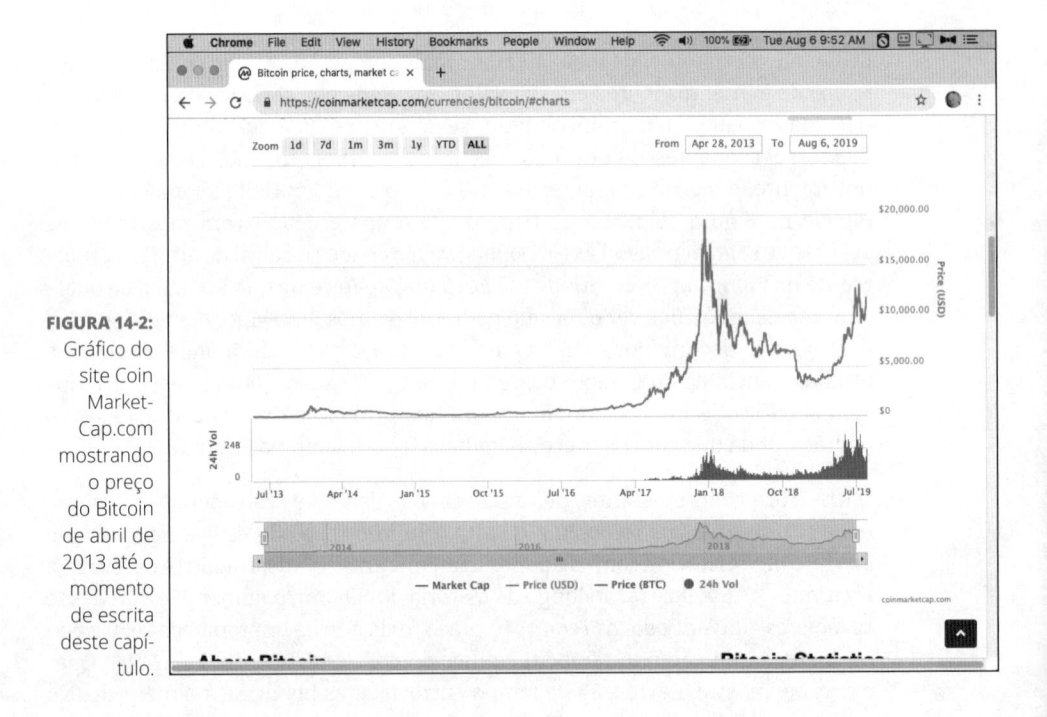

FIGURA 14-2: Gráfico do site Coin Market-Cap.com mostrando o preço do Bitcoin de abril de 2013 até o momento de escrita deste capítulo.

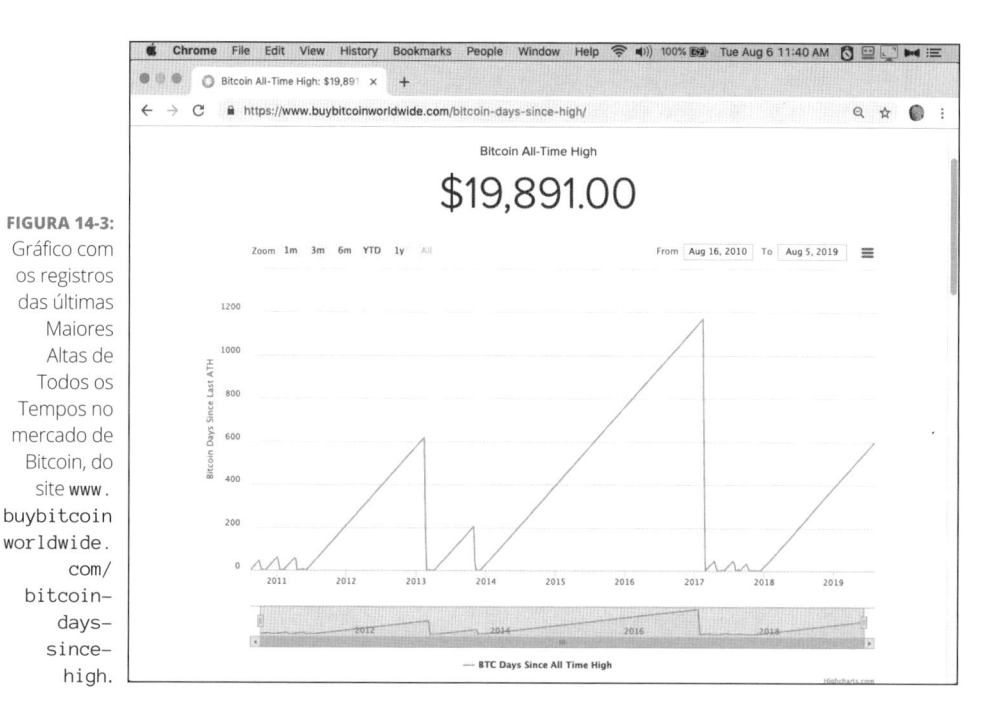

FIGURA 14-3: Gráfico com os registros das últimas Maiores Altas de Todos os Tempos no mercado de Bitcoin, do site www.buybitcoinworldwide.com/bitcoin-days-since-high.

Leva um tempinho para entender esses gráficos. Os picos não são preços altos; eles indicam o ponto no qual a última ATH foi atingida. A queda após o pico é o tempo durante o qual o preço do mercado está subindo, durante a ATH anterior, e o ponto onde a linha está na base, e depois começa a subir novamente, é outra ATH. A inclinação para cima indica um momento durante o qual o valor do Bitcoin era menor do que o da última ATH.

Na verdade, se dermos um zoom no gráfico, veremos muitas outras ATHs, conforme o preço sobre e desce com uma tendência geral para cima (veja a Figura 14-4).

Os atuais 600 dias desde a última ATH não são um recorde, de jeito nenhum. Lá em fevereiro de 2017, o preço do Bitcoin voltou a um alto valor estabelecido dias antes, de US$1.170. Durante os dez meses seguintes, ele subiu de cerca de US$1 mil para quase US$20 mil... e caiu de novo depois.

LEMBRE-SE Só porque faz um tempo desde a última vez que o preço de uma criptomoeda esteve em uma maior alta de todos os tempos não significa que um minerador não possa ganhar dinheiro com ela, é claro. Na verdade, embora sejam mais de 600 dias desde a última maior alta, também tem havido uma tendência geral de subida no preço do Bitcoin há cerca de 160 dias. A lucratividade da mineração não está relacionada à qual costumava ser o preço, mas às condições atuais de mineração — a taxa de hash da rede, sua proporção da taxa de hash, o preço da eletricidade etc. (veja o Capítulo 11).

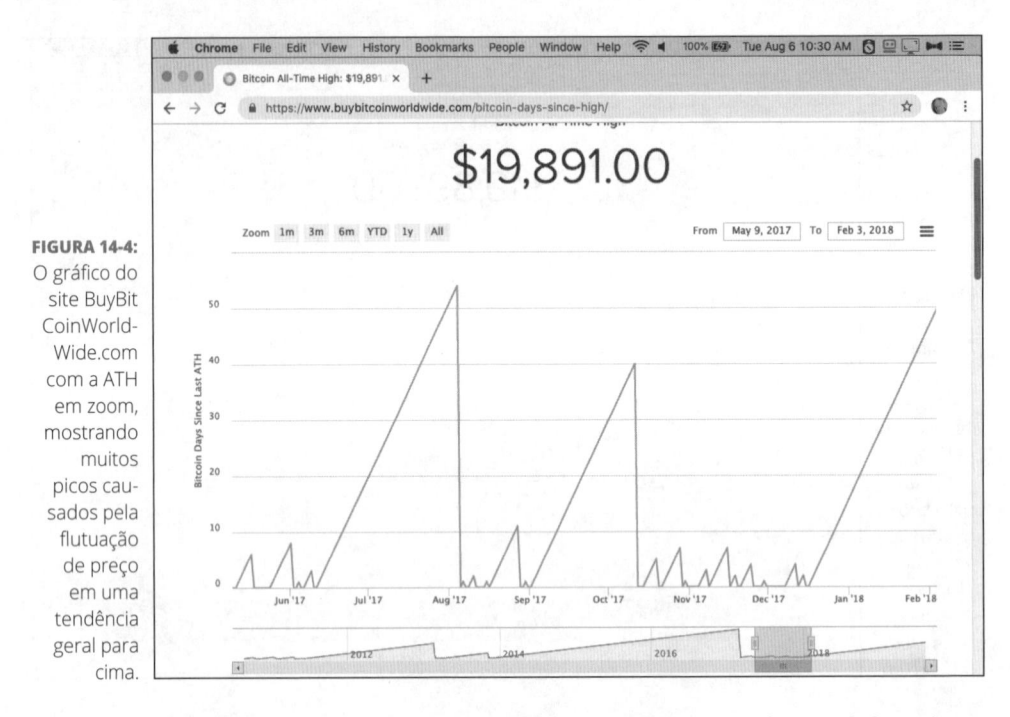

FIGURA 14-4:
O gráfico do site BuyBit CoinWorld-Wide.com com a ATH em zoom, mostrando muitos picos causados pela flutuação de preço em uma tendência geral para cima.

Mas talvez o que esses conceitos façam seja colocar o valor atual das criptomoedas em contexto para você. Estamos vendo um mercado que sobe e desce (veja a seção "Considere a Volatilidade do Mercado", posteriormente neste capítulo), mas que está em uma tendência para cima, pelo menos para algumas das principais criptomoedas. Alguns mineradores estão tão certos disso que até fizeram os cálculos do Capítulo 11 com base nas maiores altas de todos os tempos anteriores, sob a hipótese de que a moeda alcançará aquele nível — e ainda mais alto — novamente.

CUIDADO

Não recomendamos que você faça isso, ou, se fizer, pelo menos também faça os cálculos com base no valor atual. (De outro modo, você não pode saber se sairá mais barato simplesmente comprar a criptomoeda em vez de minerá-la.)

Não Entre em Pânico! (Fique Calmo e Vá em Frente?)

A volatilidade do mercado é uma ocorrência natural no âmbito do Bitcoin e das criptomoedas, então é importante não temer tais ocasiões. Compreenda-as, prepare-se para elas, espere-as, mas, se for entrar em pânico, então a mineração pode não ser para você.

É mais fácil não entrar em pânico se tiver uma compreensão e crença subjacentes quanto à criptomoeda que está minerando. Caso esteja motivado apenas pelo lucro de curto prazo e imediato (mensurado em sua moeda fiduciária local), essas baixas no mercado podem causar muito medo e sofrimento. Se acredita que as criptomoedas são uma modinha passageira, sua experiência com a mineração será muito estressante, pois estará constantemente esperando pelo *crash* final. Caso acredite que as criptomoedas sejam uma tecnologia revolucionária que veio para ficar, então terá uma perspectiva muito diferente. Você aceitou que as baixas acontecem e que são parte do cenário dos criptoativos. Assim, poderá "Ficar Calmo e Ir em Frente" (Keep Calm and Carry on), como dizia o slogan britânico na Segunda Guerra Mundial... ou, para usar um equivalente das criptomoedas, "Hodl!".

Muitos mineradores e entusiastas das criptomoedas aprenderam a evitar o pânico e a, de fato, aceitar essas baixas do mercado como uma oportunidade para adquirir mais dos ativos que mineram. Lembre-se: conforme o preço dos ativos cai, os mineradores saem da rede, a taxa de hash cai, sua proporção da taxa de hash aumenta, e você pode acabar minerando mais do ativo a um preço menor (em termos de despesas de mineração).

Este é um exemplo de pessoas agindo com informações assimétricas de que o mercado pode não estar precificando corretamente durante o ato de descoberta de preço. A *descoberta de preços* é definida pela Wikipédia como o processo de determinação do preço de um bem no mercado por meio das interações entre compradores e vendedores. (Veja `https://pt.wikipedia.org/wiki/Descoberta_de_pre%C3%A7os`.) A assimetria de informações pode ocorrer quando alguns participantes em um mercado não têm o panorama geral, ou agem com base no medo ou em informações errôneas.

Nas palavras do ator (e produtor-executivo da série *Seinfeld*) Larry David: "Tenho a tendência de ficar com o pânico, de aceitá-lo."

Não perca a coragem e lembre-se de que, mais cedo ou mais tarde, seu trabalho poderá ser recompensado. Tenha em mente que foi amplamente relatado que Winston Churchill disse: "Se está passando pelo inferno, não pare." (Tudo bem, ele nunca disse isso, mas qualquer citação pode receber 50% a mais de crédito quando afirmamos que foi proferida pelos lábios de Winston Churchill.)

Por outro lado, se está passando pelo inferno, talvez deva sair dele! (Veja, talvez Churchill tenha sido inteligente o suficiente para *não dizer* isso.)

Compre na Baixa

Muitas pessoas no âmbito do Bitcoin e das criptomoedas são apoiadores incondicionais de sua escolha de blockchain e acreditam piamente nas perspectivas no longo prazo do criptoativo em particular e na tecnologia das criptomoedas em geral. Assim, podem ver os mercados em baixa e as quedas como uma chance de adquirir mais da moeda que mantêm e na qual acreditam, com grandes descontos.

Comprar na baixa é outro exemplo de pessoas agindo com informações assimétricas de que o mercado pode não estar precificando as criptomoedas corretamente durante o ato de descoberta de preço (ou, pelo menos, uma crença de que as informações do mercado não estão corretas e de que o ativo está subprecificado). Também há a ideia do Dollar Cost Averaging, o DCA, que analisamos no Capítulo 13. As baixas e quedas no mercado apresentam uma oportunidade para diminuir o DCA da criptomoeda que está minerando. Por quê? Pois, embora suas despesas continuarão estáveis, você minerará mais da criptomoeda. Conforme os mineradores saem do mercado, a taxa de hash da rede cai, sua proporção de hash da rede sobe e, estatisticamente, você ganha uma fatia maior das recompensas totais do bloco.

Procure as Vantagens

Há uma luz no fim do túnel de todas as minerações de criptomoedas (talvez). Embora o cenário pareça obscuro, ainda há vantagens que ocorrem em baixas extremas do preço no mercado.

Primeiro, uma queda significativa no mercado resulta em uma taxa menor de hash da rede, pois outros mineradores desativam equipamentos não lucrativos ou saem totalmente da rede.

Essa taxa menor de hash leva a menos concorrência, e, assim, mais recompensas para o minerador remanescente, mensuradas no ativo subjacente da criptomoeda. Talvez você até descubra que, muito embora o valor em dólar de uma moeda esteja menor, como está minerando mais, estará no mesmo patamar ou até à frente.

Também há descontos significativos em hardwares com pouco uso que chegam aos mercados de segunda mão, conforme os mineradores que saem da rede vendem seus equipamentos. Talvez você descubra que as baixas no mercado são ótimos momentos para fazer upgrade em seu equipamento, comprando peças mais novas, eficientes e lucrativas, ajudando-o a manter a lucratividade durante a queda e a voltar com tudo quando o mercado se recuperar. No entanto, compradores, tenham cuidado, pois alguns equipamentos podem estar muito usados, perto do fim de sua vida útil, e não estão mais lucrativos, considerando as diversas variáveis do mercado.

DICA Sempre pesquise antes de comprar equipamentos usados e utilize as calculadoras de lucratividade analisadas no Capítulo 11 para garantir que o equipamento que está adquirindo seja, de fato um bom negócio. Idealmente, compre com garantias de poder devolver o equipamento caso não funcione apropriadamente. (Muitas lojas, como Amazon e Newegg, dão essa garantia; vendedores independentes, é claro, geralmente não dão.)

Antecipe a Recuperação do Mercado

A recuperação do mercado para o Bitcoin e as criptomoedas nem sempre é garantida, e nada é dado por certo. (Olha só, talvez os céticos estejam certos e isso não passe de uma modinha passageira! Por outro lado, é o que disseram sobre a internet.)

Porém, ao longo do curso de existência do Bitcoin por cerca de dez anos, o mercado se recuperou de quedas por, espantosamente, sete vezes. (Consulte a Figura 14-3, anteriormente neste capítulo, para ver mais detalhes).

DICA É uma boa ideia se planejar tanto para as quedas quanto para as recuperações do mercado. Muitos mineradores podem continuar a minerar durante as baixas, em antecipação à recuperação, caso tenham se preparado corretamente. Assim, faça um bom plano, armazene recursos extras para ajudá-lo a cobrir os custos de mineração e diminua as despesas para garantir que sua operação de mineração seja a mais enxuta e economicamente eficiente possível.

Durante a baixa, acompanhe métricas e estatísticas importantes de criptomoedas para as atividades on-chain, como a taxa de hash da rede, a dificuldade do bloco e as transações diárias, assim como os dados do mercado, como volume de negociação e preço das criptomoedas.

Essas métricas indicam o sentimento de mercado e podem sinalizar uma recuperação por vir. Por exemplo, durante a última baixa do mercado na rede do Bitcoin, a taxa média de hash da rede chegou à mínima com um pouco acima de 31 EH/s em dezembro de 2018 (veja o Capítulo 5), a dificuldade do bloco caiu para 5.106.422.924.659 (veja o Capítulo 6) e, bem nessa época, o preço começou a se recuperar da mínima relativa de US$3.200 por BTC.

Quer dizer, muitos indicadores de mercado podem apontar que a recuperação está chegando antes de o preço de fato começar a subir. Embora muitos desses índices estejam interconectados e haja muito debate na comunidade quanto à taxa de hash influenciar ou não o preço, não há dúvidas de que há algum tipo de correlação e que vale a pena estudar e entender essas métricas para obter uma ideia do que pode estar prestes a acontecer.

Aprenda com Sua Primeira Queda

Não há melhor fonte de conhecimento e inspiração do que a experiência. Isso vale para todas as experiências de vida, incluindo as correções do mercado de criptomoedas. Aprenda com sua primeira queda, que pode acontecer antes que você imagine!

Observe os mercados cuidadosamente. (Sabemos que o fará.) Pode ser uma experiência dolorosa e estressante, e não há nada melhor do que esses dois ingredientes para fazer os seres humanos prestarem atenção!

Faça registro das diversas variáveis no setor e como mudam durante uma queda no mercado, incluindo a taxa de câmbio, a taxa de hash da rede, custos de equipamento (hardwares, como ASICs, podem ter o preço reduzido), engajamento social e assim por diante.

O que queremos dizer com engajamento social? Preste atenção à quantidade de atividade nas redes sociais com relação à criptomoeda. Se a atividade parece estar caindo gradualmente, talvez o interesse pelo criptoativo esteja desaparecendo, por exemplo. Diversas ferramentas procuram mensurar o engajamento social. Por exemplo, veja [em inglês] https://www.coindesk.com/data; encontre a aba Social no topo da lista de criptomoedas na página e verá métricas sociais para todas as criptomoedas listadas (como o número de inscritos no Reddit, seguidores no Twitter, além de fóruns e canais das criptomoedas).

Observe o que está acontecendo com sua criptomoeda o tempo todo. Após um tempo, terá uma percepção de como as coisas funcionam. Aproveite as lições aprendidas com essa experiência e use-as para planejar sua mineração, antecipando a próxima correção do mercado. É um pouco parecido com pular de paraquedas de um avião em pleno voo: fica bem menos estressante após ter feito isso algumas vezes.

Considere a Volatilidade do Mercado

Um mercado volátil é aquele em que o preço de um item sendo acompanhado varia muito. No entanto, essa explicação é bem imprecisa, então daremos mais detalhes. A volatilidade pode ser mensurada; há diferentes graus dela. A *volatilidade* é definida como a quantidade de variação na taxa de câmbio de um mercado durante certo período de tempo, conforme é mensurada pelo desvio-padrão dos retornos logarítmicos. O *desvio-padrão* é uma medida do grau de variação de um conjunto de valores de dados (neste caso, é claro, os valores de dados são os preços diários da criptomoeda).

A volatilidade pode ser definida como uma porcentagem da média da taxa de câmbio do mercado ao longo de um período específico, embora também possa ser vista como uma unidade sem dimensão; quanto mais alto o número, maior o nível de volatilidade. Nos mercados de criptomoedas, ela é uma medida das altas e baixas agudas no preço de câmbio no mercado. (A volatilidade mensura a quantidade de mudança, não a direção.) Quanto maior o valor de volatilidade, mais variação há no preço da criptomoeda com relação à média do período... mais oscilação há no valor.

Portanto, a volatilidade precisa ter um intervalo de tempo. Podemos medir a volatilidade entre BTC e USD ao longo de trinta dias, por exemplo, ou sessenta, ou mais. Logo, a volatilidade em qualquer dia específico é mostrada em comparação com o preço médio ao longo desse período de trinta ou sessenta dias.

É difícil adquirir uma boa percepção da volatilidade, uma vez que é uma métrica difícil de compreender. Em termos gerais, das pessoas leigas no assunto, quanto mais o valor de uma criptomoeda varia durante o período mensurado, maior a porcentagem de volatilidade.

Não dá para dizer, observando um gráfico de volatilidade, qual era o preço em determinado momento. A porcentagem de volatilidade não indica diretamente o preço naquela altura. Por exemplo, quando o preço do Bitcoin caiu 50% durante a baixa no mercado em dezembro de 2018 (de cerca de US$6 mil para cerca de US$3 mil), a volatilidade saltou para mais ou menos 40%.

Na última década, a volatilidade do Bitcoin tendeu para baixo, à medida que a valorização do mercado aumentou (quanto mais valor e liquidez no mercado, mais difícil é alterar o preço significativamente com grandes compras no mercado).

Os recursos a seguir podem ajudá-lo a ter uma percepção da volatilidade do Bitcoin e de várias outras criptomoedas [sites com conteúdo em inglês]:

» **Woobull Bitcoin Volatility** é um gráfico útil que registra a volatilidade do Bitcoin em sessenta dias ao longo da última década, comparado com dólares e euros. Dá até para adicionar a volatilidade dessas moedas fiduciárias, o preço do Bitcoin e um preço médio do Bitcoin durante duzentos dias ao longo do mesmo período de tempo. `https://charts.woobull.com/bitcoin-volatility`

» **Bitcoin Volatility Index** não é apenas para Bitcoin. Este índice de volatilidade disponibiliza porcentagens baseadas em Bitcoin e em Litecoin ao longo de 30, 60, 120 e 252 dias, comparados com o dólar americano (veja a Figura 14-5). Também é possível obter gráficos de preços do Bitcoin e do Litecoin. `https://bitvol.info`

» **Coin Metrics Volatility Charts.** Este gráfico fornece dados de volatilidade para 30, 60 e 180 dias para mais de 30 criptoativos, incluindo Bitcoin, Litecoin,

Ethereum, Dash, Zcash, Monero, Dogecoin e muitas outras. (Escolha o índice de volatilidade que quiser no menu e selecione as criptomoedas nos boxes de opções na parte de baixo.) `https://coinmetrics.io/charts`

» **The Bitcoin Volatility Index.** Este índice de volatilidade acompanha estimativas de trinta e sessenta dias em comparação com o USD. Ele também oferece comparações de volatilidade com ouro, Ethereum e várias outras criptomoedas. `www.satochi.co`

» **Woobull Bitcoin Volatility Comparisons.** Aqui você pode comparar estimativas de volatilidade de sessenta dias com o petróleo, bolsa de valores e imóveis nos EUA, ouro e outros ativos importantes. `https://charts.woobull.com/bitcoin-volatility-vs-other-assets`

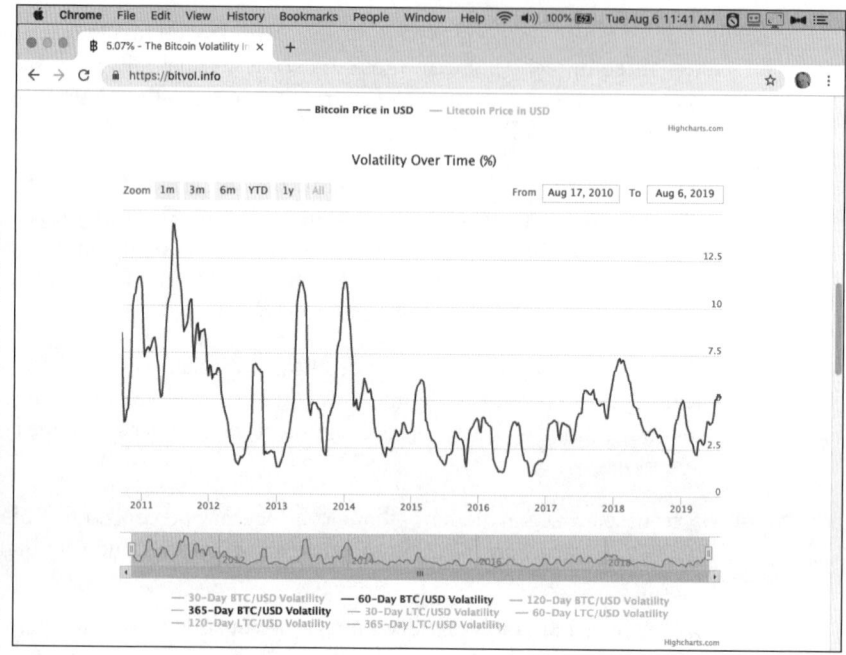

FIGURA 14-5: O Índice de Volatilidade do Bitcoin, do site `https://bitvol.info`. Podemos ver como a volatilidade deste criptoativo caiu ao longo dos anos.

Então por que nos preocupamos com a volatilidade do mercado? O que ela nos diz e como podemos usá-la? Muitos mineradores gostam de acompanhar a volatilidade das criptomoedas que estão minerando e compará-la com níveis anteriores, para terem uma ideia do que pode estar por vir. Ela pode ajudar a colocar as flutuações atuais nos preços em um contexto histórico. Até certo ponto, isso pode dar uma "paz de espírito", ao olhar para trás e ver a alta volatilidade, que diz ao minerador: "Não se preocupe, já passamos por isso!" Caso veja uma alta volatilidade, significa que algo está acontecendo no mercado, e é importante ficar de olho nas coisas, especialmente se seu nível é muito maior do que já houve no mercado.

Obviamente, a volatilidade precisa ser vista no contexto dos movimentos de preços da criptomoeda. Assim, uma criptomoeda pode ser volátil enquanto está em uma tendência geral altista ou baixista... ou simplesmente com oscilação de preços.

Mude para Outra Criptomoeda

Caso seu equipamento de mineração se torne não lucrativo durante as baixas no mercado, uma opção para os mineradores de criptomoedas é buscar lucratividade em criptoativos alternativos que usam o mesmo algoritmo que seu ASIC. Se está minerando com uma plataforma GPU, há uma variedade maior de blockchains como opções possíveis para as quais mudar, pois são mais flexíveis e não têm um algoritmo específico de hash.

Consulte o Capítulo 8 e veja uma lista das criptomoedas populares classificadas por algoritmo, caso esteja buscando alternativas com as quais trabalhar com seu equipamento, ou, para uma lista muito mais extensa de moedas por algoritmo, veja algum recurso online como o disponível em `https://cryptorival.com/algorithms` [em inglês]. Talvez descubra que seu equipamento, embora não lucrativo em sua escolha de criptomoedas, ainda seja viável com outros blockchains.

> **DICA**: Isso é algo que também entra na categoria "planeje-se com antecedência". É uma boa ideia saber quais são suas opções, para que possa agir rapidamente, caso necessário. Assim como qualquer início em uma nova rede de criptomoedas, no entanto, é importante fazer as contas com cuidado para ter certeza de que sua escolha faz sentido.

Pare de Minerar!

Na baixa do mercado ou mesmo em um *crash*, talvez não seja uma boa continuar minerando se a única forma de fazê-lo for gastando todas suas recompensas da criptomoeda para continuar.

Se, para continuar minerando, está planejando gastar além do que ganha com as recompensas, está perdendo dinheiro. Esse déficit precisa ser recuperado de alguma forma, seja vendendo algumas criptomoedas que está segurando, seja investindo mais em moeda fiduciária.

Se não está conseguindo sustentar suas despesas com a mineração usando reservas de dinheiro ou as recompensas, simplesmente não faz sentido continuar sua operação sob condições extremas do mercado. Se puder comprar a criptomoeda que está minerando com desconto no mercado, em comparação ao custo de aquisição de sua operação, será um grande incentivo para desativar seu empreendimento. Chega uma hora em que você deve parar de minerar!

De fato, há três cenários financeiros na mineração de criptomoedas:

» **Suas despesas são menores que suas recompensas de mineração.** Você está lucrativo; está gastando menos do que a entrada que está obtendo e pode decidir se vende criptomoedas para pagar despesas (diminuindo o lucro) ou as mantém, na esperança de que haverá um aumento em seu valor. (Na verdade, ao mantê-la, acabou de convertê-la em um investimento. Lembre-se, no entanto, de que há impostos sobre lucros; veja o Capítulo 13).

» **Suas despesas são mais ou menos iguais a suas recompensas de mineração.** Você está equilibrado. Não ganhou dinheiro — se vender criptomoedas, pode cobrir os custos, mas nada além disso. Mas, se mantiver a criptomoeda na esperança de que o preço suba, estará, de fato, investindo nela. (E não há impostos no momento, porque você não lucrou, mas talvez haja no futuro, quando o valor da criptomoeda subir e você vendê-la.) Você está gastando dinheiro com eletricidade e tem outros custos mensais e, em troca, está obtendo uma quantia igual em criptomoedas.

» **Seus gastos excedem suas recompensas de mineração.** Você está perdendo dinheiro. (Talvez tenha redução nos impostos, caso tenha outras rendas.) Na verdade, seria melhor pegar o dinheiro que está gastando todo mês e comprar a criptomoeda nos mercados abertos.

Vamos considerar o último cenário. Digamos que custa $1 mil em despesas mensais (sem incluir a amortização do equipamento) minerar 100 LeigosCoins.

Agora presuma que você vai a um serviço de exchange — Kraken, Poloniex, Coinbase ou qualquer outro — e vende esses 100 LeigosCoins com uma taxa de câmbio de 8:1; $8 para 1 LeigosCoins. Você acabou de ganhar $800, $200 a menos que suas despesas. Ou, outra forma de analisar isso é que você gastou $1 mil para comprar 100 LeigosCoins; pagou $10 por moeda, $2 a mais do que a taxa do mercado. O valor de mercado da moeda precisa aumentar 25% (entre $8 e $10) antes de você alcançar o ponto de equilíbrio com o que agora é um investimento.

Certo, agora digamos que você desativou sua mineração por um mês; teria economizado $1 mil. Se realmente acredita na criptomoeda que está minerando, que aumentará em valor, pode ir a um serviço de exchange com esses $1 mil e comprar 125 LeigosCoins; ou pode comprar 100 LeigosCoins por $800 e deixar os $200 no banco.

O cenário 1 faz sentido. Se está tendo lucro, é um bom negócio (presumindo que o lucro seja melhor que usos alternativos de seu tempo e dinheiro). O cenário 2 também faz sentido, se acredita no valor da criptomoeda e na oportunidade de crescimento, considerando-a como um investimento. (E não se importa com o tempo e com a dor de cabeça de seu negócio de mineração.)

Mas e o cenário 3? Não faz sentido continuar minerando se é mais barato gastar a mesma quantia de dinheiro em um serviço de exchange para obter mais criptomoedas, ou a mesma quantidade, por menos dinheiro! (Com a exceção de outros motivos, como ideológicos ou novas moedas.)

LEMBRE-SE

Se seu objetivo de mineração é ganhar dinheiro em curto prazo, não faz sentido minerar com prejuízo. Caso seu objetivo seja adquirir mais criptomoedas, ainda não faz sentido. É ilógico continuar minerando moedas se pode comprá-las por menos do que custa para minerá-las.

São apenas cálculos simples

Os cálculos necessários não são complicados. Você deve saber:

» **Suas despesas mensais:** Principalmente, quanto está pagando pela eletricidade (tanto para o equipamento como para o ar-condicionado, se necessário); aluguel, se estiver alugando uma instalação; manutenção do equipamento e assim por diante. Você precisa manter um registro desses gastos (por causa dos impostos — são deduções! — e para a gestão de seu negócio).

» **Suas receitas:** Se estiver minerando em uma piscina, os relatórios mostrarão quanto está ganhando. Se está fazendo mineração solo, seu software de mineração mostrará as recompensas que recebeu.

» **A taxa de câmbio da criptomoeda que está minerando e o valor em real (ou dólar) de suas receitas em criptomoedas:** Você pode visitar um site de precificação de criptomoedas ou de serviço de exchange (como CoinMarketCap.com) para descobrir o valor presente de suas recompensas de mineração. Então, pode apenas subtrair as despesas de suas receitas em real para chegar ao lucro ou prejuízo.

Estas não são coisas complicadas, mas que você pode fazer rapidamente todos os dias para acompanhar sua lucratividade *diária*. Monte uma planilha, e esses cálculos podem ser feitos em alguns minutos por dia. Acrescente um gráfico e verá aonde a lucratividade está indo: para cima ou para baixo. Alguns mineradores podem realmente usar essas informações para determinar, diariamente, se vale a pena minerar no dia seguinte ou não.

Após ter montado uma planilha para fazer esses cálculos, também poderá fazer cálculos sobre cenários possíveis, mudando os valores. E se o valor do criptoativo cair 20% ou 30%? Dá para brincar com a planilha e ter uma percepção de tudo isso.

CUIDADO Há alguns custos que é importante acompanhar por motivos tributários, mas não os inclua nesses cálculos de lucratividade. Um seria uma parte de seu aluguel. Se sua operação de mineração ocupa mais de 10% de sua casa, é possível deduzir 10% de seu aluguel ou do financiamento e outras despesas domésticas de seu imposto (isso se aplica aos EUA. Converse com um contador em sua região para saber se todos esses detalhes se aplicam a você). Mas, se parar de minerar, ainda continuará pagando essas despesas, então não as inclua em seus cálculos de lucratividade.

Outra despesa seria a amortização de seu equipamento de mineração. Para os cálculos tributários, talvez você possa deduzir uma parte do custo do equipamento anualmente (fale com seu contador). Mas não use esses custos em seus cálculos de lucro ou prejuízo. Seu foco nos cálculos que mostrarão se deve "minerar ou não" está nos custos mensais de continuar. "Se continuar minerando mês que vem, quanto dinheiro vou gastar para isso?"

Também é possível usar as ferramentas de estimativas de mineração que apresentamos no Capítulo 11. Serão especialmente úteis se você tiver plataformas diferentes de mineração; digamos, um S7, um S9 e um S17, muito mais eficiente. Seus números, com base nas despesas e nas recompensas gerais de mineração, podem mostrar que sua operação é lucrativa, mas, se você fosse analisar cada plataforma individualmente, talvez descobrisse que seria melhor, economicamente falando, desativar o S7, porque esse ASIC pode estar minerando em prejuízo. Com equipamentos que contêm eficiências diferentes, é possível ser lucrativo no geral, com uma plataforma de fato subsidiando as outras.

No entanto, desativar sua operação reduziria apenas os custos elétricos, e algumas outras despesas (como custos de hospedagem, de acesso à internet e outros custos fixos) podem não ser afetadas, aumentando ainda mais sua perda de capital e limitando a redução de prejuízo proveniente da desativação de seus equipamentos.

LEMBRE-SE As baixas no mercado geralmente resultam em porções significativas de taxa de hash da rede sendo desativadas, conforme os mineradores desligam seus equipamentos ineficientes por falta de lucro. Idealmente, se está em ponto de equilíbrio ou levemente lucrativo e tem condições de bancar a situação, será melhor continuar a mineração durante esses tipos de condições de mercado, pois a quantidade de recompensas de criptomoedas (mensuradas em Bitcoin ou em outros criptoativos) que poderá minerar aumentarão com a queda de taxa de hash no sistema, o que aumenta sua porcentagem na rede.

Vai ou racha?

Então, você para ou continua? É uma questão mais complicada para muitos mineradores, pois, para eles, não se trata apenas de lucros em curto prazo.

Observe que a maioria dos mineradores operava em um momento quando não havia um mercado real de criptomoedas, então estavam minerando com prejuízo total... até que a coisa virou. O preço do Bitcoin saiu de basicamente nada para milhares de dólares, e a mineração compensou. Muitos dos períodos mais lucrativos de mineração (mensurados em BTC) ao longo de uma década de história do Bitcoin teriam apontado "não lucratividade" quando calculados em dólares.

Há, também, razões ideológicas para continuar. Muitos mineradores acreditam no futuro das criptomoedas, vendo-as como uma forma de as massas se protegerem da desvalorização de sua moeda fiduciária local e contra o estado do Grande Irmão (Big Brother). Eles querem segurar, proteger e desenvolver seus blockchains rumo ao futuro, então a questão não é só financeira.

Há, obviamente, a crença no valor futuro da criptomoeda. Se tem certeza de que o valor subirá, estará mais disposto a minerar em prejuízo em curto prazo. E, conforme podemos analisar historicamente, em geral esse tem sido o caso, pelo menos para o Bitcoin e para algumas outras criptomoedas populares. No entanto, como dizem no mundo dos investimentos, o desempenho anterior não é garantia de retornos futuros (já mencionamos isso?).

E, então, temos a questão das *moedas novas [fresh]*. No mundo das criptomoedas, novas não significam recentes; não estamos falando sobre as moedas mineradas recentemente. Mas novas significam incontaminadas, de certa forma — moedas que não podem ser rastreadas ao proprietário original e que não estiveram envolvidas com coisas ruins no passado, como hacks ou usos nefastos.

Por exemplo, digamos que um hacker roube criptomoedas e as envie para seu próprio endereço no blockchain. Com o passar do tempo, as moedas vão se movimentando, de endereço para endereço, no blockchain, até que acabam sendo associadas a um de seus endereços. Lembre-se: todas as transações são rastreáveis no blockchain. A criptomoeda associada ao seu endereço agora, com toda certeza, não é mais "nova".

Muitos mineradores valorizam sua privacidade e anonimato, bem como gostam da ideia de moedas totalmente anônimas. (Lembre-se das origens criptoanarquistas das criptomoedas.) Assim, alguns deles acreditam que há um preço especial para as moedas "novas". Já vimos até a quantia de 20% ser mencionada — quer dizer, se uma criptomoeda rastreável vale $1 mil, então uma nova deve valer $1,2 mil. (Algumas, como Monero, não têm esse preço especial, porque tornaram o blockchain anônimo, então não há diferença entre moedas novas e velhas.)

De fato, minerar permite que você "compre" criptomoedas de uma maneira mais privada do que comprá-las em um serviço de exchange. O serviço geralmente sabe quem você é e, assim, pode associar o criptoativo adquirido por você. Se está fazendo mineração solo, então suas criptomoedas são novas, sem informações de identificação. (Isso geralmente não se aplica à mineração em piscinas, é claro.)

Tyler continuou minerando ao longo de momentos nada lucrativos, em diversas ocasiões, e não se arrependeu. Ele considerava a proposição de valor em longo prazo e ganhou dinheiro quando o mercado se recuperou, mesmo que, no curto prazo, os números não parecessem nada bons. Então, não há uma resposta fácil à pergunta "Devo parar?". Depende de muitas condições e variáveis, e também de sua crença pessoal (ou falta dela) no mercado.

> **NESTE CAPÍTULO**
>
> » Aprendendo sobre o contexto das moedas digitais
>
> » Expandindo e minerando de forma inteligente
>
> » Garantindo que sua mineração permaneça lucrativa no longo prazo
>
> » Decidindo quando entrar e sair
>
> » Minerando criptomoedas alternativas

Capítulo **15**

Dez Formas de Turbinar Seu ROI

Na área da mineração de criptomoedas, a receita é importante e o lucro é crucial. Ninguém vai querer rodar seus equipamentos e fazer ciclos de hash para não ter ganho nenhum, além de querer retornos pelo investimento de tempo, hardware, eletricidade e outras despesas. Compilamos uma lista de dez coisas que o ajudarão a ter lucratividade e a receber o retorno sobre o investimento (ROI) em sua aventura com mineração.

Fazendo Seu Dever de Casa

É essencial que você faça muitas pesquisas e estudos antes de entrar com qualquer recurso na mineração de criptomoedas. É um espaço complicado, com muitas chances de erro, e a atividade não é um passeio rápido no parque. No Capítulo 11, falamos sobre os cálculos do ROI e os exercícios de matemática necessários para ver as projeções de retorno. Estude-os cuidadosamente.

Se o equipamento de mineração que você planeja adquirir e usar não for lucrativo no mercado, em meio a uma grande fase de baixa, talvez seja muito melhor apenas comprar o ativo da moeda que pretende minerar em um serviço de exchange. Falamos sobre alguns serviços confiáveis no Capítulo 13.

Configurar o hardware e o software pode ser complicado também, especialmente se você decide montar uma plataforma GPU do zero! Antes de começar, estude.

LEMBRE-SE Não tenha pressa! É melhor ir com calma e fazer tudo certo do que se apressar, pular no negócio sem estar totalmente preparado e perder dinheiro. É melhor sua pesquisa indicar para você não minerar criptomoedas do que você não pesquisar direito, entrar com tudo e falhar. Se os mercados da criptomoeda sobreviverem, e se não for uma modinha passageira, haverá tempo de sobra para entrar e minerar. E se não sobreviverem? Bem, você não perdeu nada, perdeu? (Pensamos que sobreviverão!)

Momento de Entrada

Há bons e maus momentos para minerar. Por exemplo, durante o *boom* do mercado do Bitcoin e das criptomoedas em 2017, os hardwares de mineração praticamente foram todos vendidos pelos fabricantes originais. Havia muitos dos equipamentos mais eficientes e com bom custo-benefício (lucrativos) sendo revendidos usados por preços mais altos do que o de um equipamento novo em folha, praticamente eliminando quaisquer ganhos de mineração com eles.

E, é claro, o mercado caiu drasticamente, começando no final de dezembro de 2017, e ainda, no momento de escrita deste capítulo, não se recuperou totalmente. (Porém, ainda está entre três e quatro vezes acima da baixa após dezembro de 2017.)

Embora aquele mês possa ter parecido, para muitos de fora, um ótimo momento para entrar na mineração de criptomoedas, as condições eram, na verdade, bem ruins, e os especuladores de hardware estavam tirando o máximo que conseguiam do mercado.

Geralmente, na arena do Bitcoin e das criptomoedas, assim como em vários mercados tradicionais, a melhor hora de entrar no jogo pode ser quando o cenário parece ser o pior. Durante essas baixas, o Bitcoin e as criptomoedas podem ser negociados a uma taxa reduzida, e hardwares lucrativos podem chegar aos mercados de usados com descontos enormes. (Durante esses períodos, também é possível comprar hardware diretamente dos fabricantes.)

Baron Rothschild, membro da infame família de banqueiros, admitidamente disse, no século XVIII, que você deve "Comprar quando há sangue nas ruas, mesmo que seja seu próprio sangue". O significado é que é um bom momento para comprar quando o mercado está ruindo. Você comprará os ativos bem baratos, e eles se recuperarão em algum momento.

O momento de sua entrada no espaço da mineração de criptomoedas pode muito bem determinar seu sucesso. Porém, talvez você não queira esperar muito. Como diz o antigo provérbio das criptomoedas: "O melhor momento para minerar (ou comprar) criptomoedas foi dez anos atrás, o segundo melhor momento é agora."

Jogando no Mercado

Muitos mineradores de criptomoedas aumentam seus lucros ao negociar ativamente em serviços de exchange, até comprando em um serviço e vendendo em outro, explorando a diferença de preços entre eles em uma espécie de arbitragem.

Porém, é um assunto totalmente diferente da mineração, é claro, exigindo um conjunto de habilidades, conhecimento e estratégias diferentes.

Em muitos mercados de criptomoedas, a negociação fornece a liquidez necessária, e os traders absorvem um pouco da volatilidade. Lembre-se de que os impostos incorrem sobre a negociação ativa (veja o Capítulo 13). Porém, algumas negociações inteligentes por ano podem multiplicar significativamente os lucros, e se você tiver de pagar impostos, esse pode ser um bom sinal (mostrando que teve ganhos em suas negociações!).

Após a conversão da criptomoeda minerada para sua moeda fiduciária local, os cálculos do ROI da mineração para as recompensas estão fechados.

CUIDADO Embora a negociação rápida para obter retornos em moeda fiduciária seja uma estratégia eficaz para que alguns mineradores turbinem seu ROI, ela não é recomendada para todos. Negocie e vá com calma. Obviamente, não ensinamos técnicas de negociação neste livro, então há outra jornada de aprendizado a sua frente antes que possa negociar com segurança.

Identificando Criptomoedas Alternativas com Taxa de Hash Baixa

Se os cálculos de ROI e de lucros para a criptomoeda que você está minerando mostrarem que está perdendo dinheiro, há outra opção além de minerar durante a baixa ou de fechar sua operação e aceitar a perda de investimentos nos hardwares. Você pode mudar de criptomoeda.

Os mineradores geralmente estudam a lucratividade da mineração em outros blockchains de criptomoedas para ver se seria melhor trabalhar com uma criptomoeda menos popular. Só porque o mercado de sua criptomoeda atual está em dificuldades, não significa que todas as criptomoedas não estão lucrativas ao mesmo tempo. Talvez você encontre uma mais lucrativa. De fato, é bastante possível encontrar uma menor que ofereça um ROI maior do que as criptomoedas maiores e mais conhecidas.

DICA

Essas criptomoedas menores geralmente têm um preço menor por moeda nos serviços de exchange, mas o preço por moeda não é indicação de lucratividade. O que conta é o equipamento e a eletricidade necessários para minerar cada dólar, ou real, em valor da moeda.

Elas também têm taxas de hash da rede menores, o que significa que você pode contribuir com uma porcentagem maior da taxa de hash e ganhar uma porcentagem maior das recompensas. Assim, as moedas que está minerando valem menos, mas provavelmente você minerará mais delas.

Então, fique de olho nos mercados de criptomoedas, especialmente aqueles que você *pode* minerar. Quer dizer, se está minerando com um ASIC, não é preciso observar todos os outros mercados, apenas as criptomoedas que funcionam com o algoritmo ao qual o ASIC foi projetado para minerar. (Veja o Capítulo 8 como um ponto de partida; lá, agrupamos as criptomoedas por algoritmo.)

Caso esteja minerando com uma plataforma GPU, há mais opções. Você terá a flexibilidade de minerar muitas criptomoedas diferentes, usando vários algoritmos, em criptomoedas com taxa de hash baixa. É importante ficar de olho no que está acontecendo nesses outros mercados de criptomoedas, e, é claro, antes de entrar, será necessário fazer as contas e ver se valerá a pena (veja o Capítulo 11).

CUIDADO

Tenha cuidado, no entanto, pois muitas criptomoedas com pouco valor de mercado e baixa taxa de hash não têm o tipo de segurança de blockchain, tão vangloriada pelas outras criptomoedas. As menores também tendem a perder valor com o tempo, sendo que muitas sofrem flutuação de preço, então é importante estar alerta e reagir rapidamente. Entre quando fizer sentido, saia quando as coisas começarem a piorar.

Minerando o Início de um Chain

Minerar uma criptomoeda recém-lançada pode ser muito lucrativo, às vezes (e, como tudo nas criptomoedas, às vezes, não).

Quando uma nova criptomoeda é lançada, há quase sempre um curto período de euforia, durante o qual todas as promessas e o barulho dos promotores servem para aumentar o interesse na nova moeda. Normalmente, apesar dos melhores esforços dos entusiastas, a nova moeda não dura ou, pelo menos, não permanece valiosa. No entanto, alguns desses novos blockchains podem ter um valor significativo nos primeiros dias após lançamento, possivelmente até meses, uma vez que, inicialmente, as moedas nessas criptomoedas são inerentemente escassas (presumindo que não haja uma pré-mineração grande associada a ela e que os traders possam valorizá-la ao máximo).

> **PAPO DE ESPECIALISTA**
>
> *Pré-mineração* é como o pessoal das criptomoedas denomina um blockchain que foi lançando com moedas já em existência a partir de atividades de não mineração, normalmente por meio de venda coletiva, oferta inicial de moeda (ICO) ou outro método de distribuição para os primeiros adeptos. As criptomoedas *pré-mineradas* têm sido criticadas pela comunidade de mineração por serem injustas e nada amigáveis com os mineradores.

Uma lucratividade extrema de início de mineração foi o que aconteceu com algumas moedas no passado, incluindo Zcash, Grin e muitas outras. Podemos ver o exemplo do Zcash no gráfico do CoinMarketCap apresentado na Figura 15-1; veja `https://coinmarketcap.com/currencies/zcash/` [em inglês]. Nas primeiras horas de vida da criptomoeda, ela chegou a mais de US$5 mil. Em poucos dias, valia um décimo disso.

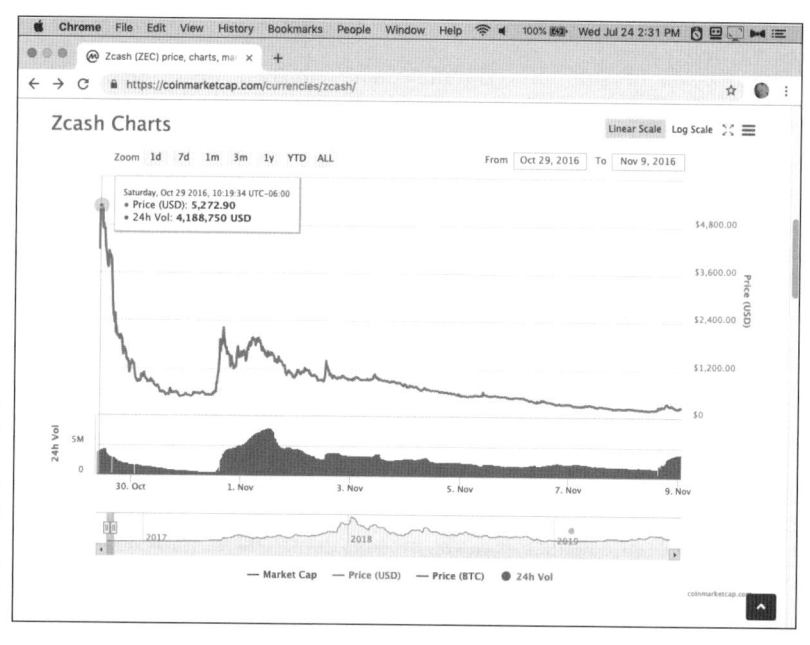

FIGURA 15-1: Este gráfico do CoinMarketCap mostra os primeiros dias de negociação do Zcash.

Esse tipo de perfil é muito comum. Façamos um pequeno experimento. Acesse `www.coinmarketcap.com` [em inglês] e mexa em alguns gráficos. Escolha algumas das criptomoedas menores e menos populares e analise seus gráficos. Ajuste o período de tempo para a primeira ou segunda semana, ou mês, talvez, de existência da criptomoeda, e geralmente verá o mesmo tipo de perfil. Na Figura 15-2, por exemplo, é possível ver os dois primeiros meses de vida do WAX. Começou valendo entre US$4,60 e US$5 por moeda, mas caiu para US$0,50 dentro de alguns dias.

FIGURA 15-2: Este gráfico do CoinMarketCap mostra os dois primeiros meses de negociação do WAX.

Assim, minerar uma criptomoeda novinha pode (às vezes) ser muito lucrativo se estiver lá logo no começo. Pode minerar com GPUs ou até com CPUs, em alguns casos, uma vez que os ASICs ainda não terão tido tempo para desenvolver seu algoritmo (a menos, é claro, que a nova criptomoeda esteja usando um algoritmo existente e desenvolvido para o ASIC).

Infelizmente, para muitos sistemas de criptomoedas recém-criados, é difícil criar efeitos saudáveis de rede e outros aspectos de uma criptomoeda de sucesso, então elas tendem a perder valor em comparação a outros ativos e à moeda fiduciária local em longos períodos de tempo, ou até mesmo rapidamente. (Consulte a Figura 15-2; WAX estava alto no começo, mas caiu em dois dias.) No entanto, ainda pode haver uma oportunidade em alguns desses sistemas para mineradores empreendedores que possam direcionar seu poder de hash para o chain logo no início e rapidamente converter suas recompensas por outros sistemas mais comprovados, assim como pela moeda fiduciária local. (Em alguns casos, será importante vender as novas moedas dentro de minutos ou horas.)

Começando com Pouco

A melhor forma de sentir o mercado em qualquer empreendimento, em especial no setor de mineração de criptomoedas, é começar com pouco. Isso é válido principalmente para iniciantes no ramo. Há muito a aprender, então suas primeiras minerações serão um grande aprendizado.

Começar com pouco também minimiza as dores das perdas, é claro. Se não conseguir criar uma mineração lucrativa, suas perdas estarão limitadas. Começar com pouco é uma ótima maneira de desenvolver os conjuntos de habilidades e de aprender as lições necessárias, descobrindo o que funciona bem e o que não. Quando descobrir tudo isso, *então* poderá expandir.

Opções de Expansão

Expandir muito no mundo das criptomoedas pode levar a muitos problemas imprevistos, como aumento da burn rate [taxa de queima, ou seja, qual é o nível de fluxo de caixa negativo da empresa] e diminuição do runway [tempo que a empresa vai durar nos negócios, continuando com as mesmas entradas e despesas]. No entanto, é possível expandir sua operação de mineração usando outros métodos que não envolvem obter grandes quantidades de equipamento online em sua casa, empresa ou outra instalação.

Alguns mineradores fazem a expansão trocando os equipamentos velhos — o que, em muitos casos, devido aos ganhos de eficiência do hardware, pode resultar em aumentos significativos de taxa de hash — enquanto mantêm gastos similares ou até menores de energia. Isso aumenta os lucros da mineração e possivelmente acelera o ROI.

Outros mineradores podem escolher usar a taxa de hash de marketplaces para comprar recursos vendedores sempre muito dispostos a vender. Outro método de expansão rápida é a mineração na nuvem, em que pessoas físicas podem comprar grandes quantidades de taxa de hash para sua criptomoeda ou algoritmo favoritos de empresas especializadas na gestão de equipamentos para mineradores.

Qualquer uma dessas opções será uma boa escolha para expandir, mas algumas têm um risco inerente com terceiros. Veja no Capítulo 9 alguns prós e contras entre as diferentes opções de mineração. Faça os cálculos de lucratividade que mostramos no Capítulo 11 e conheça os riscos de crescer muito rápido antes de dominar o uso em grande escala dos equipamentos de mineração de criptomoedas.

Encontrando Eletricidade Barata

A eletricidade barata é muito importante para os empreendimentos de mineração de criptomoedas, como mencionamos no Capítulo 11, pois é uma das maiores despesas operacionais nessa atividade. A redução nos custos com luz aumentará seus lucros, é claro. Cada centavo economizado com eletricidade é um centavo que vai diretamente para seu lucro líquido.

Alguns equipamentos podem ser lucrativos operando em um lugar, mas não em outro, simplesmente por causa da diferença dos custos de eletricidade em ambos os lugares. Algumas áreas do mundo têm flutuações sazonais significativas nos preços da eletricidade, assim, temos exemplos até de mineradores nômades que mudam periodicamente suas operações de lugar para aproveitarem uma energia barata e em excesso. Mineradores migrantes!

Muitos mineradores empreendedores aumentaram seu ROI ao acessar recursos de energia que, de outro modo, teriam sido desperdiçados, com custos associados baixíssimos, se houver, de modo a economizar muito com custos elétricos. Esses mineradores usaram a captação de gás natural antes de ser queimado, a capacidade hidroelétrica em excesso e as energias solar, eólica e até geotérmica.

Como os equipamentos de mineração funcionam 24 horas por dia, 7 dias por semana, há características de carga elétrica, como as categorias na conta de luz, para as quais algumas companhias elétricas darão descontos.

PAPO DE ESPECIALISTA

Um *fator de carga elétrica* é uma medida de taxa de utilização elétrica em determinado período. A equação é (Carga Média Mensal em kW) / (Carga Mensal de Pico em Kw), e é normalmente apresentada em porcentagem.

Por exemplo, se um S9 ficou rodando o mês inteiro e não desligou (como normalmente acontece), e sua carga de pico foi de 1,6kW, o fator de cara seria 100%: [(1,6 kW/1,6 kW) × 100%].

Se estivesse rodando um equipamento apenas em metade do tempo durante o mês, o fator de carga seria de 50%: [(0,8 kW/1,6 kW) × 100%].

Assim, vale a pena conversar com sua companhia provedora de eletricidade sobre as melhores taxas que podem oferecer, para ver quais seriam adequadas ao tipo de padrão de carga (um fator de carga perto de 100%) inerente à maioria das operações de mineração.

Em alguns casos, pode até fazer mais sentido que o minerador rode suas plataformas de mineração apenas durante os períodos do dia com baixo custo de energia. Mas faça as contas com cuidado. Obviamente, significa que minerará menos criptomoedas e precisa entender o efeito na lucratividade ao considerar os custos de capital investido em seu equipamento. Use-o apenas durante metade do dia, e estará dobrando o tempo necessário para pagar o investimento.

Por exemplo, um minerador que conhecemos mudou recentemente para uma nova taxa híbrida (residencial/industrial) oferecida pela companhia elétrica, com taxas similares às industriais, possibilitando a economia de 20% a 40% em custos de energia, comparados com as taxas médias residenciais em sua área. Esse plano é chamado nos EUA de Hora do Dia, que dá uma boa economia para pessoas com fatores de carga altos — que estão consumindo uma carga alta bem constantemente durante o mês.

Se você for como a maioria dos consumidores de energia, não fazia ideia de que havia outras opções, certo? Você apenas paga a conta todo mês. Mas passe algum tempo estudando as possibilidades oferecidas por sua companhia elétrica, e outro tempo conversando com eles, e pode se surpreender!

Essa é uma questão realmente primordial, em especial para os mineradores que vão além do estágio de hobby. Os grandes mineradores profissionais fazem de tudo para encontrar energia barata!

Refrigerando com Eficiência

Os equipamentos de mineração criam muito calor. Falamos sobre esse assunto no Capítulo 12, mas é possível mitigar esse escape de calor ou até usá-lo em seu favor, para aumentar o ROI geral.

Alguns mineradores gastam muito dinheiro com sistemas caros de ar-condicionado para refrigerar os níveis de temperatura de seus hardwares e data centers. No entanto, os equipamentos de mineração são equipados com grandes dissipadores de calor e poderosos ventiladores, normalmente preparados para temperaturas mais altas do que a dos sensíveis servidores de dados (como os web servers) hospedados em data centers. Isso pode ser um tanto amedrontador para aqueles acostumados à ideia de que os equipamentos de computador precisam ser muito refrigerados. No entanto, alguns seguem esse caminho, rodando o equipamento em temperaturas mais altas. Muitos mineradores no Texas (não é o lugar mais frio do mundo!) não usam equipamentos de refrigeração e não se importam que o ar absorvido pela plataforma seja na temperatura ambiente, o que representa uma temperatura alta por lá. O Tyler mantém suas plataformas rodando com temperatura entre 10°C e 21°C durante o inverno, e entre 21°C e 32°C no verão.

De fato, os chips ASIC são geralmente preparados para funcionar em altas temperaturas. Por exemplo, a Bitmain recomenda que seus ASICs funcionem em temperatura ambiente entre 15°C e 35°C. (A empresa também afirma em seus manuais que os chips em si podem operar em temperaturas que chegam a 127°C! Não encoste neles!)

Outra forma de evitar altos custos de refrigeração é operar em climas mais frios, fazendo o ar externo circular na instalação, dessa forma diminuindo a temperatura ambiente. Em climas frios, os equipamentos de mineração podem ser usados para aquecer cômodos na casa ou na empresa. Eles podem até ser espalhados pela casa, aquecendo confortavelmente vários cômodos, em vez de fazer um forno em um só. A desvantagem é que são muito barulhentos. Mesmo em um porão, talvez você ouça o barulho no andar de cima. Alguns mineradores, porém, usam resfriamento líquido e um permutador de calor para resfriar seu equipamento, o que abafa o ruído.

Considere que, se você aquece sua casa com seu equipamento de mineração, estará reduzindo o custo de aquecimento. Geralmente isso não estará nos cálculos de lucratividade (veja o Capítulo 11), embora seja importante adicionar suas economias pessoais com aquecimento ao lucro, para obter o lucro real.

Mas não inclua esse número ao calcular os impostos. Em geral, quase sempre dá para considerar essa redução nas despesas pessoais com um pequeno bônus de que o IRS ou a Receita Federal não precisará ficar sabendo. (Lembre-se: não damos orientações sobre isso, converse com seu contador!)

Alguns mineradores usaram até resfriamento de imersão para seus hardwares, com óleo mineral e outros fluidos projetados, como o isolante dielétrico, para proteger o equipamento de falhas elétricas e dissipar facilmente o calor. O óleo mineral conduz bem a energia térmica, mas não conduz eletricidade, então o equipamento de mineração pode ser submergido nele e operar sem falhas. Esse fluido é, então, refrigerado com permutadores termais para dissipar o excesso de calor do fluido dielétrico.

Independentemente de qual estratégia acabe usando para refrigerar seu equipamento de mineração, reduzir os custos de refrigeração ao máximo possível é uma maneira eficaz de potencializar seu ROI.

Pechinchando Seu Hardware

O hardware de mineração será seu maior investimento de capital. Conseguir entender e aproveitar os descontos na aquisição do primeiro equipamento é uma ótima maneira de reduzir seu custo inicial e garantir um ROI rápido sobre esse investimento.

Portanto, você precisa ser um bom comprador. Pesquise online em sites como Craigslist, eBay, Amazon, NewEgg e outros, para ficar de olho em equipamentos com desconto. Antes de comprar qualquer peça, faça uma breve pesquisa online para ver se consegue mais barato. Tenha uma compreensão realmente boa sobre o preço certo e justo para diferentes peças de seu equipamento.

Use as equações e ferramentas online apresentadas no Capítulo 11 para descobrir se o hardware de fato será lucrativo antes de comprá-lo, mas tenha cuidado, pois mesmo esses cálculos podem ser enganosos. Equipamentos usados talvez não sejam viáveis no longo prazo, devido às mudanças nas condições do mercado, como o preço da criptomoeda no mercado de câmbio, a dificuldade do bloco e o aumento da taxa de hash da rede. Várias oportunidades que parecem ser boas demais para ser verdade podem ser realmente boas. Talvez sejam boas hoje, mas têm uma vida operacional curta.

Se está caçando o melhor e mais recente hardware, esteja preparado para tirar o escorpião do bolso para obter os dispositivos mais eficientes e com as mais altas taxas de hash. Faça os cálculos e, às vezes, verá que será muito melhor usar equipamentos menos eficientes com menor custo.

Outra coisa: às vezes é melhor comprar peças novas diretamente do fabricante, para evitar os aumentos nos preços praticados pelos intermediários. Vá com calma na aquisição de seu hardware de mineração, pois provavelmente será o maior peso em seu investimento inicial, e as escolhas iniciais em sua empreitada de mineração afetarão muito seu ROI daí em diante.

> **NESTE CAPÍTULO**
>
> » Comparando as taxas de câmbio das criptomoedas
>
> » Usando ferramentas de estimativa de lucratividade na mineração
>
> » Analisando Wikis específicos das criptomoedas
>
> » Entendendo os whitepapers das criptomoedas
>
> » Avaliando vários recursos de visualização

Capítulo **16**

Dez Recursos para Criptomoedas

Há uma infinidade de recursos online para mineradores aspirantes ou para aqueles interessados em aprender mais sobre o assunto. Fizemos a classificação deles em dez categorias, desde aqueles que podem ajudá-lo a acompanhar o preço de uma criptomoeda até os whitepapers. Avaliar esses recursos pode mantê-lo ocupado por muitas e felizes horas! [Os sites apresentam conteúdos em inglês.]

Acompanhadores de Mercado

A seguir, veja os sites que disponibilizam preços das criptomoedas de forma agregada e capitalizações do mercado para criptomoedas, algumas das fontes mais confiáveis no setor. Observe que, em alguns casos, os serviços de exchange alimentaram os dados para os sites de acompanhamento, mas, em geral, os dados são bons:

- » **CoinCap.io:** https://coincap.io
- » **CoinMarketCap.com:** https://coinmarketcap.com

- **Messari OnChainFX:** https://messari.io/onchainfx
- **CryptoCompare:** www.cryptocompare.com
- **Open Market Cap:** https://openmarketcap.com
- **CoinLore.com:** www.coinlore.com
- **WorldCoinIndex:** www.worldcoinindex.com

Sugestão da edição deste livro com conteúdo em português:

- **Coin Trader Monitor:** https://cointradermonitor.com/

Ferramentas de Estimativa de Lucratividade com a Mineração

No Capítulo 11, falamos sobre como calcular a lucratividade da mineração de criptomoedas e também como usar as ferramentas para isso disponíveis online. Use-as frequentemente ao considerar qual criptomoeda minerar e quando estiver pensando em expansão. A seguir, uma rápida lista com algumas das ferramentas de lucratividade mais populares:

- **CoinWarz.com:** www.coinwarz.com/calculators
- **WhatToMine.com:** https://whattomine.com/calculators
- **CryptoMining.Tools:** https://cryptomining.tools/bitcoin-mining-calculator

Páginas de Criptomoedas no Reddit

O Reddit é um dos principais sites de mídia social para as comunidades de criptomoedas analisarem e debaterem os assuntos do momento. Nesta seção, apresentamos uma lista das principais páginas de criptomoedas no Reddit.

DICA: Se precisar de uma página diferente, apenas acrescente o nome ou símbolo da criptomoeda no fim do endereço URL. Alguns endereços no Reddit usam o nome, outros, o símbolo. Por exemplo, www.reddit.com/r/XRP/ e www.reddit.com/r/zcoin/. Por causa de conflitos, alguns não usam nem um e nem outro, e inventam algo diferente (o TRON usa www.reddit.com/r/TRXTrading/, por exemplo), então talvez você tenha de fazer uma pesquisa.

- **r/Bitcoin:** www.reddit.com/r/Bitcoin
- **r/Ethereum:** www.reddit.com/r/ethereum
- **r/BitcoinCash:** www.reddit.com/r/Bitcoincash
- **r/Litecoin:** www.reddit.com/r/litecoin
- **r/DashPay:** www.reddit.com/r/dashpay
- **r/ZEC:** www.reddit.com/r/zec
- **r/DogeCoin:** www.reddit.com/r/dogecoin

Exploradores de Blockchain

Os exploradores de blockchain oferecem uma maneira fácil de auditar os blockchains diretamente de seu navegador de internet. Eles podem pesquisar blocos, transações, hashes e endereços. Nesta seção, apresentamos uma lista com exploradores de Bitcoin e Ethereum.

O Blockchain também funciona com os blockchains Ripple, Bitcoin Cash, Litecoin, Bitcoin SV, Dash, Dogecoin e Groestlcoin blockchains. Para outras criptomoedas, faça uma pesquisa online. Muitas criptomoedas menores não são populares o suficiente para terem exploradores, mas algumas têm. Acrescentamos no final da lista alguns exploradores para blockchains de que talvez você nunca tenha ouvido falar.

- **Exploradores de Blockchains do Bitcoin**
  - **BlockStream.info:** https://blockstream.info
  - **Blockchair.com:** https://blockchair.com
  - **Blockchain.com:** www.blockchain.com/explorer
  - **Blockcypher.com:** https://live.blockcypher.com/btc
  - **Cryptoid.info:** https://chainz.cryptoid.info/btc
  - **Oxt.me:** https://oxt.me
  - **XBT.eu:** www.xbt.eu (observe, XBT é um código alternativo de moeda ao BTC)
  - **Tradeblock:** https://tradeblock.com/bitcoin
- **Exploradores de Blocos Ethereum**
  - **EtherChain.org:** https://www.etherchain.org
  - **EtherScan.io:** https://etherscan.io
- **Exploradores de Outros Blockchains**
  - **Factom:** https://explorer.factom.com/dblocks

- **Solarcoin:** https://chainz.cryptoid.info/slr
- **Lykke:** https://blockchainexplorer.lykke.com

Visualização de Dados

Embora os exploradores de blockchain sejam bons recursos para encontrar dados textuais e numéricos para seus blockchains favoritos, algumas pessoas muito criativas levaram esse conceito a outro patamar. Há muitas visualizações atraentes de dados no âmbito do Bitcoin e das criptomoedas. Veja algumas de nossas favoritas:

» **Bitcoin Big Bang:** https://info.elliptic.co/hubfs/big-bang/bigbang-v1.html
» **Market Value Visualizations:** https://coin360.com
» **Bitcoin Blocks:** https://blocks.wizb.it
» **Bitnodes.earn.com:** https://bitnodes.earn.com
» **Bitbonkers.com:** https://bitbonkers.com
» **Bitcoin Globe:** http://bitcoinglobe.com
» **Bitcoin Transaction Interactions:** http://bitcoin.interaqt.nl
» **OXT Landscapes:** https://oxt.me/landscapes
» **Bitcoin Blockchain Matrix:** www.doc.ic.ac.uk/~dmcginn/adjmat.html
» **MemePool.space:** https://mempool.space
» **Bitcoin network graphs:** http://bitcoin.sipa.be
» **bitcointicker:** https://bitcointicker.co/networkstats
» **Statoshi.info:** https://statoshi.info

Dados e Estatísticas das Criptomoedas

Os sites com dados, comparações e estatísticas das criptomoedas podem ser muito úteis, auxiliando-o a compará-las. Há vários bons agregadores de dados de criptomoedas:

» **Coin Metrics:** https://coinmetrics.io/charts
» **BitInfoCharts:** https://bitinfocharts.com/cryptocurrency-charts.html

- **Bitcoinity:** https://data.bitcoinity.org/markets/volume
- **Coin Desk:** www.coindesk.com/data
- **How Many Confirmations:** https://howmanyconfs.com
- **51% Attack Cost Comparisons:** www.crypto51.app
- **Bitcoin Visuals:** https://bitcoinvisuals.com
- **Coin.Dance:** https://coin.dance
- **Bitcoin Cash Metrics:** https://charts.bitcoin.com/bch

Wikis das Criptomoedas

Embora a Wikipedia.org tenha páginas para a maioria das principais criptomoedas, elas geralmente têm descrições bem curtas, não sendo um recurso mais aprofundado que possa falar sobre todos os aspectos de uma criptomoeda comum. Não se preocupe, pois algumas criptomoedas têm seu próprio (ou vários deles!) diretório(s) ao estilo Wiki, que define(m) a maioria dos termos e aspectos associados à criptomoeda.

Alguns dos Wikis a seguir também falam sobre outras criptomoedas. Por exemplo, o BitcoinWiki.org tem informações não apenas sobre o Bitcoin, mas sobre muitas outras criptomoedas também.

- **Bitcoin.it Wiki:** https://en.bitcoin.it/wiki/Main_Page
- **Bitcoinwiki.org:** https://en.bitcoinwiki.org/wiki/Main_Page
- **Litecoin Wiki:** https://litecoin.info/index.php/Main_Page
- **Ethereum Wiki:** https://theethereum.wiki/w/index.php/Main_Page
- **ETH.wiki:** https://eth.wiki/en/home
- **Github Ethereum Wiki:** https://github.com/ethereum/wiki/wiki
- **Cryptocoins Wiki:** https://wikicryptocoins.com/currency/Main_Page

Recursos Lopp.net

Jameson Lopp é um usuário e desenvolvedor ativo na arena do Bitcoin, e compilou, em um único lugar, uma lista muito extensa de recursos extraídos da comunidade. Você encontrará ferramentas práticas, guias de usuários e muitos outros recursos de auxílio em seu site: www.lopp.net

O Manifesto Cypherpunk

O Manifesto Cypherpunk [ou Criptopunk], escrito por Eric Hughes, é um documento fundamental que muitos criptógrafos e usuários de criptomoedas leram ao longo dos anos. É uma introdução interessante à política por trás das origens da criptomoeda: www.activism.net/cypherpunk/manifesto.html.

Whitepapers da Criptomoeda

A explosão do Bitcoin e de outras criptomoedas ocorrida na última década teve início quando Satoshi Nakamoto lançou sua ideia para o *Cypherpunk Mailing List* (arquivos disponíveis em http://mailing-list-archive.cryptoanarchy.wiki), junto de alguns códigos e um whitepaper.

Desde então, muitos (incontáveis?) whitepapers foram lançados, descrevendo uma grande variedade de sistemas de criptomoedas e blockchains. Compilamos uma pequena lista de links para que você possa ler alguns dos whitepapers de criptomoedas mais populares da última década. É claro que pode pesquisar outros, mas muitas criptomoedas foram lançadas sem um whitepaper (Litecoin e Dogecoin, por exemplo).

- **Bitcoin:** https://bitcoin.org/bitcoin.pdf
- **Ethereum Original:** https://web.archive.org/web/20140111180823/http://ethereum.org/ethereum.html
- **Ethereum Updated:** https://github.com/ethereum/wiki/wiki/White-Paper
- **ZCash:** http://zerocash-project.org/media/pdf/zerocash-extended-20140518.pdf
- **Monero:** www.getmonero.org/library/Zero-to-Monero-1-0-0.pdf

O Instituto Satoshi Nakamoto

Este site contém todos os escritos de Satoshi Nakamoto (quem quer que ele/ela/eles/elas seja(m)! Veja o Capítulo 1), junto de outros documentos que "servem para contextualizar o Bitcoin em uma história mais ampla da criptografia e da liberdade". É uma leitura obrigatória e uma ótima maneira de os entusiastas do Bitcoin e das criptomoedas entrarem na toca do coelho: https://nakamotoinstitute.org/literature.

> **NESTE CAPÍTULO**
>
> » Reavaliando o consumo de energia do Proof of Work
>
> » Encontrando maneiras de reduzir o desperdício computacional
>
> » Colocando as métricas de produtividade de transações em contexto
>
> » Evitando golpes e extorsões
>
> » Prevenindo incêndios e reclamações dos vizinhos

Capítulo **17**

Dez Críticas às Criptomoedas e à Mineração

Muitas críticas e reclamações foram feitas às criptomoedas e, em especial, à mineração com Proof of Work, que geralmente é o alicerce. Muitas dessas críticas são válidas, mas o assunto tem infinitas nuances, que merecem explicações, análises e debates mais minuciosos. Neste capítulo, explicamos algumas das críticas mais comuns e alguns dos contra-argumentos associados a elas.

Consumo de Energia

Há muita falação sobre o consumo elétrico da rede do Bitcoin e de outras criptomoedas, resultante da mineração com o PoW. Como você aprendeu neste livro, são necessárias quantidades enormes de energia elétrica para minerar o blockchain do Bitcoin.

É fato que a mineração com PoW consome muita luz. No entanto, há controvérsias sobre a quantidade exata, e, de fato, é muito difícil de calculá-la precisamente. Muitas estimativas citadas com frequência se baseiam na estimativa de uma única fonte de energia que calcula com base em quanta energia os mineradores na rede teriam *condições financeiras* de gastar. Ou seja, é um cálculo econômico com muitas hipóteses envolvidas, incluindo o preço de mercado, os custos do minerador com eletricidade e o consumo elétrico.

Esse tipo de estimativa ignora as várias estatísticas nos chains que podem calcular mais precisamente o consumo elétrico com física baseada nos dados do chain, como blocos minerados por dia, taxa total de hash da rede e a eficiência média do equipamento de mineração.

Felizmente, na atualidade há muitas novas estimativas diferentes do consumo elétrico do PoW da rede Bitcoin, provindas de fontes respeitáveis que calcularam o consumo com cálculos baseados em física mais realista. Listamos uma variedade de estimativas do consumo de eletricidade instantâneo na mineração do Bitcoin, em Gigawatts (GW) e equivalentes elétricos anuais (em Terawatt-horas/ano — TWh/Ano):

- **Coin Shares.** 4,70 GW, 41,17 TWh/Ano (junho de 2019). https://coinshares.co.uk/research/bitcoin-mining-network-june-2019
- **University of Cambridge, Judge Business School.** 6,36 GW, 58,97 TWh/Ano (junho de 2019). https://cbeci.org/
- **Coin Center.** 5,00 GW, 44,00 TWh/Ano (maio de 2019). https://coincenter.org/entry/evaluating-estimates-of-bitcoin-electricity-use
- **The International Energy Agency (IEA).** 6,62 GW, 58,00 TWh/Ano (julho de 2019). https://www.iea.org/newsroom/news/2019/july/bitcoin-energy-use-mined-the-gap.html
- **Electric Power Research Institute (EPRI).** 2,05 GW, 18,00 TWh/Ano (abril de 2018). https://www.epri.com/pages/product/3002013910/
- **Marc Bevand.** 2,10 GW, 18,39 TWh/Ano (janeiro de 2018). http://blog.zorinaq.com/bitcoin-electricity-consumption

> » **Hass McCook.** 12,08 GW, 105,82 TWh/Ano (agosto de 2018); esta estimativa inclui a energia usada na fabricação do equipamento de mineração. https://www.academia.edu/37178295/ The_Cost_and_Sustainability_of_Bitcoin_August_2018_
>
> » **Alex de Vries.** 8,34 GW, 73,12 TWh/Ano (julho de 2019). https:// digiconomist.net/bitcoin-energy-consumption

Podemos ver essas diversas estimativas no gráfico apresentado na Figura 17-1, que as mostra em TWh/Ano em uma linha do tempo, junto da taxa hash da rede Bitcoin (EH/s) nos últimos dois anos (conforme a taxa de hash aumenta, o consumo elétrico também aumenta, é claro).

FIGURA 17-1: Gráfico mostrando as diversas estimativas anuais de energia para o Bitcoin, medidas em terawatt/horas por ano, junto da taxa de hash da rede Bitcoin medida em exahashes por segundo.

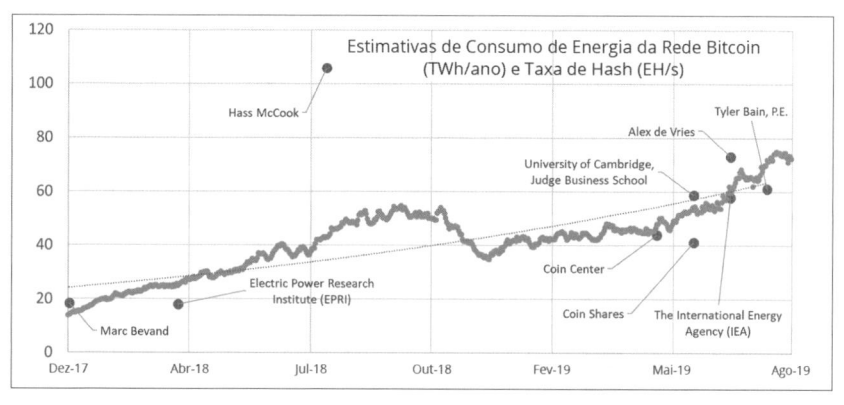

Para colocar esses números em perspectiva, os EUA normalmente consomem 6,63 TWh/Ano para decorar e celebrar a época de Natal com luzes (que ficam ligadas geralmente por um mês apenas).

Talvez uma comparação mais apropriada seria a quantidade de energia elétrica dedicada anualmente à mineração de ouro e à reciclagem. Hass McCook, no estudo previamente citado, estima que a energia global consumida nesses setores é o equivalente elétrico a 196,06 TWh/ano, quase o dobro (com base nos cálculos de Haas) da energia usada pela mineração de Bitcoin, mesmo incluindo a energia usada para fabricar os equipamentos de mineração — consideravelmente mais se pegarmos outras estimativas do Bitcoin. E, a propósito, você tem alguma ideia do enorme impacto ambiental da mineração de ouro? Faça uma pesquisa digitando *impacto ambiental da mineração de ouro...* os leitores mais preocupados com o ambiente podem decidir abrir mão de todas as joias de ouro! Por exemplo, a mineração de ouro cria quantidades gigantescas de lixo tóxico: 60 toneladas, incluindo cianeto, arsênico e mercúrio, para cada onça [28,3 gramas] de outro minerado, de acordo com algumas métricas!

Cerca de 90% do ouro mundial é usado como uma reserva de ativos de valor e para joias, e muito do ouro das joias é considerado também como uma reserva de valor; assim, os usos industriais do ouro compõem uma porção relativamente pequena de seu uso. Dessa forma, de acordo com os números de McCook, cerca de 175 TWh/ano de energia estão sendo usados para esses usos basicamente não produtivos do ouro. Pode-se argumentar que a mudança do papel do investimento em ouro para Bitcoin (como alguns defensores das criptomoedas afirmam que acontecerá) pode, de fato, economizar energia! (E salvar o ambiente.)

Em um relatório semelhante de 2014, Hass McCook também estima (veja, em inglês, www.coindesk.com/microscope-conclusions-costs-bitcoin) a quantidade anual de energia dedicada à impressão de papel-moeda e à cunhagem de moedas (11 TWh/ano) e a quantidade de consumo anual para os sistemas bancários (650 TWh/ano). Um novo mundo de criptomoedas (espere 25 anos e veja o que acontece!) pode muito bem reduzir a quantidade de energia gasta a cada ano para gerenciar o suprimento mundial de dinheiro. Veja, na Figura 17-2, um gráfico mostrando essas várias comparações em estimativas anuais de energia elétrica. A barra da mineração anual de criptomoedas inclui as estimativas de energia consumida pelas redes Bitcoin, Ethereum, Litecoin, Dash e Zcash.

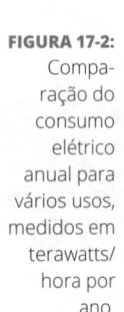

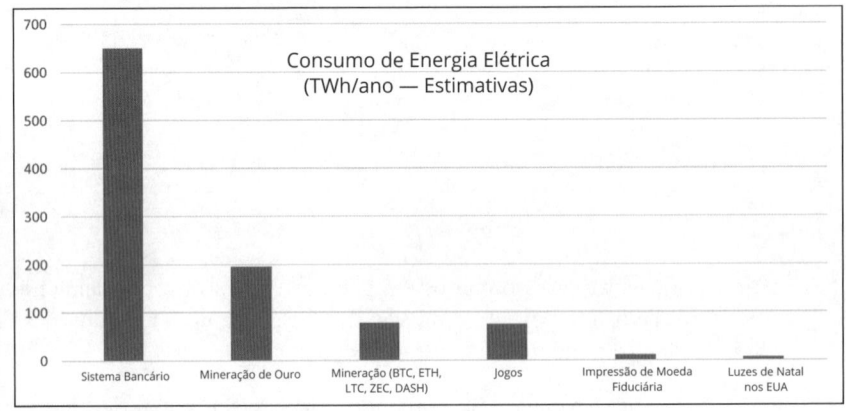

FIGURA 17-2: Comparação do consumo elétrico anual para vários usos, medidos em terawatts/hora por ano.

Também fizemos as estimativas dos níveis de consumo elétrico de outras criptomoedas populares que usam PoW, ao comparar as taxas de hash da rede com a eficiência dos equipamentos ASIC na rede com base nos dados fornecidos pelos fabricantes. Incluímos Bitcoin, Ethereum, DASH, Litecoin e Zcash. A Figura 17-3 mostra as comparações. Os dados incluem consumo de potência elétrica instantânea, medidos em gigawatts, assim como os valores anuais de energia, medidos em terawatts-hora por ano.

FIGURA 17-3: Estimativas anuais de energia e potência elétricas da rede para várias criptomoedas que usam a mineração com PoW.

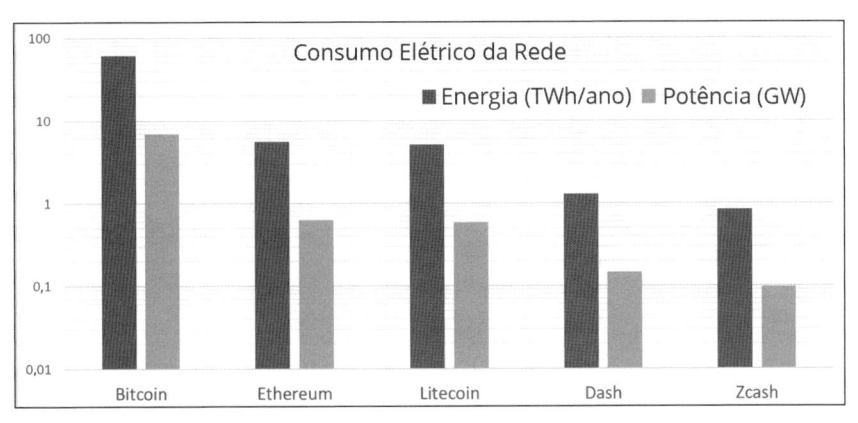

Consumo Elétrico da Rede — Energia (TWh/ano), Potência (GW) — Bitcoin, Ethereum, Litecoin, Dash, Zcash

Embora os níveis de consumo de energia para a mineração global de Bitcoin possam parecer obscenamente grandes, eles correspondem a apenas cerca de 0,2% da utilização global de eletricidade, e alguns dos estudos anteriores também estimam que entre 60% e 75% da eletricidade usada para a mineração de Bitcoin e de outras criptomoedas vêm de fontes renováveis.

Processamento Desperdiçado

Outra crítica geralmente lançada é que a mineração de Bitcoin ou de outras criptomoedas é um desperdício de recursos de processamento que poderiam ser mais bem utilizados em outro lugar. Essa crítica tem certa validade. Vastas quantidades de poder de processamento estão sendo usadas para minerar criptomoedas, em vez de curar o câncer, a malária ou resolver problemas físicos cruciais que poderiam levar a novos materiais ou fontes de energia.

Obviamente, tudo depende das definições. O que significa desperdício, ou valor, depende de quem está falando.

O desperdício é normalmente definido com uso descuidado ou sem propósito. Sem dúvida, a mineração de criptomoedas *tem*, de fato, um propósito: proteger as várias redes peer-to-peer de blockchain contra os potenciais ataques, tornando-as computacionalmente caras demais para serem manipuladas. O mecanismo Proof of Work foi baseado em mecanismos teóricos de jogos e de teoria econômica, de modo que vale muito mais a penas para o hacker trabalhar em cooperação com a rede do que usar seu recurso computacional contra ela.

No entanto, ainda parece ser um desperdício quando, logo após um bloco ter sido acrescentado ao blockchain, o valor das computações que foram usadas na mineração do bloco se vão e nenhum outro valor é fornecido. (E lembre-se: não estamos falando da computação fornecida pelo minerador. Precisamos contar a vasta quantidade de poder computacional fornecido pela rede inteira.)

Muitas pessoas chegam a tremer quando pensam nesse imenso desperdício e, assim, talvez sem surpreender, há exemplos de criptomoedas que usam PoW que tentaram resolves esse problema de desperdício. Afinal, o Proof of Work depende de um jogo matemático. E se o jogo pudesse, ao mesmo tempo em que protege o blockchain, fornecer benefícios adicionais à humanidade, como se fosse a cereja do bolo? Veja alguns exemplos de criptomoedas que tentaram direcionar seus mecanismos PoW para causas filantrópicas [os sites apresentam conteúdo em inglês]:

- **Primecoin** é um sistema de criptomoedas que recompensa os mineradores ao encontrarem números primos. Um *número primo* é um número inteiro que só pode ser dividido igualmente por si mesmo ou por 1. Eles têm sido objetos de estudo matemáticos desde a época dos gregos antigos e são muito valiosos para os matemáticos para que possam fazer, é... qualquer coisa que precisem fazer com os números primos. (Tudo bem, um exemplo real é a criptografia, que os utiliza; aparentemente, é útil ter uma biblioteca com essas coisas. Os físicos quânticos também gostam desses números.) `http://primecoin.io/bin/primecoin-paper.pdf`
- **Foldingcoin** é uma criptomoeda que recompensa os mineradores por enovelarem proteínas com base no projeto de computação distribuída de Stanford, o Folding@home. Este processo ajuda a pesquisar os compostos proteicos que podem ajudar a curar o câncer, o Alzheimer e outras doenças. `https://foldingcoin.net`
- **Curecoin** é outra criptomoeda que recompensa os mineradores por enovelarem proteínas com base no projeto de computação distribuída de Stanford, o Folding@home. `https://curecoin.net`
- **Gridcoin** é outra moeda baseada em um projeto diferente de computação distribuída, mas que usa o projeto BOINC (não, não tem nada a ver com porquinhos). O BOINC usa recursos sobressalentes de computação (e, por meio do Gridcoin, poder computacional que está sendo empregado na mineração) para ajudar com uma variedade de projetos de pesquisa científica que estudam doenças, aquecimento global, o descobrimento de pulsares e muitas outras coisas. `https://gridcoin.us`

Infelizmente, essas criptomoedas são bem pequenas, com um total combinado de capitalização de mercado de cerca de US$7 milhões, uma gota no oceano quando comparado com os atuais US$177 *bilhões* do Bitcoin. Mas pode chegar o dia em que as criptomoedas do mundo sejam mineradas com algoritmos que protejam os blockchains *e* promovam um bem adicional. Nas palavras de Sunny King, fundador da Primecoin: "Espero que o Proof of Work nas criptomoedas faça uma transição gradual para o multiuso energético, quer dizer, fornecendo segurança para a rede e valores computacionais científicos." Por outro lado, o argumento contra isso é que os algoritmos PoW das maiores criptomoedas são muito simples. Introduzir algoritmos mais complicados pode também introduzir vulnerabilidades e criar maior potencial para ataques.

Outra coisa: quanto poder computacional você acha que os gamers do mundo todo usam? É difícil de precisar, mas alguém *tentou* computar o uso de energia, e como grande parte da mineração está usando equipamentos similares (placas GPU foram projetadas para jogos!), a comparação é provavelmente similar (quer dizer, a relação entre o consumo de energia e o poder computacional é semelhante, embora os gamers também precisem de energia extra para os monitores). Um cara, Evan Mills, do Laboratório Nacional Lawrence Berkeley e membro do Painel Intergovernamental sobre Mudança Climática, chegou a 75 TWh/ano.

Escalabilidade, Velocidade de Transações e Produtividade

O Bitcoin e outras criptomoedas geralmente são criticados por ter baixa velocidade de transações e produtividade. A crítica é válida, uma vez que as transações atuais no chain por segundo variam em média entre 2 e 8. A máxima teórica para essas transações na rede Bitcoin defende cerca de 14 transações por segundo, o que daria aproximadamente 1,2 milhão de transações diárias.

Para colocar essa quantidade em perspectiva, pense nas redes de cartões de crédito. A Visa processa por volta de 150 milhões de transações por dia, um pouco mais de 1,7 mil por segundo. É uma média, é claro, então devem conseguir dar conta de muito mais que isso nas horas de pico, e a empresa afirma poder realizar 24 mil por segundo, embora não se saiba ao certo se é verdade ou não. Independentemente disso, os números são muito maiores do que os recursos do Bitcoin.

Os sistemas de cartões de crédito são muito mal compreendidos. Eles aparecem instantaneamente para o usuário — parece que leva poucos segundos para processar no caixa do supermercado —, mas, na verdade, tomam um tempo muito maior. Dê uma olhada na conta de seu cartão e verá transações que levam um dia, às vezes dois — ou até mais —, para entrar na fatura. Depois, é claro, as transações podem ser questionadas, e às vezes canceladas, até muitas semanas depois.

As transações de seu cartão de crédito passam por diversos passos, na verdade, e o sistema é muito complicado e com muitas partes envolvidas. Uma transação começa com um processador de pagamentos, como First Data (o maior processador dos EUA para lojas físicas), ou um processador para lojas online, como Stripe ou PayPal. Ele é passado para a rede da própria empresa — VisaNet, por exemplo, ou para a MasterCard, o BankNet é usado —, mas, no fim, acaba em um banco, que dá a liberação final, passando pela rede SWIFT (Society for Worldwide Interbank Financial Telecommunication, ou, em português, Sociedade de Telecomunicações Financeiras Interbancárias Mundiais). O processo normalmente leva um dia, mas pode chegar a quatro dias para completar uma transação de cartão de crédito, e, em alguns casos, a transação pode ser contestada até três meses depois.

Esses tipos de reembolsos e contestações nos cartões de crédito são um dos motivos pelos quais algumas empresas de cartão de crédito não permitem pagamentos com bitcoin ou criptomoedas em sua infraestrutura, pois as transações podem ser contestadas, revertidas e reembolsadas, enquanto as de bitcoin não podem.

E quanto às transações em bitcoin e outras criptomoedas? Considerando o bitcoin, uma transação é considerada realizada e basicamente irreversível em questão de aproximadamente seis blocos (cerca de uma hora). Pode parece lento, até que compare com as transações dos cartões de crédito, que levam de um a três dias. Acreditamos que Satoshi Nakamoto colocou esse tempo de transação em perspectiva: "Cheques em papel podem voltar uma ou duas semanas depois de serem depositados. As transações com cartão de crédito podem ser contestadas entre 60 a 180 dias depois." (Para ver uma comparação da segurança relativa das transações nos blockchains e tempos de finalização para outras criptomoedas, veja as estatísticas em tempo real, e em inglês, em `https://howmanyconfs.com`).

Porém, o cálculo das transações on-chain de bitcoin e outras criptomoedas é um tanto enviesado, pois muitas transações podem ocorrer off-chain. Essas transações ocorrem via serviços de exchange, carteiras de custódia ou soluções mais distribuídas de segunda camada, como a Lightning Network. O protocolo é desenvolvido em cima do blockchain do Bitcoin, que usa Hash Time Locked Contracts (HTLCs), o que permite realizar mais transações por segundo e ter sua finalização mais rápida. Uma única transação de bitcoin on-chain pode conter milhares (ou mais) de transações lightning network. (Para ver mais informações sobre esse assunto complicado, confira o whitepaper sobre lighting network no site `https://lightning.network/lightning-network-paper.pdf` e o wiki do lightning network no bitcoin no site `https://en.bitcoin.it/wiki/Lightning_Network` [ambos em inglês].)

Outra forma de a velocidade da transação ser maior que um simples cálculo de transação de bitcoin é por meio de transações em lote. Uma piscina ou serviço de exchange pode fazer um lote incluindo entre 11 e 250 endereços de saída em uma única transação on-chain, basicamente aumentando a produtividade da transação, embora o cálculo no blockchain considere apenas uma única transação.

Contudo, a crítica subjacente ainda permanece: há um gargalo de produtividade on-chain, mas essa escassez de espaço no blockchain também é crucial para a descentralização da rede. Cada transação on-chain é verificada, validada e armazenada no sistema inteiro peer-to-peer de nós, e a utilização eficiente desse espaço escasso e de recursos compartilhados é crucial para manter a natureza distribuída dos sistemas das criptomoedas, como o Bitcoin.

Equidade na Distribuição de Moedas

Criptomoedas como o Bitcoin são geralmente criticadas pela distribuição desigual de moedas. A crítica se origina nas recompensas maiores nos primeiros subsídios de bloco. As recompensas de subsídio da rede Bitcoin diminuem programadamente com o tempo, como mostrado no Capítulo 8, que também mostrou que as recompensas são maiores para os primeiros mineradores e que têm os subsídios cortados pela metade aproximadamente a cada 4 anos, ou a cada 210 mil blocos. Muitas criptomoedas imitam esse mesmo tipo de distribuição.

Porém, a distribuição de moedas com Proof of Work é muito mais justa do que com os sistemas com Proof of Stake (PoS), que geralmente roubam os fundos dos investidores, sem retornos mensuráveis. As criptomoedas que têm *pré-minerações* significativas recompensando os primeiros investidores, ou até mesmo nosso paradigma atual do sistema de distribuição do dinheiro em moeda fiduciária, no qual certas instituições financeiras enormes controlam o fluxo de dinheiro por meio da economia, abocanhando grandes pedaços dele quando passa por suas mãos, são muito menos justos.

Volatilidade e Bolhas do Mercado

Outra crítica recorrente às criptomoedas é que não passam de uma bolha de investimento. Os céticos geralmente as comparam com outras bolhas, como a Mania por Tulipas na Holanda, no início do século XVII, a Companhia dos Mares do Sul (South Sea Company), no início do século XVIII, e a bolha da internet, ou pontocom, de 1994 a 2000.

Peter tem bastante interesse nas bolhas financeiras, tendo atravessado e intimamente experimentado a bolha pontocom. No verão antes de ela começar, em 1993, ele estava escrevendo o livro *Complete Idiot's Guide to the Internet* (ele marca o início da bolha com o crescimento radical da cobertura da imprensa e com milhões de norte-americanos acessando a internet em julho de 1994). Quando a bolha estourou (no segundo semestre de 2000), ele estava tocando uma empresa pontocom com fundos de capital de risco. No início de 2000, ele leu *The Internet Bubble*, um livro que previa o *crash* por vir e que circulou entre os executivos de sua pontocom.

Os autores daquele livro, Anthony Perkins e Michael Perkins, editores na Red Herring (uma pontocom que tinha uma revista impressa que, ironicamente, não sobreviveu ao estouro da bolha!), propuseram que as bolhas financeiras normalmente duram entre seis e sete anos. O preço da ação da South Sea Company caiu cerca de nove anos após a fundação da empresa (embora seja difícil dizer exatamente quando a bolha começou, é claro). A bolha pontocom estourou seis anos após o início da loucura na internet.

As criptomoedas, e especialmente o Bitcoin, estão em uma "bolha"? É difícil dizer, mas, até o momento, não é o que parece. O software do Bitcoin foi lançado em janeiro de 2009, então já está no mercado há mais de uma década. (Obviamente, não significa que a bolha em si começou com a fundação do Bitcoin. A internet já existia na década de 1960, mas a bolha da internet só começou na década de 1990.)

Pode ser que, como as criptomoedas têm capitalizações de mercado relativamente baixas em comparação a outros ativos tradicionais, como ouro ou dólar americano, elas estão sujeitas a menos liquidez e, consequentemente, mais volatilidade. Qualquer novo ativo, conforme ganha popularidade e aceitação, tem grandes flutuações em seu preço. Isso se dá, em parte, por causa da descoberta do preço do mercado e das informações assimétricas em torno dos mercados das criptomoedas. A volatilidade e a percepção de uma bolha podem não desaparecer completamente até que o Bitcoin e outras criptomoedas ganhem uma paridade relativa de capitalização de mercado e estabilidade em seu preço, em comparação com outros ativos muito capitalizados.

Por enquanto, tudo indica que as criptomoedas vieram para ficar. De fato, cada vez mais empresas grandes, incluindo potências financeiras, estão se envolvendo. Há bons motivos pelos quais as criptomoedas podem ser um bom avanço técnico que pode ser benéfico e que não irá embora.

E considere também o seguinte: embora a South Sea Company tenha sofrido um *crash* e posteriormente tenha fechado as portas... embora as tulipas na Holanda tenham acabado voltando a ter um preço razoável e estável (se bem que, atualmente, as tulipas raras comandam os mercados de altos preços)... a bolha da internet ou pontocom tenha destruído milhares de empresas, *a internet não deixou de existir!* Atualmente, está totalmente arraigada na vida moderna e é inconcebível, a não ser que haja uma catástrofe global, que deixe de existir. E muitas empresas fundadas *antes* da bolha estourar ainda estão entre nós. Uma das primeiras, a Amazon, é hoje uma das maiores empresas do mundo.

Centralização

A centralização das criptomoedas é geralmente citada como um problema sério. As criptomoedas precisam de descentralização para funcionar de forma segura e protegida. Tanto a mineração como o desenvolvimento do código precisam estar descentralizados e distribuídos para garantir que nenhuma única parte ou grupo possa dominar e manipular a moeda.

É bastante afirmado que a mineração é centralizada em alguns países e dominada por algumas entidades que possuem piscinas, e até que o código do programa que está executando as redes da criptomoeda é escrito e gerenciado por relativamente poucas pessoas. Isso questiona as propriedades de distribuição dessas redes peer-to-peer de criptomoedas. Embora as críticas sejam válidas e valham a pena o empenho intelectual, também são um tanto mal interpretadas.

O Bitcoin e a maioria das outras criptomoedas são baseados em softwares de código aberto, que qualquer pessoa pode avaliar e com os quais contribuir com melhorias. Embora muitas melhorias de código possam ocorrer nesses sistemas distribuídos e abertos de criptomoedas, e incontáveis pessoas estejam envolvidas nos acréscimos das mudanças no código, para aqueles que gostariam de alterar os princípios e mecanismos subjacentes do código-base do Bitcoin para seus próprios interesses pessoais ou empresariais, acreditamos que Satoshi Nakamoto tem a melhor resposta: "A natureza do Bitcoin é tal que, uma vez que a versão 0.1 foi lançada, o projeto central tornou-se imutável para o resto de sua existência." Quer dizer, as regras de consenso são estabelecidas desde o início do blockchain, desde o bloco gênesis. Mude as regras de consenso, e você ficará "fora de consenso" com o resto da cadeia e rede; estará criando um fork e tornando-se um blockchain e uma rede diferentes.

Porém, a descentralização é uma preocupação real. Esses sistemas peer-to-peer foram projetados para estar ao redor de mineradores com CPUs executando seus próprios nós completos de validação. No entanto, desde a concepção do Bitcoin, as piscinas de mineração ficaram populares, os equipamentos ASIC foram desenvolvidos, e fazendas enormes de mineração de criptomoedas tornaram-se comuns. Esses desenvolvimentos levaram a uma centralização maior do ecossistema.

No Capítulo 8, analisamos o espectro da descentralização, como ela e a centralização não são apenas duas coisas distintas, mas que sistemas podem ser centralizados ou descentralizados em níveis diferentes. Isso se aplica aqui; a centralização da mineração do Bitcoin e das criptomoedas está em algum lugar daquele espectro, no momento da escrita deste capítulo, sem dúvidas mais para o lado descentralizado. Com desenvolvimentos propostos de mineração, como as melhorias BetterHash e Stratu8m v2 para as piscinas (que são propostas para melhorar os mecanismos de integração entre os usuários e operadores da piscina), o Bitcoin e outras criptomoedas mineradas com PoW podem caminhar ainda mais rumo à descentralização.

Golpes e Extorsões

O espaço das criptomoedas está repleto de golpes e extorsões. Entre serviços de exchange hackeados, fornecedores nefastos de equipamentos de mineração e empresas desonestas de mineração na nuvem, a história do Bitcoin está infestada com muitos exemplos de empresas e pessoas físicas tirando vantagem dos outros e passando a mão nos valores, obtidos com muito suor — em bitcoin, outras criptomoedas ou moedas fiduciárias locais —, de consumidores bem-intencionados.

Também houve incontáveis golpes envolvendo as ofertas iniciais de moeda (ICOs) que prometiam mais do que seus propagadores poderiam entregar (ou até mesmo pretendiam entregar), roubando o equivalente a bilhões de dólares dos investidores.

Este é um problema sério para as criptomoedas, uma vez que ajuda a criar um quadro de uma criptomoeda perigosa e não confiável, e nada a ver com o que as pessoas comuns gostariam de se envolver. Este ponto de vista, é claro, retarda o crescimento nos mercados da criptomoeda.

Essas críticas são incrivelmente válidas, e a única maneira de se proteger dos potenciais vilões, golpes e extorsões no espaço do Bitcoin e das criptomoedas é aprender e entender o que está fazendo. Faça sua pesquisa minuciosa e nunca confie. Verifique.

Inflação e Escassez do Hardware

Outro problema recente com a mineração de Bitcoin e criptomoedas é que a inflação no preço do hardware e sua escassez levaram à impossibilidade de outros usos para o equipamento.

Por exemplo, conforme a mineração com GPU estava ganhando popularidade e lucratividade, a demanda por esse tipo de hardware foi às alturas, os preços dispararam e a disponibilidade caiu. Isso levou os usuários comuns desse tipo de equipamento (predominantemente gamers, bem como produtores de vídeo e designers gráficos) a ter de pagar preços mais altos por seus equipamentos, se conseguissem um.

Contudo, também se pode argumentar que a alta demanda por GPUs e ASICs levou à inovação no âmbito de placas de circuito impresso (PCB), resultando em mais volume de produção, desenvolvimento e fabricação, além da melhoria de outras aplicações para os chips, como em telefones celulares, notebooks e praticamente qualquer outro dispositivo eletrônico que usa os chips PCB. As inovações foram protagonizadas pelos ASICs para mineração de criptomoedas, que acabaram entrando em quase todas as aplicações industriais com chips.

Risco de Incêndio

Há alguns exemplos notáveis de hardware de mineração pegando fogo. Não é comum, mas acontece às vezes. As plataformas com GPU e ASIC funcionam em temperaturas muito altas, e, caso o equipamento, que usa muita energia elétrica, não esteja adequadamente instalado, configurado ou mantido, pode ser um risco fácil de incêndio.

Por exemplo, um incêndio em um equipamento de mineração operado em um apartamento em Vladivostok, Rússia, destruiu oito apartamentos e outros trinta ficaram inundados quando os bombeiros apagaram o fogo.

Isso quer dizer apenas que você deve fazer da forma correta! É necessário ter uma fonte e uma estrutura elétrica adequadas e corretamente instaladas. Na verdade, se o equipamento de suprimento elétrico estiver instalado corretamente por um eletricista qualificado e habilitado, esse problema praticamente não existe.

CUIDADO Obtenha conselhos com um eletricista local habilitado na instalação de circuitos ou na inspeção de fiação existente a ser utilizada para seu equipamento elétrico de mineração de criptomoedas. E também certifique-se de que alarmes de incêndio e extintores apropriados estejam sempre por perto no evento de falha elétrica ou de fogo no equipamento. (Obviamente, este é um bom conselho para *qualquer* casa ou local de trabalho.)

Reclamações dos Vizinhos

O equipamento de mineração de criptomoedas pode ser muito barulhento, graças aos seus ventiladores de alta frequência. As reclamações de vizinhos com relação a operações grandes e pequenas de mineração são comuns. (Faça uma pesquisa online sobre *barulho de mineração de criptomoedas + vizinhos* e verá diversas entradas sobre possível fechamento de grandes fazendas de mineração por reclamações dos vizinhos, como a polícia encontrou uma operação ilegal de mineração por causa do barulho e assim por diante.)

Essa crítica entra na categoria do que é conhecido em inglês como NIMBY (Not in My Back Yard — Não no Meu Quintal). Não é de se surpreender que as pessoas não queiram que sua paz seja atrapalhada pelo que é, essencialmente, um processo industrial perto de suas casas. Algumas pequenas cidades até fizeram lobby com o governo local para aplicar uma moratória sobre a mineração de criptomoedas devido aos ruídos e outras preocupações, como consumo de energia e limitações da rede elétrica local, relacionados à mineração de criptomoedas.

A resposta? Para grandes instalações, provavelmente a única opção sensata seja estar longe das áreas residenciais. Para as operações pequenas e caseiras, pode ser mais difícil, especialmente se você mora em apartamento. Porém, há mecanismos silenciadores para os equipamentos de mineração, e alguns mineradores empreendedores já usam instalações silenciosas (veja os Capítulos 12 e 15).

Índice

A

abordagem arriscada, 126
abordagem avessa aos riscos, 126
algoritmos, 131–136
algoritmos de consenso, 34–35
antilavagem de dinheiro (AML), 24
Antonopolous, Andreas, 60
AntPool, 102
árvore de Merkle, 48–49
ASICs, 76
Associação de Informações de Energia dos EUA, 233
ataque de 51%, 57, 101
ataque de Negação de Serviço [Denial of Service, ou DoS], 58
ataque repetitivo [replay attack], 241

B

Banco Central Europeu, 30
banco de dados, 13
BFGMiner, 201
Binance, 263
BIP39
    Bitcoin Improvement Proposal, 166–167
bitcoin, 54
    pseudônimo, 24
    Satoshi, 44
    status jurídico, 88
Bitcoin Beginners subreddit, 237
Bitcoin Cash, 240
Bitcoin.com, 102
Bitcoin Magazine, 237
Bitcoin subreddit, 236
Bitcoin Talk, 236
Bitconnect, 107
Bit Deer, 116
Bitfury, 162
BitFury, 102
Bitmain, 162
BitMex, 263
Bitstamp, 263
Blackcoin, 61–62
blockchain, 13–16
    podado, 193
    transações, 13
blockchain arquivado, 193
Block Digest, 237
bloco candidato, 47–49
bloco gênesis, 11, 74
bloco órfão, 64
bolha pontocom, 322
Braiins OS, 198
breakeven, 279
BTC.com, 102
BTCMiner, 201
BTC.top, 102
burn rate, 280, 303

C

cadeia de suprimentos, 13
caixa ASIC, 37
calculadoras de mineração, 99
Canaan, 162
Capital Expenditures (CapEx).
    Consulte despesa de capital
capitalização de mercado, 28
capitalização de mercado realizada, 260
carteiras, 25
    custódia, 41, 164, 243
    proteção, 165–167
    tipos, 164–165
case, 185
Cash App, 263
centralização, 323–324
centro de colocation, 173–174
CGMiner, 201
chaves privadas, 20, 163–167
    assinatura, 21
China, 38

Circuito Integrado de Aplicações Específicas (ASIC), 36–37, 76
clone, 239
codificação UUENCODE, 9
código DASH, 26
códigos de Goppa, 20
coin age, 61, 65
Coinbase, 262
Coinbase Pro, 262
CoinDesk, 237
CoinJournal, 237
Coin Mine, 163
Cointelegraph Brasil, 237
colaboradores de código de software, 150
competição de mineração, 47
comunidade da criptomoeda, 30
conexão à internet, 168–170
confiança coletiva, 38
conhecidos conhecidos, 226
consenso, 52, 239
consenso social, 149
consumo de energia, 52, 56, 62, 154–155
conta comercial, 9
conta de luz, 234
Core Cryptocurrency Software, 201
core software, 200
corporações, 89
Counterparty (XCP), 70
CPU, 74, 188
cripto, 18
criptoanarquista, 94, 255
Criptofácil, 237
criptografia, 18
    de chave pública, 19–25, 46
criptomoedas
    poeira, 114
crise climática, 84
crossover mining, 55
custodiante, 164

D

DASH, 67
Delegated Byzantine Fault Tolerance (dBFT), 69
Delegated Proof of Stake, 68
descentralização, 57, 147–150
descoberta de preços, 285
desconhecidos conhecidos, 226
desconhecidos desconhecidos, 226
despesa de capital, 206
desvio-padrão, 288
dificuldade do bloco, 91
distribuição física dos nós, 149
distribuição justa, 57
distribuições pré-mineradas, 56
DNET (DarkNet), 26
dollar cost averaging (DCA), 286
Donald Rumsfeld, 225
Double Geometric Method DGM, 106
duração da mineração, 103

E

Easyminer, 198
EBang, 162
ecent Shared Maximum Pay-Per-Share RSMPPS, 105
Efeito Lindy, 143
eficiência, 156
eletricidade, 215–218
endereço de criptomoedas, 113
endereço de troco, 45
endereços comedores, 70
energia hidráulica, 84–94
engajamento social, 288
entidade regulatória, 30
Equihash, 56
equipamentos, 161–163
Eric Hughes, 312
escalabilidade, 62
especulações, 89–90
espiral de morte do minerador, 90, 92
esquema de pirâmide, 107
Estados-nação, 87–88
Ether, 55
    Ethash, 55
Ethereum, 55, 67

Casper FFG, 67
ethash, 67
Ethermine, 102
ethOS, 197
exahashes, 77
exchange de criptomoedas, 253
extorsões, 324

F

F2Pool, 102
fator de carga elétrica, 304
fazendas de mineração, 81
Federal Reserve, 30
Fluke Full Watt, 216
FlyPool, 103
fontes de alimentação, 171
fontes de energia, 235–236
fontes de informações, 236–245
forging [forjadura], 59
fork, 26
    bifurcação do blockchain, 240
    guerra civil, 240
    NetBSD, 239
    OpenBSD, 239
fóruns de mineração, 142
FPGA, 75, 199
    Arranjo de Portas Programável em Campo, 75
frame, 185
frase de seed. *Consulte* seed phrase
Full Pay-Per-Share
    FPPS, 105

G

gasto duplo, 34, 63
Gemini, 262
Genesis Mining, 116
GitHub, 140
golpes, 324
    golpe de saída, 162
Gordon Moore, 86
governança, 68
GPU, 75

gráfico pizza, 110
graxa térmica, 189

H

H4SHR8, 197
Hal Finney, 74
Halong mining, 162
hardware de mineração, 152–161
hash, 14–15, 47
Hash Flare, 116
Hash Nest, 116
hash rate, 54
HDD, 193
híbrido PoS/PoW, 58–59, 64–68
    recompensas, 66
Hive OS, 198
hodling, 256
Honeyminer, 101, 117–122, 197
Huobi, 102

I

idade da moeda. *Consulte* coin age
imposto presente, 258
indicadores de mercado, 259–260
infraestrutura sem auditoria pública, 107
Innosilicon, 162
Interface Gráfica do Usuário (GUI), 112
internet, 8
Ixcoin, 239
    IOCoin, 239

J

Jameson Lopp, 311

K

Kill A Watt, 217
Kraken, 262
KYC
    conheça seu cliente, 24

L

Lanksyt, Jan, 33
    lista de seis fatores, 33
largura de banda, 168

latência, 168
latência de conexão, 112
Lei de Metcalfe, 145-146
Lei de Moore, 86-87
Limited Confidence Proof of Activity (LCPoA), 70
limite de pagamento, 113
liquidez, 81
LitcoinPool.org, 102
Litecoin, 55
    scrypt mining, 55
livro-razão, 16
LocalBitcoins.com, 262
lucratividade, 116
    calculadora, 138
lucros garantidos, 107

M

maiores altas de todos os tempos, 281
Manifesto Criptoanarquista, 255
marketing multinível, 107
média móvel, 259
memory pool, 46-47
mempool, 46
Mercado Bitcoin, 264
Merkle Report, 237
Messari, 237
mineração
    ambiente ideal, 37
    definição, 30
    métodos, 36
    na nuvem, 81-82, 115-122
    solo, 200-201
mineração cruzada. *Consulte* crossover mining
mineradores
    de último recurso, 94
    empreendedores, 304
    migrantes, 304
Minerall Pool, 102
Mine Shop, 163
MineXMR.com, 103
Mining Express, 103
MiningMax, 107
MiningPoolHub, 103
MiningSky, 163
Mining Store, 163
Mining Store AU, 163
minting [cunhagem], 59
moedas de curso forçado, 89
moedas novas
    fresh, 295
moedas pré-mineradas, 63
moeda virtual, 8-9
    anônima, 9
    cartão de crédito, 8
    criptografia, 10
    transporte digital, 8
Monero, 55
    ring signature [assinatura em anel], 55
Moon, 253
Mother of Dragons, 199
MultiMiner, 199
Múltiplo de Mayer, 259

N

Nanopool, 103
NEO, 69
Newegg, 191
Nice Hash, 101, 197
NiceHash, 100
Nick Szabo, 266
NIMBY, 326
nó, 35
    completo, 40
    completo não ouvinte, 42
    leve, 42
    mestre, 68
    ouvinte, 42
nonce, 49, 54, 58, 65
nós
    SPV, 42
nothing at stake, 63
números de Carmichael, 20
NXT, 62

O

objetivos, 124-126
oferta inicial de moeda (ICO), 301

operação projetada, 220
operações de mineração, 7
OpEx (Operational Expenses)
   despesas operacionais, 215
overclocking, 212

P

Panda Miner B Pro series, 163
Paradoxo do Aniversário, 209
patched, 143
PayMon, 88
Pay-Per-Last N Shares (PPLNS), 105
Pay-Per-Share (PPS), 105
Peercoin, 58, 67
período de dificuldade de mineração do bitcoin, 91–92
perpetradores anônimos, 107
Petro, 88
petróleo e gás, 85–94
piscinas de mineração, 99–100
   Bitcoin, 102
   como escolher, 100–101
   Ethereum, 102
   golpes, 107
   ideologia, 106
   Litecoin, 102
   Monero, 103
   porcentagem, 109–110
   reputação, 107
   servidores, 112
   taxas, 108
   ZCash, 103
PIVX (Private Instant Verified Transaction), 26, 67
placas hash, 214
Poloniex, 262
ponto de equilíbrio. *Consulte* breakeven
pontuação de taxa de hash, 224
Poolin, 102
pool mining
   concentração de poder, 81
   mineração em piscina, 78–81
   prós e contras, 80–81
Portal do Bitcoin, 237

Power Mining Pool, 107
pré-mineração, 301
Primecoin, 48
problema dos generais bizantinos, 34–35
processadores, 137
produtores de blocos, 68
programa de carteira, 26
programas clientes, 40
Proof of Activity (PoA), 70
Proof of Burn, 69
Proof of Capacity (PoC), 70
Proof of Elapsed Time (PoET), 70
Proof of Stake, 36, 58–64
   algoritmos, 58–59
   criptomoedas, 62
   definição, 59
   seleção, 60–62
   vantagens, 62–63
Proof of Work, 36
   aplicações, 53–54
   evolução, 74–77
   exemplos, 54–56
   PoW, 52
   vantagens, 56–57
Proporção MVRV, 260
Proporção NVT, 259
proteção de repetição, 241
proteção repetitiva habilitada, 242
protocolo bitcoin peer-to-peer, 40
Purse, 253

R

RAM
   Memória de Acesso Aleatório, 192
recompensa de bloco, 32
recursos de energia, 84–85
rede de nós, 40–43
redes cliente-servidor, 40
redes peer-to-peer, 40
referência de tempo, 160
registro de direitos de propriedade, 13
reputação, 108
reservas operacionais, 279

retorno sobre o investimento (ROI), 205-206, 220, 297
Ripple/XRP, 28
rodada de mineração, 98
runway, 280, 303

S

Satoshi Nakamoto, 10-12, 74
Score Based System, 105
seed phrase, 165-166
segurança, 144
seleção aleatória, 61
serviço de exchange, 22
ShapeShift, 263
Shared Maximum Pay-Per-Share, 105
Shark Mining, 163
Shostak, Leslie Lamport, 35
SimpleMiningOS, 198
Sinal NVT, 259
síndrome FOMO, 265
sistema autorregulatório, 92
sistema de consenso, 13
sistema de e-mail, 40
Slush Pool, 100, 102-103
Spark Pool, 103
SSD, 193
Stack Exchange, 237
Stellar, 28
Stripe, 28
subsídio de blocos, 32
Supernova, 103
suporte da comunidade, 145
Support XMR, 103
SWIFT, 320

T

taxa de hash, 76, 109
    unidades, 132
taxa geral de hash da rede, 99
taxas de transação, 32
teoria dos jogos, 57
    teoria de jogos das criptomoedas, 57
testemunhas, 68

timing de mercado, 265
topo da cadeia (chain tip), 64
transações, 39-50
    comerciais e pessoais, 9
    enviar, 43-44
    taxa, 44-45
    troco, 45
    verificação, 42-43, 46
transações de poeira, 114
transferências monetárias internacionais, 89
tributação das criptomoedas, 255, 267-271
trocas do mesmo tipo 1031, 268
trustless, 30

U

Unidades de Distribuição de Energia (PDUs), 179
usinas hidroelétricas, 84-94

V

validação, 60
validadores, 68
ViaBTC, 102
volatilidade, 288-291

W

wampum, 52-53
Waterhole, 103
Whatsminer, 162
whitepaper do bitcoin, 11
Wikipedia, 141
World Wire, 89

X

XRP/Ripple, 28

Z

ZCash, 56
zk-SNARK, 56